中国近代思想研究

小林 武 著

朋友書店

はじめに

本書は、筆者の中国近代思想研究の論考を、章炳麟思想を中心にまとめたものである。第一編「章炳麟と中国法」、第二編「章炳麟における知の諸相」、第三編「清末諸子学と異文化受容」の三編からなる。第一編は、章炳麟の憲法批判や、彼の中国法に対する評価、民国期における章炳麟の法制論などを中心にして考察したものである。第二編は、章炳麟の学問論及び彼と明治思潮との関係などを検討し、学問的成果の基底にある方法論や思索の展開に欠かせなかった知的刺激を探ったものである。そして、第三編は、清末の諸子学が異文化受容に際して受容枠となり、中国にとって異質な観念をいかに理解し変容させたかを考察したものである。この考察を通して、受容された異質な観念を変容させる仕組みを問い、中国思想が再生する文化構造を知ろうとしたのである。第一編、第二編は章炳麟思想の検討に紙幅を割いているが、それを手がかりにして章炳麟が中国の法制や学問方法論など、他の清末の思想家とは違う緻密な思索をしていたことを明らかにするためである。彼は清朝考証学者として、周知の通り、多くの業績を挙げた。「国学大師」という呼び方は、この側面を評価したものである。しかし、それとは違う顔がある。それは方法論や表現論といった学問方法論を試み、法制を論じる側面である。もともと章炳麟は分かりにくい。それは彼の文章が難解だからだ。しかし、そればかりではない。思索が緻密で議論に用いた事例も豊富、単純な明快さとはほど遠いといったことも分かりにくくしているだろう。学問方法論などはその類である。

さて、章炳麟（一八六九〜一九三六、号 太炎）は、周知のように、清朝考証学者であり、辛亥革命の思想家である。

彼はその文章の難解さや奇矯な行動で知られる。弟子の魯迅は、章炳麟について、「思い起こせば三十余年の昔、木版の『訄書』はもう出版されていたが、私には句読点さえ切れなかったし、むろん読んでもわからなかった」と回想した。また、「(太炎先生は)大勲章を扇の根付けにして、総統府の門に臨み、袁世凱が野心を包蔵しているのをくそみそに罵倒されたことは、世に並んで第二人はなかった。七たび追捕せられ、三たび牢獄に入り、しかも革命の志ついにくじけることのなかったのも、世に並んで第二人はなかった。これこそは先哲の精神であり、後生の模範である」とも追悼している。(1) 章炳麟の文章が必ずしも読みやすくはなく、またその行動も奇矯で、物静かな学者とは一風違っていたことが分かる。そして、追悼当時、魯迅は「戦闘の文章こそ、先生の一生中の最も大きな、最も永久的な業績であった」と評し、辛亥後、「(太炎先生は)既に民衆を離れ、しだいに頽唐に入」ったとも述べた。(2) このように章炳麟には、考証学の業績以外に、政治的で思想的な著述があったから、その研究も両者のいずれかに比重が置かれた。従来の研究では「四惑論」や「五無論」といった辛亥前の哲学思想や政治思想が注目され、その思想が原理的なことから、高踏的と見られてきた。しかし、章炳麟には実務的な関心もあった。それは中国法をめぐる思索に窺うことができる。そして、彼の法律に対する関心は辛亥後も萎えることがない。従来の研究では、章炳麟と中国法という問題視角は、見落とされがちであった。しかし、この問題は、辛亥後における章炳麟評価を再考する手がかりになる可能性がある。果たして章炳麟は、従来の評価のように「頽唐」に入ったのかどうか。民国初に章炳麟がなした法の議論は、彼の再評価を促すかもしれないのである。以下、各編について簡単に説明しよう。

先ず第一編である。「章炳麟と中国法」という問題設定は、章炳麟の「五朝法律索隠」を再読したことに端を発する。初めて読んだ時には、「五朝法律索隠」の意義はよく分からなかった。法制の議論は、「五無論」や「四惑論」などに見える哲学的思索とは違う知識が必要だからである。しかし、再読して気づいた。「五朝法律索隠」において章炳麟は中国法を批判する一方で、五朝法を評価したが、彼の作業を明らかにすれば、これまでとは違う章炳麟像が描くことができるのではないか、と。ただし、「五朝法律索隠」の意義の検討は、大きな問題と関連している。大きな問題とは、一つ目が儒教と法をめぐるもの、言い換えれば、中国の思想家は何故あまり法について論じなかったのかというもの、二つ目が清末における近代法の導入という事態、そして三つ目が中国近代史の評価枠そのものである。三つの問題は相互に関連してテーマが大きいので、詳細は第一編序章に譲るが、今、少し補足しておきたい。

中国法が儒教の影響を受けていることは法制史家には常識であるが、中国思想研究では、儒教と法の関係について従来、あまり考察されてこなかった。というのは、先秦の法家を別にすれば、中国の思想家がこの二千年間、法についてそれほど思索してこなかったからだ。後漢の大儒鄭玄には法について著作があったが、今、それは失われて伝わらない。鄭玄の遺著集成には、法関係の断簡は勿論、彼が法について思索したというコメントすらない（『通徳遺書所見録』『玉函山房輯佚書』など）。儒家が法について思索することを排して来たからであろう。この結果、清末は清朝政府が近代法を導入しようとした時期にも拘わらず、中国近代の思想家は法について余り論じなかった。士人の法に対する関心の薄さについて、清末の法学者沈家本が嘆いているが[(3)]、関心の薄さは、儒教と法という大きな文化的問題に関わっていたのである。そして、近代法制に関しても研究蓄積の薄い現状がある[(4)]。

ところが、章炳麟には中国法の批判的考察があった。章炳麟は、周知の通り、小学（伝統的中国語学）方面で成果をあげ、また、経学や諸子学を核に中国思想を国学として再生させた。西洋近代思想を意識して、中国の文化的アイデンティティを探ったわけだが、その一方で、仏教や老荘思想を踏まえて高踏的な議論をした。中国の思想家は法について思索しないのが普通であったし、まして高踏的思想家が実際的な法制を論ずるなど、考えられないことであった。繰り返しになるが、前漢において儒教が国教となって以降、標準的な中国哲学史は先秦法家は別にして、法についての項目を扱わない。実際的な法制分野は別の研究領域だからであり、また、中国の思想家が一部を除いて法制をほとんど論じなかったからでもある。章炳麟の「五朝法律索隠」をこの文化的脈絡の中に置くと、その特異な位置が見えてくるだろう。何故章炳麟は法について論じたのか。彼の法の批判とはいかなるものか。清末の思想家は法をどのように見たのか等々。しかも、彼の法の議論は、中国法の基本的性格と儒教との関係にも触れている。「重生命」「平吏民」といった彼の近代的視点が中国法の基本的性格をあぶり出したのである。それに『検論』原法篇では、法理にまで踏み込んで分析していて、たんに法運用の実態を批判しただけではなかった。

そこで今、この問題を別の方向から考えてみよう。章炳麟は辛亥前、法制の議論をした後、哲学の領域に思索の軸足を移した。『斉物論釈』を書いたのである。ところが、辛亥革命以降、哲学から離れて、再び実際に政治に関わり始めた。章炳麟自身は、この軌跡を次のように述懐している。

自ら平生の学術を揣《はか》るに、始めは則ち俗を転じて真をなし、終はりは乃ち真を回りて俗に向かふ（『薊漢微言』末尾）。

辛亥革命前は世俗的なことから真理の世界を追求したが、辛亥後は真理の追求から世俗世界に向かったと言うのである。政論家として動いたことを、一九一五年に、自らこう振り返ったわけだ。政論家とここで呼んだのは、政治家と評するには余りに権謀術数に下手であり、思想家と評するには余りに政治的な行動をしたからである。軍閥や権力者の傍らを徘徊していたという意味ではない。民国初期の混乱は、辛亥革命の思想が実際的かどうかが瀬踏みされた時期だが、魯迅が辛亥後の章炳麟を否定的に見て「すでに民衆を離れ、しだいに頽唐に入」ったと評した（前掲「太炎先生に関する二、三のこと」）のは、こうした政論家の時期を見てのことであるが、章炳麟を貶めるためというより、むしろ辛亥前の言行を評価するためであったろう。

ただし、辛亥後の章炳麟が「頽唐」であったかどうか、検討が必要である。特に、章炳麟と中国法という問題視角からすれば、辛亥後における彼の思索は軽視できない。権力のあり方と民意の表現という根本的問題に触れているからである。しかもこの権力のあり方や民意吸収の形（ここでは代議制や権力者による民意把握などを言う）は、連省自治の主張と結びついているのである。初め中央集権の立場に立った章炳麟が後に連省自治を唱えるに至ったのは、辛亥後の軍閥割拠や独裁志向などの混乱の中で、権力や民意の問題を考えたからである。この問題は今日的課題でもあるから、章炳麟の辛亥後の評価に当っては、中央集権体制を近代史の自明の基準とはせずに再考する必要があるだろう。第一編「章炳麟と中国法」の各章の大概については、第一編序論を参照してほしい。

次に第二編「章炳麟における知の諸相」は、前半（第一～三章）で、章炳麟の学術の方法論を表現意識や歴史叙述などを手がかりに考察し、後半（第四、五章）で、彼の思想と明治思潮との関連を考察したものである。

第一章「章炳麟における表現の問題─方法としての言語─」は、章炳麟の表現意識を手がかりに、彼における言語の位置を考察したものである。言語は一般的に認識と思考の道具であるばかりではなく、章炳麟においては思索と表現の自覚的契機であった。彼は表現として「修辞」とともに「立誠」を重視した。中国は「修辞」を常に意識してそれを工夫してきた文化だが、清末、西洋から「文学《リテレチユア》」が紹介された。そうした刺激の下、章炳麟は表現のあり方を再考し、表現が単に「修辞」の問題ではないことを論じた。特に後者の「立誠」の態度は、表現者の世界の捉え方と深く関わるものであり、章炳麟は多様な世界をありのままに捉えようとしたので、言語はその方法として重視された。

第二章「章炳麟の歴史叙述」は、辛亥前における彼の歴史叙述の視点が伝統的なそれとは違うことを考察したものである。清末、西洋の近代的歴史観が流入してきた。章炳麟は伝統的な叙述様式を踏まえつつ、西洋近代の歴史叙述とも違う様式を構想した。彼の歴史叙述の特徴は、①世界を見る視点を君主にではなく、国家に据えたこと、②「表」や「典（志）」といった様式によって対象を事類に分析し、歴史を捉えようとしたこと、③歴史学における実証の意味を考察したこと、④彼は歴史を錯綜する全体と見、因果関係で明快に割り切れない、と考えたことにある。

第三章「章炳麟にとって実証とは何か」は、章炳麟における自然科学の知識の扱い方や社会学的分析の仕方を手がかりにして、彼の実証の仕方がいかに変化したのかを考察したものである。早期において、彼は中国古典の「正しさ」を裏付けるために自然科学的知識を用いた。ところが『民報』に寄稿した時期になると、社会学的手法を用いて新党集団を類型化して分析した。実証の仕方が中国古典の価値を認証する型から、事実を分析して理解する型に変化したのである。価値を認証するためにした実証は、そのために用いた自然科学的知識を覆さない限り、反証が出来ないが、事実を知るためにした実証は、事実によって反証ができる。「実事求是」とよく言われるが、章炳麟において、実証の仕方は単純ではなかったのである。

第四章「章炳麟『訄書』と明治思潮―西洋近代思想との関連から―」は、章炳麟の主著の一つである『訄書』（とくに重訂本）と明治期の日本書との関連を探ったものである。一九〇四年に出た重訂本は、初刻本（一九〇〇）とは違って日本書が多く引用されている。それらは明治三〇年頃に出版された新しい見方に立ったものが多く、分野も多岐にわたる。中でも彼のナショナリズムと関係の深いものが、進化論や中国西方起源説であった。これらの検討を通して、『訄書』にとって日本書が不可欠であったことを検討した。

第五章「章炳麟と姉崎正治―『訄書』より『斉物論釈』に至る思想的関係―」は、章炳麟にとって宗教学者姉崎正治の知的刺激が重要であったことを、基礎概念の借用や翻訳を手がかりにして考察したものである。姉崎との思想的関係は二つの点で見い出すことができる。一つはインド思想や仏教思想との関係、もう一つはショーペンハウエルとの関係である。しかも『訄書』期では章炳麟は姉崎に接近し、『民報』期では反撥する、という屈折した軌跡をたどる。姉崎正治の宗教学は、章炳麟の思想的展開と深く関わっていたのである。

補論「清末の『自主』と明治思想―その言語的考察―」は、清末に“liberty”や“freedom”の訳語に充てられた「自主」について考察したものである。「自主」という漢語の来歴や清末における西洋近代的観念の受容をめぐって、明治期における「自主」理解と比較しつつ検討した。「自主」は章炳麟において重要概念であるが、この作業は、章炳麟の概念の特徴を知るための予備的考察である。

最後に、第三編「清末の諸子学と異文化受容」は、清末の諸子学が異文化受容において果たした役割とその性格について考察したものである。中国における諸子学は、この二千年間、儒教が一尊的地位にあった関係から、日本とは違って一八世紀以降に起こった。諸子への思想的関心は、儒教に対する関心と連動していたのである。清朝における諸子学の興起は、儒教経典を考証学的に補強する必要からだが、次第に諸子の思想内容に関心を移す。とくに清末、諸子学は西洋近代思想を受容する枠組みになった。受容枠になったというのは、中国思想は西洋近代思想をスンナリそのまま知ろうとする以前に、類似したものは中国にあったと発想したり、あるいは類似したものと比擬したりしたそのことを指す。この類似した観念内容や思考方法を提供したのが諸子学だったのである。とりわけ伝統学術の培ってきた古典解釈学の様式が重要な作用をした。すなわち、類似したものに比擬したり、異文化の概念を自国の伝統的概念と対比して意味をデフォルメしたりしたのである。清末の諸子学はいわば文化のフィルターのように作用して、中国思想を新たな相貌で再生させる文化装置となったのである。

先ず第一章「清末の諸子学—座標としての伝統学術—」は、伝統学術には「思想性」と「学術性」という二つの性格があり、両者が相補的に作用したことを検討した。清朝の諸子学には、考証学的研究と思想研究の二つの方向があり、それが道光期（一八二一〜五〇）以降、変化し始めた。しかし、中国の精神世界において、「思想性」のみ、あるいは「学術性」だけが伝統学術として機能することはなく、両者が相まって新しい異文化の観念を吟味し咀嚼した。伝統学術のこの性格は、異文化受容の座標軸として働いたと言えよう。

次に第二章「清末の老子論—解釈とその様式の問題—」では、清末における老子解釈を手がかりに、相反する解釈でも、ともに社会的に受け入れられ、妥当と見做された条件は何なのかを探った。何故相反する解釈でも社会的に受け入れられたのか。学術として解釈には問題が残るとしても、妥当とされたのは何故か、と。妥当と見做されたのは、「思想性」と「学術性」の二つの性格が相補的に作用したからである。「思想性」は政治的効用に則して、「学術性」は真理の追究を基準に作用して、社会的にそれぞれ受け入れられたのである。相反する解釈でも受け入れられたのは、妥当と見做す基準がそれぞれに違い、相補的に作用したからと考えられる。これが可能であったのは、伝統学術が古典解釈学の様式を培ってきたからであり、また、伝統学術を身につけた読書人階層が相反する解釈でもそれぞれの基準に従って受け入れたからであろう。このことは伝統思想の再生を考える上でヒントを与えてくれる。

最後に、第三章「初期王国維と諸子学—鳥瞰する眼—」は、王国維の諸子学の特性を考察した。王国維は、辛亥前、諸子や中国の論理思想について西洋近代哲学を参照しつつ中国哲学の可能性を論じた。彼は純正哲学を志向し、学問の政治からの自立を説いたが、このことは端なくも中国思想を相対化することになった。彼が学問の自立を説いて中国思想が当然とする政治性を拒んだからだ。彼の見方は、自我の確立を目指して人生に煩悶する態度に根ざし、明治三十年代の思潮とも関係が窺える。ただ、彼の試みが挫折したことは、中国において政治から知の自立することの困難さを考える端緒となるだろう。

［注］

（1）「太炎先生に関する二、三のこと」、『且介亭雑文末編』（一九三六年）所収、松枝茂夫訳、『魯迅選集』第十二巻、岩波書店。

（2）前掲「太炎先生に関する二、三のこと」。

（3）沈家本「法学盛衰説」、『寄簃文存』巻四所収。周藤忠明「『法学盛衰説』訳註」、『産大法学』第四九号第四号、二〇一六年。

（4）高見沢磨・鈴木賢『中国にとって法とは何か―統治の道具から市民の権利へ』第一章「中国近代法史序説」（岩波書店、二〇一〇年）。

第一編　章炳麟と中国法

序章　章炳麟と中国法

問題の所在

第一編第一章から終章までは、近代中国の古典学者にして辛亥革命のリーダでもあった章炳麟（一八六九〜一九三六、号　太炎。以下、章太炎という）と中国法の問題を考察したものである。ことさら古典学者とか革命のリーダとか記したのには、章太炎のような士人が法制を論じたことに注意したいからである。清末以前、中国の士人が法制を論じることは、あまりなかった。まして古典学の大家が論じたことは、一部の例外を除いて、少なかった。章太炎が中国法について論じたのは、稀有な例に属すると言えよう。章太炎と中国法の問題を考察することにより、彼の思索が広範囲に及び、仏教や老荘思想に基づく高遠な議論に止まらず、実学的な法制領域にまで及んだことが明らかになるだろう。その結果、章太炎の違った側面が見えてくるに違いない。とりわけ彼が策謀うずまく政治に関与した辛亥後は、法に対する思索が体験に裏付けられて、より現実的になったから、高踏的革命的といったイメージは揺らぐに違いない。しかし、本書は主として考察を辛亥前に限りたい（ただし、終章では、辛亥前の思索が現実の何に焦点を結んだのかを検討する）。というのは、章太炎と中国法の問題は、辛亥前の場合でも、検討が尽くされたとは言いがたいからであり、また問題が多岐にわたっているからでもある。章太炎は法をいかに理解し、中国法をどう評価したのか。何故そのように考えたのか。その評価作業はいかなる歴史的位置を占めるのか。そもそも中国の士人は何故法を余り論じなかったのか。章太炎において体制と法はいかに連関したのか等々、考察すべき課題は多い。

さて、第一編は辛亥前における彼の中国法に対する見方と評価をめぐって検討するものである。章太炎の中国法に対する評価作業は、清朝政府が近代法を導入しようとした動きを背景に、政治批判の一環としてなされた。しかし、従来の研究では、ほとんど顧みられることはなかった。高踏的思想家とか伝統学術の大家といった章太炎像ができあがっていたからであろう。その上、儒教が法学に対して低い評価しか与えてこなかったことも、関係すると考えられる。士人は法学をあまり論じない現実があった。まして彼は清朝考証学の大家である。法について論じたとは、到底考えられなかったのである。

しかし、章太炎には「五朝法律索隠」（『民報』第二三号、一九〇八年八月）という中国法の論考があり、「虜憲廃疾」（『民報』第二四号「代議然否論」附録、一九〇八年一〇月）という「憲法大綱」批判があった。それは政治批判の一環なのだが、彼はこれら以外にも、かなり早い時期から法について思索していた。

周知の通り、章太炎は中国同盟会の機関誌『民報』に「倶分進化論」「建立宗教論」「五無論」「四惑論」など、政治や宗教のみならず、広く精神領域に渉る論文を書いたから、従来、それらについて多くの研究がなされてきた。また、彼は辛亥前、『新方言』十一巻（一九〇九）『国故論衡』三巻（一九一〇）『文始』九巻（一九一〇）など、古典学の分野でも業績を挙げ、『訄書』や『斉物論釈』、『検論』でその独創的な思想を展開させた。学術を究め思想を論じて政治を語るのは、すぐれた士人の常である。だからといって、伝統中国において、すぐれた士人に法制論があるというわけでは必ずしもない。士人が法制を論じなかったのは、士人がそれついて関心がなかったからであろう。もちろん例外はあった。すぐれた経学者が法制を論じた例として、後漢の鄭玄や晋の杜預を挙げることが出来る。

鄭玄には法律に関する数十万字の注があり、天子が詔を下して、鄭玄の章句だけを用いるようにして諸家の中を交えないように禁じたと言う。(1)ところが今日、鄭玄の法制論は伝わらない。鄭玄の佚文を集めた清、孔広林輯『通徳遺書所見録』は、経学関係の佚書を採録しても、鄭玄が法制に一家言をもったことの言及すらない。(2)士人の法学に対する関心が薄れたから、亡佚したのかと思われる。このことは鄭玄に限らず、晋の杜預の場合も同じである。『隋書』経籍志によると、杜預には法学の著作として『律本』二十一巻があり、また張裴撰『雑律解』二十一巻の注に、梁には『杜預雑律』七巻があったが亡佚、とある。(3)そして、『隋書』刑法志は、斉の蔡法度の伝えるところとして、斉の王植之が張裴・杜預の旧律の注を集成したが、それは亡佚した、と述べる。(4)

鄭玄や杜預のような経学の大家でも、その法制論が亡佚したのは、後世の士人の関心から法学が抜け落ちたことと関連しているだろう。礼を重視する儒教が法学を低く評価し、官僚制度としてもそのように設計されて、意識の上でも実利の上でも、法学に対する関心が薄れたのである。清末の法務官僚沈家本は、その「法学盛衰説」において、清朝で法学者として重んじられている人は少なく、法学が軽視されて、関係著作も少ないと嘆いている。(5)確かに『四庫全書総目提要』を見ると、史部政書類法令之属には『唐律疏議』三十巻、『大清律例』四十七巻の二部七十七巻しかなく、同存目二には僅か『永徽法経』三十巻、『至正條格』二十三巻、『金玉新書』二十七巻、『官民準用』七巻、『明律』三十巻の五部一百十七巻である。もっとも官府の法令関係と法学的思索の論著とは必ずしも同じではないから、『四庫全書総目提要』子部法家類を見てみると、法令類よりは少し多い。『管子』『商子』など先秦の法家以外に、『疑獄集』四巻、『補疑獄集』六巻、『折獄亀鑑』八巻、『棠陰比事』一巻が録され、法家類存目には『刑統賦』二巻、『洗冤録』二巻を始めとして合計十九部百五巻が録されている。しかし、儒家類に比べると、きわめて少ないことは言うまでもない。聖世は刑名の学を取らないという思想的前提があるからである（ただし、明、丘濬撰『大学衍義補』慎刑憲篇は中国の法制思想を詳説するが…）。この前提は、清末でも変わらない。いわゆる清末の思想家には、梁啓超（後述）以外、法学関係の論著はほとんどないのである。ところが、古典学者章太炎は、中国法の問題を近代法を意識しながら論じた。これは、士人の精神世界から見て、きわめて珍しいことに属すると言えよう。この背景に清朝による近代法の導入という事態があり、彼に元々あった知的関心に火をつけたのであろう。

先ず清朝による近代法の導入について触れておく。近代法の導入とは、一九〇二年以降、日本などをモデルに現行律令を改定し立憲化しようとした動きを指す。略年表風に記せば、清朝による近代法の導入は、次のような経過を辿った。

一九〇二年五月（陽暦）　沈家本、伍廷芳に現行律例考訂の命が下る。
一九〇三年四月　載振、袁世凱、伍廷芳に商律考訂の命が下る。
一九〇四年五月　修訂法律館開設
一九〇五年一〇月　清廷、立憲大綱の策定を命ず。
一九〇七年一〇月　『刑律草案』編定（新刑律第一次草案）
一九〇八年一二月　九年以内に憲法を頒布することを布告
一九一〇年二月　『修正刑律草案』の奏呈（新刑律第二次草案）
　「暫行章程」（旧律の復活を謳う）が附則として付く。
一九一〇年五月　『大清現行刑律』を過渡的措置として頒布
一九一〇年一一月　宣統五年に国会開設と改めて詔す。

一九一一年一月　　『欽定大清刑律』頒布

一九一一年一一月　　「重大信条十九事」頒布

ところが、近代法を導入しようとして旧律と近代法との不整合が問題になり、(6)近代的に整えられた『刑律草案』が保守派から批判を受けて修正を余儀なくされた。(7)保守派は皇帝の扱いや礼制との関連から批判を加えたが、章太炎が「五朝法律索隠」や「虜憲廃疾」を書いた一九〇八年八月〜一〇月頃は、丁度、『刑律草案』が督撫や各部の簽注に付されていた時に当たる。新刑律草案の策定に関係した人物の一人に汪栄宝（一八七八〜一九三三）がいるが、章太炎は汪と無縁ではない。(8)汪栄宝はもともと南洋公学の学生で章太炎が教えたし、また弟の汪東も彼に学んだ。(9)汪兄弟との関係は、『華国月刊』（一九二三年創刊）の頃でも続いているのである。策定作業の進行に伴う軋轢を、汪東から漏れ聞いていた可能性はある。章太炎が「憲法大綱」を批判し旧律の問題点を論じたのは、一方で、保守派からの旧律復活の動きに反論し、また他方で、近代法を真似るだけの愚を考えてのことであったろう。彼からすれば、旧律は全肯定されたり、あるいは全否定されたりするものではない。法が民俗と深く関わるからであり、旧律の問題点を洗い出し、批判的に継承すべきものであった。彼のおこなった評価作業が「五朝法律索隠」である。

次に、章太炎の知的関心についてである。彼は元々法家の著作を好んだ。詁経精舎で学んだ時から管子などを好み、(10)『訄書』にもその傾向は窺える。彼の知的関心も中国法を論じる基底にあったと考えられる。

章太炎が旧律批判を試みる場合、法の公平な適用を説き、反功利主義の立場に立った。「五朝法律索隠」を例にとれば、彼は五朝法を①「重生命」、②「恤無告」、③「平吏民」、④「抑富人」の視点から高く評価した。①〜③は前者の立場、④は後者の立場である。彼は近代法をたんに模倣するのをよしとはせず、また民衆にとって苛酷な唐律を基準に取らず、官員を優遇せず法を公平に運用する五朝法を評価すべきだと考えていた。評価に当たって、彼は具体的事例を挙げて論じたが、この具体的事例を挙げる点で梁啓超とは異なる。

梁啓超も、清末において法について論じた数少ない思想家である。彼は『中国法理学発達史論』及び『論中国成文法編制之沿革得失』などを書いている。[11] 前者は中国の伝統的な法思想、後者は成文法をめぐる論考である。梁啓超は書くに当たって、日本人の論著を参考にした。例えば浅井虎夫『支那法制史』、織田萬『清国行政法』、広池千九郎『東洋法制史序論』、田能村梅士『世界最古之刑法』、穂積陳重『法典論』、奥田義人『法学通論』、梅謙次郎『民法通論』、小野塚喜平次『政治学大綱』、筧克彦『法学通論』などである。梁啓超は最新の法学知識を踏まえて中国法や中国の法思想を分析したのである。しかし、彼は儒教の教義が法律に影響し、裁判の判決例になったことについて言及はしても、その問題性を問わない。彼にとって「明刑弼教」は自明であって、それこそ中国法の特色と考えたから、問題性は浮かび上がらなかった。その結果、彼は一般的解説に終始することになるのである。

ところが、章太炎は逆に経義が法律に影響したことを問題視した。彼によれば、問題とは、中国法が礼制の影響を受けて公平に法が適用されないことである。とりわけ、儒教の「原心定罪」の法律観や判決の恣意性こそ問題と見た。すなわち、春秋折獄は一つの事に対して二つの準則（律）があるから、罪の軽重が法吏のさじ加減で決まり、法が公正に適用されない。これが問題だと言うのである。彼は判決の恣意性を董仲舒の決事比を例に挙げて具体的に論じた。[12] 法の公平な適用は、彼にとって権力を牽制するための重要な方法であったから、その分、恣意的運用は許されないことになった。法制の現実とそれを許す法理にまで踏み込んで分析したのが、章太炎であった。

第一編の大概

そこで、第一編「章炳麟と中国法」の内容を概括して、章炳麟の中国法に対する見方やその作業の歴史的位相を素描してみよう。

第一章「章炳麟の『憲法大綱』批判」は、清朝の立憲制導入に対する章太炎の批判を、明治憲法と対比しつつ考察したものである。「憲法大綱」の批判は、「代議然否論」の附録である「虜憲廃疾」でなされた。彼は清朝の「憲法大綱」を「虜憲」と呼び、独裁性が強くて臣民の権利が弱いこと、及び議院は翼賛するだけで権力抑止の機能を持たないことなどを指摘した。「虜憲」批判の根底には、章太炎の自由観や地方自治への反撥など、独自の視点が潜んでいた。清朝政府は明治憲法をモデルに改革をするというが、清朝は旧体制そのものであり、立憲制の実質が伴わないと見抜いた。彼は立憲化という、体制改革の皮相性を明らかにしようとしたのである（地方自治に関しては、辛亥後、見方が変わる。終章参照）。

第二章「章炳麟の中国法に対する評価―『五朝法律索隠』を手がかりに―」は、章太炎の中国法に対する基本的な見方を考察したものである。「五朝法律索隠」の中国法に対する評価視点は、①「重生命（生命を重視する）」、②「恤無告（無告の民を恤れむ）」、③「平吏民（官吏と平民を法的に同等に扱う）」、④「抑富人（富人を抑制する）」の四つである。①②は民衆の権利を認める近代的な見方に立ち、③は中国法の官員優遇を批判し、④は官吏と富人との癒着や法適用の問題を扱う。これらの視点に見える論述の特徴は、二つある。すなわち、一つ目は歴史の中から具体的事例を引いて、中国法を評価する際の基準を探ろうとしたこと、二つ目は法の例外のない適用を説くことである。

この法の公平な適用をめぐって中国法の基本的性格が洗い出された結果、五朝法が高く評価されたと言える。中国法は独自の法体系であるが、唐律以降、「八議」に見られるような法的優遇措置があり、法の適用に例外があった。法は礼制との関係で、例外なく均等に適用されたわけではないのである。民衆の権利を認める時、この点が革めるべき課題になる。①~④の視点は法適用の問題を歴史的に検証したものであるが、とくに④の視点は反功利主義に立って官員と富人との癒着などを論じたものである。要するに、「五朝法律索隠」は、近代法を模倣することで中国法を近代化すると粉飾したい清朝への批判と言えるが、その反功利主義の視点は、資本主義的な経済活動をする人間を道徳的に批判する点で、資本主義化という歴史の趨勢からすれば、実に中国的発想と言うほかない。しかし、法の公平な適用は、彼の新しい体制構想で改めてデザインされ、権力牽制の必要な基盤として論じられることになる（第一編第六章、終章参照）。

第三章「『五朝法律索隠』の歴史的位置」は、「五朝法律索隠」の作業が清末及び日本明治後半期の法制史研究の中でいかなる位置を占めたか、について考察したものである。清末において法制史研究は漸く着手されたばかりであり、法学者沈家本の『歴代刑法考』（『漢律摭遺』二十二巻を含む）はそうした類の著作である。[13]そして、清末は西洋の近代法が漢訳されて、中国法の近代化が目指された段階でもあった。[14]一方、日本では、唐律が中国法の標準とされローマ法に匹敵するものと考えられていた。[15]つまり、唐律は評価されても、五朝法が評価されたわけではない。章太炎はこうした学術的環境において五朝法を基準にすると説いたのである。彼が五朝法はまだ儒教の影響を受けておらず、法を例外なく公平に適用する、と考えたからだ。五朝法は清末当時、まだ佚文収輯の段階であり、[16]その概要も明らかになっていなかったのに、章太炎は五朝法の科罰の仕方から唐律との違いを見いだし、評価したのである。この大胆さは、彼が人間と法に対して明確な問題意識をもっていたからに相違ない。法制史研究の草創期ということを考えれば、「五朝法律索隠」は大胆に問題提起した労作と言えよう。

第四章「清末における礼と法の見方をめぐって—『五朝法律索隠』とその周辺—」は、清末における礼と法に対する見方を通して、「五朝法律索隠」の視点が独自であることを明らかにしようとしたものである。章太炎は五朝法を「損上益下之美」と「抑強輔微之心」の二点で優れると評価した。というのは、中国法はもともと官員や富人、父や夫などに有利に働き、礼制における上位者や支配層に法が均等に適用されないことが問題だ、と彼が考えたからだ。清末でも、礼と法の相補性を士人は当然の如く見なし、章太炎のように、礼の法に対する浸蝕を批判するものは少なかった。章太炎の周辺人物の礼と法に対する見方を検討して、太炎の視点の独自性を洗い出し、高踏的思想家とは違う一面のあったことを検討した（この実学的側面は、辛亥後の法制論において具体的に展開されることになる。終章参照）。

第五章「章炳麟における法の問題—『訄書』と『検論』を中心に—」は、章太炎の主著の一つである『訄書』と『検論』に見える法制論を考察したものである。彼は言論活動を始めた三〇歳過ぎに『訄書』を著した。本書は学術・政治・思想・経済など、実に広汎なテーマで議論をした。かつて魯迅はその文章が難解だと評したことがある。章太炎が何度も『訄書』を補訂したことを見ると、そこには彼の思いが込められていて、思想展開の軌跡を映し出している。その補訂とは、『訄書』初刻本（一八九九年刊）・初刻補佚本・『訄書』重訂本（一九〇四年刊）・手改本（一九一〇〜一九一三年頃補訂）・『検論』（一九一四）のことである。[17]『訄書』には法制論があり、章太炎が早い段階から法制について思索していたことが窺える。中でも『訄書』儒法篇及び『検論』原法篇は重要であって、法運用の実態を批判するばかりか、儒家の「原心定罪」の法理に問題点を見いだしている。すなわち、章太炎は「例」（判決例）が多くなりすぎて、類推適用する際、法吏によって恣意的に運用される嫌いがある。その結果、法の公正な機能が損なわれ、悪用されるというのである。本章では、主として旧中国法に対する見方を、『訄書』と『検論』を手がかりに考察した。

第六章「章炳麟の体制構想―『諦実之共和』と『奇觚之専制』―」は、辛亥前における彼の体制構想と法制について考察したものである。周知のように、章太炎は「五無論」や「国家論」などにおいて国家や人間について論じたが、「五無」の議論は、政府や国家という組織の絶対化を排するためにアイロニカルに論じたものであった。現実の体制として彼は代議制を批判したが、「代議然否論」の後半において「諦実之共和」体制を構想した。その体制の特徴は、民衆が主権をもち、法が公正に運用され、権力が分立して相互牽制されるところにある。ところが、彼は代議制を批判したので、立法府は存在せず、立法は歴史と社会慣習を熟知したエリートに担われることになった。権力の相互牽制と法の公正な運用が目指されても、この体制ではその現実のチェックができない懼れがあり、結果的に権力が独裁に陥らないという保障がない。この体制構想が現実の篩にかけられるのが、辛亥後である。本章は、章太炎が辛亥前に構想した体制を法制との関連で考察し、体制の意図と課題を探った。

終章「権力牽制の行方―結びに代えて―」は、民国初における章太炎の法制論を概観したものである。それを辛亥前における章太炎の体制構想と比較すると、彼の関心が権力の牽制と地方自治に収斂していったことが分かる。彼は民国の混乱を見て、その元凶として「約法・総統・国会」の三つを挙げた。というのは、民国になって大総統は、彼の辛亥前の構想とは違って絶大な権力をもつに至り、国会は権力を牽制する機能を果たしていない。そして、約法は総統と国会の法的根拠となったからである。辛亥前の体制構想は、民国の混乱の中で、思索の核が洗い出されてきたのである。民国においても精力的に現実に係わり思索を深めたことは、辛亥後の太炎像の再考を促す。

要するに、章太炎は、清朝による近代法の導入より以前から、法について思索していたのである。それは彼が法を広く政治と連関するものと捉え、単に刑律や行政処分といった狭い理解をしなかったからだ。そして、法を誰にでも等しく適用すべきものと捉え、礼制と相補的な関係では考えなかった。名教の秩序維持とは違う視点をもっていたのである。しかも法の公平な適用は、民衆の権利保護のみならず、権力の牽制に欠くべからざる条件としても考えられた。辛亥前において、こうした法の理解は稀だと言える。ただ、彼は立法を掌る代議制を否定し、その構想した体制において法は独特な地位が与えられたので、辛亥後、この点が課題となった。すなわち、いかに法を普遍的に適用し権力を牽制するのか、である。この権力牽制、法の公平な適用及び立法府の不在という問題認識は、中国における政治と法を考える上で今日でも欠かせまい。とすれば、清末民初における章太炎の法をめぐる思索は深く且つ鋭かったと言えないだろうか。

【注】

（1）『晋書』刑法志、『晋書』三、中華書局本九二三頁。
（2）『晋書』刑法志によれば、鄭玄は肉刑復活論者であったが、漢廷はその議を取り上げなかったという（『晋書』三、中華書局本九二一頁）。
（3）『隋書』経籍志、中華書局本九七二頁。
（4）『隋書』刑法志、中華書局本六九七頁。
（5）清、沈家本「法学盛衰説」、『寄簃文存』巻一、鄧経元・駢宇騫点校『歴代刑法考　附寄簃文存』所収、中華書局、一九八七年。周藤忠明「『法学盛衰説』訳註」、『産大法学』第四九号第四号、二〇一六年参照。
（6）島田正郎『清末における近代的法典の編纂』第七章、創文社、昭和五五年。
（7）前掲島田正郎『清末における近代的法典の編纂』第七章。松田恵美子「清末礼法争議小考」（一）（二）・完、『法学論叢』一三七—二、一三七—五、一九九五年。小野和子「清末の新刑律暫行章程の原案について」、『柳田節子先生古稀記念　中国の伝統社会と家族』、汲古書院、一九九三年。

（8）韓策・崔学森整理『汪栄宝日記』（中華書局、二〇一三年）の一九〇九年一〇月一八日の条に、『刑律草案』第一章～第二十章までの修正を担当したとある。また王暁秋「『汪栄宝日記』前言」（前掲『汪栄宝日記』所収）参照。

（9）前掲『汪栄宝日記』は宣統年間（一九〇九～一九一二）のものだが、汪東と交信のあったことが記録されている。また、章太炎は「故駐日本公使汪君墓誌銘」を書いており（『太炎文録続編』巻五之下）、汪東代擬「汪栄宝哀啓」によれば、南洋公学の特班生になって章太炎や蔡元培らに就いて学んでいたとあり、汪東を介して何らかの接触のあったことが推測される（『国風半月刊』第三巻第五期、民国二二年）。また汪東は、「寄生」「弾仏」の筆号で『民報』に寄稿している。

（10）第二編第三章「章炳麟にとって実証とは何か」。

（11）『中国法理学発達史論』は『新民叢報』第七七、七八号、一九〇六年原載、『飲冰室文集』（十五）所収。『論中国成文法編制之沿革得失』は『新民叢報』第八〇～八二号、一九〇六年原載、『飲冰室文集』（十六）所収。

（12）第一編第五章「章炳麟における法の問題―『訄書』と『検論』を中心に―」。

（13）瀧川政次郎「近世の漢律研究について」によれば、清末は漢律などの断簡収集の段階であったことが窺える（『史学雑誌』五二―四、一九四二年）。内田智雄編『中国歴代刑法志』『続中国歴代刑法志』各解題（創文社、昭和三九年、昭和四五年）。韓玉林「魏晋律管窺」、『法律史論叢』第三輯、一九八三年など参照。

（14）李貴連「近代中国法の変革と日本の影響」、張培田「清末の刑事制度改革に対する日本からの影響」、共に池田温・劉俊文編『法律制度』、日中文化交流史叢書二、大修館書店、一九九七年。

（15）瀧川政次郎「唐代法制概説」は、唐律が東洋のローマ法であり、秦漢以来の支那法の要素が皆この中に溶け込んでいると言う（『支那法制史研究』所収、有斐閣、昭和一五年）。

（16）浅井虎夫『支那ニ於ケル法典編纂ノ沿革』（一九一一）、民国、程樹徳撰『九朝律考』（一九二七）参照。これらからは五朝法の断簡であることが分かる。

（17）『訄書』テキストの名称については、湯志鈞説（「从『訄書』修訂看太炎的思想演変」、『文物』一九七五―一）と朱維錚説がある（『章太炎全集』（三）「前言」、一九八四年）。ここでは朱維錚説に従う。

第一章　章炳麟の「憲法大綱」批判

問題の所在

章炳麟（号　太炎）は辛亥革命の思想家であり、清朝考証学者でもあったから、従来、主としてその政治思想や学術思想などが研究されてきた。ところが、政治思想が考察された場合でも、彼の法律思想が検討されることは少なく[1]、清末における近代法の導入との関連で論じられることも稀であった。かつて章太炎の法律思想を儒法闘争史観から検討することはあったが[2]、そうした研究は一九七〇年代の中国の政治状況を反映してきわめて政治的であり、章太炎の法律思想研究としては不十分の謗りを免れない。

そもそも法は、政治や社会の秩序を維持するための規範であり、強制力を伴ってその実効性を確保しようとする。だから、章太炎の政治思想を論ずるとすれば、当然その法律思想は看過できないはずなのに、論じられることは少なかった。例えば彼の代議制批判である。従来、それは独創的な政治思想として、反代議制の議論や新たに構想された体制のユニークさに注目された。その新しい政治体制は、行政と国防を掌る総統、司法長官、教育長官の三者によって構成され、西洋風のいわゆる三権分立ではなかった。立法は法学者及び歴史に通暁し民間の利害をよく知る者が掌り、主権者である民衆は立法に関わらなかった（第一編第六章）。しかし、新しい体制構想が何故そのような型をとったのか。この点は、考察が十分ではなかった。章太炎の体制構想は法の在り方と深く関わっているので、彼の代議制批判を論じるのであれば、やはりその法律思想の考察は欠かせまい。

さて本章は、章太炎の「『虜憲廃疾』六條」（以下「虜憲廃疾」と言う）を手がかりにその立憲論を考察するものである。「虜憲廃疾」は、彼の「代議然否論」（『民報』二四号、一九〇八年一〇月一〇日）の付録だが、「代議然否論」が『太炎文録』（一九一五）に収載される際、一緒に収められなかった。「虜憲廃疾」は清朝の「欽定憲法大綱」（以下、「憲法大綱」と言う）を批判したもので、時事性が強いと判断されたからかと推察される。そのこともあってか、「虜憲廃疾」には、これまで十分な検討が加えられてこなかった。

そこで先ず、章太炎が法について論じた大きな背景を知るために、近代法の導入を概観する（第一節）。次に、「虜憲廃疾」の論点を明らかにするために、「憲法大綱」の性格を概観し（第二節）、「虜憲廃疾」の論点を具体的に見る（第三節）。そして最後に、「虜憲廃疾」の根底に章太炎の歴史的文化的視点が潜んでおり、彼の立憲制批判が自由と「地方自治」という中国社会の根本問題に関わっていたことを明らかにする（第四、五節）。

一　清末における近代法の導入
―「虜憲廃疾」の歴史的背景

先ず、「虜憲廃疾」が書かれる契機となった近代法の導入について、簡単に触れておきたい。「虜憲廃疾」の時事性が分かるからである。

清末における近代法の導入は、清朝政府の新政の上諭（一九〇一年一月二九日、光緒二十六年十二月十日。以下、西暦に統二）を受けて、両江総督劉坤一と湖広総督張之洞が興学育才と近代法制の導入を上奏したのに始まる（一九〇一年一〇月二日）。清朝は、義和団事件の後、政治の刷新を唱えて近代法制を受け入れようとしたのである。ただし、近代法の導入は清朝が自ら進んで選択したと言うより、日清戦争の敗北と義和団事件を経て、変革を迫られて選択せざるをえなかったと言うほうがよい。なぜなら清末の近代法導入は、中国が市民社会へ進展した結果ではなく、むしろ立憲制に改革して清朝体制を存続させようとした結果であり、[1]また西洋諸国が領事裁判権を放棄する条件として要求したからでもあった。[2]近代法導入に関しては、先学の研究がある。[3]本稿では、清朝の立憲制選択は、明治維新のような政治変革を経ないで、旧体制のままに行われた点に留意しておきたい。章太炎がこの点を批判したからだが、汪精衛「駁新民叢報最近之非革命論」も、やはり「政治革命を為さざる者は、立憲する能はず」、と旧体制のままに立憲制を導入しようとする点を批判している。[4]清朝の場合、旧体制下で導入されようとした憲法は、日本との大きな相違をもたらした（第二、三節）。

近代法の導入に関して言えば、一九〇二年五月一三日に沈家本と伍廷芳に現行律令改定の命が下り、修訂法律館が一九〇四年五月一五日に設置された。近代法の導入が日程に上ったのである。そして一九〇五年一一月二五日には考察政治館が置かれ、各国の政治を調査して中国の政体に適うものを探ろうとした（考察政治館は一九〇七年八月一三日に憲政編査館となった）。同年七月七日に地方自治制を一五年以内に施行することが期され、一〇月一一日に沈家本、兪廉三、英瑞を修訂法律大臣に任命、そして一〇月一七日には、各省に諮議局を設けて議員公挙の準備をする命が出た。翌一九〇八年九月二二日に、「憲法大綱」「議院法要領」などが頒布された。章太炎が「虜憲廃疾」を書いて「憲法大綱」を批判したのは、この直後の一〇月である。そして一二月二日には、九年以内に憲法を頒布して議員を召集する詔が出たが、予備期間が長いと不満が噴出、一九一〇（宣統二）年一一月四日には、宣統五年に国会を開くことに改められた。これは革命運動や民間の立憲運動が影響を与えた結果である。[5] 予備立憲のために、諮議局が地方の諮問機関として一九〇九年一〇月一四日に開かれ、資政院は政府の諮問機関として一九一〇年一〇月三日に開かれた。

章太炎の「憲法大綱」批判は、こうした立憲制導入や地方自治制施行の動きを背景になされたのである。そこで次に、彼の批判の論点がどこにあるのかを知るために、「憲法大綱」をあらまし見ておこう。

二　「憲法大綱」の性格

「憲法大綱」は、憲政編査館が制定して一九〇八年九月二二日に頒布され、「君上大権」一四条と「附　臣民権利義務」九条からなる。「憲法大綱」は「その細目は憲法の起草時に酌定する」と注記していて、憲法策定のための骨子を示す。[1] それは「大日本帝国憲法」(明治二二年二月一一日。以下明治憲法という)に範を取る中国最初の憲法草案であるが、両者を対比すれば、両者の間に大きな相違のあることが分かる。「憲法大綱」が明治憲法の模倣であり、「君上大権」と「附　臣民権利義務」の全文二三条中、一七条が同じ文章であることはすでに指摘されている。[2] 章太炎は「憲法大綱」の模倣性を批判しているが、いかに批判したのか。これを明らかにするために、まず「君上大権」部分を見ておこう。

【「憲法大綱」と「大日本帝国憲法」の対比】

	「憲法大綱」「君上大権」（「憲法大綱」各条の小字部分は本文に附された割注）	備考（「大日本帝国憲法」の条文との対比）
一	大清皇帝統治大清帝国。万世一系、（A）永永尊戴。	第一章「天皇」第一条（下線部（A）なし）。
二	君上神聖（B）尊厳、不可侵犯。	第一章第三条（下線部（B）なし）。
三	欽定頒行法律及発交議案権。（C）凡法律雖経議院議決、而未奉詔命批准頒布者、不能見諸施行。	第一章第六条（下線部（C）、法律の裁可・不裁可権については、『大日本帝国憲法義解』にあり[3]（以下『憲法義解』と言う）。
四	召集、開閉、停展及解散議院之権。（D）解散之時、即令国民重行選挙新議員、其被解散之旧員、即与斉民無異、倘有抗違、量其情節以相当之法律処治。	第一章第七条（下線部（D）はない）。
五	設官制禄及黜陟百司之権。（E）用人之権、操之君上、而大臣補弼之、議院不得干預。	第一章第十条（下線部（E）は、第四章「国務大臣及枢密顧問」第五十五条に関連し、同条第二項に、法律・勅令・その他の国務に関する詔勅は国務大臣の副署が必要とあるのとは相違する）。
六	統率陸海軍及編定軍制之権。（F）君上調遣全国軍隊、制定常備兵額、得以全権執行。凡一切軍事、皆非議院所得干預。	第一章第十一、十二条（下線部（F）は『憲法義解』にあり）。
七	宣戦、講和、訂立条約及派遣使臣与認受使臣之権。（G）国交之事、由君上親裁、不付議院議決。	第一章第十三条（下線部（G）は『憲法義解』にその趣旨あり）。

八	宣告戒厳之権。当緊急時、得以詔令限制臣民之自由。	第一章第十四条
九	爵賞及恩赦之権。　恩出自君上、非臣下所得擅専。	第一章第十五条
十	総攬司法権。委任審判衙門、遵欽定法律行之、不以詔令随時更改。（H）司法権、操諸君上。審判官本由君上委任、代行司法。不以詔令随時更改者、案件関係至重、故必以已経欽定為準、免渉分岐。	第五章「司法」第五十七、五十八条。（ただし、中国では皇帝が司法権を掌握してきた歴史がある。下線部（H）は『憲法義解』の趣旨と異なる）。
十一	発命令及使発命令之権。惟已定之法律、非交議院協賛奏経欽定之時、不以命令更改廃止。　法律為君上実行司法権之用、命令為君上実行行政権之用、両権分立、故不以命令改廃法律。	第一章第九条（ただし、「命令」を発するのは、「公共ノ安寧秩序ヲ保持シ及臣民ノ幸福ヲ増進スル為」と目的を明記）。
十二	在議院閉会之時、遇有緊急之事、得発代法律之詔令、並得以詔令籌措必需之財用。惟至次年会期、須交議院協議。	第一章第八条第一、二項
十三	皇室経費、（I）応由君上制定常額、自国庫提支、議院不得置議。	第六章「会計」第六十六条（下線部（I）は『憲法義解』にあり）。
十四	皇室大典、応由君上督率皇族及特派大臣議定、議院不得干預。	第一章第二条

さて「憲法大綱」は、立憲制と君主大権の関係をいかに考えていたのか。模倣された明治憲法でも、立憲制と君主大権の関係について、先学の理解には幅があるようである。「憲法大綱」の場合も、やはり両者の関係はあらためて検討する必要があり、本稿では触れない。ただし、少なくとも次のことは言えるだろう。

〔1〕皇帝の権限が極めて強く独裁的である（三、五、六、七、八、九、十、十一、十三条。以下、条項の数字のみ略記）。例えば、法律は議院の議決を経ても、皇帝が認めない限り、施行されないのである（三）。天皇にも不裁可権はあるが、一度も発動されたことはないという[4]。中国において、伝統的に天子は法を社会統治の道具と見なし、それに拘束されないと考えられてきたので[5]、清朝皇帝は絶対無限の権力をもち拘束されなかった[6]。

〔2〕議院（未開設）は翼賛するだけで、権限が弱い（三、四、五、六、七、十四）。例えば「憲法大綱」では、国交に関することに議会は関与できない（七）。確かに『憲法義解』でも、外交は至尊の大権に属し「議会ノ参賛ヲ假ラス」とあるが、それは「大臣ノ輔翼ニ依リ外交事務ヲ行フ」意味だとし[7]、逆に全ての法律は、議会の協賛を経ることになっている（第三章「帝国議会」第三十七条）。「憲法大綱」で「用人之権」は、皇帝の専決であり、輔弼の大臣の副署を認めていない（五）[8]。「憲法大綱」と同時に発布された「附　議院法要領」によれば、その第一条に「議員は祇《た》だ建議の権あるのみ。並びに行政の責なし。事件を決議する所あるも、まさに恭《つつ》しみて欽定を候《ま》つの後、政府方《はじ》めて奉行することを得」とあって、議院はただ「建議之権」しかもたず、一切の決議事項について欽定を仰ぐ皇帝の諮問機関に過ぎない[9]。章太炎が、議員は議郎に等しいと批判した所以である（次節）。

〔3〕「命令」を発する目的に言及されない（十一）。『憲法義解』は、「法律」を「必議会ノ協賛ヲ経」たもの、「命令」を「専ラ天皇ノ裁定ニ出ヅ」るものとするが、「命令」を発する目的は、「公共ノ安寧秩序ノ保持」か、もしくは「臣民ノ幸福ヲ増進スル」ためだとされる[10]。

〔4〕司法権は、皇帝がもっている（十）。明治憲法では、天皇の名において法律に依り裁判所が行うことになっている（第五章「司法」第五十七条）。『憲法義解』では、伝統中国のように行政官が司法職を兼務する流弊を挙げる[11]。そして、裁判官は法律の定めた資格を持つ者で、刑法の宣告か懲戒処分にならない限り、免職されることはないが

（同上第五十八条）、「憲法大綱」にはその規定はなく、法律の欽定が重視されている。
〔5〕「附　臣民権利義務」と併せて考えると、臣民の権利は、秩序を破壊しない限りでしか認められていない。例えば第二条に「臣民の、法律の範囲以内において有する所の言論著作出版及び集会結社等の事は、均しく其の自由を准《ゆる》す」とあるが、「附　議院法要領」第十一条に、地方の「紳士」が議会主義研究として政治結社を組織し、金銭を集めたり割り当てたりして地方を乱せば、地方官が封禁して厳しく取り締まる、と付け加えられている（「紳士」については第五節）。(12) 立憲運動に対してさえ、清朝の一存で取り締まることが出来るのである。言論や結社の自由が認められたというより、清朝の支配秩序の安定が第一ということである。もちろん明治憲法においても、臣民の権利の扱いには微妙なところが残るが、少なくとも明治憲法策定の中心人物であった伊藤博文は、憲法創設の精神を君権の制限と臣民の権利保護に求めていた。(13) 清朝の憲法制定の意図は、次に触れる載澤の言葉からも窺えるごとく、明治憲法の精神と同じとは言えない。

以上だとすると、「憲法大綱」の基本的性格は、日本の立憲君主制が明治維新で旧体制を根本的に変革したのとは対照的に、逆に、旧体制を温存するための施策であったと言える。一九〇五年海外に憲政考察に派遣された大臣の一人載澤が帰朝後上奏した「奏請宣布立憲密摺」にそれが窺える。載澤は立憲制導入の利点として、①「皇位永固」、②「外患漸減」、③「内乱可弭」を挙げた。「憲法大綱」の基本的性格を端的に示すだろう。「皇位永固」について、彼は「立憲国家の君主は神聖不可侵であるから、行政に責任を負わず、大臣が負う。たまたま行政に失敗があっても、或いは議会がこれに反対しても、或いは議院が弾劾しても、政府のそれぞれの関係する大臣が辞職をして、別に新しい一つの政府を立てるだけのことである。故に大臣の位は旦夕に代わるが、皇位は万世不易である。これが大いなる利の第一である」と述べた。憲法による君権の制約の有無、君権の超然性に関心が向けられていたことが分かる。また彼の『考察政治日記』に残る穂積八束や伊藤博文との問答を見ても、関心のありかが窺える。[14]

穂積八束は、天皇の大権政治を重視する立場であるから、[15]載澤に講義したのも肯ける。明治憲法には君主大権の論理と立憲主義の論理が共存しており、[16]また清朝側は君権の超然性に関心があったから、載澤が伊藤の講義から君主大権を正当化する論理を導いたとしても不思議ではない。彼らは大権政治の方向で理解したのである。[17]「憲法大綱」とともに出された「議院未開以前逐年籌備事宜」によれば、[18]九年後に憲法が宣布され、上下議院の議員選挙が行われる予定であったが、一九一〇年一一月四日に、宣統五年に国会を開くことに改められた。国会速開請願運動が高まり、また革命運動も激化した結果、立憲予備期間が短縮されたのである。しかし、問題は準備期間の年数ではなく、「憲法大綱」の基本的性格にあった。

以上、要するに、清朝は立憲制を君主専制の延長線上で理解していたのである。当時、京都シナ学派の狩野直喜は講演の中で、同時代人の眼で、清朝の立憲制導入と官制改革は困難だと評した。[19]狩野は中国の現状を実地に見た上で、伝統的官制を支える基本観念と立憲制の前提が相容れぬと言うのである。このような清朝の憲法を、章太炎は「虜憲廃疾」の名で批判した。

三　「虜憲廃疾」の論点

章太炎の「虜憲廃疾」は、一九〇八年一〇月一〇日発行の『民報』第二四号に掲載された。「憲法大綱」は同年九月二二日に頒布されたから、彼の批判はきわめて早い反応である。これは彼の立憲制への関心の高さや立憲作業の仄聞などが関わっているだろう。例えば「駁康有為論革命書」（一九〇三）で、「公理がまだ分からず旧俗がつぶさに残っている民衆には、革命はしてはならないが、立憲ならしてもよいとは、一体どういうことか。どうして立憲の世に一人の聖王だけが上にいて、天下万民は未開野蛮だというのか」と康有為の立憲への動きを批判している。(1)立憲制への関心は早くから存したのである。また、立憲作業の仄聞とは、かつての受講生が関係していたことである。立憲の作業に携わった汪栄宝は、章太炎の南洋公学での受講生であり、その弟の汪東は『民報』に「寄生」の筆号で撰稿している。汪栄宝の日記からは汪東とよく交信していたことも窺える。(2)それ故章太炎が作業の進捗状況を仄聞していた可能性が考えられるのである。ともあれ、章太炎が「虜憲廃疾」を書いた一九〇八年頃は、清朝による立憲制の導入が、康有為ら在野の立憲運動の枠を越えて政治日程に上った時期なのである。

さて、「虜憲廃疾」であるが、「虜憲」とは清朝政府の作った憲法を指し、「廃疾」とは癒やすことの出来ない病のことだが、「痴」の意味もあり、(3)厳しい批判であることを示す。書名の古い用例としては、後漢、何休の『穀梁廃疾』がある。前節のように、「憲法大綱」は君主の権限と臣民の義務が強く、臣民の権利の制限が容易であった。「憲法大綱」の研究では、大抵議会の立法権の弱さが指摘されるが、(4)章太炎はいかに批判したのか。章太炎は論文冒頭で、「憲法大綱」の意図を指摘して言う。

虜廷　擬する所の立憲草案は、大較《おおむ》ね日本を規模《てほん》とす。其の意趣を推すに、百姓を佐《たす》くる為ならず、国家を保乂する為ならず。惟だ皇室の尊厳を擁護するに是れ急なり。亦た摭拾補苴して其の文を深没し、以て隠諱を為すも、各条自ずから相牴触する者あり。嗚呼。虜廷の疾、已でに死しても治らずして、憲法を以て之を瘵《いや》さんと欲す。憲法の疾は、又た死しても治らず。(満洲政府の制定した立憲草案は、だいたい日本をモデルにしている。その意図を推察するに、民衆を助けるためではないし、国家を保ち治めるためでもない。皇室の尊厳を守ることに性急なのである。

彼らはとりつくろい意味を何とでも解せるような文章にし、〔本来の意図を〕諱み隠しているが、各条文に抵触しているものがある。ああ。満洲政府の病は死んでも治らないほどだから、憲法を制定して治そうとしたところで、その憲法の欠点はどうしようもないのだ）。（「虜憲廃疾」、『民報』第二四号、一九〇八年）

章太炎は、「憲法大綱」の意図が清朝の存続にあって、民衆の幸福や国家の防衛にはない、と見抜いた。彼の「憲法大綱」批判は六条あり、制度論的批判に終わらない独自の視点がその根底に潜んでいる。見ていこう。

〔1〕章太炎は、第一、二条が明治憲法に倣うことを指摘した上で、次の三点からその虚妄性を批判した。①中国に古より万世一系の歴史は存せず、日本とは違う。にもかかわらず「万世一系」（第一条）とことさら言うのは、歴史的事実でないばかりか、将来にわたって一家を永く存続させようという狙い（「永永尊戴」）からだ。②日本と中国は歴史や風俗が異なり、人心も違う。日本人は懐旧の念が強く、天皇を推戴する気持ちが強い。しかし、中国の場合、満洲は中国を狂寇して我が世々の仇となった。日本人が明治憲法の第一、三条（前節）を制定したとき、子供でも厚く信じた。清朝が「憲法大綱」の第一、二条を制定したとき、達官でも腹で笑った。皇位の存続を願うなら、日本に倣う必要はなく、愛新覚羅氏にしか皇位は認めないと言えばよいのに、あえて「万世一系」と日本式にしたのは、愛新覚羅の名が歴史を汚したことを知り、已むを得ずそれを隠そうとした結果だ。③大清皇帝は何の功徳があって中国の宗主たり得るのか疑問だ、と。

章太炎は、明治憲法を模倣した点を批判する以外に、日本と中国との間にある歴史的文化的相違や清朝支配の正当性の不在を根拠に、「万世一系」の語を用いた含意を読み解いたのである。

〔2〕明治憲法には「万世一系」の文章があるが、皇位継承については『皇室典範』に委ねて、憲法としては

「皇男子孫」としか規定していない。一方、①満洲の家法では、適長を必ずしも立てないし、建儲をみだりに言うと極刑に処せられる。しかし、皇位は愛新覚羅氏の男子に継がれて、女子ではない。②「憲法大綱」は明治憲法第二条「皇男子孫之ヲ継承ス」を削ってしまい、その規定がないのは、西太后が垂簾の政を施いていて、その諱みに触れるのを懼れたからだ。「万世一系」など存しない、と。章太炎は、「憲法大綱」に男系の皇位継承が明記されない深意として、西太后が実権を握る清朝の現実を指摘した。

〔3〕明治憲法は、天皇が年少の時及びその他の原因で国事行為が出来ない場合、摂政の項目を置く（第十七条）。しかし、章太炎は「そのやり方は一つではない」と言い、日本との比較を通して、光緒朝廷の二重権力状態を剔りだす。彼が「そのやり方は一つではない」と言うのは、明治の『皇室典範』第五章「摂政」の規定を念頭に置いてのことであろう。すなわち、『皇室典範』には、普通、摂政には成年に達した皇太子もしくは皇太孫がなるが（第二十条）、皇太子・皇太孫が不在もしくは未成年のときは、①親王及王、②皇后、③皇太后、④太皇太后、⑤内親王及女王の順序で摂政になることができる（第二十一条）、という多様な選択肢がある。ところが章太炎に言わせると、満洲の場合、日本とは違い、皇帝以外の者による権力執行では、摂政と呼ぶ以上の現実がある。例えば載淳（同治帝）や載湉（光緒帝）が年少の時、二人の后妃が政治をした。皇帝が諭旨を発し、二人の后妃が懿旨を出した。群臣の章奏に対して、皇帝と皇太后が署名した。これでは誰が政治主体なのか不明だ。戊戌政変の時、載湉はすでに成人しているのに、西太后が急に訓政を始め、今日でも依然続いている。もはやそれは摂政ではない。「此れ一国両君為りて、猶ほ日本の所謂院政のごとし」、と言うのである。

確かに光緒朝以前にも、訓政が行われたことがある。乾隆帝が嘉慶帝に譲位した後も太上帝として訓政をし、同治初や光緒初にも、慈安皇太后と慈禧皇太后が訓政をしたのである。(5) しかし、章太炎が問題にしたのは、訓政が近代的に粉飾されること、すなわち、西太后が実権を掌握している光緒朝の現実と立憲制との乖離であった。

〔4〕「憲法大綱」第十三、十四条は、明治憲法を模倣して、それよりもさらにひどい、と章太炎は言う。第十三条は、皇帝が皇室経費の常額を制定し、議院はそこに関与出来ないという規定であり、第十四条は、皇帝が督率する皇族と特派大臣によって定められ、議院はそこに関与出来ないという規定である。章太炎の批判は、皇帝と皇族の在り方が日本とは違う点に向けられていて、皇室経費や皇室大典に議院が関与するかどうかにはないが、彼は皇帝の私有財産に関して、『訄書』重訂本（一九〇四）で『皇室典範』に早くも言及している。(6)

さて、章太炎は言う。日本の刑法では、臣民が天皇・三后・皇太子に危害を加えた場合、あるいは危害を加えようと謀った場合、そして不敬行為をした場合、それぞれに処罰規定がある。ところが中国の場合、秦の始皇帝以降、皇族は匹夫と同じ扱いになった。封建制の旧習は破られて一君万民となり、皇帝以下には階級が消え、平等になったのだ。漢晋の間、封建は残ったが、法律上、諸王は民衆と同じ扱いであった。旧中国では、皇帝のみ尊貴で、皇帝に対する不敬罪は存したが、皇族に対する不敬罪はなかった。(7)ところが、「憲法大綱」の頒布にともなって新刑律がそこに付随し、皇族への不敬罪も生まれた。昔、奕訢や奕劻を弾劾する者があったが、法律上規定がないので、どうすることもできなかった。今、軍機の領袖はいつも親王であるが、彼らは貪婪無芸なのに、官を論ずれば財を言い、爵位を授ければ賄賂をもらう有様だ。日本が皇族を尊厳に出来るのは、僅かの皇族ですら政官になれず腐敗していないからであり、中国とは事情が違う、と。(8)

章太炎は、清朝が中国と日本の社会慣習上の相違を無視し、法という外形だけを模倣して皇族の腐敗を法律で守ろうとする、と非難するのである。この非難の根底には、一君万民体制下の自由平等という歴史認識がある。

〔5〕「憲法大綱」には、議院に建議の権しかなく、全ての決議案件は恭俟欽定の後で政府が始めて行うことが

出来るとされる（第三条など）。章太炎は言う。決議は欽定を待つわけだから、いわゆる議員とは漢代の議郎のような存在でしかない。清朝には議郎のポストはないが、給事中や監察御史には建議権があるから、ことさら議員を設ける必要はない、と。(9) 章太炎は、清朝が立憲制を採るとしながらも、議院に建議権がなく、皇帝が超然としている制度的矛盾を批判したのである。

〔6〕「憲法大綱」末尾の「附　臣民権利義務」第七条「臣民按照法律所定、有納税、兵役之義務」を、章太炎は二点で批判する。一つ目は、税法上の問題点から、二つ目は、民衆すべてに兵役を課そうとする清朝の秘められた意図からである。康熙帝の時、一条鞭法をおこない地と丁が合わさり、誰でも全て納税する訳ではなくなった。納税を求めるなら、版籍を整えねばならず、結局、それは唐代の租庸調に復帰して、募兵制を府兵制に戻すに等しい。にもかかわらず敢えて納税と兵役の義務を言うのは、民心の不安定を鎮めるために違いない。日本のようにもっぱら国防のためではあるまい、と言うのである。(10)

以上、要するに、章太炎の批判は次の五点に要約できる。①清朝支配の正統性の不在。②皇帝と西太后との二重権力状態。③清朝皇族の政治関与による腐敗。④議院の建議権の不在。⑤臣民に納税と兵役の義務を課すことの制度的矛盾である。すなわち、彼は立憲制に対して制度論的な批判（④⑤）を加えるとともに、清朝政府の腐敗や中国を統合できない現状をえぐり出したのである（①②③）。①②③は章太炎独自の論点であり、④⑤は、従来の中国憲法史研究でも指摘されてきた制度的不備である。特に章太炎の批判の根柢にあるのが、中国の歴史や日本との文化的相違についての認識である。明治憲法を模倣しても覆いきれない清朝政府の実態を暴き、制度と現実との乖離を指摘にしたものと言えよう。

とくに章太炎の腐敗に対する嫌悪感は、皇族に限らず、立憲運動に携わる人間にまで及んでいる。例えば彼は、国会速開を唱えた楊度（一八七五〜一九三一）も腐敗していると批判した。楊度は、湖南省湘潭の出身で、王闓運の弟子であるが、戊戌の後、日本に留学した。東京では、立憲派の梁啓超などと交わり、革命派の黄興や宋教仁ともつきあった。一九〇七年「政俗調査会」（後に「憲政講習会」「憲政公会」と改称）を設立し、立憲運動の目標を「民選議院の設立」に置いて国会請願運動を始めた。一九〇八年には、「憲政公会」に加わりながら、任官して憲政編査館に入り、袁世凱に面識を得た。「憲法大綱」が頒布されて一部の立憲派から批判が起こると、楊度は「憲法大綱」と「議院未開以前逐年籌備事宜」の策定には関わっていないと弁明した。(11) その真偽のほどはともかく、彼が「憲法大綱」に関与したと周辺から見られていたことは疑いない。章太炎は、そうした楊度を口を極めて非難した。

[1]彼の憲法は既に人民に請願の権を与へず。電文もて陳乞すと雖も、亦た将に閉拒不通にして建議の権を議院に収縮せんとす。是れ民権此に因りて愈いよ削らるること甚だし。楊度の専固自恣なること、更に康有為よりも甚だし。（あの憲法は、民衆に請願する権利を与えていない。電文で請願してみても、拒まれて不通になるようにして、議院だけに〔民衆の請願を代表させて、そこに〕請願権を収斂させようとしているわけだ。民権はこれによって益々削られてしまうだろう。楊度は、康有為以上に〔立憲に〕執着して好き勝手にやっている）(12)。

章太炎が議院に民衆の請願権を代表させることに異議を唱えるのは、議院が主として「紳士」や官僚から構成されようとしたからである。例えば一九一〇年資政院各省互選議員九八人中、進士二六人、挙人三七人、貢生一八人、生員一一人、監生一人と約九五％が「紳士」や官僚たちであった。(13)「紳士」の立場からすれば、立憲制は地方自治と考えられるが、章太炎からすれば、民権を抑圧する制度に他ならない（第五節）。したがって、立憲制を推進する楊度は許せないことになる。章太炎の楊度批判は続く。

[2] 彼の楊度なる者は真に屠腸支解しても足らず。其の東国を師資し、事事に佯色揣称して、惟だ或いは失はんことを恐るるのみ。豈に悟らん、（A）彼の国君と民間とに積恩ありて細釁なきを。又た（B）近ごろ封建を承けて国内の藩鎮を移すの戦争を以て、これを翕《おさ》むるに対外を以てするを。祇《た》だ其の弛むを見て其の張るを見ず。（C）今の虜政府なる者は、豈に封建の末流を承けんや。楊度が輩の用意を推すに、尚ほ日本の専ら国防の為めにする者の如きには非ず、（D）徒に民心の野に靖んぜず斬木の雄あらんことを懼るるのみ。

〔あの楊度という奴は、本当に八つ裂きにしてもまだ足りないくらいだ。日本を手本とし、何でも上手に真似をしようとして、失敗することばかり懼れている。彼には日本の天皇と民衆の間に〔中国とは違って〕積恩はあっても僅かの不和もないことが分かっていないし、最近日本が封建制を廃止し諸侯を移して〔近代的な体制にしようとして起こった士族の〕反乱で〔生まれた不満を〕対外問題〔に目を向けさせること〕で終息させようとしたことも分かっていないのだ。たんに日本の政治的に緩んだところだけを見て、緊張したところがあったのを見ないのである。今の清朝政府はどうして〔日本のような〕封建制の末流であろうか〔中国はすでに封建制を脱して長いのである〕。楊度らの意図を推測すると、〔彼らが「憲法大綱」を作った意図は〕日本のように国防のためではなく、民情が不安定で〔木を斬って武器とする陳勝のごとき貧民の〕反逆者が生まれることを心配してのことだ〕。(14)

また、言う。

[3] 楊度は鴟張夸夫にして、眉を伸ばし頸を延ばして、喁喁として国会を開かんことを請ふ。満政府は其の請の如

く、果たして九年を刻して憲政実行の日と為す。（楊度は梟が翼を広げたかのように勢いづいてやりたい放題、浮薄で威張る人間だが、晴れ晴れとした顔つきで期待をこめ、上を向いてうるさく国会開設を請願した。満洲政府はその請願通り、果たして九年を〔準備〕期間として憲政実行を約束した）。[15]

章太炎の楊度に対する非難は、「専固自恣」「屠腸支解不足」「鴟張夸夫」といった言葉からも分かるように感情的色彩を帯びている。それは楊度が「憲法大綱」を足がかりに利益を追求して清朝に取り入ったからである。章太炎からすれば、楊度のような日本留学生であれ、西洋留学生であれ、利禄追求の点では同じである。例えば彼は、「馬良請速開国会」（一九〇八）の中で、次のように述べた。日本留学生の国会速開論者は三年を期とし、満洲政府の立憲論者は一〇年、西洋留学生は二〇年を期とすべしと主張する。日本留学生が三年と言うのは、自らの法政の学習が完成したので、他の法政学生が増えて富貴になる機会をなくすことを懼れてのことだ。また、西洋留学生が二〇年と言うのは、自らの法政学習が未完なのに、速開すれば日本留学生に機会を取られることを心配してのことだ、と。[16] 憲法起草にあたって、このように「東方学生（日本留学生）」という言い方をしたのは、楊度のみならず、章宗祥、汪栄宝、曹汝霖、恩華ら日本留学生が憲政編査館の職員になり、近代法典の起草作業にあたっていたからである。[17] そして「持する所は同じからざれども、其の利禄の為にするは則ち一なり。」と断じた。[18] 日本留学生と西洋留学生とは立場が違うが、利禄追求の点では同じだと章太炎の眼には映った。彼はもともと人間が功利的に動くことを嫌い、反功利主義の立場に立つ。[19] 立憲制導入の背後に、彼はそれを必要とする政治的要請とは別に、功利主義的動機を見いだし、立憲運動の推進者を倫理的に批判したのである。

上に見られた楊度批判（2）を見ると、章太炎独自の視点が分かる（下線部A、B、C、D）。一つ目は、日本と中国の根本的な体制の歴史的相違である（B、C）。日本は封建制から脱して間もないが、中国は封建制から脱して二千年ほども経っており、こうした歴史的段階の相違は無視できないというのである。二つ目は、天皇制と清朝支配との文化的異質さであり、清朝支配の正統性に関連している（A、D）。日本の民衆は天皇に積恩を感じているが、中国の民衆は清朝支配に同意していない。そうした文化的相違を無視して近代法制を導入しようとするのは、現実を覆い隠すことでしかないというのである。「憲法大綱」の内容批判でも、章太炎は清朝皇帝の「万世一系」や「神聖尊厳」をめぐって、日本と中国との間にある歴史的文化的相違を指摘していた。彼がこのように立憲制導入を歴史や文化と関連づけて考えたので、その批判は中国社会の性格に関わる根本的なものになった（第四、五節）。

そこで次に、章太炎の歴史的視点、すなわち「虜憲廃疾」の根底にある封建制の認識について検討してみよう。中国は二千年間自由であったとは、いかなる意味であったのか。

四　「虜憲廃疾」の基底にあるもの（一）
—自由の追求

章太炎は代議制を批判したが（「代議然否論」）、その根拠の一つが、中国は久しく平等社会だということである。封建制は秦によって崩壊し、中国は自由平等となったのに、代議制度は民意を不通にして民衆の自由平等を抑圧するというわけだ。章太炎の立憲制批判は、以下のように、反代議制の議論と一連のものだが、中国社会に対する批判的認識がその根底にあった。

まず中国が久しく平等であり、代議制は自由を抑圧するという点についてである。章太炎は言う。

代議政体は能く民権を伸ばすに非ずして、適《まさ》にこれを堙鬱す。蓋し政府と斉民と纔《わづ》かに二階級あるのみ。横ざまに議士を其の間に置かば、即ち分かれて三と為る。政府は誠に一の牽制する者多し。斉民も亦た一の抑制する者多し。欧美、日本これを行ふも、民愈いよ困窮し、未だ其の元元の福たるを見ず。是れ中国に在りては、則ち勢ひ尤《もつと》も東西に異なり。一に曰く、封建を去ること久しきか、これに近きか。代議に比する者は封建の変形なるのみ。君主立憲は、其の趣き尤も近し。…（中略）…、欧洲諸国は憲政初めて萌芽し、封建を去ること直《た》だに三四百歳、日本すら且つ一世に逮《およ》ばず。封建の政、民を遇すること溼薪を束ぬるが如し。漸く専制に及べば、地主猶ほ横なり。是において立憲制に更む。民 固より其の故に安んず。（代議政体は、民権を伸ばすものではなくて、まさしくこれをふさぐものである。思うに〔中国には〕政府と民衆との間に二つの階級しかなかったが、ほしいままに代議士を置くと、三つの階級が出来ることになる。政府には牽制する者が一つ増え、民衆にも抑圧する者が一つ増えるわけだ。欧米や日本では、代議制を実施しているが、民衆はいよいよ苦しんでいて、それが民衆の幸福になっているとは聞かない。代議制は中国の場合、欧米や日本と事情が違うのである。一つ目は、封建制を去ることが遠いか近いかである。代議制に比べるのは、それが封建制の変形にすぎないからだ。君主立憲は、もっともそれに近い。…（中略）…、西洋諸国は憲政が始まったばかりで、封建制を去って三、四百年ほどしか経っていない。日本もまだ百年にもならない。封建政治は、民衆を濡れた薪を束ねるように酷薄に扱った。次第に専制政治になっても、地主は専横であった。そこで立憲政治に改めたわけだ。民衆はもとよりそのことに安んじた。(1)）

章太炎によれば、欧米や日本が封建制から離陸して間もない段階なのに、中国はすでに封建制を脱して久しく二千年間も自由で平等な社会である。封建制を脱して間もない欧米や日本では君主立憲を採用できるが、平等社会の中国には不向きである。ことさら自由平等を棄てて、代議士を民衆の上に置き、民衆の自由平等を圧迫することはない、と。

では、その自由平等とは、一体何なのか。

中国を掍一して既に二千稔、秩級已《すで》に弛み、人民等しく夷《たい》らかなり。名づけて専制と曰ふも、其の実放任なり。（中国が統一されて二千年たち、階級はすでに緩やかで、民衆は平等である。中国は専制だと言われるが、実は放任である）(2)。

章太炎の言う自由平等とは、専制下における放任状態から生まれる無拘束、いわゆる鼓腹撃壌の生き方を意味する。代議制の導入は、この生き方を抑圧すると言うのである。彼は代議制に代わる新しい社会として「諦実之共和」体制を構想したが（第一編第六章）、事実、そこでも民衆は政治から離れたところで自由に生きることが想定されている。むしろ政治から離れるところに民衆本来のあり方を見いだしているのである。

故なくして議士を建置すれば、廃官豪民をして其の間を梗塞《ふさ》ぎ、以て相陵轢せしむ。斯れ乃ち民権を挫抑して、これを伸ばすには非ず。（訳もなく代議士を置くと、腐敗した官吏や勢力のある民を政府と民衆との間において閉塞させ、力ずくで踏みにじるようにさせてしまう。これこそ民衆の権利を抑圧するものに他ならず、伸ばすものではない）(3)。

しかし、なぜ代議士が自由平等を壊すというのか。近代化して産業社会に進もうとすれば、かつてあった自由放任が失われても、やむを得ないのではないか。一般的に言って、近代化すれば都市化や産業化が進行し社会の統制が進んで、社会関係が緊張したものになる。ところが、章太炎は中国の近代化をそのようには望まなかった。立憲制の導入によって自由放任が失われたら、斉民への抑圧が大きくなると考えた。この認識は、専制の方が立憲制よりまだましだという判断を生んだ。というのは、政治は民衆にとって抑圧だと見られて、共同参画して意志を表明して実現するシステムとは考えられなかったからである。章太炎は言う。

> 漢世を訖《を》はるまで封建を去ること猶ほ近し。故に昭帝の塩鉄・権酤を罷むるは、則ち郡国の賢良文学これを主とす。皆略ぼ国会の似《ごと》し。魏晋以降、其の風始めて息《や》む。今に至るまで又た千五六百歳、而るに議する者は古初に逆反《かへ》らんと欲し、合するに泰西立憲の制を以てす。庸下なる者すら且つ沾沾として日本を規《のり》とす。悟らず、彼の封建を去ること近く、我の封建を去ること遠きを。封建を去ること遠き者は、民皆な平等たり。封建を去ること近き者は、民に貴族黎庶の分あり。立憲に效《なら》ひて民をして貴族黎庶の分あらしめる与《よ》りは、王者一人権を上に乗《と》り、規摹廓落して則ち苛察遍くは行はれず、民猶ほ以て其の死を紓《ゆる》むを得るに如かず。（漢末になっても、封建制からはまだ近かった。それ故漢の昭帝（前八七～前七四在位）が〔民衆を苦しめるので〕塩鉄や酒の専売やめたのは、郡国の学問や才徳のある人々に議論させたからだ。これは大体国会に似ている。魏晋以降になって、〔郡国の優れた人々に意見を聴取するという封建的な〕風習がやっと終わった。今日に至るまで千五六百年たっているが、論者は封建制の古き時代に逆戻りし、それを西洋の立憲制に合わせようとしている。凡庸な者でさえ浮薄にも日本を模範にする。彼らは、日本が封建制から離陸して間もないが、中国の場合は、時間が経っていることが分かっていないのだ。封建制を離陸して時間が経っていれば、民衆は平等である。封建制から近ければ、社会に貴族と民衆との身分差が残る。立憲制の真似をして社会に貴族と民衆の身分があるよりは、帝王が一人で権力を握り、制度が大まかで苛酷な監察が遍ねくは行き渡らず、民衆がその分長生きできる方が良い）[4]。

民衆は二千年間専制権力の「苛察」から離れてゆるやかに生きてこられたのに、代議士が生まれれば、政府権力と民衆との間に介在して、彼らの専横が公認される、と章太炎は危惧したのである。彼がこう見たのは、土豪、商人（「駬儈」）及び官僚が地域社会に跋扈してきた現実があったからだ。それは「地方自治」と呼ばれる地域秩序である。代議士が民衆の自由を壊すと考えたのは、上のように中国の基層社会を歴史的に理解した結果である。繰り返して言えば、その自由とは、政治に積極的にか消極的にか、いずれであれ、関与する近代的性質のものではなく、抑圧と見られた政治から離れて生きる、放任の自由である。放任の自由と立法について、章太炎は「諦実之共和」体制の中で論じた（第一編第六章）。

次節では、代議士が自由平等を壊すという章太炎の考え方を理解するために、「地方自治」について、必要な限りで触れておきたい。

五　「虜憲廃疾」の基底にあるもの（二）
―「地方自治」への反撥

「地方自治」やその担い手である「紳士」についての研究蓄積は厚く[1]、「紳士」概念一つにしても、研究者や対象にする時代によって広がりがある。ここでは「地方自治」について、章太炎の考え方を理解する限りで触れることにしたい。

法社会学者の瞿同祖によれば、清代、「紳士」は地方のエリートとして当地の社会を代表し、官吏と共に地方行政を共同管理して、政治にも参画した[2]。明清期において、それは官・農・工・商以外を指す特定の社会集団である。初めは科挙合格者を指したが、後には挙貢・生員にまで拡大して、その集団構成は複雑である[3]。「紳士」にも区別がある。「紳」は政府の官員で「官紳」と呼ばれ、「士」は功名や学銜があるが未入仕の者で「紳士」層の下位にあり、「学紳」と呼ばれる。(4)「紳士」は差徭を優免されたり、徒刑以下の刑罰を免除されるといった封建的特権を享受し、平民や地主とは違った身分として郷曲に武断していた。(5)彼らの仕事は、堤防や道路の修築といった公共工事、育嬰堂や普済堂などの福祉、孔子廟や学堂の運営、保甲の管理、地方の公産管理などであった。(6)近代に入ると、彼らは地方の新式学堂の学務なども担当した。こうした役割からも窺えるように、彼らには官の支配を民衆に伝え、その一方で民衆の代言人になるという二面的性格があった。(7)近代になり、洋務運動によって「兵戦不如商戦」(鄭観応)といった商業重視の考え方が浸透し始めると、彼らは「商人」として活路を見いだした。(8)「紳商」「士商」「中等社会」という言葉は、彼らの社会的地位を表現している。(9)つまり、彼らは士農工商という封建的身分の首位にありながら、近代的な重商主義を唱えて実業や商務を実践し、西洋近代文化の担い手でもあったのである。(10)

ところが、社会的リーダであるにもかかわらず、彼らは田賦をのがれるといった利己的行為をしたり、人の田地を奪い婦女に暴行するなどの不法行為をした。(11)つまり、清末の「紳士」は、儒教的教養をもちながら新しい文化の担い手となり、また封建的特権をもつリーダーでありながら不法行為をなすというアンビバレントな性格をもっていたことになる。「商」を「末」と見る儒教的立場に立ちながら商業活動をする、あるいはリーダーでありながら違法行為をする。社会倫理から見れば、これは矛盾も甚だしいことになる。清末の諮議局議員に「紳士」の占める割合は九割あまりにもなるが、(12)「諮議局の人は、翰林進士ではなく、挙人秀才だ」という言葉もあったという。(13)これは、清末の立憲制は地域のリーダである「紳士」によって推進されたが、彼らは必ずしも科挙の上級試験に合格したエリートばかりではなかったということである。

そもそも儒教を奉ずる士人が商業に携わることは、倫理の課題として見れば、儒教の農本商末思想と近代功利主義の対立をどう解決するかに関わる。すなわち、儒教は抑商主義の立場に立って節欲を唱えるが、一方、近代功利主義は市民社会における富の追求を倫理的に是認する。欲望節制と欲望是認と、「商末」と「商本」と、倫理的な二律背反にいかに答えるのか。これが清末の士人には問われていたのである。当人が儒教の農本商末思想を古めかしいものと見なして、いくら商務の重要性を唱えても、儒教と近代功利主義との間に潜む倫理的二律背反は解決したことにはならない。かといって、儒教を信奉せずに商業活動をしても、一九世紀後半、商業は政府の規制下におかれていたから、活動が制約されて不利になる。「紳商」になるのは当然である。彼らが清朝から自治を認められて苛捐雑税の徴収を請負ったり商業に携わって致富をしたという研究もある。[14]立憲運動は、「紳士」たちに担われていたが、[15]地域における「紳士」支配の現実が、章太炎に代議士が「民権を挫抑する」と批判させたのである。

さらに章太炎の立場や「紳商」認識が批判を強めた。彼は反功利主義の立場から、康有為を始めとする立憲派や「新党」の腐敗を批判したが、[16]それは上述した倫理的二律背反に対して、彼らが答えないままに功利的であったからである（章太炎自身は「純白の心」を核にした反功利主義思想の立場であった）。[17]革命と倫理の問題をめぐって、彼は道徳を十六等に区分し、第七等「通人」以下を道徳が下劣だとした（「革命之道徳」、『民報』八号、一九〇六年）。[18]第九等は「胥徒」で、地方役所の下級役人であり、不正を働いても制度の運営上やむをえないものとして黙認されてきた。[19]第十等は「幕客」で、地方官のブレインである。[20]第十一等が「職商」であり、「紳商」を指す。第十五等が「差除官」であり、地域に新設された役所で末端権力をふるう候補道や候補知県である。彼らは必ずしも「紳士」層に属するとは限らないが、基層社会で権勢をもつ。要するに、こうした基層社会の現実への反発や倫理的腐敗への嫌悪が章太炎に代議制を批判させたのである。

そこでさらに代議制は斉民を抑圧するという章太炎の考え方を理解するために、康有為「公民自治篇」を例に検討してみよう。[21] 本篇は、「紳士」層を「公民」として政治に参加させようとする議論である。康有為は言う。欧米各国や日本が民衆を国の本とするから、法律が機能して国家は富強なのだ。誰もが政治に参加する権利があり、憂国の責任感をもっている。こうした権利（選挙権と被選挙権）と責任感をもった民衆を「公民」と呼ぶ。「公民」であれば、①愛国心が日々に強まり、②貧民を恤れんで互いに励み、③自分の行動に恥を知り、④国家の学が啓蒙されるという長所がある。ところが中国は、民智がまだ開かれず、議院も急には実施できない有様である。しかし、省・州・県・郷レベルの自治なら、実行可能である。地方には、「紳士」がいるからだ。「公民」の資格としては、①経年居住していること、②二〇歳以上、③家が卑賤の職業ではないこと、④犯罪歴のないこと、⑤貧民に施しをすること、⑥十元の公民税を納付すること、の六つである。「公民」になると、郷や市、県や府などの議員になることもできる。「今吾中国の大、病は官の民に代はりて治め、民に自治を聴《ゆる》さざるに在り。之を救ふの道は、地方自治を聴すのみ」と。[22]

　康有為は、こうして郷、市、県、道・府、省各レベルの地方自治プランを構想する。例えば県レベルのプランでは、県議会議員を「公民」が選挙する。「公民」は、一市・一郷から資格に適う者を一人選挙するというのである。すなわち、選ばれるのは、①当地に一年以上居住する者、②二五歳以上、③大農・大工・大商以上の者で萬金の家産がある者、④外遊経験者、⑤大学卒業、士人・諸生の学識者、⑥学校・病院・工芸院などが創設できる者である。康有為は様々な地方自治プランを提示する際、団練の「南海同人局」を構想の一例として引く。「南海同人局」は局長二人、局勇二〇人、書記一人、司会一人の構成で、三六郷、男女五万人を治めている。局長には進士・挙人・諸生がこれに当たり、局勇（警察官のごときもの）は武官が統率している。ここでは重要事項を進士・挙人・諸生らの「紳士」が審議し、議会の扱う範囲は、社会の秩序維持・救貧・徴税・教育・裁判など実に広い。局紳は郷紳の中から選ばれ、官がそれを承認する。重要事項は、「紳士」層が議論するのである。[23] 康有為は、こうした「地方自治」に弊害のあるのを認めた。その弊害とは、世家や巨紳が局紳になり、郷里に盤踞武断して小民を圧制することである。しかし、それは「貴紳遺制之害」であり、旧俗が「国治」に出で「民治」を基礎にしないからだ、と言う。[24] つまり、「地方自治」の弊害は「貴紳遺制之害」にすぎず、「民治」になれば、問題はなくなると康有為は考えるわけだ。彼の言う「民治」とは、制度的に公認された「紳士」の政治参加ということになる。康有為は、清代において地方の末端行政を非公式に共同管理してきた「紳士」権力[25]を制度として支配機構に組み込めと言うのである。

事実、「諮議局章程」（一九〇八年七月八日）は、議員を選挙できる者は、その省に貫籍のある二五歳以上の男子で、次の要件を一つ満たすべきだとしている。①本省で学務や公益事務に三年以上携わり成果をあげた者、②本国や外国の「中学」卒業か、もしくは「中学」と同等以上の学歴のある者、③挙貢・生員以上の出身者、④実缺の職官の経験者（文官七品以上、武官五品以上）、⑤本省内の地方に五千元以上の営業資本か不動産を所有する者（第三条）。さらに本省に貫籍はないが、一〇年以上寄拠している二五歳以上の男子で、一万元以上の営業資本もしくは不動産を所有する者にも選挙資格がある（第四条）。選挙される者は、本省の貫籍があるか、一〇年以上寄拠している三〇歳以上の男子である（第五条）。[26]「諮議局章程」は、明らかに議員として「紳士」や商人を想定している。「地方自治章程」（一九〇九）によれば、「地方自治」とは、「専ら公益の事を辦じて宜しく官治を輔くるを以て主」とするものであり、「地方の公選によりて合格せし紳民は、地方官の監督を受けて辦理す」（第一章総綱　第一節自治名義　第一条）とある。[27] 清末の「地方自治」は、民衆が自治するというより、「紳士」が国家行政の末端を担うことを制度的に公認するものであり、彼らを近代化の推進者として旧来以上に強く「官治」の中に組み込もうとするものであった。[28]

康有為とは違った見方から「地方自治」の実情を伝えた論文がある。茗蓀の論文「地方自治博議」である。[29] 彼は郷紳と長官が地域で互いに依存しあっている様子を見て、「紳衿は武断にして長官を攀援すれば、長官は益ます恣にして紳衿を庇護す」と言い、「自治之権、発之于官、操之于紳」と評した。そして一八九二年、彼の故郷に起こった飢饉と暴動に触れた。茗蓀は言う。かつて村に「豪横」がいた。普段は小役人にすぎないのに、自らを維新の偉大な人物と思い込み、災厄に乗じて祠廟の地に公案を設け、生殺の権を恣にし、また団練を口実にして棱威を振るった、と。康有為のような立場からは、団練や郷紳支配が「地方自治」の基本とされるが、茗蓀のような留学生から見れば、立憲運動の唱える「地方自治」は、古めかしい秩序意識の延長線上にある。村の「豪横」が旧体制下の下級官吏でありながら、維新という新思想を唱えていた有様が窺える。清末の立憲運動は、実際には地域社会における「紳士」の日常支配の公認を意味した。だからこそ、章太炎は、代議制が皇帝と民衆の二つの階級の間に存した自由を壊して、「廃官豪民をして其の間を梗塞《ふさ》ぎ、以て相陵轢」させると批判したのである。

代議制を「封建の変形」とする見方は、章太炎に限らない。例えば康有為も地方自治は古の封建だと述べ[30]、また封建制からの離陸が自由を生んだと見た。康有為は言う。

吾が中国二千年郡県に改めし後、既に世々の諸侯大夫なく、人人平等なり。封建の圧制なく、民久しく自由なり。学業宗教は、士農工商、皆自ら之を為《おさ》むるを聴《ゆる》す。（わが中国は、この二千年間〔封建制を〕郡県制に改めて以降、世襲の諸侯や大夫の身分がなく、誰もが平等であった。封建的な圧制もなく、民衆は久しく自由であった。学問や宗教は、身分を問わず、自分で修めることが許されたのである）[31]。

康有為は、別の箇所では、中国が封建制から離陸して久しく自由平等であって、フランスなどとは違うとも述べている。(32)専制下の自由が無拘束の意味だとの認識では、康有為は章太炎と同じであるが、自由の評価が章太炎とは違うのである。康有為からすると、地域社会の伝統的自由は、立憲制の基礎となる。ところが、章太炎は伝統的自由を権力の圧制から解放されている望ましい在り方と考えたのである（前節）。この相違は両者の近代化に対する考え方が違うからである。康有為は「地方自治」を国家行政の末端に組み込むことを近代化とするのに対し、章太炎はそれを圧制の日常化と理解して反駁した。章太炎は言う。

是の二例に循ひて以へらく、中国　立憲代議の政を行へば、其の民を蠹《そこな》ふこと　尤も専制より劇《はげ》しからんと。今の専制は、直《た》だ刑罰の中《あた》らざるを害と為すのみ。他は猶ほ病少なし。立憲代議は、将に一切民をして幽谷に淪《しず》めしめんとす。夫れ民を賊《そこ》なふ者は、専らは官吏に非ず。郷土の秀髦、権力絶尤なれば、則ち害は民において滋《いよい》よ甚だし。……（中略）……、豪強の民を妨《そこな》ふこと是の如し。幸ひにも其の野に在れば、法は尚ほ施くを得。今超えて議士と為れば、虎の冠を著くるを為す。其の民を妨ふこと、愈いよ況《ま》さざらんや。　（上の〔封建制を離陸して久しいかどうか、及び国の広さと人口の多さ〕という二つの例からすると、中国に立憲制と代議制を導入すれば、民を害することは、専制以上に甚だしいと思われる。今の専制は、刑罰が〔罪と〕釣り合っていないのが弊害であり、他の欠点はまだ少ない。〔ところが〕立憲・代議制は、まさにすべて民を幽谷に落とすようなものだ。民を損なうのは、官吏だけではない。地域の実力者〔紳士〕は権力が絶大だから、その害は民にとっていっそう甚だしいからだ。……（中略）……、豪強の人〔紳士〕が民を損なうことは、このようである。幸いにも彼らが在野の身分のままで〔代議士になるのでなければ〕、法律はまだ施行できる。今、〔その枠を〕超えて代議士となれば、虎が冠をつけた〔残虐な官吏の〕ようになり、民を損なうことが一層ひどくなる）。(33)

代議制が導入されると、「郷土の秀髦《じつりよくしゃ》」が代議士に選任されて、民の自由を奪って一層ひどく抑圧するというのである。「紳士」層から代議士が選任されてしまうのは、国土の広大さや人口の多さからして不可避であった。章太炎は言う。

欧州諸国、…（中略）…、議士を選挙すること、率《おほむ》ね五、六万人にして一なり。日本も亦た十万人にして一なるのみ。然れども選ばるる者は、猶ほ豪貴多し。若し中国の四百兆人を計れば、県ごとに其の一を選びて一千四百人を得。猶ほ二十九万分の一なり。数愈よ闊疏なれば、則ち選ばるる者は必ず故官大駬に在り。…（中略）…、故官は素《も》と貪汙にして、駬儈も又た惟だ錐刀をこれ競ふのみ。直道にして選びてすら、猶ほ佳き者を得る能はず。まして況んや其の関節より出づるをや。　（西洋諸国は、…（中略）…、代議士を大体五、六万人に一人選び、日本も一〇万人に一人選ぶ。それでも選ばれる者には豪貴の人間が多い。四億人の中国の場合、県ごとに一人を選出するとすれば、一四〇〇人の代議士が生まれ、二九万人に一人〈の選出〉となる。数が大きくなるほど、選ばれる者は元官僚か仲買商人になる。…（中略）…、元官僚は平素貪欲であり、仲買商人もさらに細かなことを競うほどえげつない。正しいやり方で選んでも良い者を選ぶことは出来ないようだ。まして況んや暗に役所にコネをもつ者の中から選ぶとなれば、尚更であろう(34)。）

章太炎からすると、選挙民の多さは、上に言う「故官」「駬儈」などから代議士を選任せざるを得なくさせる一因なのである。「故官」「駬儈」は「廃官豪民」とも呼ばれ（前述）、「紳士」層に属する。章太炎は、このように「紳士」層の地方行政関与を代議制として制度的に公認することに反発した。中国においては、専制政治は伝統的に行政的要素が強くて、近代的意味における司法の独立や政治統合が弱く、皇帝支配もそれほどの圧制に感じられなかったという(35)。だからこそ、彼は専制の方がまだましだと考えたわけだ。清末の代議制は、彼から見ると、君主権を制限する仕組みというより、地域社会の「虎」のような者に「民を賊う」ことを公認する仕組みに他ならなかった。

以上、要するに、章太炎が「地方自治」を批判する理由として、商業を伝統的に蔑視してきた士人が儒教の立場に立ちながら功利的であるという倫理上の矛盾、および「紳士」層が専横に振る舞う基層社会の現実があった。彼はこの現実を前に、「紳士」が代議士になることを拒んだのである。

小結

章太炎の「虜憲廃疾」は、きわめて早い時期に「憲法大綱」を批判したものである。彼は議院の立法権の不在を批判する以外に、光緒帝と西太后の二重権力状態および清朝皇族の腐敗なども指摘した。それは制度として批判するにとどまらず、歴史的文化的であった。天皇と日本の民衆、皇帝と中国の斉民との間に恩愛があるのかないのか。封建制から離陸して久しいのか間も無いのか。結論として立憲制は中国に適していないと主張した。立憲制は、封建制から離陸して間も無い社会に適していて、中国は封建制から離陸して久しいからだ。しかも、専制下でも存した斉民の自由平等を奪うのである。基層社会で専横に振る舞ってきた「紳士」が代議士に選ばれるからだ。自由とは、章太炎から見て、政治権力から離れて束縛されない生き方であった。

中国は封建制から離陸して久しい。専制下でも斉民には自由があった。立憲制は中国に適さない。このように主張するなら、中国の歴史と文化の特質を踏まえて、立憲制に代わる新しい社会を構想せねばならない。彼が構想した「諦実之共和」社会は、この課題に対する彼の回答であった（本書第一編第六章）。そして、彼の考えた自由については、やがて『斉物論釈』（一九一〇）で哲学的に展開されることになる。荘子や仏教を基に、西洋近代の自由とは違う、中国的な自由について彼は哲学的に考察したのである。[1] そして、法制についても中国的なものを問うた。

「五朝法律索隠」（一九〇八）がそうである。

要するに、「虜憲廃疾」の特徴は、「憲法大綱」の条文批判にとどまらず、中国の社会や自由について根本的な省察が存する点にあった。彼は、伝統中国でも「法は尚ほ施く」ことができる（「与馬良書」）と言ったが、中国法の問題点と特性を一体どのように評価したのか。第二章以下で考察したい。

［注］

問題の所在

（1）例えば張晋藩「論章太炎的法律思想」（『中国法律史論』、法律出版社、一九八二年）。張晋藩氏は、次のように論じた。章太炎は①資産階級の立場に立って、資産階級の法治原則に賛成し、②先秦法家など中国の封建的な法律を肯定して、③「事断于法」という法治の立場を尊んだ。そして、④漢唐律を基準に据えることに反対し、⑤罪と刑のバランスの取れることを説いて、⑥司法の独立した反代議制社会を構想した。しかし、⑦彼は歴史唯心論と形而上学的方法論に立つので、矛盾したところがある。これは中国近代資産階級の軟弱性の反映だ、と。本論文は、評価が形式主義的であること以外に、章太炎の伝統法に対する見方について検討の余地を残している。また、例えば唐文権・羅福恵『章太炎思想研究』は、章太炎が代議制を否定した理由を述べ、彼が代わって構想した「諦実之共和」社会を概観した上で、その意義について論じたが、章太炎がなぜこうした法の在り方を構想したのかについては言及しない（第四章「懸群衆、理民物—章太炎的政治学説」「対代議政治的商討」の項、華中師範大学出版社、一九八六年）。

（2）例えば北京師範大学中文系章太炎著作訳註小組『章太炎「秦政記」「秦献記」評注』、北京人民出版社、一九七四年。「章太炎「秦献記」訳註」、『黒竜江大学学報』一九七四年増刊。沈濮「従尊法反儒到尊孔読経—従章太炎思想的演変看中国民族資産階級的特点—」、『論儒法闘争』所収、上海人民出版社、一九七五年。宗英・群松「章太炎早期的反孔尊法思想」、『評法家的歴史作用』下巻所収、湖南人民出版社、一九七五年。湯志鈞「章太炎的歴史観和他的法家思想」、『文物』一九七五—三。湯志鈞「『訄書』修訂和尊法反儒」、『文物』一九七六—一など。例えば湯志鈞「章太炎的歴史観和他的法家思想」は、章太炎の主著の一つである『訄書』や「致呉君遂書」などを手がかりに、章太炎が旧民主主義期における資産階級の思想家で、尊法反儒の立場に立って新穎な議論を展開したこと、および通史を書こうとする際、法家の著作の中に「良史」を求めて法家思想を高めたことなどについて論じた。そこでは章太炎が法家かどうかが問われ、法の内容や章太炎が法を論じた背景については検討されなかった。法家であることが思想の評価基準となり、その点が問題となったにすぎない。

第一節

(1) 一九〇五年海外に憲政考察に派遣された大臣の一人載澤は、「奏請宣布立憲密摺」において立憲制導入の利を三点挙げる。「一曰、皇位永固、…。一曰、外患漸減、…。一曰、内乱可弭、…」である(「憲政初編奏議」、中国近代史資料叢刊『辛亥革命(四)所収、上海人民出版社)。立憲制導入と皇帝の独裁体制との関わりに関心の強いことが分かる(第二、五節参照)。

(2) 『清史稿』刑法志一、三。また島田正郎『清末における近代的法典の編纂』一三頁、創文社、昭和五五年参照。

(3) 島田正郎前掲書。宮坂宏「清末の法典編纂をめぐって」、『法制史研究』一四、一九六四年。同「清末の近代的法典編纂と日本人学者—刑律草案と岡田朝太郎—」、『専修大学社会科学研究所月報』四六・四七、一九六七年。小野和子『五四時期家族論の背景』第一章、京都大学人文科学研究所共同研究報告『五四運動の研究』第五函、同朋舎、一九九二年。小野和子「清末の新刑律暫行章程の原案について」、『柳田節子先生古稀記念　中国の伝統社会と家族』所収、汲古書院、一九九三年。張培田「清末の刑事制度改革に対する日本からの影響」、池田温・劉俊文編『日中文化交流史叢書(二)法律制度』、大修館書店、一九九七年。李貴連「近代中国法の変革と日本の影響」、前掲『日中文化交流史叢書(二)法律制度』所収。卞修全『立憲思潮与清末法制改革』、中国社会科学出版社、二〇〇三年など。

(4) 「駁新民叢報最近之非革命論」、『民報』第四号、一九〇六年。

(5) 一九〇六年頃より各地に予備立憲公会(江蘇・浙江・福建の政界や実業界が中心)や憲政籌備会(湖北)、憲政公会(湖南)などが設けられ、一九〇七年、康有為は保皇会を帝国憲政会と改称、梁啓超も政聞社(東京)を立ち上げて立憲運動を展開した。しかし、立憲予備期間を九年とすることに不満が出て、一九一〇年には国会速開請願運動が高まった。一方、革命派は中国同盟会結成以降、一九〇六年に萍郷・醴陵・瀏陽蜂起、一九〇七年に黄岡蜂起、恵州蜂起、欽廉蜂起、鎮南関蜂起、一九〇八年に雲南河口蜂起などを試みた。このような形勢不穏の状況に対して、載澤が立憲制導入の利点の一つとして「内乱可弭」を挙げたのである(本節注(1))。

第二節

（1）『清朝続文献通考』巻三九四、「憲政二」。楊幼烱『近代中国立法史』五一頁、上海商務印書館、一九三六年。
（2）楊幼烱前掲書五五～五六頁。韓大元著、鈴木敬夫・呉東鎬訳「『欽定欽定憲法大綱』に対する日本明治憲法の影響―『欽定欽定憲法大綱』公布一〇〇周年を記念して」、『札幌学院法学』二七―二、二〇一一年。松井直之「清朝末期における権利の受容と変容―欽定憲法大綱と臣民権利―」、『横浜国際経済法学』一四―二、二〇〇五年など。
（3）『大日本帝国憲法義解』九～一〇頁、国家学会蔵版、明治二二年。『憲法義解』は、伊藤博文著になっているが、大日本帝国憲法の逐条解説書として枢密院会議で配布された説明書がもとで、これは井上毅が主として起草の中心になったと言われる。『憲法義解』には、伊東巳代治による英訳本（明治二二年）と平島及平による漢訳本がある（東亜同文書局、明治四〇年）。
（4）筒井若水・佐藤幸治・坂野潤治・長尾龍一『日本憲法史』一七頁、東京大学出版会、一九七六年。
（5）例えば『呂氏春秋』慎大覧察今篇「夫不敢議法者、衆庶也。以死守法者、有司也。因時変法者、賢主也」。
（6）織田萬編『清国行政法』第壱巻上六八～六九頁、汲古書院復刊、一九七二年。
（7）前掲『大日本帝国憲法義解』二五～二六頁。
（8）ただし、戊申（一九〇八）十一月の上諭によって、軍機大臣副署の制が出来た。楊幼烱前掲書四〇頁。
（9）「附　議院法要領」第六条「議院所議事件必須上下議院彼此決議後方可奏請欽定施行」も同様の条項である（『清朝続文献通考』巻三九四、「憲政二」）。高橋勇治『中華民国憲法』四四～四五頁、有斐閣、昭和二三年。
（10）前掲『大日本帝国憲法義解』一六～一七頁。
（11）前掲『大日本帝国憲法義解』九四～九五頁。
（12）「附　議院法要領」第一一条「各省士紳所設研究議会之会社、須遵照政治結社集会律辦理。不准籍此斂派銀銭、擾累地方、違者由地方官封禁懲治」（前掲『清朝続文献通考』巻三九四、「憲政二」）。
（13）『憲法義解』（第三一条）に「蓋シ立憲ノ主義ハ独リ臣民ノミ法律ニ服従スルニ非ス。又臣民ノ上ニ勢力ヲ有スル国権ノ運用ヲシテ法律ノ検束ヲ受ケシムルニ在リ」とある。また、明治二一年六月二二日、森有礼が大日本帝国憲法案の「臣民権利義」の表現を改めて「臣民ノ分際」と修正するように迫ったとき、伊藤は反論して憲法創設の精神について論じ、「故ニ若シ憲法ニ於テ臣民ノ権理ヲ列記セス、只責任ノミヲ記載セハ、憲法ヲ設クルノ必要ナシ」と反駁した（前掲『日本憲法史』一三六頁）。伊藤における臣民の権利の位置付けが分かる。明治憲法における君主大権と議会との関係については、前掲『日本憲法史』一三～一八、一一七～一一九頁参照。

(14) 載澤『考察政治日記』五七五～五七七、五七九、五八一頁（鍾叔河編『走向世界叢書　蔡而康等「李鴻章歴聘欧美記」　戴鴻慈「出使九国日記」　載澤「考察政治日記」』所収、岳麓書社）。

(15) 坂野潤治『近代日本の国家構想』第三章第一節、岩波書店、二〇〇九年。

(16) 坂野前掲書一六二～一七〇頁。

(17) 日本に憲政視察に派遣された学部右侍郎の達寿にしても、視察報告に、日本は大権政治であり、大権政治を「欽定して国体を存し主権を鞏くする者」とした。彼は言う。憲法は「欽定憲法」「協定憲法」「民定憲法」の三種に分かれ、「欽定憲法」は君主の親裁に出で、「協定憲法」は君民の協議により、「民定憲法」は民衆に制定権がある。実際の政治も「大権政治」「議院政治」「分権政治」の三種に分かれ、「大権政治」とは君主権力を中心にした政治、「議院政治」とは議会権力を中心にした政治、「分権政治」とは、立法権がなく行政権だけの大統領と立法だけをする議院によって行われる政治の意味である。そして「倘《も》し国体を持して以て衡と為さば、実に大権政治を以て最善と為す」、と。清朝の関心の所在が分かる（「考察憲政大臣達寿考察日本憲政情形具陳管見摺」（前掲『清朝続文献通考』巻三九三、「憲政一」）。

(18) 前掲『清朝続文献通考』巻三九四、「憲政二」。

(19) 狩野直喜「清朝地方制度」、『読書纂餘』所収、弘文堂書房、昭和二二年。

第三節

(1) 『章太炎全集』（四）一八〇頁、上海人民出版社、一九八五年。「駁康有為論革命書」は『蘇報』原載。『章太炎文録』巻二所収。

(2) 韓策・崔学森整理・王暁秋審訂『汪栄宝日記』、中華書局、二〇一三年。

(3) 元、徐元瑞『吏学指南』「老幼疾病」の条に「廃疾　痴、瘂、侏儒、腰脊、折一肢疾者」とある。清、沈之奇撰『大清律輯註』「老小廃疾収贖」（名例律）の「律上註」にも、「廃疾者、或折一手、或折一足、…及侏儒、聾瘂、痴呆…之類、皆是」とある。

(4) 楊幼烱前掲書五六頁。韓大元前掲論文は「憲法大綱」の性格を、①臣民の自由の権利規定は、明治憲法に比べて限定的である。②臣民の義務規定は、明治憲法に比べて多い。③君権の範囲が明治憲法に比べて遙かに広くて、君権の擁護色が強い、と指摘する。松井直之前掲論文は、①君権に重きが置かれ、②臣民の権利は恩恵としてしか与えられず軽視されている。逆に、③臣民の義務規定は為政者の支配装置とされているが、④形式的な立憲主義の受容とはいえ、臣民に権利が付与されたことは、画期的であった、と言う。松井氏の④については、権利付与の実質化の程度を検証してから評価する必要がある。

（5）前掲『清国行政法』九八～一〇四頁。

（6）『訄書』（重訂本）通法篇、『章太炎全集』（三）二四二頁、上海人民出版社、一九八四年。

（7）「虜憲廃疾」「故旧律以誹謗皇帝為不敬、無不敬皇族之條。雖驕恣如満洲不能無仍旧貫」。（なお、「代議然否論」は「革命之心理」（蔞伯）とともに『民報』第二七号（一九〇八年一〇月一〇日）にも再録された。『民報』は第二四号で日本政府によって封禁されたが、その後、汪兆銘によって一九一〇年一月に二号復刊された。第二七号はそれを承けると思われるが未詳。

（8）前掲「虜憲廃疾」「原日本所以能尊厳皇族者、正由皇族不作政官。無他結繫。又其所謂皇族者、限於王及王妃。其数無幾。今満洲皇室経費既無定額、是必輔国将軍以上、同受皇族之名、皇族猥多。其故事又必以親王領軍機而貝子貝勒等悉盤拠各部為長官。復以不敬皇族之刑為之訶護」

（9）前掲「虜憲廃疾」「彼憲法言議院有建議之権。所有決議事件応恭侯欽定後、政府方得奉行。夫決議而猶待欽定。所謂議員者、猶漢之議郎耳。満洲雖無議郎・給事中・監察御史、固有建議之権。外此九卿散職、其得議政事亦等。有是、則何頼於議員」

（10）前掲「虜憲廃疾」「故納税亦非人人尽有而版籍不明編審無効」「今令人人皆納税当兵、是欲復一條鞭法為租庸調、返招募為府兵也」「推楊度輩用意、尚非如日本之専為国防者、徒懼民心不靖野有斬木之雄。故鋭意徴調、使之自相斬馘。与其言人人有当兵之義務、不如言人人有自殺漢人之義務、猶為明白易知矣」

（11）李暁東『近代中国の立憲構想』第三章、法政大学出版局、二〇〇五年。

（12）前掲「虜憲廃疾」

（13）喬志強編『中国近代社会史』二二四頁、台北、南天書局、一九九八年（北京、人民出版社、一九九二年原刊）。

（14）前掲「虜憲廃疾」

（15）「代議然否論」、前掲『章太炎全集』（四）三〇一頁。

（16）「馬良請速開国会」（『民報』第二三号、一九〇八年八月一〇日）、湯志鈞編『章太炎政論選集』上冊四四六頁、中華書局、一九七七年。

（17）前掲韓大元論文。ただ、汪栄宝に関して言えば、南洋公学の学生であり、一九〇二年に高山林次郎『論理学』を漢訳している（『訳書匯編』第二年七期）。また辛亥後、彼は『華国月刊』にも寄稿し、また太炎もその墓誌銘を書いている（「故駐日本公使汪君墓志銘」、『太炎文録続編』巻五之下所収)。こうしたことからすれば、太炎は汪栄宝に対して楊度とは違った評価をしたと見える。

(18) 前掲「馬良請速開国会」(前掲湯志鈞編『章太炎政論選集』上冊四四六頁)。

(19) 小林武・佐藤豊『清末功利思想と日本』(研文出版、二〇一一年)第五章「章炳麟の反功利主義思想と明治思想」(小林)、第六章「章炳麟の反功利主義思想と明治の厭世観」(小林)。

第四節

(1)「与馬良書」、『民報』第一九号、一九〇八年二月二五日。『章太炎文録初編』巻二所収。前掲『章太炎全集』(四)一八五頁。

(2) 同上、前掲『章太炎全集』(四)一八五頁。

(3) 同上、前掲『章太炎全集』(四)一八五頁。

(4)「代議然否論」、前掲『章太炎全集』(四)三〇〇頁。

第五節

(1) 黄東蘭「伝統中国における自治」、『近代中国の地方自治と明治日本』所収、汲古書院、二〇〇五年。

(2) 瞿同祖『清代地方政府』二六五～二六六頁(“Local Government in China Under the Ch'ing”, Harvard Univ., 1961。漢訳修訂本、法律出版社、二〇一一年)。

(3) 前掲喬志強編『中国近代社会史』(一八七～一八九頁)によれば、「紳士」層の構成は複雑で、挙貢・生員以上の功名をもつ者、郷居した退職官吏あるいは官銜の身分をもつ者、軍功労績をもって郷居した者、武挙功名をもった者の四種がその基本構成である。

(4) 瞿同祖前掲書二七一～二七五頁。

(5) 瞿同祖前掲書二七六～二八〇頁。喬志強編前掲書一九〇～一九二頁。

(6) 瞿同祖前掲書二九〇～二九四頁。喬志強編前掲書一九三頁。黄東蘭「清末地方自治制度の導入と地域社会—川沙事件を中心に」は、民国『川沙県志』(江蘇省川沙県)に残る城・郷議会の議決案から、地方自治の内容を整理している。(ア)道路・運河・衛生関係、(イ)教育関係、(ウ)慈悲関係、(エ)自治経費・自治公所関係、(オ)「陋規」の除去、(カ)女巫・「素党」の取り締まり、(キ)その他である。(ア)〜(ウ)が「紳士」が携わった旧来の地方公益事業であり、(エ)以下が新しい近代的内容とされる(黄東蘭前掲書二九〇〜二九四頁)。
(7) 喬志強編前掲書一九四〜一九五頁。
(8) 喬志強編前掲書二一四〜二一六頁。
(9) 喬志強編前掲書一九五、二一五〜二一六頁。
(10) 喬志強編前掲書二一八〜二二二頁。
(11) 瞿同祖前掲書二九六〜三〇六頁。
(12) 張朋園「奉天等五省士紳当選諮議局議員百分比較表」によると、「紳士」上層(進士、挙人、貢生)は諮議局議員の六〇・九%、下層(生員)を含むと、「紳士」層全体で九〇・九%を占める(『立憲派与辛亥革命』二七頁、中央研究院近代史研究所専刊二四、一九六九年)。また「資政院民選議員出身背景比例表」(二九頁)を見ると、「紳士」上層が資政院民選議員の八一・六%、下層を含むと、八九・八%を占めている。地方でも中央でも、予備立憲のための諮問機関に「紳士」層が深く関わっていることが分かる。
(13) 喬志強主編前掲書一九六頁。
(14) 西川正夫「辛亥革命期における郷紳の動向―四川省南渓県―」は、『南渓県志』(一八七四)と『重修南渓県志』(一九三二)を手がかりにして、同県における「紳士」層の変遷を追跡している(『金沢大学文学部論集』史学篇二三)。氏は、同県の「紳士」層が商業に携わることで致富したこと、「紳士」下層(生員)が主導的であったこと、農村の秩序は「団練」という「地主の武装」で維持されたこと、そして清末民国初に支配層に大きな変動が起こったことなどを指摘する。
(15) 諮議局議員総数一六七七人中、郷紳が最も多く、教育や商業に従事した者がそれに次ぎ、新式学校の卒業生が三番目である(張玉法『清季的立憲団体』三八九頁、中央研究院近代史研究所専刊二八、民国六〇年)。
(16) 前掲小林・佐藤『清末功利思想と日本』第五章第一節。
(17) 前掲小林・佐藤『清末功利思想と日本』第五章第二節。
(18) 「革命道徳説」と改称。前掲『章太炎全集』(四)二八一〜二八二頁。
(19) 服部宇之吉『清国通考』第二篇第四「吏卜幕友」七二〜九二頁および同書付録「支那地方官の職務」六七〜七四頁(『支那研究』大正五年)は、清末における胥吏の性格と実態について記録する(三省堂、一九〇五年初版。大安、一九六六年再版)。宮崎市定「清代の胥吏と幕友―特に雍正朝を中心として―」、『東洋史研究』一六―四、昭和四四年。
(20) 服部前掲書第二篇第四「吏卜幕友」九二～一〇〇頁。前掲狩野「清朝地方制度」一六七～一六八頁。宮崎前掲論文参照。
(21) 「公民自治篇」、一九〇二年四月八日、二二日、五月八日、『新民叢報』五、六、七号。本論文は明夷の筆号。
(22) 前掲「公民自治篇」五号五、七頁、六号四頁。
(23) 前掲「公民自治篇」六号七～八頁。
(24) 前掲「公民自治篇」六号八頁。
(25) 瞿同祖前掲書二六五～二六六頁。
(26) 『清朝続文献通考』巻三九四、憲政二。
(27) 「地方自治章程」「第一章総綱　第一節自治名義　第一条地方自治、以専辦公益事宜輔佐官治為主」「按照定章、由地方公選合格紳民、受地方官監督辦理」（前掲『清朝続文献通考』巻三九五、「憲政三」）。その第五条「城鎮郷自治各款」には、地域の学務や道路や衛生関係、インフラ整備、電車や水道などの公益事業、農工商務など広範な「自治」の内容が挙げられている。
(28) 横山英「二〇世紀初頭の地方政治近代化についての覚書」、前掲横山英編『中国の近代化と地方政治』所収。
(29) 『江西』第二・三期合刊、一九〇八年一二月。『辛亥革命前十年間時論選集』第三巻所収、三聯書店、一九七七年。『江西』は、一九〇八年、東京で江西の留日学生によって創刊された月刊雑誌。
(30) 前掲「公民自治篇」「夫地方自治即古者之封建也。但古者乱世、封建其一人、則有世及自私争戦之患。此所以不可行也。今者升平、封建其衆人、聴民自治、聴衆公議、人人自謀其公益、則地利大闢、人工大進、風俗美而才智出」（七号三頁）。
(31) 「法国大革命記」（一九〇六）。湯志鈞編『康有為政論集』上冊五九二頁、中華書局、一九八二年。
(32) 前掲「法国大革命記」、湯志鈞編『康有為政論集』上冊五八九頁。
(33) 前掲「与馬良書」、『章太炎全集』（四）一八五～一八六頁。
(34) 前掲「与馬良書」、『章太炎全集』（四）一八五頁。
(35) 滋賀秀三「裁判の準則としての法」、『清代中国の法と裁判』八〇頁、創文社、一九八四年。

小　結

(1) 拙著『章炳麟と明治思潮』第三章、研文出版、一九〇六年。

第二章　章炳麟の中国法に対する評価
――「五朝法律索隠」を手がかりに――

問題の所在

本章は、章炳麟（号　太炎）の「五朝法律索隠」を手がかりに中国法に対するその見方を考察するものである。従来、章太炎は主として学術思想や政治思想などが研究され、法律思想が考察されることは少なかった。当然、清末における近代法導入との関連で論じられることも稀であった。というのは、彼の学術上の業績や政治思想の独創性に注目されたからであり、また法に対する研究関心が薄かったことなどによるのであろう。しかし、章太炎は「虜憲廃疾」を書いて清朝の「憲法大綱」を批判したが、[1]それに止まらず、法について思索していた。「五朝法律索隠」の書かれた一九〇八年は、清朝に『刑律草案』が上呈され、中央や地方の官僚に諮問されていた頃で、彼はこの動きを意識していた。章太炎は法に対する関心がかねてより高く（第一編第五章）、「五朝法律索隠」もこの流れの一環である。

そこで章太炎と中国法の問題を考えてゆくと、二つの特徴的なことに気づく。一つは、古典学の大家が実学的な法制の議論をしたことである。後漢の鄭玄や晋の杜預など以降、古典学者が法制を論じることは稀であったから、章太炎が法制を論じたのは、彼の思想としてのみならず、清末思想としても特徴的なのである（何故特徴的と言えるのか。この点については第一編第三、第四章で考察しよう）。もう一つは、章太炎が法の精神について論じたことである。ここでいう法の精神とは、中国法の基本的性格を形づくるものであり、礼が法の中に入り込み、同罪異罰や名教世界の上位者を優遇するといった性格のことである。礼と法の相補性は、中国の知識人にとって自明すぎて、異議を唱えられることはなく、「明刑弼教」の語で、従来、当然と見做されてきた。ところが清末、礼と法の相補性が疑われ始めた。疑う契機となったのは、近代法の導入という事態である。近代法は三権分立を基礎に個人の権利を中心に組み立てられているから、中国法とは発想が相容れない。中国では、法は君主の命令であり、罪刑は名分に応じて違ったりする。礼制が法に反映した結果だが、中国法の性格は近代法を鑑にして、初めて映し出されたのである。儒教を当然とすれば、礼と法の相補性という前提を疑うことはないだろう。疑うには、礼と法との関係を押さえた上で、法自体の意味を発見せねばならないからだ。中国では、「明刑弼教」の語にも表れているように、法は礼教の従属的地位に置かれてきたから、礼教を批判して法の存在する意義を新たに見出すのは容易なことではなかった。法と社会および法と道徳の関係をあらためて考えねばならないからだ。中国法の基本的性格を疑ったのが章太炎であり、その思索の結晶が「五朝法律索隠」（『民報』第二三号、一九〇八年八月一〇日）なのである。

今、あらかじめ「五朝法律索隠」の特徴を挙げるならば、歴史の中から具体的事例を引き、中国法を近代化する際の基準を探って、法の例外のない適用、すなわち科罰の平等を説いた点だと言えるだろう。章太炎には法家を論じたり「法」字を訓詁学的に解釈する類の論考があるが、(2) それは観念の楼閣で法を論じるのにも似て、具体的事例を引き現実へ肉薄する点で「五朝法律策隠」に及ばない。と言っても、彼が中国の近代法全体を構想できるわけはなく、構想する際に不可欠な準備作業として、中国法の評価を試みたにすぎない。それは法の領域において中華のアイデンティティをさぐる試みだったとも言えよう。中国法の実際を見ることは、法の核にある中華的精神を考えることであったからだ。彼はナショナリストであり、周知の通り、国粋を鼓吹し愛国の熱腸を培おうとした。その場合、歴史が重要な働きをすると考え、それを三つに具体化した。一つ目は語言文字、二つ目は典章制度、三つ目は人物事績である。典章制度について論じた際、中国が専制国家でもそれを全否定せず、なぜそうなったかを、官制、地方行政、軍制などについて点検する必要がある、と指摘した。改良点や復古すべき点を見いだして、新しい体制の建設に備えるためと言うのである。(3) 章太炎は、中国の刑名法律は苛酷に近いが、贖刑だけは限られた場合しか認められず、総じて平等に刑罰が科せられた、と述べた。(4)（贖刑については「五朝法律索隠」で詳しく論じられた）。彼が法によって平等に罰することを求めていたと分かる。が、いずれにせよ、中国法の評価とは、旧法の中から「中国とは何か」を発見する作業だったのである。

話しを戻す。この評価作業の中で彼は、法の例外なき適用という基準によって、中国法を篩に掛け、五朝（魏・晋・宋・斉・梁）の法を見出した。法の例外なき適用とは、法の下の平等を太炎流に表現したものである。もちろん平等といっても、前述したように科罰の平等であり、権利のそれではない。中国法は同じ罪でも名分によって科罰が異なり、官吏も特権的に処遇された。章太炎はこうした名分や身分による例外を認めず、科罰を平等に、と考えたのである。科罰の平等という基準に五朝の法は適うというわけだ。平等を、章太炎は近代性の基準と見なしたのである。

五朝法を評価する見方は、当時、きわめて稀であった。清末、中国法の標準とされていたのは唐律であり、五朝法ではない。明治期における中国法制史研究も、漢律の佚文蒐集が始まった段階で、五朝法の研究すら着手されていなかった（第一編第三章参照）。この意味において、章太炎の作業は先駆的と言えよう。ただし、それは法制史の実証的研究としてより、中国法の根本的性格を洗い出した点においてである。彼が五朝法を高く評価した視点は、①

「重生命」、②「恤無告」、③「平吏民」、④「抑富人」の四つであった。本章は順次これらの視点を検討して、彼が問題視した点を探り、科罰の平等を基準にした意味について考察したい。

先にも触れたように、五朝法が評価されたのは、中国法の近代化に当たって、中国法が篩に掛けられ、法の基底にある官僚制、皇帝、家族制度といった社会的価値観が批判された結果である。もちろん、批判したとはいっても、彼がそれに代えて中国の新しい法とその社会像を具体的に提示したわけではない（彼は「諦実之共和」「奇觚之専制」と呼ばれる反代議制の社会を構想したが、辛亥後、構想の甘さが露呈することになる。第一編第六章、終章参照）。「五朝法律索隠」では、従来、中国の基本的価値として自明であった礼と法の相補性が俎上に載せられ、批判的に吟味された。しかし、優れた清朝考証学者が古典の注解をし政治の夢想を語る以外に、法制と法運用を取り上げ、中国法評価の基準を示した点に注意を向けるべきであろう。法は従来、古典的教養を持つ士人が学ぶには低い価値しか与えられてこなかったからだ。(5)そうした精神風土の中で、章太炎が具体的に法について論じたのである。しかも彼は、中国法の性格として、法が均等に適用されないことや礼制との関連をあぶり出した。彼は近代的な法の下の平等を、科罰の平等として論じたのである。それは、官僚や富人、あるいは父や夫など家族関係の優位者に対して従来の特例措置を認めないことだと言ってもよい。清末において、こうした分析の視点は他に類例を見ないのである。

それ故、本章では煩にわたるが、以下の四つの視点について次のように検討することにしたい。まず第一節において「重生命」、第二節において「恤無告」をとりあげ、これらの視点が実は法の普遍的適用の問題に絡んでいたことを明らかにする。そして第三節「平吏民」は官僚優遇への反対、第四節「抑富人」に見える彼の反功利主義に関わることを明らかにしよう。

一　「重生命」の視点

章太炎は、法律は是非を問うべきであり、利害を問題にしてはならず、近代法の導入に当たっては、中国法の評価作業が不可欠だ、と考えた。清朝の進める近代法の導入には批判的であった（第一編第一章参照）。批判したことでは、張之洞ら保守派と同じだが、その見方が異なる。そこであらかじめ簡単に保守派の反発に触れておく。

例えば岡田朝太郎が顧問となって起草した『刑律草案』（新刑律第一次草案）が一九〇七年に完成したとき[1]、張之洞（軍機大臣兼学部尚書）、廷杰（法部尚書）、労乃宣（提学使）らが批判した。張之洞であると、次のようである。①皇室に対する罪が軽い。②尊親属を傷害して致死か篤疾にならせたケースで、死刑にしないのはおかしい。「父子之倫」に背くからだ。③妻妾が夫を殴った時の処罰条項がなく、一般人の場合と同じに扱うのはおかしい。「夫婦之倫」に背くからだ。④「親属相姦」を一般人の場合と同じに扱うのはおかしい。「男女之倫」に背くからだ。⑤尊親属に対する刑が軽すぎる。尊卑長幼の序を乱すからだ。これらの点で刑律草案は伝統的礼制を軽視している、というのである[2]。廷杰であると、①皇帝に対する犯罪の処罰が軽すぎる。②内乱罪や外患の罪には、科すべき刑を加重する。③尊親属に対する罪に正当防衛を適用すべきではない。④夫のいない婦人の和姦は、刑罰に処すべし、と批判した[3]。保守派の批判の根底には、上のように皇帝権の擁護と三綱の護持という認識があった。つまり、伝統的秩序が脅かされることへの反発があったのである。中国法の近代化は順調には進まなかったわけだ。とはいえ、近代法の導入は、『欽定大清刑律』の頒布（一九一一年一月二五日）に至るまで継続する[4]。

章太炎は、中国は西洋と風俗慣習が違うと見て、法との関連においてそれを重視したが、この点は保守派と同じであった。しかし、彼は「法律とは、その習俗を基に作るものである。規約が定まり（それを受け容れる）習俗ができあがって、そこで始めて正しく調整できることになる」(5)と言い、法は風俗習慣を基にするから、安直に外国の法を模倣は出来ないと考えた。そして保守派が伝統的社会秩序と既存の礼教護持のために近代法の導入を批判したのに、章太炎は風俗習慣と法のあり方から近代法の安易な模倣を批判した。（ただし、法の根底にある風俗習慣を重視するとは言っても、西洋のように法源として風俗習慣があったからと言うよりも、より一般的に、法は風俗習慣と深く関わるくらいの意味においてであろう。中国社会は不均質で風俗習慣は多様であり、風俗習慣が中国では法源にならなかったと指摘されている）(6)。そして、張之洞らとは逆に、章太炎は礼教が中国法に影響された結果、法が均しく適用されない点を批判したのである。

そこで章太炎の五朝法に対する評価視点を見てみよう。彼は、前述の通り、五朝（魏・晋・宋・斉・梁）の法を「寛平無害」だと言い、①「重生命」、②「恤無告」、③「平吏民」、④「抑富人」の四点を「信美」なるものとして挙げた(7)。①③などの評価視点を見れば、彼の立場が三綱を重視する保守派と対立することが明らかになる。

先ず「重生命」という視点から見てみよう。五朝法が生命を重んじる例として、章太炎は二つ挙げた。両親が子を殺した場合と、馬を城市で走らせて人を殺した場合とである。明清律が準拠した唐律に比べて、五朝法は生命を重視している、と高く評価したのである。

（一）　先ず両親の子殺しの議論（「父母殺子者、同凡論」）から見てみよう。章太炎は、両親が子を殺した場合、五朝法が親という礼制上の身分を考慮せず、一般の殺人と同様に処断したことを評価した。彼は、『南史』徐羨之伝の例を引いて、次のように言う。軍人朱興の妻の周は、生子の道扶が三歳の時、癇病になったので生きながらに埋めた。このことを道扶の姑《おば》である雙女が訴え出て、周が棄市されることになった。ところが丹陽尹の徐羨之が異議を申し立てた。周の凶忍さに対して顕戮を加えるのはよいとしても、母の処刑は忍びないという子としての道もあるはずだから、周は罪を減じて辺境に送る処分がよい、と言ったのである。『南史』には、それに従ったとある。ここから晋律では、父母が子を殺すと、一般の殺人罪と同様に死刑にされたことが分かる。徐羨之は無学だから、道徳的判断を加えて、罪の宥恕を論じわけだが、それは巧みに議論を組み立てて法を曲解するものだ。近世において父母が子を殺した場合、軽い則例（時宜に応じて改変される行政的な実例）(8)に従って処罰したが、南朝にこの種の律はなかったのだ、と。(9)

徐羨之は「為子之道」という礼制を根拠に減罪を申し立てたが、章太炎はこれを批判し、晋律が一般の殺人罪と同様に処罰したことを支持したのである。近世の法においては、父母が子を殺しても罪は軽く、子孫が父母を殺した場合とは違う（後述）。旧律が礼制の影響を受けて、尊卑親属の殺人を、一般人の場合と区別した結果である。この区別を張之洞らは当然と見なしたが、章太炎は逆に批判した。晋律が唐律以降の法とは違って、同罪異罰にしなかった点を高く評価したからである。

そして、さらに一例を加えて章太炎は言う。北魏の法では、祖父と父母が怒って武器で子を殺した場合、五歳刑に処した。毆殺した場合と愛憎があって故意に殺した場合は、罪を一等減じた。このことから、鮮卑族（北魏）が五朝の法を乱し、親の子殺しの罪を軽くしたことが分かる、と。(10)当時五歳刑は労役の最高刑であるが、親が子を殺しても、五歳刑だから死刑にはならない。ところが晋律は、親が子を殺した場合、『南史』徐羨之伝に見えるように、その罪を死刑にして、子の親殺しよりも軽減しなかった。章太炎は晋律のこの点を評価したわけだが、北魏の律が親の子殺しを死刑にせず、親子の身分で罪科に等差を設けた点を、逆に異民族による攪乱と見て批判したのである。

そもそも六朝時代は、儒教が次第に法に影響を及ぼしていく時期であり、(11)晋律が儒教からそれほど影響を受けなかったからとも考えられるが、章太炎は、儒教よりも異民族の影響と見た。そのナショナリストの立場が分かる。が、それはともかく、彼が晋律を評価した理由は、殺傷などの事件で、加害者と被害者との間に身分関係が存しても、刑罰を一般の場合と同様に処罰し、他の中国法のように加減しなかったことである。実際、晋律が歴史的に実際どうであったかは別にして、彼が法律の適用は身分を問わず、公平であるべきだと考えていたことは明らかであろう。

例えば大清律「毆祖父母父母」条（闘毆律）には、子孫が祖父母・父母を毆った場合と祖父母・父母が子孫を毆殺した場合の罪科が述べられている。同条によれば、祖父母・父母が、子孫の教令違反を理由に、子孫をほしいままに毆殺した場合、杖一百の刑（杖刑として最上級）である。故《いたず》らに殺した（ここでは、教令に違反しないのに毆殺するの意味）場合は、杖六十、徒一年の刑（徒刑として最下級だが、杖一百より一段重い）である。[12]ところが子孫が祖父母・父母を殺すと、「十悪」中の「悪逆」と見なされ、凌遅処死に処せられる。刑罰には、笞・杖・徒・流・死の五種類があって、死刑には絞刑と斬刑の二つがある。身体を損なわないことを孝の始めと考える儒教から見て、身体が全うされる絞刑に比べて、斬刑は身体と首が切断される、より重い処罰であり、[13]凌遅処死は、四肢を断ち喉を絶つ、斬刑以上の酷刑である。[14]子孫が祖父母・父母を毆殺した場合とその逆とでは、罪科があまりに違いすぎるのである。何も毆殺に限らない。謀殺の場合も、同様である。子孫が祖父母・父母を謀殺しようとすれば、主犯従犯を問わず、斬刑に処せられ、すでに殺していると、凌遅処死になる。[15]

中国法は、殺人の様態を謀殺・故殺・闘殺・誤殺・戯殺・過失殺（「六殺」）に分け、罪を定める際に考慮する。[16]例えば過失殺と謀殺とは、罪科が違う。しかし、殺人の様態がいずれにせよ、祖父母・父母が子孫を殺した場合と子孫が祖父母・父母を殺した場合とでは、罪科に違いがありすぎる。家族の尊卑長幼の秩序を処罰に反映させたからである。法が礼教の影響を受けていると言えよう。

以上、祖父母・父母の子殺しを例に、晋律が一般人と同様に処罰した点を、章太炎は高く評価した。つまり、唐律以降の中国法が、尊卑長幼の秩序を重視して、罪科の上で等差をつけたことに反対したのである。それ故「重生命」と言った場合、法が生命を権利として守るというより、法を犯した時、科罪が等しく適用されて、弱い身分や立場の者が守られるという意味になる。法の普遍的適用については、「恤無告」でも、問題にされている（第二節）。

（二）　次に、都市における交通事故（「走馬城市殺人者、不得以過失殺人論」）について見てみよう。章太炎は言う。賑やかな都会は行き交う人がひしめいている。そこに車馬を走らせれば、人を殺傷しやすいことは明らかだ。人ごみの中で人を殺傷した罪は、「賊殺」（正当な理由なく害意をもって殺す）の律に付すべきで、「過失殺」や「戯殺」とは違う。(17)にも拘わらず、その誅罰が緩いのは、都市に落とし穴を作って人を落とすに等しい。死罪にすべきだ、と。(18)

前述のように、唐律では、殺人は謀殺（人を殺そうと計画して殺す）・故殺（にわかに殺意を起こして殺す）・闘殺（殴り合って相手を殺す）・誤殺（錯誤によって殺す）・戯殺（戯れの行為から誤って殺す）・過失殺（その意図がなく誤って人を殺す）の様態に分かれていた。謀殺と故殺は殺意があり、闘殺以下は殺意がないのである。中国法は、「原心定罪」（心を原《たず》ねて罪を定める）を基本としたから、その意図がなく罪を犯せば、故意に犯した場合とは、当然処罰が異なることになる。『周礼』の「三宥」の法に「壱宥は不識を曰ひ、再宥は過失を曰ひ、三宥は遺亡を曰ふ」（秋官司刺）とあるように、(19)中国では、不識・過失・遺亡の場合は、罪を軽減すべきだと考えられてきた。また漢、董仲舒『春秋繁露』も「春秋の獄を聴《さば》くや、必ず其の事に本づけて其の心を原《たず》ぬ。志の邪なる者は、成るを待たず。首悪なる者は、罪特に重し。本直なる者は、其の論軽し」（精華篇）と言い、犯罪動機を重視した。犯罪動機が邪悪であれば、犯罪が成就するかどうかをまたず、主犯は罪が重く、動機の稀薄な場合は、罪が軽いと考えられたのである。

では、章太炎は、馬を城市で走らせて人を殺した場合、何故「過失殺」ではなく、「賊殺」にすべきだと考えたのか。彼の判断は、中国法の「過失」に対する見方、および都市化や産業化に対する批判に関わっている。

先ず「過失」についてである。章太炎は次のように論じた。張裴『晋律序』には、「都城の人衆《おお》き中で馬を走らせて人を殺すと、当に賊とすべきだ。賊に似ているからだ」[20]とある。李悝『法経』にもともと軽狡篇があり[21]、秦漢の法はそれに因っている。上世は単騎が少なく、車も行くのに節度があったが、六国以降、単騎が勃興して往来を疾駆し、道行く人を傷つけやすくなったので、軽狡律ができた。晋律には、「衆中走馬者、二歳刑」とあるので[22]、人を殺せば、当然死刑となったろう。ところが近世では、都市の道路で馬を走らせることが禁止されているにもかかわらず、馬を走らせて人を殺しても、刑は甚だ軽い。しかし、晋律は、「衆中走馬者」が賊殺と同じくらいに重罪だとして、それが過殺や戯殺とは違うことを知っていた、と[23]。

晋、張斐は『晋律注』で二〇の法概念を定義した（『晋書』刑法志）。その中で「賊」は「無変斬撃謂之賊（特段の事情がないのに傷害を加えるのが「賊」）」であり、「過失」は「不意誤犯謂之過失（その意思がなく誤って罪を犯すのが「過失」）」と規定された。もともと中国法の「過失」概念は、現代の法と違うところがある。中国法の「過失」概念については、いろいろ議論があるようである[24]。西田太一郎氏によれば、唐律は現代法の『過失』概念を「過失」「失」「誤」の言葉で表した。「過失」は人を殺傷したときの『過失』、「失」は官吏の公務上の『過失』、「誤」はこれら以外の『過失』であり、この考え方は明清まで同じであったという[25]。章太炎は「過失」「失」「誤」の区別を念頭に置きつつ、晋律同様に、「車馬殺傷」を「過失」とは考えず、「賊殺」として処罰せよ、と主張したのである。すなわち、中国法は、もともと人混みの中で車馬を走らせること自体を認めていない。急用の公務といった格別の事情から、車馬を走らせて殺傷したときにのみ「過失」を認めた（後述）。だから、格別の事情もなく車馬を走らせれば、当然「賊」になるのである。

ところで、大清律「車馬殺傷人」条（刑律人命）は、車馬を街中で走らせた場合、次のように規定する。

凡そ故なく街市鎮店において、車馬を馳驟し因りて人を傷つけし者は、凡そ門傷に一等減ず。死に致せし者は杖一百、流三千里。…并せて埋葬銀一十両を追《くわ》ふ。若し公務の急速なるに因りて馳驟し人を殺傷せし者は、過失を以て論ず。(26)

理由なく人の多い街中や宿場で車馬を走らせて人を傷つけた場合、闘傷律の罪に一等減らす。致死の場合は、重い流刑（杖一百、流三千里）に処し、さらに遺族への補償として埋葬銀十両の課徴という処罰だが、後段に、「公務急速」の場合の殺傷に限って、「過失」を適用するとある。言い換えると、私用で車馬を疾駆させて人を殺傷すると、「過失」としては処理されなかったのである。事案を公務の急用と私用とに分け、公務急用時の殺傷に限って「過失」とするのは、人の多い街市で車馬を走らせること自体を違法と考えたからだ。(27)唐律もほぼ同様であって、訳もなく繁華なところで車馬を走らせることを違法とし、次のように言う。

諸《すべ》て城内の街巷及び人衆の中において、故なく車馬を走らせし者は笞五十。故を以て人を殺傷せし者は、闘殺傷に一等減ず。

若し公私に要《かなら》ず速やかに走らすべき者あらば、坐せず。故を以て人を殺傷せし者は、過失を以て論ず。（以上

『唐律疏議』雑律「城内街巷走車馬」条）

『唐律疏議』によれば、「公私要速」の「公」というのは、「公事で速やかにすべきこと、および公文書や官物などの逓送や勅使を奉じること」、「私」というのは、「吉凶の知らせや急病で薬を求めること」などに限定されている。(28)公私の急用で走らせることは許され、この場合の殺傷に限ってのみ、「過失」罪が適用された。繰り返すが、中国法では、人混みの中で車馬を走らせることは、罪なのである。だとすると、「車馬殺人」を晋律のように「賊殺」に処すという章太炎の議論は、中国法の「過失」概念に基本的には沿いながら、大清律の「杖一百、流三千里」、唐律の「減闘殺傷一等」に比べても、きわめて厳しい処罰だと言える。

この厳しい処罰は、都市化や産業化に対する章太炎の反発に関連している。恐らく章太炎は、近代交通による殺傷に対して、近代法が一般的意味での『過失』として処理することを強く意識していたのであろう。

清末の法制改革で参考にされた明治刑法（明治十三年制定）は、いわゆる過失致死を「二十圓以上二百圓以下ノ罰金ニ処ス」（第四節「過失殺傷ノ罪」第三一七条）、「過失傷害」を「十圓以上百圓以下ノ罰金ニ処ス」（第三一八条）としている。罰金刑は、三つに分類される「軽罪ノ主刑」の中で、もっとも軽いものである。(29)また「濫リニ車馬ヲ疾駆シテ行人ノ妨害ヲ為シタル者」は「一日以上三日以下ノ拘留」か「二十銭以上一圓二十五銭以下ノ科料」（第四二七条）である。当時の新しい運輸手段であった汽車の事故規定にしても、その往来を妨害し危険をなした場合「重懲役」であり、運輸関係の官吏や雇人などがそれを犯すと、「本刑ニ照シ一等ヲ加フ」とある（第一六五条、一六七条）。章太炎の「賊殺」に処すという処罰に比べてまだ軽い。清末に構想された『刑律草案』でも、交通事故の『過失』はやはり軽い（後述）。

では、中国法においてさえ、もともと車馬殺傷の罪は死罪とならなかったのに、章太炎はなぜ「賊殺」と考えたのか。

一九世紀末二〇世紀初は、日本が近代産業社会に発展し始めた時期にあたる。都市化が進み[30]、繁華な都市に電車や乗合馬車などが高速で往来し、事故を起こし始めるのである。明治になって、新しい運輸手段として人力車や乗合馬車、路面電車や鉄道などが出現した。鉄道や乗合馬車などの利用によって、一日の行動圏が徒歩時代に比べて一・五から三倍になったという[31]。江戸時代なら人力や馬で輸送していたのに、産業化によって人間や物資を大量かつ高速に輸送できる手段が出現し都市に人口が急激に集中した結果、交通事故が増加した。明治三十五年頃を境にして、自他の過失によって諸車に轢かれた死傷者数が急増したのである[32]。交通事故で死罪に処すという章太炎の極論は、この大きな転換期に東京に住んでいた彼が、日本の現状を目の当たりに見て発したものであろう。章太炎は高速の大量輸送手段である電車について、次のように言う。

> 電車の作《おこ》りし自り、往来の迅軼なること、飛矢より速し。倉猝に相逢ひて、回顧するに及ばず、車轢の刑を受くるあるのみ。日本を観れば、一歳に電車道上に死ぬる者、幾んど二三千人、而るに車を将いる者は財《わず》かに罰金の罪を得るのみ。　（電車ができてからというもの、速やかに往来できる様子は、飛矢よりも速いくらいで、振り返る間もなく突然に衝突して、車に轢かれてしまう。日本を見ると、一年に二三千人もの人が電車に轢かれて死ぬが、運転手はわずかに罰金刑で済むだけである[33]）。

日本で路面電車が開業したのは、一八九五年の京都であり、東京では一九〇三年である。章太炎は「幾二三千人」

が轢かれたと記すが、道路交通政策史の研究によれば、自他の過失による死傷事故件数は、当時ほぼ一八〇〇件余りとある。(34) 死者数は五〇名余りと、章太炎の挙げる数値と大きく違うものの、件数としては近い。多くの死傷者の発生は、当時まだ歩車道の区別が普及せず、通行マナーもないままに都市化が進み、乗合馬車や路面電車が導入された結果であろうと推測される。章太炎は、この交通事故死という急激に進む近代化の現実に対して、死刑という厳罰で臨もうとしたのである。この判断は彼が反功利主義の立場に立って、産業社会に批判的であったことが関係している。彼は、電車という近代的運輸手段について次のように言う。

夫れ電車は祇《た》だ商人のために利を増すのみ。民の事においては豪毛も益なし。以為ふに、利して人を賊殺すること、視《くら》ぶるに軽狡にして人を賊殺するを以てすれば、其の情罪は当に倍蓰すべし。而るに国家に長たる者の惟だ媚びを富人に取るのみなるに、詭《いつ》はりて公益と称し、其の刑誅を弛くせんと欲す。立憲の国は固《もと》より責むるに足るなきのみ。漢土の法律は敝すと雖も、昔より未だ富人を尊寵する者あらず。（電車は商人のために利益を増やしているだけだ。民衆には、まったく無益である。利益を求めて人を〔交通事故で〕殺すことは、軽狡《かるはずみ》な行為によって〔車馬を街市で疾駆させて〕人を賊殺してしまうことと比べても、その犯情は数倍にもなるだろう。国家の指導者は、たんに媚びを富豪に売っているだけなのに、それを公益だと偽り、〔疾駆する車馬による殺傷の〕刑罰を緩めてしまおうとするのは、何としたことか。立憲の国〔日本〕はもとより責めるに値しない。中国の法律は弊害があるとはいえ、昔から富豪を尊んだものはないのだ）(35)。

章太炎は、近代都市における車両による傷害致死を「賊殺」にも等しいと言う。それは彼の目に、都市化や産業化の流れは富人を利するもの、と映ったからだ。彼は反功利主義の立場に立つから、利益獲得のために人間が動くことには批判的である。[36]彼が五朝法を高く評価した点の一つは、「抑富人」からであったが（第四節）、「重生命」の点でも、富人や産業社会への反発が関係していたのである。彼は産業社会の功利的行動には否定的で、彼が描いた「諦実之共和」社会では自営農を核にした農業が想定され産業は国営である。[37]だからこそ、晋律は反功利主義の立場から高い評価を受け、産業社会の交通事故は功利主義に基づくとして厳罰が求められることになった。

余以ふに、電車を造りて用ふる者は、当に「走馬衆中」に比すべく、二歳刑を与ふ。因りて人を殺せし者は「走馬衆中殺人」に比し、商主及び御夫は皆殊死す。（わたしの考えでは、電車を造って使用したら、〔晋律の〕「馬を衆中に走らせる」のと同様にして、二歳刑にする。それで人を殺したら、「馬を衆中に走らせて人を殺す」に比定して、商人や運転手を斬刑にする）。[38]

近代都市における交通自体を罪悪と見なし、交通事故による殺人で斬刑に処するというのは、実に極端な議論である。これはひとえに章太炎が功利主義を批判し、政治と道徳に思索を集中させた結果であろう。言い換えれば、彼が構想する新しい社会は、近代的な産業社会像から隔たったものだからである。ただ、章太炎のために弁ずれば、『欽定大清現行刑律』（一九一〇年五月一五日）でも「車馬殺傷人」条は、大清律と内容は変わらず、近代都市での交通事故を想定していない。[39]『欽定大清現行刑律』は、近代的な『刑律草案』（新刑律第一次草案）が批判を受けた結果、大清律から前近代的なものを適宜删った折衷的なものであり、[40]本条だけを見れば、清末民初、都市化にともなう交通事故は、中国ではまだ大きな問題になっていないことが窺える。

もっとも『刑律草案』（一九〇七）や『修正刑律草案』（一九一〇年二月二日）、『欽定大清刑律』（一九一一年一月二五日）の場合、[41]交通事故関係の規定に限って言えば、近代的である。『刑律草案』などが明治刑法を参照したことも関係しているだろう。例えば『刑律草案』第二一〇条は、過失によって「載人之気車・電車・船艦」が往来上の危険を生じさせた場合の規定であり、「車馬殺傷人」条に相当する。その場合、『刑律草案』は、過失で往来危険の罪を犯すと「三百圓以下罰金」に処し、当該業務の従事者が往来危険の罪を犯すと、「四等（三年未満一年以上―小林注）以下有期徒刑、拘留或一千圓以下罰金」に処す。『修正刑律草案』（第二一六条）でも、文言や罰金額にやや異同はあるが、内容はそれほど変わっていない（『欽定大清刑律』第二一四条は、「凡」「其」の両字が削除され「項」字が「等」になった他は、『修正刑律草案』の条文規定と同じである）。[42]要するに、これらは『欽定大清現行刑律』とは違い、都市における交通事故の関係規定が近代的なものになっているのである。こう見てくると、章太炎が電車の運転手を斬刑に処すというのは、いかにも極論であり、交通事故の法的抑止というよりも、反功利主義の立場からする産業社会への呪詛に近いものに見えてくる。彼の極論は、明治日本を見て生まれた産業化や中国の「紳士」に対する批判に発すると考えられる。

以上、章太炎は「重生命」の視点に立って、五朝法を二つの点から評価した。一つは、五朝法が、伝統的な中国法とは違って、家族関係における尊卑長幼の身分関係に基づく罪刑の違いを認めないからである。もう一つは、車馬による人の殺傷において、加害者側に厳しい罰則を科するからである。章太炎が近代法導入を批判したとはいっても、これらの点を見ると、張之洞ら保守派と違うことは明らかであろう。とくに尊卑長幼という礼制が法の中に入り込み、身分関係により、同じ罪でも処罰を異にする中国法の基本的性格に対して、章太炎は異議を唱えているのである。張之洞らの三綱護持の立場と正反対なことが分かる。そして、中国法の基本的性格が中国法制史研究の早い段階で批判的に指摘されたことには注意を払いたい。

以上、要するに、「重生命」の議論は、西洋的な人権の観念ではなく、身分が違っても法を均しく適用すべきだという考えに基づいている。それは祖父母・父母や夫の懲戒などの私刑罰を認めないことだと言い換えてもよい(43)。私刑罰の問題は、次の「恤無告」の議論でも扱われている。

では、「恤無告」とは、何であろうか。

二　「恤無告」の視点

「恤無告」の議論は、儒教の貴んできた復仇と国家の代理処罰をめぐるものであり、やはり法の普遍的適用の問題に関わっている。議論に費やされた紙幅は、おおよそ「重生命」が全体の約一七％、「恤無告」が約八％、「平吏民」が約二六％、「抑富人」が約二〇％（その他約二九％）を占めるから、「恤無告」は四つの論点の中で最も短い。復仇の議論であるから、章太炎の立場からすれば、「恤無告」に紙幅が大きく割かれるかに思われるが、案に相違して最も少ないのは、彼の関心がまず法の普遍的適用にあったからであろう。復仇は彼の主張に反しても認めざるを得ない例外的事項であった。

そもそも復仇は、中国古来の慣習であり、経典もそれを記す。経典の成立時期によって法と復仇の関係に対する評価には違いがある。早く成立した経典ほど復仇是認の傾向が強く、成立の遅れる『周礼』などでは、復仇を制限する傾向があるという(1)。例えば『礼記』曲礼上「父の讐は、与に共に天を戴かず、兄弟の讐は、兵に反《かえ》らず」とか、『春秋公羊伝』隠公十一年「君弑せられて、臣、賊を討たざるは、臣に非ざるなり。子、讐《あだ》を復せざるは、子に非ざるなり」は、是認する方向である。『周礼』地官調人に、過失殺傷の時、復仇を避けさせるために遠地に移すなどの記事がある。(2) これは復仇制限の一例である。

復仇の処理をめぐって、過失殺人や正当防衛の殺人など、従来、様々なケースが経典と法を根拠に論じられてきた。(3) というのも、復仇は、儒教の立場から認めざるをえない倫理的義務である一方で、国家の立場からすれば、認められない人命事犯だからである。倫理的に許された私刑罰・報復をどう扱うのか。復仇は、倫理と法との微妙な均衡の上にあったわけだ。章太炎の議論も焦点がここに置かれたが、彼は「五朝法律索隠」を書く以前、すでに復仇について論じていた。すなわち、復仇を認めざるを得ないのは、法自体の性格及び中国の裁判制度では裁ききれない現実があるからだ、というのである。例えば「定復仇之是非」(『民報』第一六号、一九〇七年)の冒頭、復仇を定義して言う。

> 平らかならざるものを平らかにするに平らかなら使むる者を以てす。斯れ復仇と謂ふ。〔(法律適用の上で)公平でないものを公平にするのに、公平にさせる手段を使う。これが復仇である〕(4)。

復仇とは、法律が遍く適用しきれないところに用いて公平にする、私的な懲罰手段だと言うのである。この文章の後段で、彼は法を定義している。

> 法律なる者は、則ち公羣を以て私人の復仇に代へるのみ。既に相代はれば、則ち私人の復仇する者は、自ら禁《き》遮《ん》ず可し。〔(法律とは、集団(が罰すること)によって個人の復仇に代替するものだ。代替する以上、個人の復仇は禁止して

よい[5]。

法律は、本来集団が処罰を代行することで、個人に報復させないものなのである。ところが、と章太炎は続けて言う。法の証拠主義という性格が犯罪を見逃す懼れがある。法律は本来寛大で公平なものなので、無実の者に罪が及ぶ懼れがあったり、また証拠が不十分だと、罪に問えず、巧みな犯罪者は逃れることが出来るからだ[6]。法の性格がこうである上に、中国では裁判制度が不備だから、周漢以来、いつも復仇の律を緩やかにして私的処罰を許し、儒教も復仇を認めてきた、と[7]。彼は儒教倫理のみならず、罪刑法定主義や裁判の実態からも復仇が容認されてきたことを言うのである。ところが、西洋の法は復仇を認めないと批判した。

欧美の法は則ち然らず。復仇する者と雖も、亦た尋常の殺傷と罪を等しくす。審らかに自ら其の讞法の周《あま》ねからざるを知りて、悍然として以て完具と為す。是れ則ち復仇を以て野蛮と為す者にして、乃ち国家の自ら過ちを文《かざ》るを為す所以なるのみ。（西洋の法は、そうではない。復仇であっても普通の殺傷罪と同じである。明らかに裁判法の不備を知りながら、性急にも完備しているとする。これは復仇を野蛮と考えるからであり、国家が自ら過ちをうまく飾って蔽い隠す理由なのである[8]。

このように章太炎は、近代法の復仇に対する見方を文化的偏見と批判し、法の証拠主義や中国における裁判制度の不備を理由に復仇を認めた。つまり、復仇に限って、いわゆる私刑罰を認めたのである。

さて、「五朝法律索隠」は次のように言う。漢魏の旧法では、謀殺・故殺・賊殺の諸科で、官が治められない場合、その子孫の復仇を認めた。例えば魏の陳群の律には、「賊闘で人を殺したとき、弾劾されて逃げると、古義によって、殺された側の子弟が（その者を）追って殺すことを聴《ゆる》す。たまたま赦されたり過誤で殺したときは、復仇してはならない」（『晋書』刑法志）とある。また『後漢書』桓譚伝も、法の処罰と復仇について論じている。すなわち、人を殺傷して法に服したとしても、子孫が怨みに思ってその者に復仇すると、世間ではそれを豪健と称賛する。しかし、今、旧令を明らかにすべきだ。すでに官の処罰に服しているのに、勝手に怨みを懐いて殺傷した場合、一身が逃げても、家属をみな辺境に徙し、傷害の場合は、常刑に二等を加える。人を雇い本人に代わって労役させることを許す雇山の刑罰で贖罪させてはならない、と言うのである。このように子孫の復仇を限定的に認めてきたのは、法の普遍的適用が困難であるからだ、と。[9]

　章太炎は上のように、古代の律は国家による処罰が不十分なので子孫の復仇を認めた、と言うのである。桓譚伝などから分かることは、旧令で復仇を禁止していたこと、及びそれにも関わらず復仇が民間でよく行われていたことの二つである。ところが、章太炎は、復仇が禁止されていた事実よりも、許された現実に着目し、復仇を公刑罰の不十分さを補うものとして容認した。桓譚伝の「宜申明旧令」の言葉から明かなように、旧令では、殺人で官誅に服している場合、勝手な復仇は認めていないのに、である。

　彼は言う。法吏の断獄は証拠によって罪の当否を決めるが、証拠が不十分だと、処罰は出来ない。そうであれば、狡詐なる者は、いよいよやりたい放題になり、死者は報われない。だから、復仇は許される、と。さらに容認の理由を加えて言う。「受賕枉法」や「姻族相私」などの場合は、まだ何とか処置できるが、法吏が囚人と友人関係にあるとか、他のことで徒党を組んでいる場合、その罪は容疑にしかならないので、証拠をきっちり揃えないと、犯人は法的に釈放されてしまう、と。[10]章太炎が子孫の復仇を容認したのは、明らかに中国における法制の現実の隙間を埋めるためであった。中でも法吏が賄をうけて法を枉げたり、犯人と縁故関係があったりして、法の適用が十分に行われない懼れが現実にあった。だから「恤無告」では、復仇を法運用の面で補うとして容認しようとしたのである。容認といっても、例えば明の丘濬が儒家の諸説を踏まえて容認したのとは違う。[11] 章太炎は言う。

子姓の復仇を聴すは、国家　明らかに法令の力の以て尽く罪人を得るには足らざるを知ればなり。故に其の自ら相捕戮するに任す。且つ国家の名義を以て個人を抑制せず。

（古来）子孫の復仇を認めたのは、国家が法令の力でことごとく罪人を得るには不十分だ、とハッキリと知っていたからだ。それ故、子孫が捕えて復仇するに任せ、国家という名義によって、個人を抑制しなかったのである[12]。

ただし、章太炎は、子孫の復仇を認める場合、報殺に限った。彼は鄭玄の「父母兄弟師長嘗辱焉、而殺之者、為得其宜（父母・兄弟・師長が辱めを受けると、辱めた者を殺すのは、義を実現するためである）」[13]という解釈を批判している。章太炎からすると、これは鄭玄の私意にすぎず、律の明文ではない。律は、ただ報殺の場合しか認めていない。父母や師長が辱めをうけても、それは切膚の痛みではないのだから、と言うのである。章太炎のこの考え方は罪刑法定主義の立場であって、法の規定に従って罪の軽重を定めよというのであり、経学の理解とは違う。例えば賈公彦の疏（『周礼』地官調人）は、鄭玄注の「義、宜也」句に対して、『論語』「見義不為、無勇也」（為政篇）を引き、辱めを受けたことの復仇も義だと補強した。鄭玄が「謂父母兄弟師長三者嘗辱、子弟及弟子則得殺之」と言ったのは、「その宜を得ることなのだ」と、疏は倫理的に正当化したのである。父母や師長の受ける辱めとは、ステータスの受ける心理的屈辱であり、人命に関わるものではない。経学は復仇の範囲を拡張し、それを倫理的に根拠づけたわけだが、章太炎が報復に限ると主張したのは、この拡張を認めないからである。

以上から章太炎は、睚眦の怨みや過失殺の場合では、復仇を認めていないと分かる。しかし、彼の復仇論はある範囲に限って報復を認めて、国家による代理処罰を認めない点で、いわゆる西洋近代法とも違う。前述の通り、「定復仇之是非」においても、西洋法が復仇を許さず一般の殺人と同罪にしていることを批判していた。中国には、もともと法網をくぐり抜ける現実や裁判制度の不備があったからだ。確かに法の運用実態は、中国の官制や地方自治の在り方に関わり、問題があった。法による裁定に代わって実力行使で処理されることもあったのである。(14)報復の一部容認は、法が普遍的に公平に適用されない中国の制度的現実を踏まえた結果だと言えよう。

前項の「重生命」でもそうであったが、この「恤無告」でも同様で、章太炎は、規範からの逸脱に対して、法を均しく公平に適用すべきだと考えた。しかし、復仇については限定的に私刑罰を認めた。中国法は「情理」に基づいてカズイスティックに処理され、(15)それ故地方官や胥吏がかなり自在に法を運用できる実態があるから、法網から漏れたものに対して、実力で報復をするしかない、と言うのである。法の空文化した現実を埋める実力の報復、それが復仇に他ならない。

では、「平吏民」の視点は、どうなのであろうか。

三　「平吏民」の視点

「平吏民」の項は、官員と民衆を公平に扱う法について、二点にわたって論じた。部民（ある地域で管轄下にある民衆）が長吏（そこを管轄する地方官）を殺した場合、及び官員が杖刑を犯した場合とである。「平吏民」の議論は、官員の法的優遇に対する批判である。章太炎は官員と法について、辛亥後でも科道官（給事中と監察御史）で官員を監督し、法吏で科道官を監督すると具体的に提案している。(1)法によって官員の腐敗を取り締まるという発想は、一貫しているのである。

（二）先ず部民が長吏を殺した場合（「部民殺長吏者、同凡論」）を見てみよう。章太炎は、部民が官員を殺しても特別扱いをせずに、一般人の殺害の場合と同様に論決せよ、と主張した。中国法は同罪異罰が特徴で、尊卑・卑賤・長幼の序を重視して、同じ犯罪内容でも、その身分関係の相違によって処罰が換わる。とくに官員には、法的恩典が与えられてきたから、(2)逆に官員を殺すと、処罰が重くなる。それ故、章太炎は、官員の法的優遇や同罪異罰を問題視し、「平吏民」を主張した。

そこであらかじめ少し法的恩典の例に触れておく。唐律に「応議請減」条（名例律）がある。「議」とは、死罪の嫌疑がかかると、法司は勝手に判決できず、犯罪の動機や犯状などを都座集議し、集議の結果が出れば、皇帝に報告して判断を委ねることである。この恩典は、「八議」に当たる者が資格を持つ。「八議」とは名誉のある階層のことで、親（皇家《こうてい》の親戚で、祖免の服喪でよい遠戚も含む）、故（皇家の旧友）、功（大きな功績を挙げた者）、賢（大きな徳行のある者）、能（政治や軍事の上で大きな才業のある者）、勤（大きな働きのある者）、貴（爵一品、文武職事官の三品以上などの官員）、賓（先代の後を承けた国賓）を指す。「請」とは、死罪の嫌疑が固まると、法司は犯状を条して皇帝に奏請することであり、五品以上の官員がその資格を持つ。「減」とは、流罪以下の罪を一等減ずることであり、七品以上の官員がその資格を持つ。このように「八議」や官員は、一般人とは違う法的優遇を受けたのである。他にも「除免当贖」（除名、免官、免所居官、官當、贖）の恩典があり、「官當」は、官員が流刑・徒刑の罪を犯した時、官を削ることで実刑に代える優遇である。要するに、官員になれば、謀反を始めとする「十悪」を犯した場合以外は、法律上優遇されたのである。しかも唐律の「諸以理去官、与見任同」条（名例律）に見られるように、官員の法的優遇は、官職を去っても残る。(3) この点は、大清律にも類似の規定がある。(4)

さて、章太炎は言う。南朝宋の劉秀之が尚書右僕射になって、部民が長吏を殺した場合の制令を改めようとした。魏晋の律は、部民が長吏を殺した場合、一般人と同様に処罰したようで、議する者は赦にあたれば徙送を加えるのがよいとした。しかし劉秀之は、それなら「悠々と人を殺す」ことを認めるに等しく、民は本来父母のように長官を敬うべきだと考えて、部民が長吏を殺した罪を重くした。この記録（『宋書』劉秀之伝）に拠れば、魏晋の律では、部民が長吏を殺した場合、一般人の殺害と同様に処罰したことが窺える、と。そして、章太炎はこう続ける。

蓋し法律とは、左は以て民を庇ひ、右は以て国を持す。国の立つる所以は、其の秩序に在り。秩序は其の官府に在りて、其の官府を代表するの一人には在らざるなり。故に謀反と攻盗庫兵とは、昔より皆其の罪を深くす。夫の私人相殺すに至っては、部民長吏と雖も、何ぞ擇ばん。（思うに法律というものは、民衆の保護と国家の維持が目的である。国家が存立する所以は、秩序にある。秩序は官僚機構が機能するからこそ維持されるのであって、官僚機構を代表する者によってではない。故に〔天下を覆そうとする〕謀反や人命闘殴・賊盗・財物管理・軍隊に関する罪は重かった。個人間の殺傷については、部民と長吏との間に起こっても、〔一般人の場合と〕区別しなかったのである(5)）。

章太炎は、法律の役割を民衆の保護と国家の秩序維持に求めた。彼からすれば、秩序は制度によって維持されるのであって、官僚によってではない。章太炎が劉秀之を批判したのは、次の理由からである。すなわち、①劉秀之の言葉は薦紳としての発言であって根拠がない、②漢律に部民が長吏を殺した場合の殊科は見当たらない、③官長を父母に比定できたのは、当時、封建制から離陸して間もなく、民衆もお上に恩に感じており、父母に比することもできたからだ、と。(6)

しかも章太炎は、劉秀之の改訂した令が「斉民殺長吏」にまで適用が拡大された点を問題視した。「斉民」とは、普通の人民のことで、ここでは当該地方に住まない人たちのことである。ある地方の民衆が別の地方の官員を殺すと、本属関係がないのに、「部民殺長吏」の場合と同じ罪になる、と批判した。(7) 部民が長吏を殺すと罪が重かったのは、当地の長吏が部民にとって父母のごとき存在と見なされたからである。ところが、別の地方の官員は、必ずしも父母のような存在ではないにもかかわらず、この規定は官員殺害一般にまで拡大解釈されている、と彼は批判したわけだ。民にとって王は父母のごとき存在だとは、(8) もともと儒教の基本的発想である。この倫理的前提が、王に任命された地方官と当地の民衆の間にも適用されて法に影響し、それがさらに民衆の官員一般の殺害にまで拡大解釈され、罰せられる。章太炎の批判は、こうした官員の法的特権化に対するものなのである。

部民が長吏を殺すことについて付言しておく。例えば大清律では、関係規定の一つに「謀殺制使及本管長官」条（人命律）がある。これは制命を奉じて出使してきた官員を在地の官員が謀殺する、部民が本属の知府・知州・知県を謀殺するといった、官員謀殺事案の規定である。謀殺はすでに行われたが未傷であると、「杖一百、流二千里」、すでに傷つけると、首犯なら「絞」、すでに殺すと「斬」に処せられる。「杖一百、流二千里」の科罰は、二〇等級ある五刑（笞刑五等・杖刑五等・徒刑五等・流刑三等・死刑二等）の中でかなり重い。祖父母・父母を謀殺しようとした場合、それをすでに行っただけで、首犯従犯を問わず「斬」となるから、「杖一百、流二千里」の処罰はそれよりは軽いものの、緦麻（服喪期間がもっとも短い）以上の尊長を謀殺せんとしてすでに行った場合の科罰と同じである。(9) つまり、部民と長吏との関係は、遠い縁戚に比定されているのである。しかし、本条は、民衆といっても部民が当地を支配する官員を殺した場合に限っている。「毆制使及本管長官」条（闘毆律）も同様で、部民が本属の知府・知州・知県を殴った場合に限定している。(10)

この大清律の規定は、唐律「謀殺府主等官」条（賊盗律）などにもとづくが、(11)その文言に「部民」の語はない。唐律の本条の前後に「謀殺期親尊長」「部曲奴婢殺主」条があり、清末の法学者沈家本（一八四〇～一九一三）によれば、明律に至って、別にあった「部曲奴婢殺主」条がこれらに合わされたという。(12)いずれも下の者が上の者を謀殺しようとした点が問われたということになる。いわゆる「義合」の関係において「不義」に当たり、(13)家族関係の謀殺規定と同列に置かれて、「父母之義」に背くと考えられたのである。

このように部民―長吏の関係に限った規定は、明清律に生まれ、もともと唐律にはなかったのである。章太炎は「部民―長吏」関係が「斉民―官員」関係にまで拡大解釈されていると批判したが、それが何を指すのか、具体的には不明である。清末において地域政治の末端を担った「紳士」と民衆の現実を踏まえているのかもしれない（次節）。ともあれ、部民―長吏の関係規定が、官員の特権階級化していた現実を前提にしていたとは言えよう。

従って、官員殺害を一般人の殺害と同様の扱いにせよとの主張は、特権階級化を排することに他ならず、同罪異罰の規定をもつ中国法の根本を問うことになる。この点を、章太炎はさらに王室と皇族を例に論じた。秦始皇以来、皇帝にとって、皇族も斉民に等しい存在になったと考えたからだ。

章太炎は言う。王室の近親は、その土地を治め民を支配する官員とは違う。『周礼』では、「王の親を殺す者はこれを辜す」（秋官司寇掌戮）と言い、民衆間の殺害の場合とは律を異にしていた。思うに上代は政治権力が貴族にあり、王の親族は王に等しかったからだ。しかし、秦始皇以来、封建制は廃され、王以外は民衆に等しくなった。ところが、満洲が中国に客帝になると、旧い制度や発想によって「同気」（親族）を保護した、と。(14)

以上、章太炎は、中国は秦以降、皇帝以外は、皇族といえどもすべて民衆扱いであるはずなのに、法的に優遇される規定を批判したのである。優遇規定とは、皇族の場合、例えば「八議」の中の「議親」であり、罪を犯しても、「十悪」以外だと軽減される。裏返して言えば、法的に優遇された皇族に対して罪を犯すと、一般人に対する場合よりも罪が重くなる。例えば大清律「皇家袒免以上親被毆」条（闘殴律）である。袒免とは、喪にあうと、左肩を脱ぎ冠を被らずに髪をくくって服喪することであり、五服の外にあって遠戚に適用される。つまり、遠い皇族でも殴ると、負傷させなくても、「杖六十、徒一年」の処罰が科せられることになる。[15] 一般人の闘殴であれば、負傷させなくても「笞二十」ですむのだが、皇族が相手だと「杖六十、徒一年」というのだから、普通、相手の歯二本、指二本以上を折るなどした場合の傷害罪に等しい。皇族と一般人との差は、九等級も離れていて、科罪としては格段に重い。皇族が法的な特権階級だからである。

このように見ると、明らかに中国法における法的優遇の問題は、法の近代化に際して、法の前の平等という点で避けては通れない課題であった、と分かる。章太炎は、個々の条文規定というより、中国法の基本的性格を問題にしていたのである。

（二）続いて章太炎は杖刑を例に検討して、官員の罪刑が民衆と違うことを批判した（「官吏犯杖刑者、悉同凡論」）。前項にも述べたが、中国法には、官員に対する法的優遇がある。[16] ここで彼は、官員の法的優遇について全体を論じたというより、日常的に起こりうる杖刑や収贖を例にして論じられた。彼の問題提起を見てみよう。

章太炎は言う。『隋書』刑法志は、梁律に「免官加杖督一百」「奪労百日杖督一百」の二条があったと記録している。[17] この記録によれば、当時、収贖の法が官員にまで及んでいなかったことは明らかだ。『魏略』には、韓宣が尚書郎になった時、職務のことで殿前で罰を受けることになり、文帝から赦された情景が伝えられている。赦されたということは、普通は尚書郎でさえも杖刑を受けたことを示す。ところが唐代（太極元年、七一二）になって、杖刑は贓吏の懲罰にだけ適用されることになった。つまり、贓しなければ、罪があっても許されたわけで、刑罰は唐代にすでに弛んでいたのだ。宋代になると、士大夫を優遇したが、贓吏はまだ背中を杖で撲ち、黥して海島に配流した。議する者は「刑不上大夫」（『礼記』曲礼上）だから、この制は廃止すべきだと論じた。そもそも「刑不上大夫」は、封建時代の考えであり、鞭扑《むちうち》の刑は、古代では五刑の中には入っていない。というのは、大夫は礼教を遵守して罪を犯さない。万が一、犯した時は、その心の制裁に任せるという倫理的前提があったからだ。その結果、大夫は自らを寵愛し、刑を受けないようになった。しかし、秦始皇以降、一君万民体制になり、皇帝だけが貴く、民衆の間に貴賤がなくなった。近世になって、礼制は、大体庶人にまで拡がった。昔とは違って、礼が庶人にまで下っているのだから、軽罪に適用される笞杖の刑が存する以上、民衆のみならず官員にも適用すべきだ。仮に法律に著すのなら、「謀罪応杖幾何」「謀罪応笞幾何」と明記して、官員にも適用すべきだろう。官員の犯罪を「罰俸貶官」で処理してはならない、と。(18)「罰俸」とは、官員が過失によって一定期間俸給を差し止められること、「貶官」とは、官職を下げることである。

官員に杖刑を適用せず、「罰俸貶官」で罪を軽減することは、上に引いた「職官有犯」条や「文武官犯私罪」（以上『大清律』名例律）といった諸条に見える。例えば内外大小の文武官が私罪（公事によらず私意によって犯した犯罪）を犯すと、笞刑一十に該《あ》たる場合は罰俸二カ月、二十だと三カ月で贖し、杖刑六十に該たる場合は一等級さげ、七十だと二等級さげて叙用するといった具合である。(19)これ以外にも、官員には「官當」という法的優遇措置があり、流刑や徒刑に相当する罪を犯すと、官職を削って実刑に代替するのである。官職を削っても罪が残ると、その残りの部分を贖罪させる。こうであれば、結果的に笞刑や杖刑の軽罪は、実刑を科されることがなくなる。(20)要するに、彼らが罪を犯しても、優遇措置から処罰が軽減される。「罰俸貶官」で処理するなどの章太炎の主張は、これを踏まえての議論であった。

それ故、章太炎が杖刑を律どおりに加えよと論じた意味は、一般人同様に処罰することであり、身分的特権を廃して法の前の平等を求めることに他ならなかった。

話しを戻す。章太炎は続けて、次のように言う。晋律は免官を三歳刑に比定した。明以降、免官は満杖に比定された。晋の法制は次第に弛んできたようだが、それでも五歳刑四歳刑を犯した者には、免官後、余罪を省釈しなかったようである。晋律では、将吏が武庫垣を越えると、「髡鉗、五歳刑、笞二百」の罰が科せられた、と（『御覧』六百四十二所引）[21]。「髡鉗」とは、頭髪を剃り鉄で首を束ねる労役刑の一つである。晋代では、将吏が五歳刑を犯すと、免官（三歳刑に相当）した後、残りの二歳を「徒」として「髡鉗、笞二百」が科されたというのである。晋律には、官員の法的優遇が見られないというわけだ。章太炎は言う。

まして況んや此の律を並べて去らんとす。古の法を為《おさ》むること、百姓を佐《たす》くるに急にして、今の法を為むること、士大夫を優全するに急なり。其の名を託して廉恥を重んずと曰ひ、其の語を詭《いつわ》りて紀綱を存すと曰ふ。悟らず、廉恥は方《まさ》に此に牽《すた》れ、紀綱も亦た此に壊たるを。明世、挙貢の諸生と雖も、亦た笞杖を免る。此れ印度の四姓階級の制と復た何ぞ異ならんや。　（まして〔梁律に見える官員杖督の〕法を削ろうとしているのだから、どうしようもない。古代の法は民衆を助けようとして性急であったが、今の法は士大夫を優遇することに性急なのだ。〔後者の場合〕、言葉の上では廉恥を重んじると言い、詭弁を弄して紀綱を存すると言うが、廉恥はここに廃れ、紀綱もここに壊れることが分かっていないのだ。明代になると、〔科挙の下級試験合格者である〕挙人や貢生まで、笞杖を免れることができるようになった。

これではインドのカースト制と同じである。)[22]。

上に見たように、官員は罪刑を得ても、それに抵てる種々の減免方法があり、優遇されていた。[23] しかもそれが道徳的に粉飾され、適用範囲の拡大されたことが章太炎には許せなかった。「廉恥」で飾るというのは、「微末の小官もまた国家の名器であり、一生の廉恥に関わる」ので、軽々しく打ってはならぬという発想にもとづく。[24] 引用にある「挙貢」は、知県の職に就くなど地方自治に深く関わる挙人や貢生のことである。つまり、地域政治の末端を担った官員や士人は、私罪を犯しても笞・杖の刑を免れる優遇措置を受けていた。章太炎が代議制を「民権を挫抑」するものとして反対した理由の一つは、地方自治を担っていた「挙貢」が選任されるからであったが、[25] 彼らは私罪を犯しても笞・杖刑を免れる優遇措置を受けたのである。しかも法的優遇により免官などの措置で罪刑を軽減させられても、失うのは職位であって、官そのものではない。[26] 官職を去った官員でも、現任官同様に優遇されているのである。[27] これはまるでインドのカーストと同じだと彼が批判したのは、こうした法的優遇制度の現実を見てのことである。

以上より、章太炎は、中国法が官僚階級の特権化を容認している点を批判したのが明らかであろう。彼の議論は、法の下の平等を意識してのことだが、それは科罰の均等な適用の方向でなされた。市民社会の法とはまったく違った発想である。とは言っても、それを法家的だとして済ますことは出来まい。儒家と法家という歴史的枠組みを超えて、「五朝法律索隠」の議論は、近代法を知的触媒として中国法の根本的性格を洗い出したからである。彼において、法の下の平等とは、法を例外なく均しく適用することであり、市民としての権利平等ではなかった。

四　「抑富人」の視点

章太炎は、五朝法の利点を富人抑制の視点からも論じた。この富人抑制の議論は、反功利主義の立場からなされたもので、「五朝法律索隠」の中で著しく特徴的である。上述の通り、章太炎は五朝法を「重生命」「恤無告」「平吏民」「抑富人」の視点から高く評価した。「重生命」「恤無告」「平吏民」の三つの視点が、総じて法の均等な適用の議論であるのに対し、「抑富人」は富人の懲罰論も含んでいて、近代性の点から見れば特異なものと言えよう。富人にも均しく法を適用せよというだけではないのである。

そもそも富の容認は、近代市民社会の基本的前提であるから、富人抑制の議論は、近代市民社会に対する批判となる。しかし、彼の念頭に置かれている富人とは、豊かな財力の所有者という以外に、紳士のことである。彼らは、清末、官僚と癒着して商業を推進した、倫理的にして政治的なエリート階層である。儒教はもともと道徳主義的立場に立って商業には批判的であった。商業は反道徳的で、欲望をはらませると考えたからだ。[1]それ故、儒教的教養を持つ彼らが商業を担うには、儒教を否定するか、あるいは欲望と倫理を整合させせなければならない。欲望の肯定と否定という倫理上の二律背反をそのままにして、経済活動を行う富人―「紳士」を、章太炎は倫理的にも政治的にも認めなかった。彼の「憲法大綱」批判の背景にこの点が潜んでいたことは、別のところで考察したが、[2]この「抑富人」の議論も同様である。

彼は、富人抑制に二つの方法を挙げた。一つ目は、商人に特異な服装を強制し、官僚との癒着を断ち切らせるというものであり、二つ目は、官僚や一般人（富人を含む）には贖罪を認めないというものである。前者に懲罰的色彩の伴っていることに留意しておきたい。

（二）先ず商人に特殊な服装をさせること（「商賈皆殊其服」）について見てみよう。章太炎は言う。『晋令』（『広韻』所引）に、儈売《しょうばい》する者には頭巾を着けさせ、白い表題をつけて額に貼らせて、儈売していることや姓名が分かるようにする。そして、一方の足には白い履、もう一方には黒い履をはかせる、とある。漢、高祖は商人に絹の着用を禁じ、車には乗せなかったが（『史記』平準書）、孝恵高后（呂后BC一八七〜BC一八〇在位）のとき、商人の律が弛んだ。とはいえ、当時、商人の子孫は仕宦ができなかった。このように漢令は商人にきわめて厳しかったので、吏道は壊《こわ》れずに廉直であった、と。(3) 彼は、漢晋両朝が商人に特異な服装をさせ、厳しく規制したことを高く評価したのである。

そもそも身分に応じた特別な服装は、中国の服制の基本であり、貴賤を区別する徴表である。中国で服制の歴史は古い。(4) 衣服の形式や模様、色などは、朝服や公服の重要な要素となっている。例えば唐代において、紫・緋・緑・青の四色は、それぞれ特定の官品を有した官員にしか着用が認められなかった。(5) 礼制は衣服の着用にも及び、服制からの逸脱は許されず、禁止事項が生じた。時代によって変遷があるものの、商人に華美な衣服の着用は許されず、車馬などに乗ることもよく禁止された。(6) というのは、儒教が道徳主義的立場から抑商政策をとったからだが、逆に言えば、富商が華美な服を着、贅沢な生活を送った現実があったからでもある。例えば漢代、富人や大商人が宴会を開いて客を招いた際、その牆壁に古の天子が着用した黼繡を掛けた、と記録される。(7)『晋令』によれば、「士卒百工、履の色は緑・青・白を過ぐることなし」とある。(8)『宋史』によれば、旧制では、民衆は白色であったが、皁色《くろ》も許された。(9)

この歴史を見ると、商人の履物の色を白と黒に強制する文化的土壌は存したと言え、章太炎が突然特殊な服装を主張したわけではないことが知れよう。ところが『晋令』では、商人に特異な服装をさせることは、上に引いた士卒百工、婢などに履物の指定をすることと同列におかれている。[10] 晋代では、秩序維持を目指す上で規制対象となっていたことが分かる。

　このように章太炎が商人に特異な服装を強制することは、歴史的にも文化的にもその伝統があり、章太炎に限ったこととは言えない。注意したいのは、職業を自由平等に扱おうとする近代の入口において、これが主張された点である。彼がこのような特異な服装を強制するのは、その反功利主義の立場と清末における商業の担い手の問題に関わるからである。彼は言う。

　商賈は惟だ積貯掊克に是れ務むるのみ。已に官に入ると雖も、其の貪冒を禁ずる能はず。身として商賈と為る者をして、仕宦して吏と為るを得ざら使むるも可なり。其の子孫は既に斉民と異なることなければ、又た其の族世に因りて之を禁錮《ふさ》ぐは、斯れ過制なり。

　（商人は貯蓄や収斂に熱心であり、官吏になっても、その貪欲さは禁止できまい。自分が商人になる者には、出仕して官吏になるのを禁じてもよい。〔しかし〕その子孫は一般民衆と違いがない以上、先代に〔商人がいることに〕よって、〔彼らの官吏への道を〕閉ざすことは、行き過ぎた制度である）[11]。

商人は貪欲なので、官僚にしてはならないというのだが、そこには官僚が利権を持ち商人と癒着する背景があり、利権が腐敗を生んできたことは、周知のところである。[12] ただし、彼はその子孫が官僚になることを禁じはしない。漢代では、商人の家から官僚を出してはならず、[13]「代議然否論」（『民報』第二四号）で、章太炎も商人の家から官僚を出すことを禁止すると言った。[14] ところが、この「五朝法律索隠」（『民報』第二三号）では認めていたのである。主張が短期間に揺れているが、それをひとまず置けば、特異な服装をさせるのは、商業従事者に社会的表徴を付けて差別し、官僚の羞恥心に訴えようとしたからであろう。上の引用に続いて言う。

若し夫れ其の章服を殊にし、以て標識と為さば、兼并する者をして位を出でて政治を干すを得ざらしめ、官に在る者をして亦た商人と伍するを羞じしむ。則ち今世行ふ可き所なり。（商人に印などの付いた特殊な服装をさせ社会的標識とすれば、官僚で商業を兼ねて営む者には、その地位を越えて政治を勝手にできないし、官僚であれば、商人と交わるのを恥ずかしく思うだろう。これは現代に行うことができるものだ）[15]。

商人を外観から識別できるようにして差別化し、官僚との癒着を断ち切ろうというのである。官僚と民衆との公平な法的待遇を唱えた章太炎にしては（第三節）、社会的差別をことさら設けようとしている。彼が反功利主義の立場に立ち[16]、商業活動一般に対して批判的であったからであり、また中国社会において官僚が利権をもち、商人と癒着してきた歴史があったからでもある。これには、商人と官僚が紳士層を社会的基盤とし、地域社会において民衆を抑圧してきた現実も関わっている。それ故、章太炎は代議制に反対し清朝の「憲法大綱」を批判した（第一編第一章）。すなわち、「代議政体は、民権を伸ばせるものではなく」[17]、「それ故議院というのは、国家が愚民を誘惑してその口を塞ぐ手段である。しかも代議士は豪家出身であるから、捐納して官を得る場合と異なるところはない。彼らの志はもとより利益追求である」[18]。代議制が中国の地方自治の実態と重なり、民衆の抑圧装置と考えられたのである。

話しを戻す。商人に異様な服装を着せることに問題があるのではないか。章太炎自身も、この点は気づいていた。「ある人が批判するかもしれない。額に白い巾を貼り、両足に違った履をはくのは、異様な形相だから、近代国家として文明性を疑われ辱となろう、と」。[19] 章太炎は、上の疑義に対して、二つの反論をした。一つは、「奸政」の抑止のためだからであり、二つは、清朝の商業重視に対する批判からである。

先ず一つ目の反論についてである。章太炎は、政治の目標を「奸政」の抑止に定めた。「奸政」とは商業偏重の政治である（後述）。商業偏重の政治を抑止するために衣装の規制が唱えられたことになる。「奸政」抑止のためには、身分制にも等しい服装の強制は妥当かどうかが問われるはずだ。しかし、彼からすると、産業構造は商業に偏しないのが理想であったから、服装の規制は、身分制かどうかを問う以前に、善き社会政策になった。商人に強いる衣装について、章太炎は日本の職人の法被や入墨に言及する。一般人とは違う職人の法被や入墨を見ても、日本人は誰も職人を「譎怪」とは感じない。だから、商人に一般人とは違う服装を強制してもよい、という論理である。[20] 習俗としてそうであることと権力でそれを強制することは、同じではない。懲罰かどうかの相違を、彼は無視した。普通なら彼は習俗を重視する見方をする。それなのに、この場合違うのは、功利主義への嫌悪が強いからであろう。

二つ目の反論は、清朝政府の商業重視政策に対する批判である。商業重視を批判する根拠として、①商業の繁栄によって農業が衰退すること、②中国が平均の観念をたっとんできたこと、③商人と官僚の癒着と貪欲さ、を章太炎は挙げた。

①について、次のように言う。「商業がますます恣になり、工業がますます繁栄すれば、農業はしだいに衰退して」土地は荒廃し、「蟲蝗旱潦之災」が起こり、人は餓死して各地に寇盗や反乱が生まれる、と。[21] ②について章太炎は、秩序の動揺は商人の物価操作によるから、清朝の商業奨励はおかしい、と批判する。その理由は、平均主義の考え方に立って道徳性を重視するからである。章太炎は言う。

蓋し均平を貴びて専利を悪み、道藝を重んじて貪冒を軽んずるは、漢人の公性なり。（思うに平均の観念を重んじて専ら私利を謀るのを憎み、道徳を重んじて貪欲さを軽蔑するのは、漢人の共通した性格なのである）(22)。

商人の専利と貪冒は、中国の平均主義の考え方に反するというわけだ。そして③については、次のように言う。

民の商賈を賤しむこと倡優の若し。歳を歴《ふ》ること二千、旧念滌除され、新念は則ち已に骨髄に淪む。満洲に至り、商賈を崇ばざるを得ざるは、直《た》だ因りて以て市を為すのみに非ず。彼の商人固より利を嗜み、帝王と官吏も亦た利を嗜めばなり。商人の利を嗜んですら猶ほ無道を以て之を取らず。帝王と官吏の利を嗜むや、乃ち悉く無道を以て之を取る。是れ則ち帝王と官吏は、又た商人に若《し》かず。是の如くなれば、商人を抑挫せんと欲して則ち恕さずと為す。（民衆は商人を俳優同然に蔑んだ。二千年もたつと、古い考えは除かれ、新しい考えがすでに骨髄にまで深く浸みこんだ。清朝になって、商人をたっとぶようになったのは、たんにそれによって市場の売買をするからだけではない。〔それは〕商人がもとより利益を好むからだが、〔清朝〕皇帝や官僚が利益を好むことも原因だ。〔ところが〕商人でさえ無道な方法では利益を取らないのに、〔清朝〕皇帝と官僚は利益を好んで、すべて無道な方法で取る。そうであれば、〔清朝〕皇帝と官僚は商人以下なのだ。とすれば、商人を抑制し挫いて許すことはない）(23)。

章太炎が清朝の商業政策を批判したのは、官僚が商業と癒着して利を貪るからであり、たんに商人が本性として利益追求をするからではなかった。批判の眼は、官僚制という仕組みや倫理のあり方に向けられていたのである。

一九世紀後半、紳士は近代企業や商務、新式教育に活路を見いだした。この歴史を背景に「士商」や「紳商」といった言葉が生まれ、伝統的な「商末」思想ではなく「商本」の観念が芽生えた。(24) 一部の官僚や士人は、「以工商立国」を唱え始めたのである。この「重商主義」は、保守勢力から道徳性の点で反発を受けたが、章太炎の批判は、それらと一線を画すところがある。章太炎は、「重商主義」を唱える士人が「純白之心」(荘子)をもたず、また地域社会で専横に振る舞うから批判したのであって、(25) 儒教の抑商主義の立場から反論したのではない。道家的な「純白之心」は、儒教の仁義道徳と同じではないのである。(26) 彼の批判の眼は、官僚の利権と商人の癒着という中国社会の構造的な問題に向けられていた。

そして、①②③を承けて、章太炎は商人の特異な服装を正当化する。彼は言う。「薦紳」という名称は、軍人の対立概念であり、もともとその文采ある服装にしたがって名付け、学問ある人を称賛するものであった。ところが明代になると、「廃官」(腐敗堕落した官吏)を指し、今では商賈を指す。かつての紳士の名称は廃れたわけだから、「白貼額人」と称してもよい、と。(27) 彼の批判の狙いが儒教を生活原理としながら、その一方、商業に従事する「紳士」にあった、と分かる。つまり、封建的価値観と対立する、いわゆる近代的な新興商人ではなかったのである。「紳士」(「廃官豪民」)が商業に従事し「以工商立国」を唱えたにしても、彼らの精神世界においては必ずしも儒教道徳と対立するわけではない。章太炎の反功利主義は、彼らが儒教道徳のままに商業を営むその倫理的矛盾を衝いたのである。商人に異様な服装をさせ、白く額に表徴をつけさせるアイデアは、どうも官僚と商人への嘲りや譏りが潜むようにも見える。

が、いずれにしても異様な服装の強制は、服制によって社会的差異をつけるという、いかにも中国的な発想である。しかも、章太炎はそれを懲罰的に強制しようとしたのである。

懲罰的な異装の例に五帝時代の象刑がある。それは、黥罪を犯した者には皁《くろ》い頭巾を被らせ、劓罪を犯した者には丹《あか》い服を着せ、臏罪を犯した者には膝に黒い布を付けさせ、宮罪を犯した者には雑《あら》い履をはかせる刑罰である。(28)章太炎のアイデアは、象刑にも似た懲罰的なものと言えるだろう。ただ、彼のために弁ずれば、清朝は旧態依然とした体制のまま産業化を目指し、導入しようとした憲法も皮相なものであったから、(29)社会的にも政治的にも古めかしいままであった現実と近代化の溝が、章太炎の極論の背景にある。

（二）次は、一般人が有罪の場合、贖刑できないこと（「常人有罪、不得贖」）についてである。章太炎の議論は、富人や官員などに贖刑を認めないことがその眼目であり、中国法の贖刑制度に関係する。

そもそも中国には、贖刑規定が古くからある。『尚書』舜典に「金は贖刑を作す（金をだして刑罰を贖う制度を作った）」とある。伝は「金、黄金。誤而入刑、出金以贖罪」と注し、過失の場合に黄金で贖刑できると言うのである。黄金以外に、銅や絹などでも贖することがあり、何によって、またどこまで贖刑を認めるかなどは、時代によって異なる。贖刑制度には二つの性格がある。一つは、過失による罪を金を納めることで実刑が免除されることであり、もう一つは、罪が軽いので罰金で済ますものである。(30)沈家本によれば、贖法は隋以前であると、大綱しか分からず条目は不備だが、唐律に至って完善なものになった。(31)例えば唐律「応議請減」条（名例律）は、贖の要件や資格について定めたものである。贖できる資格は九品以上の官、七品以上の者の祖父母・父母・妻子・孫・曾孫・玄孫、五品以上の者の妾にあって、流罪以下の罪を贖うことができた。(32)明律になると、贖法は特に複雑になり、律による収贖（老幼廃疾、天文生、婦女子の犯罪者で的決しない者に適用）以外に、時々の事情に応じて改変される例による納贖があり、贖の対象になる範囲も広く、贖するものが多種多様であった。(33)大清律は明律の影響を受けて、納贖・収贖・贖罪・捐贖の区別があった。(34)そして、贖刑の範囲も広く、やはり文武職官や老幼廃疾・天文生・工楽戸・婦人・官員の正妻・婦人の有力者などが含まれ、贖する中身も、銭・鈔・銀の他、做工・運囚糧・運灰・運磚・運水・運石など多様であった。(35) 贖刑には「有力」「稍有力」「無力」という資産の多寡による区別も存した。それ故章太炎が「常人」に贖罪を認めない、贖刑範囲を老人や少年、女子などに限るのがよいと言うのは、実に細かな大清律の贖刑規定を批判し、法の普遍的な適用を主張することに他ならなかった。

そこで、章太炎の贖刑の論理について見てみよう。彼は次のように言う。『晋律』に「老人と少年、篤疾と廃疾、および罪を得て婢になった女の場合、収贖できる。死罪を贖する場合は金二斤。五歳刑以下の収贖すべき罪の場合は、月ごとに絹を納める。老小女人であると、この半分である」とある。『晋律』は、老人・子供・篤疾・廃疾・女人に限って収贖を認め、収贖の範囲は、官員はもちろん一般人にまで及んでいなかった。誰でも収贖できれば、貧民だけが死に富人が生きられることになるのを懼れたからだ、と。(36) 老人と子供に刑罰を加えないことは、経書にも見える。例えば『礼記』曲礼上に「八十、九十曰耄、七年曰悼。悼与耄、雖有罪、不加刑焉」とある。老人と子供に刑罰を科さないことには儒教的根拠があり、老人を尊敬し幼き者を慈しむからという（鄭玄注）。篤疾と廃疾に科さないのは、病気や障害があるからである。(37)

上のように、章太炎が収贖の範囲を「老小女人篤癃病」に限るのは、その範囲以外に認めると、官僚や富人が有利になると考えたからだ。受刑責任を「老小女人篤癃病」に求めなかったのは、受刑能力に関わるからである。

則ち老なる者は、亦た祗《た》だ八十以下なるのみ。老小、女人、及び癃病なる者も、亦た貧富の殊《ちが》ひあり。然れども其の偏頗なる者を患ふることなし。此の贖論は、其の能く贖するや否やに任せてこれを定むるには非ず。既に是の人に在るは、即ち当に贖すべからざる者あるなし。（すなわち、〔晋律に〕「老」というのは八十歳以下なのである。老人・子供、女性、障害や病気のある者にも貧富の違いがあるが、それが偏っているとは考えなくてよい。この贖罪規定は、彼らの贖罪できる財富の力の有無を見て定めたものではないからだ。規定がこの人たちにある以上、〔彼らは〕贖罪してよいのである[38]。

「老」を八十歳以下としたのは、張裴『晋律序』に「八十、人を殺傷するに非ざれば、他は皆論ぜず」とあるのを踏まえてであろう。「老小女人篤癃病」の贖刑規定が設けられたのは、彼らに贖刑できる財富の力のあるなし以前に、受刑能力や責任がないのだから贖刑できる、と章太炎は考えたからであり、その範囲以外に贖刑を認めると、官僚や富人に有利になり、また清律は収贖範囲が広いからでもある。ところが、一般人に贖刑を認めるなと説くのは、中国法に贖刑制度が備わり、贖刑できるだけの財富をもつ者が有利だからである。だからこそ、彼は贖刑について「抑富人之法」の項で論じたのであろう。

贖刑できる財富の力については、章太炎は次のように考えた。すなわち、晋律の「老小女人篤癃病」の贖刑規定に「贖死、金二斤也。五歳刑以下、諸応収贖者、皆月入中絹一匹。老小女人半之」とあるが、黄金二斤や毎月に中絹一匹（疋）を納めるのは、今日から量れば重い嫌いがある。だからこそ今律の贖刑は、納める金銭や物品をきわめて僅かにしており、誰でも自ら尽くすことが出来る。贖刑の軽い点は今律の方が旧制より勝るが、贖刑を濫りに官員に及ぼさない点は、（唐以前の）旧律の方がよい。要するに、納贖の率は今律に従い、贖罪できる範囲は旧律の方が良い、と[39]。贖刑できる経済的能力の点から今律を評価し、贖刑範囲を限った点で旧律を評価したのである。それは法適用の公平さが念頭にあるからに相違ない。「抑富人」の議論は、富人が刑罰を免れる現実を許さず、法の公平な適用の説くものなのである。

上記の議論の後、章太炎は中国法と大清律について論じた。当時、法律は政府と貨殖の民を擁護する手段だという批判があった。[40] 彼はこれに対して、中国の旧法は政府擁護に傾いても、貨殖の民を擁護はしなかった、[41] と反論した。彼は中国法を拝金主義批判の基準からも見ていたのである。

そして、中国法に対するもう一つの評価基準は、異民族かどうかである。このことは、「十悪」に対する彼の見方から分かる。「十悪」は異民族が設けたもので、五朝法に比べて処罰が残酷だと彼は言うのである。そもそも「十悪」は、『隋書』刑法志によると、北斉（鮮卑系）に始まり「重罪十条」と称されたが、「十悪」の名称はまだ用いられていない。隋の開皇律に至って、それを損益し「一曰謀反、二曰謀大逆、三曰謀叛、四曰悪逆、五曰不道、六曰大不敬、七曰不孝、八曰不睦、九曰不義、十曰内乱」とした。[42] 唐律以降、明清律もこれを踏襲している。「十悪」は、「名教を虧損し、冠冕を毀裂す」（『唐律疏議』）と規定されるように、儒教的基準に照らして、主として皇帝や父母などに対する顕かな罪である。[43]「十悪」の罪を犯せば、法的恩典が受けられないから、視点を変えれば、皇族や官僚の法的特権を制限するためとも言える。ところが「抑富人」の項で、彼は「十悪」の重罰性に言及して、晋律が唐律とは違うことを評価しようとした。

唐律以降の重罰性をきわだたせるために、章太炎はまず晋律で不敬罪に当たるものとして、「上闌沃殿」「謗上」[44] を挙げ、それぞれ四歳刑、三歳刑であったと指摘する。[45] これらの処罰は、漢律であれば「乗輿（天子のこと）」を指さすだけで「梟首腰斬」される残酷さと比べて寛大だ、と言うのである。[46] たしかに唐律でも、「指斥乗輿」条（職制律）に斬刑とあって、[47] きわめて厳しい。「不敬」を、張裴は「虧礼廃節（礼節に違反する）」と定義したように（『晋書』刑法志）、晋律の不敬罪は礼節違反を基準とし、唐律の「大不敬」ように皇帝に対する背反ではない。唐律の「大不敬」とは、「盗大祀神御之物・乗輿服御物（大祀の神御物や天子のお召し物などを盗む）、盗及偽造御宝（天子の玉璽を盗み偽造する）、…指斥乗輿、情理切害（天子を指さして甚だしく謗る）…」であり、その科罰は、神御物・服御物を盗むと「流二千五百里」、御宝を盗むと「絞」、その偽造は「斬」、他の御宝の偽造は「流三千里」、「指斥乗輿」は「斬」と厳しい。ただし、晋律にも「大不敬」はあったが、「不敬」の内容が唐律とは違い、また必ずしも棄市に処せられていない。(48)晋律において、「不敬」は罪がまだ軽いと言えるだろう。

不敬罪に続いて、章太炎は言う。晋律に「悪逆」の規定があるが、「陵上僭貴（お上をしのぎ貴人をそしる）」を基準とする。「偽造官印」の場合はわずかに三歳刑、「挟天文図讖」なら二歳刑にすぎない、と。(49)ところが、唐律に拠れば、「偽造官印」は「流二千里」であり、(50)確かに重い。「挟天文図讖」条は「徒二年」とあり、この場合はそれほど変わらない。(51)そこで話しを「悪逆」に戻すと、唐律の「悪逆」は祖父母・父母を殴ったり謀殺するなど、家族関係における毆謀殺を指す。(52)つまり、唐律は家族道徳に背くことを「悪逆」として、すべて「斬」に処し、恩赦にあっても減刑しない。儒教が家族道徳を政治の基礎に置くから、その違反は重大な罪となる。言い換えると、晋律の場合、「悪逆」は家族秩序の背反にまで範囲を拡げておらず、支配階層に対する抵抗を基準にしたから、斬刑にならなかったのである。儒教的な家族秩序への背反を重罪とすることに対して、章太炎が批判的であったと分かる。彼は儒教の法に対する浸蝕を認めないのである。

上のように論じた後、章太炎は、鮮卑族（北斉）が「十悪」（「重罪十条」）を政府擁護と家族関係維持のために制定して以降、中国に「恢卓楽易」の風はなくなった、と評した。もっとも一説によれば、中国法の儒家化は、魏晋に始まり、北魏・北斉を経て、隋・唐で完成する。(53)儒家化の内容は、「八議」であったり、服制によって罪を定めたり、「十悪」であったり、様々である。「八議」の発想は古いものの、魏において定められ、服制によって罪を定めることは、晋においてである。(54)したがって、章太炎の主張するように、唐律や北朝の律が酷薄で、南朝の律が「恢卓楽易」であったかどうかについては、検討の余地が残る。しかし、歴代法制の研究が進んでいなかった時点において、彼が儒教倫理の法律への影響を批判し、法律の公平な適用を説いたことを見逃してはなるまい。近代法の導入を批判するにしても、張之洞らと見方の異なることは、言うまでもない。

要するに、「抑富人」の議論は、次の三点からなる。すなわち、（1）富人に特異な衣装を着せて官僚との癒着を断ち切ること、（2）「老小女人篤癃病」以外、一般人に贖罪を認めず、結果的に富人に贖罪できないようにさせること、（3）中国法の残酷さは、異民族（鮮卑）の支配以降であることである。

小結

章太炎は、「五朝法律索隠」において、史料に残された社会的現実を丹念に掘り起こし、四つの視点から中国法の基本的性格を洗い出して評価を加えた。五朝法は中国法の中で高く評価されたのである。第一の視点「重生命」では、親の子殺しを例にして、尊卑長幼の間に処罰の相違があることを論じた。処罰の相違は礼が法に影響した結果だが、章太炎は儒教の見方とは違い、法は均等に適用すべきだと考えたのである。都市における交通事故の例では、都市交通は商人に利するものでしかないから、事故を起こした者を厳罰に処すというのである。そして、法を均等に適用するという認識は、第二の視点「恤無告」では、復仇を範囲を限って容認することになり、第三の視点「平吏民」では、官僚の法的優遇の実態をえぐり出した。官僚にも、民衆と同じように罰を科すのがよいというのである。第四の視点「抑富人」では、商人が官僚と癒着しているので、特殊な服装をさせることで「奸政」を抑止すべきだと説き、贖刑は「老小女人篤隆病」に認めても、富人には認めるなと主張した。これもやはり法を均等に適用する議論と言える。

以上、要するに、章太炎は、反功利主義と官僚批判の立場に立って、法の均等な適用を説いたと言える。五朝法の高い評価は彼の基準に適うものであり、彼は魏晋南北朝の諸律が残欠していることを知りつつ、五朝法には「上の者を損ない下の者を益する美点」と「強者を抑えて弱者を助ける精神」があると評し、続けて「後代、王となる者は、因ってそれをほどよく採用し、現代の法制も参照して、ほぼ他国の法律も採用するのがよい」と主張した(1)。この結論は、法の均等な適用を考えたからこそ導かれたものと言えよう。

思うに法の均等な適用とは、法の下の平等ということであり、その点できわめて近代的である。ただし、平等は権利としてではなく、法の適用の上で、といういかにも中国的な発想に基づく。しかし、それは章太炎が法の近代化に当たって中国法に克服すべき課題を見い出した結果である。中国法の課題とは、官員を法的に優遇し、身分によって同じ罪でも罰が異なり、官員や富人が贖刑において有利なことなどである。結局、彼の議論は中国社会の根本に触れる問題を孕み、特にその富人批判は近代社会とは異なる社会像の提示を迫ることになった（第一編第六章参照）。彼の批判が根本的である分、夢想化して実現するのが困難になる。

とはいえ、彼は四つの視点から諸事例を検討した結果、中国法の根本的性格を洗い出したのである。これには法を重視する以外に、儒教が法に浸透した日々の現実を自明とは見做さず、法運用の実態にも目配りするなど、強い問題意識と深い思索があったからであろう。同時代人の発想とは離れていたのである。例えば梁啓超は中国の法と道徳が相補うことに疑義を懐かず、むしろそれは近代的な「人道主義」だと付会した(2)。また厳復は、漢律をローマ法のごとしと評価したり(3)、「郷局」を国家政治の基礎にある地方自治と位置づけたりするなど(4)、中国法や「紳士」、地方自治などに対する評価は章太炎とまったく違っていた。章太炎の中国法に対する評価作業が独自の位置を占めていたことが窺えるだろう。

そして最後に、章太炎を法家とする見解について触れておく。確かに法の例外のない均等な適用を説いた点だけを拾えば、法家とも見られなくもないが、そうした先秦諸子の一派に分類して、果たして歴史的位置を見定めたことになるのかどうか、疑問が残る。「五朝法律索隠」は、清末において、法の近代化という事態を背景にして書かれた。章太炎は、中国とは異質な西洋近代思想の触発の下で思索を深め、中国法の可能性を探ったのである。五朝法はその検討を通して洗い出されたものであり、法の近代化が念頭に置かれている。この意義を見定めるには、法家という枠組みでは不十分であろう。例えば張晋藩氏は次のように言う。章太炎は①資産階級の法治原則に賛成し、②封建的法律と法家の法治をたっとんだが、③漢唐律を基準には据えず、④罪刑のバランスを主張した。また、⑤司法の独立した反代議制の社会を構想したが、⑥歴史唯心論と形而上学の立場に立つので、矛盾するところがある、と。[5] ②の封建的法律をたっとぶと言っても、章太炎は五朝法の精神に、上に見た通り平等の芽を見いだしている。そして、③④は確かに法の均等な適用について論じ、法的優遇を認めない議論なので、法家に似てはいる。しかし、「五朝法律索隠」は、清末における法の近代化という事態を背景にして書かれたものであり、彼の構想した体制では、法は総統にも普遍的に適用されることになっている（第一編第六章、終章）。法治の内容が古代とは異質であり、権力者に対する認識も違う。その上、彼には法運用の実態と春秋折獄の恣意性などについて鋭い指摘があり、[6] また辛亥後にでも法曹を批判的に見ている。[7] 法治や法吏に対する認識は批判的であり、旧来のものとは違うのである。法家という中国思想史の枠組みに分類するだけでは、不十分と言えよう。むしろ章太炎が中国法の近代化をいかに中国社会のあり方と関連させて考えたのか、言い換えると、反代議制社会と法との関連（張氏のいう⑤）を探るほうが、より歴史的位相を明らかにできるのではあるまいか。反代議制社会を構想した直後、彼は老子の「小国寡民」風の生き方をよしとして、韓非子を批判しているのである（第一編第六章参照）。

［注］

問題の所在

（1）「虜憲廃疾」は、彼の「代議然否論」（『民報』第二四号、一九〇八年一〇月一〇日）の附録。第一編第一章参照。

（2）辛亥前に限ると、法家や法についての議論は、例えば『訄書』に儒法篇（初刻本、重訂本、『検論』）、商鞅篇（初刻本、重訂本、『検論』）、刑官篇（初刻本、重訂本、『検論』）、定律篇（初刻本、重訂本）、通法篇（重訂本、『検論』）、漢律考（『検論』）などに見ることができ、「法」字を訓詁学的に論じたものには、「説刑名」（一九〇八）などがある。時事的な法批判は「虜憲廃疾」である。第一編第五章参照。

（3）「演説録」、湯志鈞編『章太炎政論選集』上冊二七八頁、中華書局、一九七七年。

（4）前掲「演説録」、湯志鈞編『章太炎政論選集』上冊二七八頁。

（5）清末の法学者　沈家本は、中国では法学が元・明・清になると衰えて、士人が法学を軽視したと指摘する（「法学盛衰説」、『寄簃文存』巻三、『歴代刑法考　附『寄簃文存』』所収二一四三頁、中華書局、一九八五年）。法が儒教の影響を受けた結果、士人は経学を学んでも法学は学ばず、法学分野に逸材の欠けていたことが分かる。章太炎のような優れた古典学者が法を具体的に論じたのは、稀なのである。

第一節

（1）岡田朝太郎の『刑律草案』は、二編五三章（総則一七章、分則三六章）合計三八七条あって、旧律の大きな変更点は五つあった。すなわち、①刑名を改めた（旧律の五刑を死刑・徒刑・拘留・罰金の四種類にした）。②死刑を斟酌して適宜減らした。③死刑を一種類にした。④「比附」を削除して、罪刑法定主義を採用した。⑤十六歳を刑事責任年齢にした、である。岡田草案の特色については、島田正郎『清末における近代的法典の編纂』第七章「大清刑律草案と大清現行刑律」（創文社、昭和五五年）参照。日本人法学者と清末における近代法の導入との関係については、宮坂宏「清末の近代法典編纂と日本人学者―刑律草案と岡田朝太郎―」（『専修大学社会科学研究所月報』四六・四七、一九六七年）、張培田「清末の刑事制度改革に対する日本からの影響」（日中文化交流史叢書（2）『法律制度』所収、大修館書店、一九九七年）など参照。

（2）島田正郎前掲書第七章第三節「大清刑律草案をめぐる論争」。小野和子『五四時期家族論の背景』第一章、京都大学人文科学研究所共同研究報告『五四運動の研究』第五函、同朋舎、一九九二年。小野和子「清末の新刑律暫行章程の原案について」、『柳田節子先生古稀記念　中国の伝統社会と家族』所収、汲古書院、一九九三年。松田恵美子「清末礼法争議小考」（一）（二）『法学論叢』一三七巻二号、一三七巻五号、一九九五年。

（3）宮坂宏前掲論文。

（4）新しい刑律草案は『修正刑律草案』（新刑律第二次草案、一九一〇年二月二日）などを経て、六回も修正された草案が、結局『欽定大清刑律』（一九一一年一月二五日）となり、そこで辛亥革命を迎えた。修正過程で紛糾した議題は、卑幼の尊親属に対する正当防衛規定や夫のいない婦人の和姦行為などの扱いであった（黄源盛纂輯『晩清民国刑法史料輯注（上）』「編集凡例」、「欽定大清刑律・編輯説明」、台北元照出版有限公司、二〇一〇年。小野和子前掲書及び前掲論文など参照）。

（5）「五朝法律索隠」は、後に『太炎文録』に収載された。『民報』の原載テキストと『太炎文録』（『章太炎全集』（四）所収）テキストとは字句に異同がある。この引用の場合、『民報』テキストの「法律者、因其俗而為之。約定俗成、於是有是非之剤」の「於是」が、『太炎文録』テキストでは「案始」に修改されている（傍点は修改された箇所。以下同じ）。大旨が変わらない限り、以下便宜的に全集の頁数を掲げておく。『章太炎全集（四）』七八頁、上海人民出版社、一九八五年。

（6）『清国行政法』第壹巻第一編第三章「不文法」、一九七二年汲古書院再刊。滋賀秀三「伝統中国における法源としての慣習―ジャン・ボダン協会への報告―」、『続・清代中国の法と裁判』、創文社、二〇〇九年。滋賀氏によると、慣習を、慣行を基にして長い間に受け入れられて来た不文法の意味に解すれば、そうした慣習という考え方は、中国にはなかった。存したのは、それぞれの地域において行われてきた慣習だ。地方官が自らの裁量で判決できる日常世界の「争訟」においては、「情理」という常識的衡平感覚が貴ばれて、西洋的な意味における民事訴訟の法的特性が見られない、という。また寺田浩明氏も、「法」と「理」がどこまで適用されるかは、地方官の一存に任されていた、と指摘する（寺田浩明「権利と冤抑―清代聴訟世界の全体像」、『法学』第六巻第五号、一九九七年）。いわゆる「人治」の世界であって、近代的法治ではないのである。すなわち、風俗や習慣は日常世界において実定法的基準にならず、案件は「情理」に順ってケースバイケースで処理され、法が厳密かつ均質に適用されないということである。章太炎が問題としたのは、法吏によってケースバイケースで処理されることであった。ただ、法は習俗を基にすべきだと彼が言う意味は、西洋法の単純な模倣はできないということである。

（7）「五朝法律索隠」「求寛平無害者、上至魏下訖梁、五朝之法而已」、前掲『章太炎全集』（四）七九頁。もっとも「五朝学」では、

「五朝」は東晋より陳までを指す（『章太炎全集』（四）七四頁）。

（8）前掲『清国行政法』第壹巻第一編第二章「成文法」第二節「法典以外ノ成文法」第一款「則例」。

（9）「五朝法律索隠」、『民報』テキストの「豈欲与朽骨論孝慈耶。舞文詭弁、未有若斯之甚也。縦如其説、翁姦子婦者～」句が、『太炎文録』テキストでは、「寧当与朽骨論孝慈耶。藉如其議、翁姦子婦者～」となり、「舞文詭弁、未有若斯之甚也」句が削られるなど、単刀直入の批判的表現が抑えられ、字句の修改がある。前掲『章太炎全集』（四）七九頁。

（10）「五朝法律索隠」、前掲『章太炎全集』（四）七九頁。『魏書』刑罰志には「祖父母父母忿怒、以兵刃殺子孫者五歳刑。毆殺者四歳。若心有愛憎而故殺者、各加一等」とある。

（11）瞿同祖「中国法律之儒家化」によると、中国法が儒教の影響を受け始めたのは漢代に始まり、南北朝を経て北朝に完成する（『国立北京大学五十周年紀念論文集』文学院第四種原載、一九四八年。瞿同祖『中国法律与中国社会』所収、中華書局、一九八一年重印本）。佐立治人「北魏の官當制度―唐律の官當規定の淵源をたずねて―」も、北魏の法が中国法に影響した点を官當制度を通して検討しているが（梅原郁編『前近代中国の刑罰』所収、京都大学人文科学研究所、一九九六年）、北魏の新設した官當制度は中国刑法史上空前のものであった、と指摘する。

（12）大清律「毆祖父母父母」条（闘毆律）（清、沈之奇撰『大清律輯註』七六七～七六八頁、法律出版社、二〇〇〇年）。

（13）大清律「五刑」（名例律）（前掲『大清律輯註』一～四頁）。

（14）凌遅処死は、その残酷さが西洋諸国から批判を受けたこともあって、一九〇四年四月、梟首・戮屍とともに除かれた。沈家本によれば、凌遅の刑は、唐以前にはその名称がなく、『遼史』刑法志に初出、宋の熙寧年間（一〇六八～一〇七七）以降しだいに沿用され、改められないままに、清末まで用いられてきたという（「刪除律例内重法摺」、前掲『寄簃文存』巻一所収）。

（15）大清律「謀殺祖父母父母」条（人命律）（前掲『大清律輯註』六五九頁）。

（16）中村茂夫『清代刑法研究』第一章「過失の構造」二八～二九頁、東京大学出版会、一九七三年。

（17）「五朝法律索隠」、前掲『章太炎全集』（四）八〇頁。

（18）「五朝法律索隠」、前掲『章太炎全集』（四）八〇頁。

（19）『周礼』秋官司刺「三宥」の注に「鄭司農云、不識謂愚民無所識、則宥之。過失、若今律過失殺人、不坐死。玄謂…（中略）…、過失、若挙刀欲斫伐、而軼中人者」とある。「不識」については、鄭司農と鄭玄とは理解が異なるが（西田太一郎『中国刑法史研究』一二四～一二六頁、岩波書店、昭和四九年)、「過失」については理解が同じである。

(20) 『晋書』刑法志「都城人衆中、走馬殺人、当為賊、賊之似也」。

(21) 魏、李悝『法経』は、「一 盗法、二 賊法、三 囚法、四 捕法、五 雑法、六 具法」の六篇からなり、軽狡律は「五 雑法」の一篇であるが(『晋書』刑法志)、「軽狡」の内容は不明である(内田智雄編『譯注 中国歴代刑法志』九四頁、創文社、一九六四年)。

(22) 『御覧』六百四十二引晋律並注(程樹徳『九朝律考』晋律考上二八六頁、台湾商務印書館、民国五四年)。

(23) 「五朝法律索隠」、前掲『章太炎全集』(四)七九～八〇頁。

(24) 西田太一郎前掲書第六章「過失・錯誤について」。中村茂夫前掲書第一章「過失の構造」は、中国の過失概念を詳細に検討している。

(25) 西田太一郎前掲書一四一頁。

(26) 前掲『大清律輯註』六九九～七〇〇頁。『欽定大清現行刑律』(一九一〇年五月五日)「車馬殺人」条(人命律)も大清律と同文である(故宮博物院編、海南出版社影印、二〇〇〇年)。清末の法制改革において、岡田朝太郎の関与した『大清刑律草案』が完成し(一九〇七年一二月)、各部と巡撫の簽註に付されると、第一節で触れたような反論が続出して論争になった。『欽定大清現行刑律』は、こうした状況の中で修訂法律大臣　沈家本らが旧刑律を刪節してまとめたものである(島田正郎前掲書第七章参照)。

(27) 西田太一郎前掲書一四〇～一四一頁。中村茂夫前掲書六二～六四頁。

(28) 『唐律疏議』雑律「城内街巷走車馬」条疏議(光緒庚寅刊本、東海書店影印一一〇二～一一〇四頁、一九六八年)。

(29) 明治刑法(明治一三年制定)第二章刑例　第一節刑名　第八条には、「軽罪ノ主刑」として「一　重禁錮、二　軽禁錮、三　罰金」とある。明治刑法は、章宗祥・董康合訳、厳谷孫蔵訂正『修訂法律大臣鑒定　日本刑法』として、光緒三十一年(一九〇五)に修訂法律館から印行された(都立中央図書館・実藤文庫蔵)。

(30) 道路交通問題研究会『道路交通政策史概観―論述編』三一頁(プロコム　ジャパン刊、二〇〇二年)の引く『日本長期統計総覧』第一巻(一八八頁)。この資料の人口推移表によれば、東京市だと、明治三一年(一八九八)の人口一四四万一二一人が、明治四一年(一九〇八)には二一八万六千七九人(一・五二倍)、大阪市だと、明治三一年の八二万一千二三五人が、明治四一年には一二二万六千六四七人（一・四九倍）に増加する。明治三〇年代における都市人口の急増が分かる。

(31) 前掲『道路交通政策史概観―論述編』一一～一三頁。

(32) 前掲『道路交通政策史概観―論述編』三一～三二頁。「自他の過失により諸車に轢かれた死傷者　グラフ①」（『警視庁統計書』に基づく作成資料）からは、明治三五年（一九〇二）を境に急増していることが一目瞭然である。

(33) 「五朝法律索隠」、『民報』テキスト「而将車者財得罰金之罪」が『太炎文録』テキストでは「将車者纔罰金、不大訶譴」となるなど、字句の異同がある。前掲『章太炎全集』（四）八〇頁。

(34) 前掲『道路交通政策史概観―論述編』（三五頁）は、『警視庁統計書』によって明治三五年（一九〇二）に自他の過失により諸車に轢かれた死傷者数は合計五二七件（死者三六人）であるが、明治四一年（一九〇八）になると、一八三五件（死者五四人）と事故件数が三・五倍と急増する。明治三〇年代後半が都市化への転換期であったことが分かる。

(35) 「五朝法律索隠」、『民報』テキストの「而長国家者、惟欲取媚富人、詭称公益、弛其刑誅。立憲之国、固無足責焉爾」句の「而長国家者」が、『太炎文録』テキストでは「如何長国家者」、「取媚」句が「交歓」、「固無足責焉爾」句が「亮無足劾耳矣」に修改されている。前掲『章太炎全集』（四）八〇頁。

(36) 小林武・佐藤豊『清末功利思想と日本』第五章二五四～二八四頁、研文出版、二〇一一年。

(37) 「代議然否論」、前掲『章太炎全集』（四）三〇七～三一一頁。拙著『章炳麟と明治思潮―もう一つの近代』一〇八～一一一頁、研文出版、二〇〇六年。

(38) 「五朝法律索隠」、前掲『章太炎全集』（四）八〇頁。

(39) 前掲『欽定大清現行刑律』巻二十三「人命」「車馬殺傷人」条。

(40) 島田正郎前掲書第七章［Ⅳ］「大清現行刑律の編定とその頒行」。

(41) 『刑律草案』（新刑律第一次草案）は修訂法律館が一九〇七年に脱稿して具奏したものである。『修正刑律草案』（第二次草案）は、『刑律草案』が中央と地方督撫の簽注に付されて修正されたもの、『欽定大清刑律』は、最終的に裁可されたものである。

(42) 黄源盛前掲『晩清民国刑法史料輯注』（上）。『刑律草案』第二百十条「凡因過失致載人之気車・電車・船艦生往来之危険者、処三百圓以下罰金。因過失而衝撞・顚覆・破壊・沈没、或擱坐載人之気車・電車・船艦者、処五百圓以下罰金。其従事此項業務

之人犯本条第一項之罪、処四等以下有期徒刑、拘留或一千圓以下罰金。犯第二項之罪、処三等以下有期徒刑或三千圓以下、一百圓以上罰金」。明治刑法（四〇年制定）第一一章「往来ヲ妨害スル罪」第一二九条には「過失ニ因リ汽車、電車又ハ艦船ノ往来危険ヲ生セシメ、又ハ汽車、電車ノ顛覆若クハ破壊…ヲ致シタル者ハ五〇〇圓以下ノ罰金ニ処ス。其業務ニ従事スル者前項ノ罪ヲ犯シタルトキハ三年以下ノ禁錮又ハ八千圓以下ノ罰金ニ処ス」とある。

(43) 仁井田陞『中国法制史研究　刑法』は、中国では、公刑罰主義が古くから成立したが、その一方で、私刑罰主義も許されたという。公刑罰とは国家による刑罰であり、私刑罰とは、祖父母・父母の子孫に対する、夫の妻に対する、主人の奴婢に対する懲戒の三つである。儒教倫理からすれば、当然、彼らの殺害は、一般の殺害とは違う扱いになる（一二一～一二二頁、二三六～二三九頁、東京大学出版会、補訂版一九八〇年）。復仇も私刑罰の一種で、殺人であるから禁止されていたにもかかわらず、現実には、儒教倫理から容認された。

第二節

(1) 西田太一郎前掲書第五章「復讐と刑罰」九六頁。

(2) 『周礼』地官調人「凡過而殺傷人者、以民成之。…、凡和難、父之讐、辟諸海外、兄弟之讐、辟諸千里之外。従父兄弟之讐、不同国。…、凡殺人而義者、不同国、令勿讐。讐之則死。」

(3) 西田太一郎前掲書第五章参照。

(4) 「定復仇之是非」、前掲『章太炎全集』（四）二七〇頁。『民報』テキストと『太炎文録』テキスト（「復仇是非論」と改称）の間に、注(4)～(8)の引用に関しては、字句の異同はない。

(5) 「定復仇之是非」、前掲『章太炎全集』（四）二七〇頁。

(6) 「定復仇之是非」、前掲『章太炎全集』（四）二七一頁。

(7) 「定復仇之是非」、前掲『章太炎全集』（四）二七一頁。

(8) 「定復仇之是非」、前掲『章太炎全集』（四）二七一頁。

(9) 前掲『章太炎全集』（四）八〇～八一頁。

(10) 「五朝法律索隠」、前掲『章太炎全集』（四）八一頁。

(11) 明、丘濬『大学衍義補』(慎刑憲篇、明復讐之義)は、儒家の諸説を掲げ、公法と復讐の問題について論じている。本来、公法の下では、復讐は私義であって許されないが、情を原《たず》ねて法を定めるのが聖教の基本だから、許されることがあるというのである。容認要件の一つに、官に訴えられない場合や官が報いない場合が挙げられているが、章太炎のように具体的ではない。

(12) 「五朝法律索隠」、『民報』テキストの「至於被劾逃亡、尤事実所恒有。聴子姓復仇者、国家明知法令之力、不足以尽得罪人、故任其捕戮、且不以国家之名義抑制個人也」句において、『太炎文録』テキストでは、例えば「尤事実所恒有」句が「其成事尤亟見」に、「国家明知法令之力」句が「審法令有蹇跛」に修改された。他にも小さな異同がある。前掲『章太炎全集』(四)八一頁。

(13) 『周礼』地官調人鄭玄注。

(14) 服部宇之吉『清国通考』付録「支那地方官の職務」(『支那研究』大正五年原載、七四～八五頁、一九〇五年三省堂原刊、一九六六年大安影印)では、地方官の重要な職務である司法の実態が記されている。服部は、中国の地方において「此く司法官たる地方官已に先天的に偏するところあり、其の上に前に云ひし如き各種の弊行はるゝ故、法律如何に完備なりとも実際に於て司法事務は決して立派に執行され居るにあらず。正邪曲直の顚倒実に甚だしきものあるを免れず、故に往々官の力によらずして民間相互の争闘等によりて、理非曲直を決せんとする俗あり」と記す(八三～八四頁)。

(15) 中国法は、刑事・民事を問わず州県の長官に提訴し、傷害や致死など、いわゆる「命盗重案」は、中央に送付して皇帝の決済を仰ぐが、民事案件だと、いわゆる「州県自理」が認められ、その地域でケースバイケースで処理された。「州県自理」の裁判では、「情理」が基準になり、両当事者にバランスが取れるように配慮されて按配された。律に従えば、犯罪になる事案でも無罪とされる例が清代の「判」には見えると言う(寺田浩明「清代司法制度における『法』の位置付けについて」、『思想』七九二号、一九九〇年)。清末では、法は雛形であって実質は空文だと見られ、章太炎自身も体験的にこうした現実を踏まえて、復仇の議論をしたと思われる。

第三節

(1) 「與章行厳論改革国会書」、一九二四年一月十五日、『華国月刊』第一巻第五期原載、前掲湯志鈞編『章太炎政論選集』下冊所収。終章参照。

（2）『唐律疏議』名例律二。例えば「八議者」「議請減贖」「除免官當」などは、「八議」の者や官員の法的優遇規定である。滋賀秀三譯注『唐律疏議　譯注篇一』六二～八二頁、八七～九二頁、東京堂出版、昭和五四年。瞿同祖『中国法律与中国社会』二〇八～二一四頁、一九四七年原刊、中華書局、一九八一年。

（3）前掲滋賀秀三譯註『唐律疏議　譯注篇一』八七～九二頁。瞿同祖前掲書二一八頁。

（4）大清律「八議」「応議者犯罪」「職官有犯」など。瞿同祖によれば、明清律の官員優遇は、唐宋ほど甚だしくはなく、官員の免刑範囲も笞・杖の軽罪に限られたという（瞿同祖前掲書二一四頁）。

（5）「五朝法律索隠」は、『民報』テキストと『太炎文録』テキストとの間には、字句の異同がある。以下、引用は『民報』テキストに従うが、文中に触れる該当箇所は、便宜上『章太炎全集』の頁数を挙げる。前掲『章太炎全集』（四）八一頁。

（6）「五朝法律索隠」、前掲『章太炎全集』（四）八一～八二頁。

（7）「五朝法律索隠」、両テキスト間には字句の異同がある。前掲『章太炎全集』（四）八二頁。

（8）例えば『尚書』泰誓上「亶聰明作元后、元后作民父母」、洪範「天子作民父母以為天下王」といった発想である。

（9）緦麻とは、喪服期間が三カ月ともっとも短く、本人との関係で言えば、再従姉妹や堂姑、族曽祖父母、族伯叔祖父母などがそれに当たる。

（10）『大清律輯註』七二九～七三五頁、法律出版社、二〇〇〇年。

（11）前掲『唐律疏議』一五八～一六〇頁、七七九～七八五頁。

（12）沈家本『明律目箋　三』一八六七頁、『歴代刑法考』所収、中華書局、一九八五年。

（13）大清律「九曰、不義、謂部民殺本属知府・知州・知県、…」（前掲『大清律輯註』一〇頁）。

（14）「五朝法律索隠」、前掲『章太炎全集』（四）八二頁。

（15）大清律「皇家袒免以上親被毆」条（闘殴律）、前掲『大清律輯註』七二七頁。

（16）『清国行政法』第壹巻下、第二編「官吏法」第四章第四節「刑法上ノ特別保護」三〇二～三〇四頁、大正三年原刊、一九七二年汲古書院複印。

（17）「免官」とは官位をすでに去ったこと、「奪労百日」とは、官位にあった在職日数から百日を減らして、人事考課上の評価に反映させることである。「杖督」とは、梁代に行われた公罪の非違に対して官吏を懲罰する杖刑である（内田智雄編・梅原郁補

『譯注　續中国歴代刑法志（補）』二三頁、創文社、一九七一年。
(18)「五朝法律索隠」、前掲『章太炎全集』（四）八二～八三頁。
(19) 前掲『大清律輯註』二三～二五頁。「律後註」には、「凡有品級文官、…、至笞五十、雖准贖罪、解去現在、仍以原官流品、改調別処叙用。此赦小過之義也。杖六十至杖九十、亦倶准贖、解任遞降一等、流官改閑散雑職、…」とある。
(20) 前掲滋賀秀三譯註『唐律疏議　譯注篇一』一〇六～一一七頁。
(21)「五朝法律索隠」、前掲『章太炎全集』（四）八三頁。
(22)「五朝法律索隠」、両テキスト間で字句の異同がある。前掲『章太炎全集』（四）八三頁。
(23) 瞿同祖前掲書二一八～二一九頁。
(24) 明、呂坤『刑戒』「官莫軽打」條。
(25) 第一編第一章「章炳麟の『憲法大綱』批判」第五節。
(26) 瞿同祖前掲書二一八頁。前掲滋賀秀三譯註『唐律疏議　譯注篇一』八九～九一、一〇五～一〇七頁。
(27) 例えば大清律「以理去官」条（名例律）に、官を解かれると民になるが、「以理」（罪がない）場合は、官員扱いとある（前掲『大清律輯註』三七～三九頁）。

第四節

(1) 例えば『塩鉄論』本議篇に「惟始元六年有詔書。…、文学對曰、窃聞、治人之道、防淫佚之原、広道徳之端、抑末利而開仁義。毋示以利、然後教化可興、而風俗可移也」「文学曰、国有沃野之饒、而民不足于食者、工商盛而本業荒也」とある。儒教は基本的に商業抑制の立場に立つ。小島祐馬「支那経済思想ノ出発点」（一）（二完）、『経済論叢』四巻三、五号、一九一七年。穂積文雄『先秦経済思想史論』、有斐閣、一九四二年。日原利国「『塩鉄論』の思想的研究」、『東洋の文化と社会』四、一九五六年など。また前掲小林・佐藤『清末功利思想と日本』第二章第三節、第五章。
(2) 第一編第一章「章炳麟の『憲法大綱』批判」第五節。
(3)「五朝法律索隠」、前掲『章太炎全集』（四）八三～八四頁。
(4) 例えば『尚書』益稷に「予欲観古人之象。日月星辰、山龍華蟲、作会、宗彝、藻火粉米、黼黻絺繍、以五采彰施于五色作服。」

とある。古代でも、すでに天子から士まで、天子は十二の模様、諸侯は八の模様といった具合に、位階に応じて指定された模様を衣服に装飾して、社会的位置を示そうとしている。沈従文『中国古代服飾研究』参照（一九八一年原刊、上海書店、二〇〇二年再刊）。

（5）『唐会要』巻三十一「章服品第」に、「貞観四年八月十四日詔曰、…、於是三品已上服紫、四品五品已上服緋、六品七品以緑、八品以青」とある。また唐、武徳四（六二一）年には、車輿・衣服令が制定されている（『新唐書』車服志）。

（6）例えば『漢書』高帝紀下に「漢高祖八年春三月、賈人毋得衣錦繡綺縠絺紵罽、操兵、乗騎馬」とあり、商人は華美な衣服が規制されている。また『宋史』輿服志五に、「太宗太平興国七年、詔曰、士庶之間、車服之制、至于喪葬、各有等差。近年以来、頗成踰僭。…。昉奏。今後富商大賈乗馬、漆素鞍者勿禁。…。旧制、庶人服白。今請流外官及貢挙人、庶人通服皀。工商、庶人家乗檐子、或用四人、八人、請禁断。聴乗車」とある。このように、時代によって商人に対する衣服や乗物の規制は変化しているが、官員とは違って、商人は総じて蔑視されていたから、程度の差こそあれ、規制されたことに変わりがない。

（7）富商の生活が贅沢で華美な衣服を用いていた有様は、例えば漢の賈誼が文帝に上奏して、「白縠之表、薄紈之裏、緁以偏諸、美者黼繡、古天子之服、今富人大賈嘉会召客者、以被牆」（『漢書』賈誼伝）と述べていることからも窺える。道徳主義的立場から批判を受ける一因であろう。

（8）晋「服制令」（前掲程樹徳『九朝律考』晋律考下三五二頁）。

（9）前掲『宋史』輿服志五。前掲沈従文『中国古代服飾研究』第一〇四「清明上河図中労動人民和市民」。

（10）前掲程樹徳『九朝律考』晋律考下三五二頁。

（11）「五朝法律索隠」、この引用では、両テキスト間に字句の異同がある。前掲『章太炎全集』（四）八四頁。

（12）杜恂誠『民族資本主義与旧中国政府（一八四〇—一九三七）』（上海社会科学院出版社、一九九一年）によると、清末（一八九〇～一九一一）における民族資本家の出身階層は、産業資本と呼べる棉紡績業の場合、官僚紳士層六三・七%、買弁二二・六%、商人九・一%、その他となり、官僚紳士層が突出して多い。例えば張謇、厳信厚、陸潤庠、孫家鼐らは棉紡績業を創業したが、いずれも官僚出身で清朝政府と密接な関係にあった（五三頁）。これは、資本調達の問題や技術面で西洋企業に依存する一方、それと競争する現実や封建的なものの妨害などがある。企業側からすれば政府の保護を必要とした条件と関連する（五三～五五頁）。

(13)『塩鉄論』本議篇。
(14)「代議然否論」、前掲『章太炎全集』(四)三〇七〜三〇八頁。
(15)「五朝法律索隠」。この引用では、両テキスト間で字句の異同がある。前掲『章太炎全集』(四)八四頁。
(16)前掲小林・佐藤『清末功利思想と日本』第五章。
(17)「与馬良書」、前掲『章太炎全集』(四)一八五頁。
(18)「五無論」、前掲『章太炎全集』(四)四三一頁。
(19)「五朝法律索隠」、前掲『章太炎全集』(四)八四頁。
(20)「五朝法律索隠」、前掲『章太炎全集』(四)八四頁。
(21)「五朝法律索隠」、前掲『章太炎全集』(四)八四頁。
(22)「五朝法律索隠」。この引用では、両テキスト間に字句の異同がある。前掲『章太炎全集』(四)八四頁。
(23)「五朝法律索隠」、両テキスト間で字句の異同がある。前掲『章太炎全集』(四)八四〜八五頁。
(24)喬志強編『中国近代社会史』二一二〜二一六頁、二一八〜二二〇頁、北京人民出版社原刊、台北南天書局、一九九八年。
(25)第一編第一章「章炳麟の『憲法大綱』批判」第五節。
(26)前掲小林・佐藤『清末功利思想と日本』第五章。
(27)「五朝法律索隠」、前掲『章太炎全集』(四)八五頁。
(28)『晋書』刑法志。
(29)第一編第一章「章炳麟の『憲法大綱』批判」
(30)前掲内田智雄編・梅原郁(補)『譯註　續中国歴代刑法志(補)』二〇頁。
(31)前掲沈家本『歴代刑法考』「刑法分考十六　贖」四五六頁。
(32)前掲滋賀秀三譯注『唐律疏議　譯注篇一』七三〜八二頁。
(33)宮沢知之「明代贖法の変遷」、梅原郁編『前近代中国の刑罰』、京都大学人文科学研究所、一九九六年。氏によれば、贖の対象範囲は、文武職官・吏典・軍民・匠・竈・僧道・監生生員・老幼廃疾・婦人・資産の多寡といった、職階や身分、貧富の格差などによって決められ、贖するものものも、銭・鈔・銀以外に、米や草、紙、馬などの実物、力役や罰俸など様々であった。そして、明代の贖法は変遷をしているが、例贖は最終的に資産の多寡や有無を基準にするものになったと言う。富人に有利なのである。

(34) 前掲『清国行政法』第五巻第三章「訴訟手続」第二款第二項「折贖」。

(35) 大清律「附　納贖例図」「附　老疾等罪倶照外贖例図」参照。他にも「附　在外納贖諸例図」などがある。

(36) 「五朝法律索隠」、前掲『章太炎全集』（四）八五頁。

(37) 「篤癃病」は篤疾・廃疾・残疾を併せて述べたもので、篤疾・廃疾・残疾とは、障害の程度を重・中・軽の三段階に分けたものである。内田智雄・日原利国校訂『定本明律国字解』「老小廃疾収贖」条参照（七七〜八〇頁、創文社、昭和四一年）。

(38) 「五朝法律索隠」。この引用では、両テキスト間に字句の異同がある。前掲『章太炎全集』（四）八五頁。

(39) 「五朝法律索隠」、前掲『章太炎全集』（四）八五頁。

(40) 『新世紀』四一号（一九〇八年四月四日）に、筆号「無譯」がクロポトキンの"Law and Authority"を「法律与強権」の題で訳載しており、そこに「由是而観、可知法律祇便于政治及官吏之自利、絶無維持秩序改良人格之価値」とある。また四七号（一九〇八年五月一六日）には、「其設律之目的、表面則似為保護人民之生命、而実則為保護富有者之私産」「法律者乃資本家護符而于人民無益也」といった言葉が見える。章太炎は、当時の無政府主義の主張を意識していたのであろう。

(41) 「五朝法律索隠」、『章太炎全集』（四）八五頁。

(42) 前掲沈家本『明律目箋　一』「十悪」の按語は、不敬、不孝、不睦、不義など、それほど重罪ではない規定も、隋に至って「十悪」の中に加えられたと指摘し、それが唐律の問題点だと言う（前掲『歴代刑法考』（四）一七八七頁）。

(43) 前掲滋賀秀三譯註『唐律疏議　譯注篇一』六〇〜六二頁。

(44) 「上闌沃殿」「謗上」両句は、『太平御覧』六四二引『晋律』並びに注では、それぞれ「四歳刑　若復上闌入宮殿門」「三歳刑　上而謗」に作る。「上闌沃殿」句は意味不明なので、「上闌入宮殿門」の誤記かとも思われる。前掲程樹徳『九朝律考』晋律考上、二八六頁。

(45) 「五朝法律索隠」、前掲『章太炎全集』（四）八五頁。

(46) 「五朝法律索隠」、前掲『章太炎全集』（四）八五頁。

(47) 前掲『唐律疏議』五三三頁。

(48) 前掲程樹徳『九朝律考』晋律考中の「大不敬棄市」の項に見える「書鈔引干寶晋紀」の劉毅の例（三〇二～三〇三頁）。
(49) 「五朝法律索隠」、前掲『章太炎全集』(四) 八五頁。晋律は『御覧』六四二所引。前掲程樹徳『九朝律考』晋律考上二八六頁。
(50) 「偽写官文書印」条（詐欺律）、前掲『唐律疏議』一〇四七～一〇四八頁。
(51) 「玄象器物」条（職制律）、前掲『唐律疏議』五〇九～五一〇頁。
(52) 前掲『唐律疏議』一四五～一四七頁。前掲滋賀秀三譯註『唐律疏議　譯注篇一』三六～四〇頁。
(53) 前掲瞿同祖「中国法律之儒家化」、前掲『中国法律与中国社会』附録。
(54) 瞿同祖前掲論文は、礼経が律に吸収されたことは最も重要な出来事だと指摘する（三三六～三三七頁）。

小　結

(1) 「五朝法律索隠」、前掲『章太炎全集』(四) 八五～八六頁。
(2) 梁啓超『中国法理学発達史論』「礼治主義与法治主義」「法治主義之発生与其衰微」、『新民叢報』七七。七八号原載、一九〇六年、『飲冰室文集』（一五）所収。
(3) 厳復『法意』三二按語（王栻主編『厳復集』第四冊九五三～九五四頁、中華書局、一九八六年）。太炎は、漢唐の二律を「刻深」と批評して中国法の酷薄さを示すと見たが（第一編第三章「章炳麟『五朝法律索隠』の歴史的位置」）、厳復は、中国の刑獄が残酷だと見ているものの（六一按語）、漢律など旧律との関連については触れない。どうも清末の思想家は印象風の批評をしても、太炎のように具体的な事例を挙げた議論をしていないように思われる。
(4) 厳復『法意』八二按語。前掲『厳復集』九八一～九八二頁。
(5) 張晋藩「論章太炎的法律思想」、『中国法律史論』、法律出版社、一九八二年。
(6) 第一編第五章「章炳麟における法の問題」参照。
(7) 章炳麟「浙江之文学」に「現今之法律専家、実与前之刑名老師無異、不過有一種刀筆吏之才具而已、無補国事也。」と言う（一九二二年一二月二五日、在浙江教育会講演）、『章太炎演講集』、上海人民出版社、二〇一一年。

第三章　「五朝法律索隠」の歴史的位置

問題の所在

「五朝法律索隠」（『民報』第二三号、一九〇八年）は、章炳麟（号　太炎）が中国法を具体的に論じた論文である。章太炎は、従来、主としてその学術思想や政治思想の方面が研究されてきた。ただし、政治思想が考察された場合でも、彼の法律観が検討されることは少なく、清末における近代法の導入との関連で論じられることも稀であった。彼が法制を論じたことに、ほとんど関心が払われなかったと言えよう。しかし彼には、清朝の近代法の導入という事態に触発されて、中国法と中国社会の問題を省察した「五朝法律索隠」があるのである。

当時、清朝は領事裁判権を取り戻すために法の近代化に迫られ、日本から法律顧問を招聘し法律の修訂作業を行っていた。しかし、章太炎からすれば、法の近代化に当たって中国法の批判的検証は必要不可欠であった。日本と中国との間には、越えがたい社会の発展段階の違いが存した。日本は中国とは違って、やっと封建制の軛から脱した段階であり、文化的な違いもある。その差異を軽視して近代法を導入しても、表面的な模倣におわる、と彼が見ていたからだ。(1) 彼が中国法を捉え直した具体的成果が「五朝法律索隠」に他ならない。

章太炎は、中国法の評価作業をするに当たって、近代法をたんに模倣せず、また民衆にとって苛酷な唐律を基準にもせず、公平に法が運用されることを基準に設けた。すなわち、①「重生命」②「恤無告」③「平吏民」④「抑富人」の視点から中国法を検討し、その中で五朝（魏・晋・宋・斉・梁）の法を高く評価した。五朝の法は「損上益下之美」「抑強輔微之心」をもつと言うのである。本章は、第二章を承けて、章太炎の中国法の評価作業を歴史的に位置づけてみたい。それは二つの理由からである。理由の一つ目は、そもそも中国の思想家が法制を具体的に論じることは稀だからである。近代法の導入が始まった清末でも、この現実は変わらない。梁啓超を例外として、清末の思想家は政治は論じても法制は論じない。古典学の大家である章太炎が法制を論じるのは、きわめて異例なのである。二つ目は、法制史研究そのものが草創期段階であったにもかかわらず、章太炎は中国法の評価作業を試みた。その作業の占める位置を明らかにして、彼の法律思想の特徴を考えたいのである。

そこで本章は、「五朝法律索隠」の歴史的位置を明らかにするために、まず「五朝法律索隠」が清朝による近代法導入に触発されたことを検討する（第一節）。次に、章太炎の中国法評価の視点を考察し（第二節）、最後に「五朝法律索隠」が清末の中国法制史研究に占める位置をさぐることにしたい（第三節）。

一　「五朝法律索隠」と近代法の導入

「五朝法律索隠」は、『民報』二三号（一九〇八年八月一〇日）に掲載された（『太炎文録』初編巻一再録のテキストは、『民報』原載テキストが修改されて、字句の異同がある。以下『太炎文録』本、『民報』原載本と呼ぶが、以下の引用は『民報』原載本に基づく）。本論の発表は、「欽定憲法大綱」の公布（一九〇八年八月二七日）の直前である。この歴史的背景を見てみよう。

さて清朝主導の法律修訂作業は、新政の上諭（一九〇一年一月二九日）に始まった。一九〇二年五月、沈家本と伍廷芳に現行律令改定の命が下り、一九〇四年四月に修訂法律館が設置された。翌一九〇五年四月、清朝は死罪から凌遅・梟首・戮死の酷刑を除いて、拷問（刑訊）を禁止した。刑律修訂の動きは日露戦争後に本格化し、一九〇六年、岡田朝太郎が顧問として招聘され、一九〇七年、新しい刑律草案ができあがった。ところが、岡田が関与した刑律草案は、礼教を乱すという反撃に遭った。(1)張之洞や労乃宣らが、刑律修訂作業は西洋近代的法理に則して進められ、礼を踏まえていないと批判したのである。こうした一連の動向が章太炎に法の考察を促した。

そもそも法は礼とともに集団を秩序づける規範であるが、その逸脱や違反に対して、礼は嘲笑や譴責といった社会的制裁を行うが、法は制度的に力によって処罰する。もともと中国法は、家族や社会の尊卑貴賤などの身分関係を濃厚に反映させている。(2)同じ殺人でも、謀殺や故殺など犯罪の実情によって違うばかりではなく、身分関係によって処罰が異なるのである。こうであれば、中国法の考察は、否応なく体制の在り方を見直す契機となる。章太炎は清朝を打倒して新しい社会を構想しようとしていたから、尚更であろう。

その上、彼は法について早くから思索していた（第一編第五章参照）。例えば『実学報』に載った儒法篇では、道が根本で法が末であるとか、儒家は法を斥けることが出来ないと述べている。(3)これは儒家と法家の関係についての議論だが、見方を変えると、中国法の性格である礼と法の相補性を論じているのである。(4)この儒法篇は、『訄書』初刻本と重訂本でさらに書き継がれてゆき、『検論』では原法篇と改称され、内容も大きく変わった。(5)また『訄書』定律篇では、中国法の患害は、重罰性よりも、小さな罪でも死罪になる罪刑の不一致にあると指摘している。(6)「五朝法律索隠」も、彼のこうした法への関心が発露したものであるが、清朝による近代法の導入という事態に触発されている。見てみよう。

まず「五朝法律索隠」の言う「五朝」とは、魏より南朝梁までを指す。(7)「索隠」とは、錯綜した事象の中から隠れた意味を探り出すことである。この語はもともと『周易』繫辞上伝に見え、他には「官制索隠」（一九〇七年、『民報』一四号。『太炎文録』巻一）でも、この語が用いられている。「五朝法律索隠」で彼は、近代法の皮相な導入を批判し、五朝の法の中から汲むべき可能性を探ろうとした。なぜ可能性は五朝の法にあって、唐律にはないのか。先ず近代法の導入についての見方から見ていこう。

季世の士人は、虚しく法理を張り、旧律は以て意に属せずして、欧美に自づから法令あれば、因りて之を摭《ひろ》ふ可しと以為《おも》ふ。満洲政府　律例館を設けて、亦た汲汲として刑法を改め、迹を西方に比べんと欲す。其の意を原《たづ》ぬれば、罰を明らかにして法を飭《ただ》し、以て民の命を全くし、姦宄を懲らしむる為には非ず。徒だ治外法権を収回せんと欲するのみ。則ち一切是非を問はず、惟だ泰西に屈就するを以て急と為す。（末代の士人は、内容もないのに法理を主張し、伝統的な律には関心を持たず、欧米には法律があるので、それに依拠しようと考える。満洲政府は律例館を開設して、汲汲として刑法を改定して西洋に肩を並べようとしている。その意図を探ると、刑罰を明確にして法律を正し民衆の生命を守って、悪を懲らしめるためではない。単に治外法権を回収したいと思うにすぎないから、一切是非も問わず、ただ西洋に屈従することだけ急いでいる）(8)

ここで「律例館を設けて云々」というのは、清朝が修訂法律館を一九〇四年五月一五日（光緒三十年四月一日）に開設し、刑律の修訂を目指したことを指す。(9)章太炎は、清朝の近代法導入の意図が領事裁判権の撤廃という外発的理由にあり、民衆の生命を守り正義を実現することにはないと考えた。外交上の取引材料云々とは、英米や日本などが法律の近代化を領事裁判権返還の条件に求めたことであり、[10] それが法律修訂の動機になったのである。この「五朝法律索隠」は中国法に対する批判的評価の形をとって、法の問題をより具体的に議論した。それは次の理由からである。（1）法律修訂を外交上の取引材料にしてはならない。（2）現在進行中の法律修訂作業では、中国法についての批判的評価が十分ではない、の二つである。

章太炎は、「五朝法律索隠」冒頭部分の後段で荀子を踏まえて、「法律とは、其の俗に因りてこれを為り、約定まりて俗成る。是に於て是非の剤あり。故に法を作る者は、当に是非を問ふべし。当に利害を問ふべからず」と述べた。[11]『荀子』（正名篇）の言うように、その土地の規範が出来て風俗が形成されるので、法律の基礎にはその地域の風俗慣習がある。それ故、法律制定に当たっては、風俗習慣を見た上で是非の基準を定めるべきだと考えていたのである。辛亥後になっても、この見方は変わらず、「法律はもと習慣に依りて生ず」と説き、革命後の法律制定について意見を述べている。[12] 地域の風俗が基礎にあると言うのは、法治が地域の人情と密接に関わってきたからだ。[13] このように考えるから、風俗習慣を軽視して、たんに近代法を模倣し外交上の取引材料にすることは許されないことになる。もっとも、清朝が法律修訂作業に当たって、人情を具体的に知る必要から、民事商事の慣行調査を行おうとしていたことは事実である。[14] 問題は風俗慣行と法とのズレをどう調整するかであった。

章太炎からすれば、法律修訂は風俗慣行を踏まえた上で、法の妥当性を基準になされるべきで、外交交渉という他律的動機からなされることは許されない。「法を作る者は、当に是非を問ふべし。当に利害を問ふべからず」とは、[15] この意味である。

章太炎が「利害を問ふべからず」と批判した理由は、他にもう一つある。それは修訂作業に携わる士人の功利的動機に関わるものである。士人の功利性について、彼は「馬良請速開国会」（一九〇八）において、立憲運動に携わる士人や留学生の功利的動機に言及した。[16] 修訂作業に携わることによって地位や財貨を手に入れている者がいる、と批判するのである。章太炎は反功利主義的立場に立つから、士人の功利性にはきわめて敏感である。[17] 法律修訂作業は、功利的に行ってはならないのである。これら二点について、彼は次のように述べる。

今改律をもって外交の具と為す。其の律は尚ほ説く可きや。満洲政府は論ずるに足るなし。士人の西方の法令に酔ふ者は、直《た》だに是非を問はざるのみに非ず、また利害を問ふに暇あらず、直(た)だ時に殉《したが》ひ詭遇するのみなるを以て、斯ち其の見は又た満洲政府の下に在り。(法律修訂は今や外交上の〔西洋諸国との〕取引材料となっているから、そんな法律は説くことができるだろうか。満洲政府は言うに足りないが、西洋の法律に耽溺した知識人は、たんに是非を問わないばかりか、利害を問うだけで、ひたすら時流に迎合して財産や地位を手に入れているのだから、彼らの見方は満洲政府以下である。[18])

修訂作業は、それを外交上の取引材料にしたり関係者の功利的動機に基づいてなされてはならず、法の妥当性を基準に据えるべきなのである。

では、中国にとって妥当な法制を考える時、中国法はいかに評価すればよいのか。

二　中国法評価のあり方

まず章太炎の五朝の法に対する評価を見ておこう。彼は、五朝の法を「寛平少過」(『太炎文録』本だと「寛平無害」)

だと指摘し、次の四点を「信美」なるものとして挙げた。すなわち、①「重生命」、②「恤無告」、③「平吏民」、④「抑富人」である。(1) ①と②には近代的なところがあり、③は中国法の基本的性格に対する彼の批判である。そして、④は章太炎の反功利主義の立場からの帰結で、彼独自の主張である。①から④については、本書第一編第二章ですでに検討したが、これらの基準から中国法は評価されたのである。

そこで先ず、彼はなぜ上のような基準を据えたのか。見てみよう。「五朝法律索隠」の冒頭、章太炎は中国法について次のように言う。中国で刑法が重視されたのは、命令しても必ずしも行われなかったり、戒めても必ずしも止まなかったからだ。『荀子』は、「刑名は商に従ひ、爵名は周に従ひ、文名は礼に従ふ」(正名篇)と述べ、「散名」についいて第次した。「爵名」は大体『周礼』に見えるが、「刑名」はそこにはない、と。「散名」とは一般名詞を指し、『荀子』は人間に関わるものとして、「性」「情」「慮」「偽」など十四の名詞について解説した。「爵名」とは、五等爵や三百六十の官名のことである。「文名」とは、文明的な威儀のことである。清の王先謙は「刑名従商」句について、「商之刑法未聞。康誥曰殷罰有倫。是亦言殷刑之允当也」と注した。(2) 殷の「刑名」は、具体的には不明なのである。

そして続けて、章太炎は言う。戦国時代、魏の李悝は『法経』を著して具律一篇を作り、後の刑名律の元となった。三国時代、魏の陳郡に『魏法』がある。その序略は、「罪例を集めて刑名とし、(『法経』六篇と違って)それを篇首に冠することになった」理由について述べている。晋の杜預にも『刑名法例』の一書があった。晋の張裴は律に注をつけ、「刑名は、罪法の軽重を経略し、加減の等差を正し、衆篇の多義を明発して、其の章条の不足を補ふ所以なり」と述べて、「故」「失」「謾」「詐」「不敬」「過失」など二十の刑名(3)について定義した。商(殷)の法は失われたのだから、「刑名」は、晋を基準にすべきだ、と。章太炎は、戦国魏の李悝『法経』が亡佚したものの、後代の法律書に受け継がれており、晋の法律が刑名の基礎になる、と考えたのである。確かに今日の法制史研究から見ても、晋律は中国法の体例や法解釈の上で基礎を築いたとされ、(4)当時は法制史研究の初期段階であったことを思えば、章太炎の指摘は卓抜であろう。刑名は、章太炎が法律の要だと考えるものであり、(5)「五朝法律索隠」以外でも随所に論じている。例えば「五朝法律索隠」と同じ頃に書かれた「説刑名」は、「刑」「錙」など一四の法律用語について文字学的に解説したものである。(6)

話を「五朝法律索隠」に戻す。彼は漢律について、次のように言う。

余　漢世の法律を観るに、過《はなは》だ賊深為り。張湯・仲舒の徒は、益すに春秋の心を誅するの法を以てし、又た決事比を為すこと多く、転《うた》た相貿乱す。依準する可からず。（私の見るところでは、漢代の法律はきわめて苛細で厳格なところがある。司法長官の張湯や大儒の董仲舒らは、犯罪動機を重視する『春秋』の法を用い、決事比を多く作った結果、次第に乱れた。〔漢代の法律に〕依拠することはできない）(7)

章太炎が漢律を刑名の基準として認めないのは、民衆を賊害するところがあり、春秋の決事比を多く用いたからである。決事比とは、判決を下す際、律に正文がない場合、判例として参考にするものである。漢の董仲舒（BC一七九?～BC一〇四?）は春秋に基づいて折獄をした。(8)董仲舒の立場は、犯罪動機を重視する心意主義である。(9)動機を重視すると、事例が同じでも罪の軽重の異なることがある。つまり、同罪異罰の懼れがある。章太炎は、この主観主義的断獄の恣意性を問題にしたのである。そして彼は、唐律も基準にはならないと言う。

其の次に文帙の完具する者に、独り唐律あるのみ。乃ち近くは斉と隋に本づく。北斉始めて重罪十条を制す。此を犯す者は八議の列に在らず。隋氏は降を以て叛に入れ、不睦の一条を増し、始めて十悪と称す。唐世亦た其の法に依り、今に至るも承用す。此れ魏晋、江左になき所なり。漢律には十悪の名なし。大不敬の罪は輒《すなわ》ち等を逾ゆ。故に漢唐の二律は皆深刻にして、施行する可からず。寛平にして過ぐること少なき者を求むれば、上は魏に至り、下は梁に訖ふるまで、五朝の法なるのみ。（書物として完全に残っているものは、唐律しかない。それは近いところでは北斉や隋を手本にした。北斉が始めて重罪十条を制定した。これに違反すれば、〔罪の減免恩典を受ける〕「八議」の者にも適用されない〔ほど厳しいものだ〕。隋は〔北斉の律の「重罪十条」の中にあった〕「降」の条を「叛」の条の中に入れ、さらに「不睦」の一条を加えて「十悪」の名称が出来た。唐代もその法に依拠し、今日でもそれを承けて用いている。これは魏晋や南朝にはなかったものだ。漢律には、「十悪」という名称はまだ存していない。〔「十悪」の中にある〕「大不敬」の罪は程度を越えている。だから漢律と唐律はどちらも酷薄で、施行するのは無理である。つねに寛大で公平、〔法律としての程度が〕ひどくないものを探せば、魏から梁に至るまでの五朝の法しかないのである）(10)

章太炎は、漢律と唐律が厳しいのに反して、五朝の法は「寛平少過」なので基準になる、と考えたのである。漢律や唐律を基準にしない理由は、上引の文章に言及された「十悪」と「八議」などから窺える。「十悪」とは、皇帝権への侵犯や儒教倫理からの逸脱に対する十の重罪である。すなわち、「謀反」（社稷を危うくすることを謀る）「謀大逆」（皇帝の権威を象徴する宗廟や宮闕を毀すことを謀る）「謀叛」（本国に背いて他国に通じることを謀る）「悪逆」（尊属親を殴打したり殺害する陰謀や親に対する暴行、近親尊長の殺害）「不道」（人を惨殺するなどの行為）「大不敬」（大祀の神御物や皇帝などの服御物を盗んだりすること）「不孝」（祖父母父母への不孝の行為）「不睦」（〔服制で〕緦麻以上の関係にある親族の殺害を謀ったり、売ったりするなど）「不義」（本属の府主・刺史・県令の殺害など）「内乱」（（服制で）小功以上の関係にある親族、父祖の妻を姦するなどの行為）である。この「十悪」の原型は北斉の時にできあがり、隋の開皇律に受け継がれて、唐律の「十悪」となった。[11] 章太炎は、皇帝への反逆や儒教倫理からの逸脱に対する処罰が民衆にとって厳しいと考えていたのである（第一編第二章）。例えば「十悪」の罪は、鮮卑族が中国を盗んだ後にできあがったが、「十悪」はすべてが政府に対する罪とは限らず、「反叛」（「謀反」「謀叛」）「悪逆」「不敬」の諸条は（五朝の時とは違って）その範囲を拡大してこじつけられている、とその厳しさについて述べている。[12]

一方、厳しい処罰とは反対に、身分によって享受できる法的恩典があり、「八議」と言う。「八議」とは、皇族や高官、およびその親族が罪を得ても減免される身分的恩典である。すなわち、「議親」（皇帝の袒免以上の親族や太皇太后・皇太后の緦麻以上の親族など）「議故」（皇帝に接遇できる故旧）「議賢」（大きな徳行のある人）「議能」（大きな才業のある人）「議功」（大きな勲功のある人）「議貴」（職事官三品以上、散官二品以上、爵一品以上の人）「議勤」（大きな勤労のある人）「議賓」（先代の後を承けて国賓となる人）の八つの身分である。「八議」の考え方には、八つの特権身分は礼秩序のリーダーであるから法の制裁対象にはならない、という儒教的前提がある。この特権身分の者が罪を犯すと、官司は勝手に逮捕や訊問ができず、犯罪の実情を皇帝に報告してその判断に委ねなければならない。通常の司法手続きに則って処罰はできないのである。[13] 例えば死罪の嫌疑が固まると、官司が判決を立案せずに、都座集議という特別手続きをおこなった上で、動機や犯行・結果などの「情」を原《たず》ねて罪を集議し、その結果を皇帝に報告して、その判断に委ねる。流罪以下の場合なら、罪一等を減ずるのである。[14]「八議」の説は、もともと『周礼』では「八辟」と呼ばれ、[15] 秦になって廃れたが、漢末になって再び盛んになったと言われる。[16] 章太炎は、法的恩典を認めない立場に立ち、この立場から五朝の法は官吏と平民を公平に扱い（「平吏民」）富人を抑える（「抑富人」）、と評価したのである

（第一編第二章）。

以上から、章太炎が五朝の法は「寛平少過」だと言ったのは、漢律や唐律が民衆に厳しく、官僚などの特権階層に法的恩典の存したことを批判したからだ、と分かる。もちろん「八議」という法的恩典は魏以降、律に入り[17]、陳以外の南朝でも法的恩典は存した[18]。「八議」に批判的なら、魏律や晋律など五朝の法も評価出来ないはずだが、どうも章太炎は、法的恩典に浴する特権階層の存したかどうかよりも、先ず法の公平な適用と罪刑の一致が重要と考えていたようである（第一編第二章、第五章）。それ故、彼から見れば、法律修訂作業が中国法として唐律などを基準にするのは不適切ということになる。

章太炎は「五朝法律索隠」末尾で、法律修訂作業と中国法の評価について、次のように述べる。

今魏晋南朝の律、已《はなは》だ残缺すと雖も、其の封略を挙ぐれば、則ち上を損ない下を益するの美あり。其の条目を抽けば、強きを抑え微《いや》しきを輔くるの心あり。後に作る者あれば、因りてこれが節文をなし、参ずるに今制を以てし、復た略《ほ》ぼ他方の諸律を采り、温故知新すれば、亦た以て畔《そむ》かざる可きか。（今日では魏晋南朝の律は大いに残欠しているが、〔それ以外の律との〕区別をあげれば、〔五朝の律〕には上の者を損ない下の者に利益を与える美点がある。その条目を引き出すと、強者を抑え弱者を助ける精神がある。後代法律を作る者は、因ってそれをほどよく採用し、現代の法制も参照して、ほぼ他国の法律も採用する。〔論語にもあるように〕古きを温めて新しいことを考えるようにすれば、〔あるべきことに〕背かないことになろう）[19]

新しい法制を構築する際、五朝の法は、不完全な形でしか残っていなくても、五朝の法を斟酌すべきだと言うのである。五朝の法には、立場の弱い者を助けて強い者を挫くという美点があるから、結果的に民衆を利すると見たのである。要するに、彼は、近代法の導入に当たって、中国法の性格を歴史的に洗い出して、その美点を汲み上げることを主張したのである。

それでは、彼の試みが当時いかなる位置を占めたのか。見てみよう。

三　「五朝法律索隠」の歴史的位置

章太炎は、「五朝法律索隠」を書いた動機について、当時の研究に満足できなかったと述べている。すなわち言う。張鵬一は漢律を雑集して一書を著したが(1)、「附するに欧洲近制を以てすること多ければ、事は冰炭の若し。〔又た私意を以て文字を増剟す。愈よ亡頼《ごういん》なり。〕」、と(2)。中国法の研究は、西洋の近代法との類似性を基準にしたり、主観的に原文を増刪したりしてはならぬ、と考えたのである（後述）。しかし、五朝の法は散逸部分が多いので、評価作業は十分にできないのではないか。この疑念に対して、章太炎は答える。

其の篇籍は放失すと雖も、事に因りて鉤《さぐ》り求むれば、猶ほ其の放物《あらまし》を得可し。傅するに西方の制を以てする者あり。漢土の独り秀るる所となる者あり。擬するに近世の制を以てする者あり。前代の独り秀るる所となる者あり。説を馳する者は、鉤校に暇あらずして、空しく西方を尊尚《たっと》び、或ひは沾沾として唐律に復せんと欲す。此れ皆な目録辜較の学にして、耳食を以て未だ嘗て其の甘苦を問はざるが如し。（五朝の篇籍は散逸したとはいえ、物事によりて探り求めるなら、その大概が分かるであろう。そこには西洋の制度を補うものがあるだろう。漢土にだけ優れているものもあるだろう。近代の法制によく似たものもあるだろう。前代にだけ優れているものもあるだろう。西洋法制の導入を説いてまわっている者は、西洋法制についてアレコレ探し回って調べるばかりで、むなしく西洋を尊んだり、あるいは軽薄にも唐律に復帰しようとしたりしている。これらはどれも目録考較の学問にすぎず、他人の説を聞いただけで判断して、実際の甘いや苦いも分からず道理に暗いというようなものだ(3)

「鈎校に暇あらず」とは、法律修訂館が近代法導入にあたって外国の法典や法学関係の著作の翻訳ばかりしていることを指し(4)、「耳食を以て」とは、法律修訂に日本人の専門家を招聘して(5)、中国人がそれを学んだことを批判している。章太炎から見て、清朝の行っている中国法の評価作業は不十分きわまりないものであった。彼の目には、近代法典の翻訳に追われ、西洋法をあがめ、他人から聞いただけで分かったつもりになり、自分で法の問題を考えようともしないと映じたのである。

瀧川政次郎によると、漢律研究は清末に着手されたばかりであった(6)。漢律は、魏晋から唐代にかけて亡佚したので、研究はその佚文蒐輯から始まった。瀧川は、張鵬一『漢律類纂』一巻を清末における漢律研究の代表と評価している。瀧川は、本書が佚文を掲げてその出典を注記し、案語をつける体裁だと説明した後、張鵬一は案語で古書より得た佚文をソノママ挙げずに、時に推測を交えて漢律を復元しようとすると指摘したが、近代的な法律用語を用いて論証する点を「新しい企て」として評価した。ところが、章太炎はこの点が瀧川とは正反対で、張は私意で文字を増刪すると批判したのである。彼の考証学者としての立場がよく表れている。

当時、清末の漢律研究には、張鵬一の他にも、薛允升『漢律輯存』六巻(7)、杜貴墀『漢律輯證』六巻などがあった。清末の法学者沈家本（一八四〇〜一九一三）は、薛允升『漢律輯存』は庚子の変（一九〇〇）の折、秘蔵されて公刊されず、また杜の著書には遺漏があると言う。[8]瀧川政次郎は、杜貴墀『漢律輯證』が漢律の文と漢令の文とを区別せずに雑然と載せている点を欠点としている。[9]民国初になると、法律修訂作業を推進した沈家本自身が漢律の収集復元に取り組み、『漢律摭遺』二十二巻を書き上げた（一九一二）。沈家本は、清末における法律学の権威である。浙江省帰安の人で、字　子惇、号　寄簃という。光緒九年（一八八三）に進士になってから、主として司法関係の仕事に任じている。[10]彼は、一九〇四年、法律修訂作業の一環として外国の諸法規の翻訳と『大清修例』の删除作業を行ったが、その傍ら中国法の整理収集を行い覆刻もした。『元典章』を覆刻し、『沈碧楼叢書』に『無冤録』など珍書を収めて出版した。その一端は、一九〇七年に附刻された『寄簃文存』の序跋類に見ることが出来る。例えば巻六には、「重刻唐律疏議序」「重刻明律序」「宋刑統賦序」「刑案匯覧三編序」「元典章跋」などが収められている。そして沈家本の後、程樹徳（一八七七〜一九四四）が一九一九年に『漢律考』、一九二六年に『九朝律考』を完成させ、漢律から隋律まで唐律以前の古律をひろく採摭した。[11]程樹徳は『九朝律考』「晋律考」の按語に、「五朝法律索隠」が引いた晋律佚文や章太炎の文章をソノママ引用しているから、[12]「五朝法律索隠」が佚文蒐輯作業に刺激を与えたと思われる。そして章太炎にも「漢律考」があり、『検論』（一九一四年）原法篇に付されている。「漢律考」は、佚文の蒐輯ではなく、漢律はもっぱら刑書というより、儀法や官制を含むものだというのが論旨である。[13]要するに、章太炎が「五朝法律索隠」を書いた当時、漢律の蒐輯作業が始まったばかりで、研究が十分になされていない状況にあったのである。五朝の法であれば、注目されなかったことは言うまでもない。

その上、中国法の見方にしても、当時は唐律が中国法の体系的完成と考えられ、唐以降の法は、唐律を基準にしていた。例えば瀧川政次郎は、唐律を「東洋のローマ法」と評した。唐律が秦漢律を承けて集大成され、後の中国法の源となったことや東アジア世界に及ぼした影響からである。[14]沈家本は、漢律を考察する時、次のように述べた。

古今の律の中で中庸を得たのは唐律である。それは「其れ尚ほ三代先王の遺意を得」たものだから、漢律は「唐律の根源」として研究せざるをえない。しかも漢律はたんに唐律の源流と言うに止まらず、『周礼』を承けて「古意」が多く、「三代先王の法の留遺」である、と。[15] 沈家本は儒教を基準に漢律や唐律を評価したのであり、章太炎が酷薄な漢律や唐律ではなく、「寛平少過」な五朝の法を評価したのとは、見方が違う。が、いずれにせよ、清末、唐律が中国法の基準と考えられていたから、漢律や五朝の法に関心がそれほど向かわないのも当然であった。

また、こうした事態は、中国における法学の不振とも関係があろう。沈家本によると、法学が盛んであったのは、戦国時代である。漢朝になっても法学は断絶することなく、後漢でも盛んであった。魏晋より唐宋に至る間、士人は法を学んだが、元朝に至って法学は衰え始めた。清朝において、法学研究で推重される者は数名しかおらず、法学は賤しまれる有様であった。[16] したがって、亡佚した漢律や五朝法の蒐輯作業は、考証学の経書研究に比べて、当然進まないことになる。

章太炎の中国法に対する見方は、沈家本のみならず、梁啓超とも違っていた。梁啓超『論中国成文法編制之沿革得失』（一九〇六）は、魏晋六朝の成文法について次のように言う。それは李悝『法経』と唐律を媒介するもので、漢律より進化させたところがある。進化したのは、①律令の境界を厳密にし、令を律の補助とした点、②学理に根拠を求めた点、③漢律とは違って、公布の形式を尊重した点だと指摘した。[17] 梁啓超の論考は一九〇六年に書かれて、章太炎に比べて少し早いが、彼の立場は、新法典の編纂方針を容認する方向であった。すなわち、中国は堯舜の時代以来、組織だった大法典は世界に先駆けて生まれたものの、法律の実質は変化せず、巻帙条目が増えたにすぎない。今日では、新法典編纂の機運が高まり、清朝政府に実行を促している。今後の重要課題は、新法典をいかなる方向で編纂するかにある、と言うのである。[18] 梁啓超は、中国の成文法の沿革を跡づける以外に、法の淵源に、①慣習の重視、②君主の詔勅、③いわゆる「比」「故事」「章程」などの先例、④経義に基づく判決例を求め、中国法が法体系としての独自性をもち、歴史的に外国から摂取しなかったが、今では中国が外国法を摂取することは過誤ではない、と述べた。(19)

このように梁啓超は、近代法の導入にあたって、中国法の性格と沿革を見極めようとしたが、「五朝法律索隠」のように、具体的に刑罰に即して中国法の精神を探ろうとしたわけではなかった。

そして梁啓超は、『論中国成文法編制之沿革得失』を書く際、日本人の著書を参考にした。(20) その中に浅井虎夫『支那法制史』（一九〇四）がある。浅井書は、「第一章　漢人種の建国」「第二章　唐虞三代の法制」「第三章　漢代の法制」「第四章　唐代の法制」「第五章　宋代の法制」「第六章　明代の法制」で構成されており、五朝の法については、ほとんど言及していない。わずかに魏晋から隋までの律令の撰者と制定年次、巻数、篇目などが一覧表として附されているにすぎない。(21) というのは、「蓋明は範を宋にとり宋は範を唐に取り唐は之を上三代及漢にとれり故に上三代なる夏殷周下三代なる漢唐宋之に加ふるに明の法制を略述すれば略支那に於ける法制の沿革を知るを得べし」（『支那法制史』「凡例」）と考えたからである。浅井書は、もともと国家の制定法の沿革を明らかにすることに研究の主眼を置く。研究史的には、「明治期における中国法制史研究の程度、又は傾向を最も集約的に示している意味での代表作」と評され、(22)「日本最初の支那法制史の通説」にして「支那法制史の体系を樹立」したものであった。(23) また浅井虎夫『支那ニ於ケル法典編纂ノ沿革』（一九一一）は、第四章「魏晋以後ノ法典」において、六朝法典の佚文を諸書から蒐輯している。(24) 本書は、法典の体裁と内容を歴史的にたどることによって、中国法の特色を際立たせようとした労作で、漢訳がすぐに出ている。(25) 本書は中国法の特色として、①刑法典（律）と行政法典（令と会典）を含む、②律の体裁は、魏、李悝『法経』以降、清律に至るまでそれほど変わらない。③令の体裁もほぼ一定しているところがある。④内容的には、私法の規定はわずかで、大部分が公法的規定である。⑤法典の規定は、必ずしも現行法とは限らない。⑥中国法は道徳的要素を含む、を挙げている。[26]

要するに、清末の法制史研究としては、佚文蒐輯が始まったばかりで、五朝の法に対して内容的に批判を加える作業は、まだなされていなかった。「五朝法律索隠」が書かれた一九〇八年頃、五朝の法に強い関心が向けられることはほとんどなく、当然のことながら五朝法の精神を汲み上げようとすることは稀であった。魏晋の律が中国法の発展にとって基礎となったことを思えば、[27]章太炎の論考がいかに先駆的であったかが分かる。

小結

「五朝法律索隠」は、清朝による近代法導入の動きを背景として、書かれたものであった。章太炎は、法律修訂作業は、領事裁判権奪回のためという外発的動機からなされるべきではなく、また中国法の美点を汲みあげた上で、なされるべきだと考えた。そして、評価すべき中国法として五朝法を挙げた。五朝の法には、「上を損ない下を益する」点および「強きを抑え微《いや》しきを輔くる」点などがあるからだ。たしかに五朝の法は亡佚して残欠しているが、章太炎からすれば、法の精神こそ問題であって、体系的に残っているかどうかではなかった。彼によれば、五朝の法は①「重生命」、②「恤無告」、③「平吏民」、④「抑富人」の点で評価すべきものがある。生命を重んじ、平民を恤れみ、官僚と平民とを公平に扱うという視点は、近代的であるばかりか、中国法の性格を批判的に省察することにつながる。「五朝法律索隠」は、具体的にこれらの点を検討したものである。彼は中国社会を法の側面から捉え直そうとしたと言え、五朝法の佚文蒐集を志したわけではないのである。

当時、五朝の法を章太炎のように論じたものは、稀であった。中国法を批判的に考察し、古書の中から五朝の法の精神を探ろうとした彼の立場は、いかに斬新で先駆的なものであったかは、当時の法制史研究の状況からしても窺えるだろう。

彼は当時、古典学の方面で、『春秋左伝読叙録』（一九〇七）、『劉子政左氏説』（一九〇八）、『荘子解詁』、『新方言』（ともに一九〇九）、『国故論衡』『文始』（ともに一九一〇）など学術上の成果をあげていた。哲学思想の方面では、『斉物論釈』（一九一〇）を書き上げた。章太炎と言えば、古典学者あるいは「五無論」や「四惑論」などを書いた独創的な思想家という見方が一般的である。しかし、「五朝法律索隠」は、古典研究や哲学著作の陰に隠れてはいるが、中国社会と規範の問題を見定め、中国社会の現実に肉迫しようとした労作と言える。章太炎は、ただ仏教のような形而上学的観念を弄して思索しただけではなく、実務的関心も持ち合わせていたのである。

［注］

問題の所在

（1）第一編第一章「章炳麟の『憲法大綱』批判」。

第一節

（1）岡田朝太郎「清国既成法典及ヒ法案ニ就テ」、『法学志林』一三巻八・九号、明治四四年。岡田は、招聘された経緯に触れた後、自らが起草した刑律について述べ、末尾で守旧派からの反発について言及する。また島田正郎『清末における近代的法典の編纂』第七章「大清刑律草案と大清現行刑律」（創文社、一九八〇年）。宮坂宏「清末の近代法典編纂と日本人学者—刑律草案と岡田朝太郎—」、『専修大学社会科学研究所月報』四六・四七、一九六七年。小野和子「清末の刑法典論争」、『五四時期家族論の背景』所収（京都大学人文科学研究所共同研究報告『五四運動の研究』第五函、同朋舎、一九九二年）。松田恵美子「清末礼法争

議小考（一）（二）」、『法学論叢』一三七―二、五、一九九五年参照。

(2) 瞿同祖『中国法律与中国社会』第四章「階級（続）」第二節「法律特権」第三節「良賤間的不平等」（上海商務印書館、一九四七年原刊、中華書局、一九八一年再刊）。

(3) 儒法篇（『実学報』第三冊、一八九七年九月一七日原載）、湯志鈞編『章太炎政論選集』上冊四〇頁、中華書局、一九七七年。

(4) 瞿同祖前掲書第六章「儒家思想與法家思想」。

(5) 『訄書』儒法篇、『章太炎全集』（三）、初刻本一〇～一一頁、重訂本一三九頁、上海人民出版社、一九八四年。

(6) 定律篇は、初刻本と重訂本にある。前掲『章太炎全集』（三）、初刻本八五～八六頁、重訂本二六六～二六七頁。中国法における罪刑の不一致については、瞿同祖前掲書「結論」三二六頁。

(7) 「五朝法律索隠」「故漢、唐二律皆深刻、不可施行。求寛平少過者、上至魏、下訖梁、五朝之法而已」（『民報』「五朝法律索隠」。ただ、「五朝学」（一九一〇）には「粤晋之東、下訖陳尽、五朝三百年、往悪日漸、而純美不忒」（『章太炎全集』（四）七四頁、上海人民出版社、一九八五年）とある。魏と陳を含むかどうかで「五朝」の範囲は違うが、「五朝法」という場合、異族の侵入した北朝の法ではなく、南朝の法が念頭に置かれていると分かる。北朝の法については、「五朝法律索隠」末尾に、「鮮卑僭盗、始有十悪之刑」「自漢之亡、其風〔前にある「平易之至」を指す〕漸息。昌之者、則鮮卑也」とあり、否定的である。字句の修改について言うと、例えば『章太炎全集』（四）『太炎文録』本であると、「深刻」句が「刻深」、「少過」句が「無害」となっている。七九頁）。

(8) 「五朝法律索隠」。以下、引用は『民報』原載本による。

(9) 塩田環「清国法典編纂事情」（『法学志林』一〇巻九号、明治四一年）によると、光緒三十三年十月二十七日に、光緒三十（一九〇四）年四月一日開設の修訂法律館は、刑律草案を作るという所期の目的を果したので閉鎖され、光緒三十三（一九〇七）年十月に改組、民法・商法・民事訴訟法・刑事訴訟法などを起草しようとした。律例館に二つあることになるが、論文の文脈は「汲汲刑法欲改」と続くので、旧い修訂法律館であろう。

(10) 『清史稿』刑法志一。法律の近代化は、中英続議通商行船条約（一九〇二年九月五日）、中美続議通商行船条約（一九〇三年一〇月八日）、駐日続議通商行船条約（一九〇三年一〇月八日）など当時改訂された通用条約において領事裁判権放棄の条件となっていた（島田正郎前掲書一三頁）。

（11）「五朝法律索隠」。

（12）「宣言九」（『民国報』二号、一九一一年一二月一日）「諸妄主新律者、皆削趾適屨之見、虎皮蒙馬之形、未知法律本依習慣而生、非可比傅他方成典。故従前主張新律者、未有一人可用」（湯志鈞編『章太炎政論選集』下冊五二九頁、中華書局、一九七七年）。

（13）法と人情の関係について、古くは宋、洪邁『容齋随筆』が、「法曹劉昭遠曰、法者礼之防也。其用之以当人情為得。刻者為之、則拘而少恩」（「考課之法廃」）と述べている。また仁井田陞『中国法制史』は、中国法は「郷俗における具体的な規範」が強いので、法の統一性や安定性に乏しいと指摘する（四九～五一頁、岩波書店、一九六三年）。西田太一郎「儒家の刑罰思想」は、中国の法と裁判が慣習法や判決例、人情などに準拠していたことを例証している（『中国刑法史研究』七五～七九頁、岩波書店、昭和四九年）。

（14）島田正郎前掲書によると、修訂法律館は各省府州県の民事商事の慣習調査を実施し、その慣習調査事業は辛亥後も引き継がれて、『民商事習慣調査報告書』（一九三〇）になった（二三～二四頁）。また滋賀秀三「民商事習慣調査報告録」、滋賀秀三編『中国法制史―基本資料の研究』八一八～八二三頁参照（東京大学出版会、一九九三年）。

（15）「五朝法律索隠」。

（16）本書第一編第一章「章炳麟の『憲法大綱』批判」。

（17）小林武・佐藤豊『清末功利思想と日本』（研文出版、二〇一一年）第五章「章炳麟の反功利主義思想と明治思想」、同第六章「章炳麟の反功利主義思想と明治の厭世観」。

（18）「五朝法律索隠」。文中の「士人之酔於西方法令者」は、楊度らを指すと考えられる（本書第一編第一章）。

第二節

（1）「五朝法律索隠」。

（2）清、王先謙『荀子集解』正名篇。

（3）例えば張裴は「故」を「其知而犯之、謂之故」、「意以為然、謂之失」「両訟相趣、謂之鬪」「不意誤犯、謂之過失」「二人対議、謂之謀」のように二十の概念を定義した（『晋書』刑法志）。

（4）韓玉林「魏晋律管窺」、中国法律史学会主編『法律史論叢』第三輯、法律出版社、一九八三年。

（5）「太炎先生自述学術次第」、「余以法律之要、莫如刑名」、『制言』第二五期原載、一九三六年。

（6）「説刑名」、『太炎文録』初編巻一。湯志鈞『章太炎年譜長編』は、本篇が『太炎集』の「戊申文」の中に配置されるので、一九〇八年の作とする（上冊二九八頁、中華書局、一九七九年）。太炎は「説刑名」において、古文は意味が互いに近いと、同じ類に従って展開させるので、改めて文字を制定するには及ばない。刑名にのみ、語彙に「文」（文飾）の場合と「質」（実質）を指す場合とがある、と考えた。例えば「刑、剄也」（『説文』四下）であると、声によって「徴」字を制定し、それを法吏に使用させた。「鐂、殺也」（『説文』一四下）あると、声によって「劉」字を制定して、それを法吏に使用させた、といった具合である。

（7）「五朝法律索隠」。

（8）『晋書』刑法志「〔董仲舒・張湯〕於是作春秋折獄二百三十二事、動以経対、言之詳矣」。

（9）日原利国『春秋公羊伝の研究』（創文社、昭和五一年）は、春秋が動機主義の立場に立ち（一〇〇頁）、行為の意志を重視して価値付けるが（一一八頁）、春秋の論断としての究極は、「将に然らん」とする前に予め悪しき意志に対して筆誅をくわえるところにある（一三八頁）、と指摘する。春秋の主観主義は、周知のように「原心定罪」（『漢書』薛宣伝）の言葉で表されている。また「原心定罪」と法については、西田太一郎前掲書八八～八九、一五四頁参照。

（10）「五朝法律索隠」。

（11）『隋書』刑法志「〔北斉律〕又列重罪十條。一曰反逆、二曰大逆、三曰叛、四曰降、五曰悪逆、六曰不道、七曰不敬、八曰不孝、九曰不義、十曰内乱。其犯此十者、不在八議論贖之限。是後法令明審、科條簡要、又勅仕門之子弟、常講習之。斉人多暁法律、蓋由此也」。同上「〔隋開皇新律〕又置十悪之條、多採後斉之制、而頗有損益。一曰謀反、二曰謀大逆、三曰謀叛、四曰悪逆、五曰不道、六曰大不敬、七曰不孝、八曰不睦、九曰不義、十曰内乱」。北斉律の「重罪十條」で「降」は第四条にあったが、開皇律ではそれが消えて、代わりに第八条に「不睦」が加わっている。唐律は、條目も順序も開皇律と同じである。沈家本『明律目箋　一』「十悪」の項の按語、『歴代刑法考』（四）一七八四～一七八七頁、中華書局、一九八五年。

（12）「五朝法律索隠」。沈家本も「十悪」の内容が歴史的に変遷していて、名実は必ずしも同じではない、と指摘する（『明律目箋一』、前掲『歴代刑法考』一七八七頁）。

（13）瞿同祖前掲書第四章第二節「法律特権」二〇七～二一〇頁。滋賀秀三訳注『唐律疏議　譯註篇一』六八～八二頁、律令研究会編『譯註　日本律令　五』、東京堂出版、昭和五四年。

(14) 前掲滋賀秀三譯註『唐律疏議　譯註篇一』七九～八〇頁。

(15)『周礼』秋官小司寇に「以八辟麗邦灋、附刑罰。一曰議親之辟、二曰議故之辟、三曰議賢之辟、四曰議能之辟、五曰議功之辟、六曰議貴之辟、七曰議勤之辟、八曰議賓之辟」とある。「一曰議親之辟」に対して、鄭司農は「若今時宗室有罪先請是也」と注した。「先請」は、漢代では宗室や六百石以上の官員が罪を犯したとき、通常の司法手続きを行わず、皇帝に実情を報告して判断を請う恩典のことである。沈家本は按語で、『金史』刑志や『東華録』に見える「八議」という法的恩典について、「貴戚」がこれを恃んで「民を虐げる」懼れがあるという逆説的事実に触れて、「金世始有議之者。伏読世宗聖訓、言之尤為詳明、実在可删之列。存之律中、徒滋疑惑而已」と言い、法的恩典に疑問を投げかける(『明律目箋　一』「八議」の項、前掲『歴代刑法考』一七九〇～一七九一頁)。

(16) 程樹徳前掲『九朝律考』「漢律考」(四)一一八～一一九頁、台湾商務印書館、民国五四年。

(17) 沈家本前掲『明律目箋　一』「八議」。

(18) 瞿同祖前掲書二〇九～二一〇頁。

(19)「五朝法律索隠」。

第三節

(1)『漢律類纂』、文明書局、一九〇七年。張鵬一は、字　扶萬、陝西省富平県の出身で、奉天省度支司の役人であった。他に『両漢律学考』がある。

(2)「五朝法律索隠」。「又以私意増刻文字、愈亡頼」句は『太炎文録』本で増補された部分(前掲『章太炎全集』(四)七八頁)。

(3)「五朝法律索隠」。

(4) 修訂法律館は一九〇四年に開設されると、各国条規を翻訳し、『大清修例』の删除作業を始めた(沈家本「删除律例館内重法折」、光緒三十一年三月十四日、『寄簃文存』巻一)。李貴連「近代中国法の変革と日本の影響」によると、一九〇五年段階で、フランス、ドイツ、ロシア、オランダ、日本などの刑法、日本改正刑法、日本海軍刑法、日本陸軍刑法、日本監獄法、日本裁判所構成法、日本刑事訴訟法など三三種が翻訳(未訳了も含む)された。日本の法学関係書籍は、そのうち一五種で、ほぼ半分を占める。一九〇九年段階では、合計一〇三種、日本書籍は三八種を占めた。日本の法学者や法学関係書の影響の大きかったことが分かる（日中文化交流史叢書（二）『法律制度』所収、大修館書店、一九九七年参照）。

（5）招聘された日本の専門家は、岡田朝太郎（刑法）、松岡義正（民法・訴訟法）、志田鉀太郎（商法）、小河滋次郎（監獄法）、斉藤十一郎（裁判制度）らであった。岡田朝太郎前掲論文参照。

（6）瀧川政次郎「近世の漢律研究について」、『史学雑誌』五二―四、一九四二年。

（7）薛允升（『清史列伝』巻六十一）には、他に『唐明律合編』『読例存疑』『服制備考』などの著作がある。薛允升は、字　雲階、陝西省長安の人で、光緒十九年刑部尚書になっている。沈家本は彼のために「薛大司寇遺稿序」を書いた（『寄簃文存』巻六、前掲『歴代刑法考』（四）所収）。

（8）沈家本「漢律摭遺序」（前掲『寄簃文存』巻六所収）。

（9）瀧川政次郎前掲論文。

（10）張国華・李貴連編『沈家本年譜初編』、北京大学出版社、一九八九年。また李貴連編著『沈家本年譜長編』、山東人民出版社、二〇一〇年。章太炎は辛亥直後、法律家としての沈家本を高く評価している（章太炎「宣言九」、湯志鈞編前掲書）。しかし、同じ法制改革の任にあたった伍廷芳（一八四二～一九二二）は貶した（章太炎「清美同盟之利病」、湯志鈞編前掲書（上）四七四～四七五頁）。章太炎は、伍廷芳が法の慣習に根ざすことを軽視して、「他国の成文法に無理に比べてこじつけ」ていると見たからである。

（11）六朝法制史研究については、七野敏光「九朝律考および漢唐間正史刑法志」、滋賀秀三編『中国法制史―基本資料の研究』所収、東京大学出版会、一九九三年。

（12）程樹徳前掲『九朝律考』「晋律考」上、二八七頁。

（13）章炳麟「漢律考」、前掲『章太炎全集』（三）四三七～四三八頁。

（14）瀧川政次郎「唐代法制概説」、『支那法制史研究』所収、有斐閣、昭和一五年。

（15）沈家本「漢律摭遺序」、前掲『歴代刑法考』（四）二二三〇頁。

（16）沈家本「法学盛衰説」、『寄簃文存』巻三。

（17）梁啓超『論中国成文法編制之沿革得失』（『新民叢報』八〇～八二号、『飲冰室文集』十六所収、一九〇六年）「第五章　魏晋間

之成文法」。梁啓超は、本書に先だって『中国法理学発達史論』を『新民叢報』七七、七八号（一九〇六年）に掲載し、法制の基礎にある礼と法をめぐる意識について考察している。
(18) 梁啓超前掲書「第一章　緒論」。
(19) 梁啓超前掲書「第九章　成文法之淵源」。
(20) 梁啓超は、日本人の著書として、織田萬『清国行政法』、浅井虎夫『支那法制史』、広池千九郎『東洋法制史序論』、田能村梅士『世界最古の刑法』、穂積陳重『法典論』、奥田義人『法学通論』、梅謙次郎『民法原理』などを挙げた（「自叙」）。
(21) 浅井虎夫『支那法制史』博文館（帝国百科全書　第百四編）、七四〜八〇頁、明治三七年。帝国百科全書は、「日本帝国のサイクロペヂア」と銘打ったシリーズであるが、その中に姉崎正治『宗教哲学』、武島又次郎『修辞学』、白河次郎・国府種徳『支那文明史』など、章太炎が『訄書』で引用した著作が含まれている（本書第二編第四章「章炳麟『訄書』と明治思潮―西洋近代思想との関連から―」。このシリーズが当時中国人留学生や知識人によく読まれていたことを窺わせる。
(22) 仁井田前掲書五頁。
(23) 瀧川政次郎前掲論文。浅井『支那法制史』は、光緒三十二（一九〇六）年、留日学生の邵修文と王用賓の二人によって、『中国歴代法制史』の題で東京神田の古今図書局から漢訳出版された（瀧川前掲論文）。
(24) 浅井虎夫『支那ニ於ケル法典編纂ノ沿革』、法律学経済学研究叢書第七冊、京都法学会、一九一一年。
(25) 民国八年、陳重民によって『中国法典編纂沿革史』（上下編、北京内務府編訳処刊）の名称で漢訳されたが（『中国訳日本書綜合目録』香港中文大学出版社、一九八〇年）、瀧川前掲論文によると、早くも民国四年に陳氏によって漢訳されている。
(26) 浅井前掲書第一四章「支那法典ノ特色」三八〇〜三九五頁。
(27) 韓玉林前掲論文。

第四章　清末における礼と法の見方をめぐって

――「五朝法律索隠」とその周辺――

問題の所在

私は第二章で、章炳麟（号　太炎）の「五朝法律索隠」（『民報』二三号、一九〇八年八月）について考察し[1]、章太炎の中国法に対する四つの評価視点について検討した。その評価視点とは、「重生命」「恤無告」「平吏民」「抑富人」の四つである。彼はこの視点に立って、歴史の中から具体的事例を集めて中国法を篩にかけ、中国法の問題点と美点を探った。中国法の問題点とは、中国法が官員や富人、父や夫など礼制における上位者に有利に働き、法の下に平等ではないことである。美点とは、五朝法に「損上益下之美」と「抑強輔微之心」があって、民衆を利することである。彼の議論は、清末において法の下の平等を論じた点で比類がない。本章で考察するように、章太炎の周辺では、礼と法の相補性を当然のごとく見なし、法の下の平等など論じていないからである。ところが、彼の議論がもつ近代性は見えにくい。彼が中国法の問題点を示しても、法制史の事実を知らないと、その意味がよく理解できないからだ。具体的事例が引かれたとしても、やはり同じだろう。彼が「四惑論」や『斉物論釈』を書いた高踏的思想家というイメージがあるから、事例を引き法制を論じたとは、とても想像しにくいのである。

本章が問題とするのは、章太炎の周辺は礼と法の関係をいかに見たのかである。というのは、章太炎は礼の法に対する影響を批判したが、彼の周辺ではどうであったかが知りたいからである。一九〇七年、旧律に代わる新律の草案ができた。それが各部と督撫の簽注に付されると、批判が生まれた。[2] そこで問題化したのは礼と法の関係であり、具体的には皇帝に対する罪科や家族倫理の扱いなどであった。[3] 新律草案は礼制の影響を排除しようとした結果、官僚たちから批判を受けたのである。[4] 一方、章太炎も旧律が礼制の影響を受けている点を批判した。それ故、彼の周辺の礼と法に対する見方を知ることは、彼の議論をより明確に位置づけることになるだろう。

そこで章太炎の周辺として、梁啓超、劉師培、厳復、そして新律草案に関与した法務官僚の沈家本と新律を批判した官僚たちを検討したい。

一　礼と法をめぐって

礼と法の関係は、上述の如く、新律草案ができあがると問題になった。新律草案が旧律の礼制の影響を受けた箇所を改刪したからである。礼と法の関係について、法制史家の瞿同祖は言う。秦漢律は法家系統で、儒家の礼の要素は、まだそこに含まれていなかった。しかし、礼を法の中に組み入れようとする企図は、すでに漢代に始まっていた。礼制の影響は北朝を経て、唐律に至って完成した、と。[1] 礼制の影響とは、例えばいわゆる「容隠」（子が親の罪を隠しても、その罪は孝なので許す）とか、犯人の子孫などが代刑を求めたので赦免減刑するとか、あるいは親族間の殺傷罪は尊卑長幼の序によって処分が違うとかである。[2] 新律草案の策定に関与した沈家本は、旧律の改正点を五つあげた。すなわち、①刑名を改める。笞・杖・徒・流・死の五刑を死刑・徒刑・拘留・罰金の四刑にする。②死刑の条目が多いので、漸次酌減する。③死刑は絞首刑だけにする。④比附（類推適用）を刪り、罪刑法定主義を確立する。⑤刑事丁年を十六歳以上にして、懲治教育を施す、である。[3] 新律への反発は、死刑を絞刑だけに限ったとか比附を否定したからというより、より根本的な中華の倫常の否定として受けとられたのである（後述）。つまり、礼の法に対する影響が問題視されたわけだ。

　エミール・デュルケームによれば、道徳と法は、儀礼的慣行から生まれ、ともに共通する観念や感情をその基底にもっている。慣行が義務として人を拘束すると、道徳になり、それがさらに命令的になって制裁を課すと、法になる。道徳に違反すれば社会から非難され、法に違反すれば処罰が科されるが、何を違反とするかは、それぞれの社会が逸脱と見なす基準がある。[4] 要するに、法は道徳と起源を同じくし、両者の関係は相補的ということである。中国法も、この点は変わらない。「夫れ礼は未然の前に禁じ、法は已然の後に施く」（『史記』太史公自序）と言うのも、同様の発想である。確かに礼と法は制裁の性質が異なるにしても、ただ、中国の場合、礼が法に対して大きく影響し、いわゆる不道徳的行為までもが犯罪とされて罰せられた。例えば祖父母・父母を罵ると絞刑に処せられたのである。[5] 中国では、法は統治の王道ではなく、「小人」を刑罰で威嚇する覇道と考えられてきた。道徳を個人の内面に委ねて、法を正義のルールとする西洋近代思想とは、発想が違うのである。したがって、近代法の導入に際して、礼と法の関係は否応なく問題化した。章太炎は「重生命」の項で、儒教が母の子殺しを緩刑に処することを批判し、一般人殺害の場合と同罪にせよと主張したが、[6] これは礼の法に対する影響への批判なのである。礼と法の関係を検証すれば、礼制からの逸脱を法的に認めるかどうかで儒教との距離が分かる。礼制からの逸脱に対する法的制裁を、儒教は当然と見なすが、近代法は認めないからである。それ故、周辺人物の礼と法の関係に対する見方を明らかにすれば、章太炎の議論の位置を見定めることになるだろう。

　以上のように考えて、清末の思想家や官僚たちが礼と法についてどう考えたのかを見てゆこう。まず始めに明治期の礼と法についての見方から検討する。梁啓超が参考にしているからである。

（一）穂積陳重

穂積陳重（一八五六〜一九二六）は、明治・大正期における法学界の重鎮である。あらかじめその略歴を示せば、穂積陳重は東京帝国大学教授、帝国学士院院長・枢密院議長などを歴任した。一八七六年にイギリスとドイツに留学し、フランス法が優勢であった明治の法学界にイギリス法とドイツ法の研究を移植した。その研究は、歴史的で比較法的な方法を重視するものであった。穂積は中国の礼と法については、「礼ト法」を書き、次のように論じた。(1) 礼も法もともに行為の儀表であり、人間の自由意思を拘束する規範となるが、礼が規範であるのは、宗教かもしくは徳教の表彰だからであり、また法が規範であるのは、法が国家権力によって存し国権の表彰だからである。総じて文化程度の低い社会では、礼の範囲は広く、礼と法は分化していない。中国では、礼と法の分化過程については荀子と管子が詳しい、と。そして続けて言う。荀子は礼と刑の相補う必要性を認め、礼法分化時期の代表であり、また礼治の終期を示す。一方、管子は礼法分化の過渡期の代表であって、法治の始期を示す。漢は秦の轍を踏まぬように、表面的には礼治を用いたが、実質的には法治であった。唐に入ると、礼法の分化は益々明らかになって法制が備わった。礼の中で公力で制裁するものは、律令格式の中に入った。唐以降、治国の実は法によるが、学者は今日まで礼を本とする。従って中国では、理論的には純然たる礼法の分化を見ていない、と。穂積は礼と法の関係を社会の発展段階から説き起こし、中国が礼法の分化過程にあったが、法の中に礼が入り込み、理論的には現在に至るまで、礼と法は未分化だと考えたのである。法は自立していないと言うわけである。この論文が書かれたのは、一九〇六年（明治三九）であり、清朝が法制の近代化を図り始めた段階である。穂積自身は礼法の未分化がもたらした中国法の課題、とりわけ章太炎が「五朝法律索隠」で批判したような性格、すなわち礼制の上位者に対する優遇などには言及しない。あくまでも礼と法は理論的に未分化と言うに止まる。

(二)　梁啓超

梁啓超（一八七三～一九二九）は、『中国法理学発達史論』（一九〇六）[1]と『論中国成文法編制之沿革得失』（一九〇六）[2]を書いた。本書の執筆時期は、立憲政治の導入が日程に上り始めた頃である。清朝は一九〇一年、新政の詔において近代法制の導入を謳い、一九〇四年に修訂法律館を設置、一九〇五年には予備立憲のために考察政治館（一九〇七年に憲政編査館と改称）を設置した。同年、五大臣は立憲政治の視察に日本や欧米に出かけている。梁啓超は『論中国成文法編制之沿革得失』で「今後の最も重要な問題は、新法典編纂の問題である」と述べているように[3]、彼は近代法の導入に肯定的である。

さて、『中国法理学発達史論』は、中国の法哲学を先秦諸子の中に探り、『論中国成文法編制之沿革得失』は、先秦より明清に至るまでの成文法の在り方を考察したものである。両書において、彼は日本人の関係論著として、織田萬『清国行政法』、浅井虎夫『支那法制史』、広池千九郎『東洋法制史序論』、田能村梅士『世界最古之刑法』、奥田義人『法学通論』、梅謙次郎『民法原理』、小野塚喜平次『政治学大綱』、穂積陳重『法典論』、仁保亀松『論法律之発達』、筧克彦『法学通論』などを数多く参照している[4]。梁啓超が明治の法学や政治学の知識を参考にしたことが窺える。

そこで礼と法の関係を梁啓超がいかに考えたのか、見てみよう。彼は、「法」字は「平直」という語源的意味から、成文法の意味まである、と言う[5]。彼によれば、儒家は法を自然法として理解し、自然法を知る者のみ、天意である人民の公意に則って立法できる。それ故、中国の「人定法（実定法）」は自然法であり[6]、自然法は「公理」として「人定法」に先立つ。[7] 一方、法家については、人は道徳のみで治めることは出来ず、法は国家秩序を維持する手段であり、普通レベルの人間を対象にする、と言う。[8] 要するに、自然法は儒家が説き、「人定法」は法家が説いたということである。

それでは、礼と法はいかに関係するのか。梁啓超は言う。法が国家の制裁力であるのに反し、礼は社会の制裁力だ。[9] 古代において、礼は同族を治め、法は異族を治めるものであったが、礼の適用範囲が拡大するにつれて、法の適用範囲も拡大した。[10] 法家は法によって厳しく督責した結果、人心を喪なったが、[11] 天下統一以降、儒家は法治を礼治の補助と考えた。[12] 礼が必要なのは、社会は国家の制裁力だけでは治められないからだ。それ故、近代法治国家は「人道主義」の立場に立ち、法律とともに道徳も採用するのである、と。[13] 梁啓超は、礼と法との相補性を当然と見なすばかりか、この相補関係を「人道主義」の名の下に容認したのである。その結果、礼は道徳として一般化されてしまい、礼の法への影響が探られることはない。

しかし、彼からすれば、今日では、法は礼の補完的役割でよいわけがない。中国が退化した現実があるからである。[14] そこで法治主義を「今日救時唯一之主義」と見なして、[15] 新法典の編纂は急務と言う。[16] 結局、彼において礼と法との根本的関係は見直されず、礼の法に対する影響は洗い出されなかった。礼と法の関係は、両者の比重を変化させたにすぎず、法治主義にしても、その内容が検討されはしなかったのである。

礼と法の相補性という見方は、明治日本にすでにあった。前項に触れた穂積陳重の議論がその一例であるが、この穂積論文に梁啓超は言及するものの、礼と法の未分化には触れない。分化していない一体化に違和感がないのであろう。

梁啓超が礼と法の相補的関係を論じた時、礼治や法治の説明に古典が引用された。例えば礼治では『易』『礼記』

『詩経』『尚書』『孟子』などが引かれ、法治では『韓非子』『管子』『商君書』『慎子』などが引かれた。古典の表象を用いて彼は思索していたわけだが、実際は表面的な解説に終始し、礼がいかに法に影響したのかについて、章太炎のように事例をあげて論じたわけではなかった。

最後に、梁啓超の魏晋法に対する見方にも触れておこう。彼は、唐律を中国成文法の基礎と見た。[17] 魏晋間の新律を唐律に至る線上に捉えたのである。すなわち、魏晋律が漢律より進化した点は、①律令の境界を厳密にした（「厳律令之界」）、②学理に根拠を求めた（「根拠於学理」）、③公布の形式を丁寧にした（「鄭重公布之形式」）、の三つだと言う。[18] 一方、章太炎は、五朝法が唐律や明清律とは違い、官吏にも平民にも公平に法を適用したと考えて、五朝法の中に法の下の平等を発見した。梁啓超とはまったく対照的なのである。梁啓超には、礼が法に影響した問題点をさぐる視点はなかったと言えよう。

もっとも、梁啓超のような見方は、当時、他にもあった。例えば浅井虎夫『支那法制史』（明治三七年）は第三章が「漢代の法制」、第四章が「唐代の法制」と構成されていて、五朝法の専論はない。また同じく浅井虎夫『支那ニ於ケル法典編纂ノ沿革』（明治四四年）は、漢と隋唐の間に第四章「魏晋以後ノ法典」を設けて佚文の蒐集に当てているが、法制史的評価をしていない。当時、魏晋の法はほとんど重視されなかったということである。とすれば、章太炎が「重生命」「平吏民」といった視点から、五朝法の中に近代法の精神を探ったことは、清末において稀であったと言えよう。

（三）劉師培

国学者劉師培（一八八四～一九一九）は、『中国民約精義』（一九〇三）の中で、中国の律令は敕令であって法律ではなく、家法であって国法ではないと述べた。[1] このように言うのは、近代的な法観念を基準に考えたからであり、「法」とは誰もが守るもので、立法権は一国人民の公有、君主は議会の協賛を得て立法権を行う、という立憲君主制の見方に立っていたからである。他にも法に触れた箇所はあるが、法学の専論としては「憲法解」[2]「漢代法制発微」[3]「儒学法学分岐論」[4]「刑礼論」[5]などがある。彼の思想的転向は周知のところだが、礼と法の相補的関係を自明の前提とする点では一貫し、評価の重心をいずれに置くかの相違でしかない。見てみよう。

「憲法解」（一九〇六）は、立憲制への関心を背景に、訓詁学的手法によって専制君主制と中国の法との関係を論じたものである。すなわち、「憲」とは一国の遵うべき旧典で、君主も違反できぬものであり、古えの中国には存した。ところが、秦漢以降、君主は法典を軽視してきたというのである。

また「漢代法制発微」（一九〇六）は、漢代の法の厳しさが余り知られていないとして、『漢書』の刑法志や列伝などを引用し、漢代の法の苛酷さを明らかにしたものである。この論文で、彼は法を酷薄と見ており、[6] 翌年に書かれた「儒学法学分岐論」とは、法に対する見方が異なる。一九〇七年は、彼が来日して中国同盟会に加入、アナキスト雑誌『天義報』を創刊した年である。北一輝や和田三郎らとも交わり、劉師培にとって知的刺激に富んだことが関係したのかもしれない。

さて、「儒学法学分岐論」（一九〇七）は、法学の古代における地位の高さを論じて、法は刻深という誹りの不当なことを論じたものである。法に対する見方が前年に書かれた「漢代法制発微」とは違っている。劉師培はここで『漢書』や『後漢書』、崔寔、仲長統、応劭などを引用して、漢代における法学と儒学の関係を歴史的に跡づけようとしたのである。しかし、礼制を根拠にした同罪異罰といった中国法の性格にまで踏み込んで論じたわけではない。彼は言う。上古では、「士」にだけ学があり官に入れた。「士」は「吏」であった。一方、古学の起源においては、法典が第一に重んじられたほどに、法学は重要であった。それ故、秦代では法学が重視され、法令は「吏」に学んだのである。(7) ところが漢代になって、儒と「吏」が分化し、文吏は法令を多く学び、儒生は礼教を多く説いた。(8) 儒生は法官を輔けて古義を援き、今獄を断じるに至ったが、儒生は民間の情偽に疎く《ママ》、言うことも迂闊であったので、結果的に悪賢い者を利した。(9) 東漢と西漢とでは、儒生も文吏もそれぞれ性格が違い、儒学は虚に近く、法学は実に近かった。(10) 吏治が残酷だと言うのは、彼らが法に背いた結果である、と。(11)

「儒学法学分岐論」の特徴は、儒学と法学を区別し、古代における法学の重要性を説いた点にある。前年の「漢代法制発微」のように法は苛酷だという儒教風の見方をしないのである。儒学と法学との区別は、前掲の穂積陳重「礼ト法」が先秦における礼と法の分化過程を考察したのに似ている。劉師培もこの論文からヒントを得たのかもしれないが、礼と法の未分化という中国法の性格については触れない。どこまでも法学の重要性だけを説いた。また沈家本「法学盛衰説」にも通じるところがあるが、劉師培は法学の重要性を漢代に限って歴史的に検証しようとした点が沈家本とは異なる。例えばこうである。

(A)（引経決獄は）実に酷吏の舞文に便なり。（第二葉b）

(B)後儒は察せずして妄りに謂ふ、儒生は仁厚を以て治を施し、法吏の縦暴と同じからず、と。知らず惟だ法吏のみ能く民を治むるを。（第三葉b）

(C)是に由りて之を言へば、法吏は乃ち軽刑なり。重刑には非ず。漢は吏を以て太平を致し、儒を以て太平を致すには非ざるなり。（第五葉b）

儒教が法に関与した結果、「酷吏」が「舞文」したのに（A）、後代、儒生は仁厚であり法吏は横暴という俗説が生まれた（B）。太平の治は法学に基づき儒学に基づくのではない（C）、と言うのである。「儒学法学分岐論」におけるこのような法学に対する高い評価は、やはり近代法の導入という時代背景と切り離せない。しかし、礼と法の相補性は、彼にとって自明のことであり、儒教が「不当に」貶価してきた法学の地位を見直したまでと言える。というのは、辛亥後に書かれた「刑礼論」でも、礼と法の相補性は自明とされているからである。

「刑礼論」（一九一四）は、礼と法の相補性を当然としながら、従来とは違い、清末の近代法導入に対する批判的視点があらわれ、礼は再評価されている。彼は言う。

> 是れ知る、礼は以て敬を崇び、刑は以て威を明らかにす。律は以て名を正し、令は以て制を存す。禁は以て衆を斉ひ、分は以て争ひを止むるを。(12)

この個所は『尚書』呂刑や『周礼』などの引用し、(13)それにコメントしたものである。すでに明らかなように辛亥前の「儒学法学分岐論」の見方が否定されたのである。「刑礼論」末尾の案語で、清末の新律が礼を踏まえていない、と批判して言う。

> 案ずるに、中国は三代以来、礼教と刑律とは、互いに表裏の関係であった。それ故、礼から出て刑に入り、古には明訓があった。清の末葉になると、新律に改訂した。条文は備わっていたが、頒行されなかった。民国が成立すると、全てが草創され、暫行刑律が決められた。法廷で用いられて、三年になるが、礼と刑は付合せず

政治と法律もバラバラである。(14)

劉師培は、もともと礼と法は相補的だと考えていたが、彼は辛亥後、新律が礼と法のバランスを壊したと見たので、近代法導入を批判した。バランスを壊したと言うのは、平等の精神が綱常を乱したと見たからである。

新律の条文は『斉等《びょうどう》』をたっとぶから、これを一族郎党におこなったら、目上の者を犯す風潮を戢《おさ》めるには不十分だ。(15)

このように「儒学法学分岐論」（一九〇七）では法学に高い評価を与え、「刑礼論」（一九一四）では逆に礼制をたっとんで、かつての見方を否定したのである。彼の思想転変が法学の評価にも表れている。が、いずれにせよ、彼の議論は古典の表象を借りたものにすぎない。章太炎のように、具体的事例を踏まえて考察したわけではないのである。古典の表象を借りるというのは、例えば「民は天地の気を含み、五常の性有り。仁を陽に取り、義を陰に資《と》る」（「刑礼論」第一葉a）といった類で、「五常」「仁」「義」といった表象で生きる現実を解し、表象と現実との間に溝を見い出さない。表象世界は彼の生きる現実そのものなのである。それ故、劉師培において礼と法とは何ら矛盾せず、章太炎のように法制と実態との溝を具体的にさぐろうとはしない。彼が旧律に疑義を懐くことはなかったと言える。

秦漢以下、数《しば》しば法禁を革む。不孝の科を重くし内乱の罰を厳しくするに至りて、之を軽重するは、則ち喪服の准率と合符せしめんとすればなり。（「刑礼論」第一葉b）

竊かに以《おも》ふに、旧律の用は礼教に協応し、下は邦俗に適《かな》ひ、民徳をして厚きに帰せしむ。（「刑礼論」第二葉a）

彼は「不孝」や「内乱」（小功以上の親や父祖の妾を姦するなど）など「十悪」に対して異議をさし挟さまない。それが礼制に合致するからである。一方、章太炎は「十悪」を問題視し、「重生命」の視点から親殺しと子殺しとの間にある処罰の違いを批判した。ともに国学者とはいえ、劉師培の精神態度は章太炎とは異なる。劉師培は議論が表層的で観念を操作するだけなのである。

（四）厳復

厳復（一八五四～一九二一）は、C.L.S.Montesquieu『De l'esprit des lois』（一七四八）を『法意』の書名で漢訳し、一九〇四年から一九〇九年にかけて、商務印書館から出版した。折しも清朝政府が立憲制の導入に動き出した頃である。厳復の関心が政体にあったことは、「憲法大義」（一九〇六）などを見ても分かる通り、法は政体との関連で論じられている。アリストテレスとモンテスキューの政体分類を紹介して、法と刑は「無道」である専制政体の制度であり、礼と徳は「有道」である「民主」と「独治」の制度だ、と厳復は言うのである。(1)そして、彼も礼と法の相補的関係を当然と見なしている。

中国の法について、厳復は『法意』の案語で、ほぼ次のように言う。西洋の法制は「国際公法」「公法」「私法」の三つに分かれるが、中国法には公私の区別はなく、あるのは礼と刑の区分である。礼は未然に防ぎ、法は已然を懲らすものだ。(2)礼は「君子」を待つ所以、刑は「小人」を威す所以である。(3)礼は聖人によって制定され、西洋のいわゆる「教」に相当する。(4)中国では法は刑のことであり、臣民を束縛するが、国君は法から超然としている。(5)裁判にしても、西洋が法を守って民を保護するのに比して、中国では法は無視されることがあり、その曲直に問題を残して民を害することがある。(6)中国法では漢律がもっとも備わり、西洋のローマ法に似ている。(7)中国法は①悪人を苦しめる、②悪を予防する、③間違いを改めるという点に特徴があり、(8)中国の刑訊は残酷かつ非人道的なので中国の恥だ。(9)中国の刑獄は貴によって賤を治める方式であり、貴が仁か暴かで、公平かどうかが決まる。貴が仁だと、民の父母になり、暴だと豺狼になるからだ。(10)そして、清末の法制改革の一つとして凌遅や梟首、戮死の極刑がなくなったことを「聖主如天之仁」と評した。(11)彼は法制改革には肯定的なのである。

上のように厳復は、西洋の法と比較して、中国の法は、「無道」の世において悪を予防し処罰するものであり、「小人」に適用されるものと考えた。彼からすれば、礼と法は適用される社会階層が異なるにすぎず、両者の相補的関係は自明である。ところが、ただひとつ厳復には弁明せねばならぬことがあった。モンテスキューが、「支那帝国」を「恐怖」「栄寵《めいよ》」「道徳」を一つにした政体だと評し、何事も「杖」で殴らなければ出来ないような人民に、いわゆる「栄寵」があるのか、と批評した点に関してである。(12)宣教師が伝えた中国の道徳性と商人が伝えた皇帝の暴虐性との余りの乖離に対して、モンテスキューは疑義を懐いたわけだが、彼は当然「君子」と「小人」という区別をしていない。そこで厳復は、「杖」は中国の辱とするには足りないと反論した。礼は「君子」を待つ所以、刑は「小人」を威す所以で、「杖」は「小人」に適用されるものだから、というのである。(13)礼に生きる「君子」には無関係というわけだ。つまり、モンテスキューは文化の性格を問うたのに、厳復はそれを「杖」が適用される対象の問題にすり替えたのである。ところが、厳復が反論しにくかった一点があった。「廷杖」である。「廷杖」は、皇帝が過失のあった官吏を杖撃する刑罰だが、官吏は「栄寵」をもつ「君子」である。ならば、「君子」に「杖」が加えられないはずなのに、加えられたのである。つまり、官吏は現実には罪を犯し、「君子」という理念的前提と間に溝があることになる。「杖」が「君子」にも加えられるから、モンテスキューはそこに中国的精神の矛盾を見出したわけだ。ところが、厳復は清律に至って「廷杖」がなくなり進歩した、と弁明し、(14)直にモンテスキューの批評に答えなかったのである。因みに付け加えると、章太炎は、「廷杖」に対して、厳復と正反対の見方をした。官員が違反をして「廷杖」を受けるのは当然で、明代は免官をもって満杖の刑に代えているが、罰俸貶官ですませてはならぬと杖刑の適用を主張した。(15)章太炎は官員の「栄寵」よりも法の均等な適用を重視し、厳復は逆に官員の「栄寵」を重視したことが分かる。

以上、厳復から見て、礼と法は中国では相補的であり、礼は「君子」たる士人の規範、法は「小人」への威嚇なのである。礼と法は、適用される社会階層が異なるから、中国の政体に「恐怖」「栄寵」「道徳」が混在していて当然なことになる。従って、礼の法に対する影響が問題視されることはなかった。もっとも中国の刑獄の不公平さなどに気づいてはいるが。

（五）清朝官僚たち—沈家本その他

清朝官僚といっても、近代法導入を推進した沈家本（一八四四～一九一三）(1)とそれに反対した者とは見方が異なるが、ここでは礼と法に限って大概を見ておこう。

（A）沈家本　彼の「法学盛衰説」は、礼（儒学）と法の関係を歴史的に跡づけたものである。彼は言う。法学は古代に盛んであったが、秦で衰え、漢代以降は儒学者が法の解釈を行い、唐律で体系化された。しかし、元・明・清で法学は衰えた、と。(2)そして礼と法の関係について、「礼は制治の原にして法を偏重せず。然れども亦た法を廃して用ひざる能はず」と言った。(3)礼を政治の根幹として、法と相補的に捉えているのである。法が礼治の補助だというのは、先ず教えることをせずに、罪を犯したから罰するというのは間違いだ、と考えるからだ。法の盛んなことは、衰世の徴なのである。孔子は「聴訟、吾猶人也。必也使無訟」(『論語』顔淵篇)と訴訟のない状態を望ましいと考えていたが、沈家本は儒教を基本的立場としているのである。礼が先で刑が後という見方は、彼の『歴代刑官考』でも述べられている。(4)

では、彼は法務官僚として、実際に礼の法に対する影響をいかに評したのだろうか。三綱の扱いを見てみよう。沈家本からすると、夫婦の倫は、君臣の倫、父子の倫に比べて、情誼では尊厳、分際では距離の点で他の二つの倫と違う。だから妻が夫を謀殺したり殴殺した場合、絞殺にするのがよい。西洋の男女平等説は中国では実行できないので、情を計って罪を定めるのが、公平で穏当に近いとする。(5)また祖父母・父母の謀殺や殴殺は、倫常の変として極めて大きな罪悪だが、新律草案では斬決に改められたので、再び改めることはしないとしている。(6)例えば大清律では、妻妾の夫や夫の祖父母・父母を謀殺せんとして未遂だと斬刑、実際に殺すと凌遅処死であり、(7)「十悪」の内の「悪逆」とされて処罰は極めて重い。しかし、新律草案では「死刑」とされたが、それは絞刑であって凌遅処死などの極刑ではない。(8)

また「十悪」の評語からも三綱の見方が窺える。そもそも「十悪」は天子や現王朝に対する罪と家族秩序に対する罪であって、儒教倫理がその基準となっている。それは、「一曰謀反、二曰謀大逆、三曰謀叛、四曰悪逆、五曰不道、六曰大不敬、七曰不孝、八曰不睦、九不義、十曰内乱」である。沈家本は言う。「十悪」は北斉に始まり、「重罪十条」と呼ばれて軽罪ではなかったが、隋になってこれが改められて軽罪もそこに加わった。特に第六条以下はそれほどの罪ではないのに、一概に「十悪」とされた、と。(9)彼は「先王の法、恐らく是《かく》の若《ごと》くこれ苛ならざらん」と評した。「不孝」や「不睦」など、家族秩序の紊乱まで法的に「重罪」とする礼制の影響に疑いの目を向けていたのである。

以上、沈家本は礼制に影響された中国法に問題のあることは承知してはいたが、近代法導入の当事者として、現実的な折衷的態度をとっていたと言える。従って、礼と法の相補性については、自明のものとして疑ってはいない。

（B）その他の官僚たち

一九〇七年、新律草案が策定されて、それが各部と督撫の簽注に付されると、草案に対して批判的意見が続出した。それらについては先学の研究に委ねて、(10) ここでは礼と法に対する見方について触れたい。その考察を通して、官僚の新律批判が章太炎のそれとは異質なことが明らかになるからである。

礼と法の相補性について、江蘇巡撫陳啓泰は言う。「刑罰の根源は礼教に基づく。礼教が異なれば、刑罰が全て同じというのは無理であ」り、刑罰を軽くすることは、聖人の「明刑弼教」の意に背く、と。(11) 同様の意見は江西巡撫馮汝騤も唱え、軽刑は聖人の「明刑弼教」の本意ではないとし、(12) 河南巡撫呉重憙も「刑の根原は礼と互いに維繋《つな》がる」もので、唐律がこの趣旨を受け継いでいる、と言う。(13) 礼と法が相補的関係にあることは、彼らからすれば当然であり、その自明さは自然に基づくとされた。陳啓泰は、「伏して我朝の刑法を査べてみますと、前明の旧制をうけ、列聖の纂修をへて詳明平恕、悉く天理人情の至に準じております」、と言う。(14)

そもそも儒教は、礼と法の関係を「明刑弼教」として定式化した。(15) 法はあくまでも礼の補助にすぎないのである。ところが旧律が礼からの逸脱を法的に罰したことを新律は排除したから、官僚たちは、新律草案が天理自然に背く大罪だと反発したわけである。もはや問題は各条文の妥当性の範囲を超えて、儒教世界の存立根拠そのものに関わっていたのである。大学堂総監督劉廷琛は、次のように言う。

竊かに維《おも》ふに政治は時とともに変通するも、綱常は万古不易なり。故に世局の推移に因りて法律を修改するは可なり。法律を修改するに因りて綱常を毀滅するは則ち大いに不可なり。蓋し…綱常の壊たるる禍は、天下を亡ぼすに在りて、人道滅絶する憂ひ有り。(16)

「綱常は万古不易」であるから、「綱常を毀滅」するような法律の修改は、天下を亡ぼし人道の絶える憂いがあると言うのである。劉廷琛からすれば、天下の治安が保たれるのは、綱常によってであるから、律が三綱を特別に扱うのは、自然の理法に適う。ここで彼らが固執したのは、儒教的世界の存立根拠なのである。この種の発想が章太炎の「重生命」などの視点と異質なことは、言うまでもない。

そこで官僚たちの具体的な条文批判を章太炎の視点と比べてみよう。

（C）官僚の条文批判　先ず章太炎の五朝法に対する見方を想起したい。章太炎は「重生命」の項において、祖父母・父母が子を殺した場合、晋律が一般人の場合と同様に処罰した点を高く評価した。すなわち、唐律以降、尊長が卑幼を殺した場合と卑幼が尊長を殺した場合とで、罪科の上で大きな違いを設けてきたから、晋律が罪科を等しく適用した点を生命を重視するとして彼は高く評価したわけだ。(17)また彼は「平吏民」の項において、中国法は官員を法的に優遇し、その裏返しとして官員殺害に重罪を科したことを、「部民殺長吏」条を例に批判した。(18)章太炎は法の均等な適用を唱えて、中国法の官員優遇を批判したのである。

上述の二点（尊長と卑幼との間柄での殺害及び官員の殺害）について、官僚たちの見方は章太炎とは違う。例えば江蘇巡撫陳啓泰は、次のように言う。新律は、「制使及び本管官を殺すと、一般人と同様に扱う。また子孫が祖父母・父母を謀殺したら死刑になるが、祖父母・父母が子孫を殺すと、一般人と同様に扱う」。しかし、これらは法のみならず政体と名教に関わる問題で、「大いに世道人心の擾れとなろう」と。(19)陳啓泰は、法を均等に適用することに反対なのである。旧律は名教を基に政体を護持してきたが、官員の法的優遇は「天理人情之至」に基づくと考えるからだ。「明刑弼教」は、名教社会の不動の定論なのである。

また贖刑について、章太炎は「老小女人篤癃病」に限って認め、一般人に贖罪を認めるなと主張した。中国の贖刑制度は、贖刑できる富人と官員に有利だからである。[20] ところが河南巡撫呉重憙は新律を批判する。罰金刑を主刑にしてはならぬ。現行の刑律は、収贖を情節の軽い者と笞杖を受くべき者に適切に施している。過失によって危害を「乗輿《おかみ》」に加えたり、尊属親を死もしくは篤疾にならせた場合は、収贖できないのに、新律では罰金刑になってしまう、と。[21] 呉重憙から見て、旧律には収贖できない罪があるのに、新律にはそれがないので、「奸悪を止むるには足らず、悪を長ぜしむるに足る」ことになる。章太炎は収贖範囲を定め原則として贖罪を認めないことを主張したが、官僚たちは旧律のままを良しとして現行秩序を動揺させることへの処罰を求めたのである。

二　結びに代えて

本章は、梁啓超や劉師培など、章太炎の周辺人物の礼と法に対する見方を考察した。章太炎は事例を挙げて、四つの視点から中国法を篩にかけ、礼の法に対する影響を批判したが、彼のような議論が清末、普通にあったのかどうか。この考察を通して、それを明らかにしようとしたのである。

梁啓超や劉師培、厳復らは、礼と法の相補性を疑うことはなかった。その結果、彼らにおいては、礼の影響を受けた旧律が現実に与えた歪みは捉えられなかった。この点は清朝の高級官僚も同様であり、彼らは法が礼を補うことを自然の理と見なした。梁啓超に至っては、礼と法の相補性を近代的な「人道主義」とまで附会したのである。

一方、章太炎は「重生命」や「平吏民」の項で、中国法における尊卑長幼の序の重視や官員優遇といった礼の法に対する影響を抉り出し、法を均等に適用することを唱えた。子の生命を親と等しく扱え。官員や富人の優遇を認めず民衆と等しく扱え。彼は法の下の平等を主張したのである。ただし、権利の平等ではなく、処罰の平等であった。同じ平等でも権利ではなく処罰というのは、法をめぐる西洋と中国の政治文化の差異によるだろう。中国において主権者は王であり、王のみ立法できる。そこでは法は民にとって拘束であって、擁護ではない。法と権利が表裏一体となり私人の権利を認めた西洋の法とは、本来異質なのである。(1)

その上、中国には伝統的に礼と法をめぐって多様な理解があった。すなわち、「刑を厳しくすれば、則ち民は法に親しむ」(『韓非子』心度篇)といった法家的理解があり、「明刑弼教」(前述)という儒家的理解があった。その一方で、これらを批判する立場も存した。道家である。例えば老子は「道」と礼について、「夫れ礼は忠信の薄にして、乱の首《はじめ》なり」(第三八章)と批判した。「道」が失われて不自然な道徳が生まれ、そこからさらに礼が生まれたから、礼は乱の始まりだというのである。法についても、老子は法と犯罪とは比例すると指摘している。(2) 老子の世界は「道」に基づくから、そこでは「民は自ら化し」「民は自ら正し」く、礼も法も無用である。このように思想の伝統において、礼や法をめぐる理解は多様であったから、社会制度の構想は幅が広くなる。清末、旧来の国家体制が動揺して、制度構想があらためて問われ始めた。専制政体に代えて立憲政体にするかどうか、である。政体は、主権の在り方と統合の仕方に関わるから、それは法と社会の形を問うことでもある。思うに制度は本来ノモス的であると同時に、多数の人間が共同で信じているイデア的側面をもつ。それ故、法と社会の在り方を構想する際、礼や法をめぐる伝統的理解が作用することになる(第一編第六章)。章太炎はこうした時期に、法の均等な適用を説いて、礼の法に対する影響を批判したのである。彼が法の下で権利としての平等を説かなかったのは、彼個人の見方とともに、法と社会をめぐる共同の信念体系が背後にあるからだ。法家的、儒家的、あるいは道家的な制度構想が立憲政体という異質な発想と出会ったのである。彼が反功利主義者として構想した体制は、中国社会と法制の中で一体いかなるものか。この問題は、第六章で考察することにしたい。

要するに、「五朝法律索隠」は、日本でも中国でも法制史研究が着手された段階において、中国法の性格を洗い出し批判した。章太炎は実は法の近代化をめぐって論じていたのである。彼の視点は、その周辺人物の認識とは大いに違い、中国社会と法という根本的問題に触れるものものであったと言えよう。

[注]

問題の所在

（1）第一編第二章「章炳麟の中国法に対する評価─『五朝法律索隠』を手がかりに─」。

（2）塩田環「清国法典編纂事情」、『法学志林』十巻九号、明治四一年。島田正郎『清末における近代的法典の編纂』、創文社、昭和五五年。宮坂宏「清末の法典編纂をめぐって」、『法制史研究』十四号別冊、一九六四年など。

（3）島田前掲書第七章「大清刑律草案と大清現行刑律」。小野和子「清末の刑法典論争」、『五四時期家族論の背景』所収、京都大学人文科学研究所共同研究報告『五四運動の研究』第五函、同朋舎、一九九二年。同「清末の新刑律暫行章程の原案について」、『柳田節子先生古稀記念　中国の伝統社会と家族』、一九九三年、汲古書院。松田恵美子「清末礼法争議小考（一）（二）」、『法学論叢』一三七巻二号、一三七巻五号、一九九五年など。

（4）岡田朝太郎「清国既成法典及ヒ法案ニ就テ」、『法学志林』第十三巻八・九号、明治四四年。

第一節

（1）瞿同祖「中国法律之儒家化」（『国立北京大学五十週年紀念論文集』文学院第四種、北京大学出版部、一九四八年原載）、『中国法律与中国社会』附録（中華書局版附録、一九八一年。上海商務印書館一九四七年原刊）。

(2) 瞿同祖前掲書第一章「家族」第三節「刑法与家族主義」二七頁以下。
(3) 沈家本「修訂法律大臣沈家本奏刑律草案告成分期繕單呈覧并陳修訂大旨摺」(光緒三三年八月二六日)、『清末籌備立憲檔案史料』(下)第二編所収、中華書局、一九七九年。また、島田正郎前掲書第七章。
(4) 内藤莞爾編訳『デュルケム法社会学論集』第一章、恒星社・厚生閣、一九九〇年。
(5) 『大清律』刑律罵詈「罵祖父母父母」条に、「凡罵祖父母父母及妻妾罵夫之祖父母父母者并絞」とある。
(6) 第一編第二章「章炳麟の中国法に対する評価―『五朝法律索隠』を手がかりに―」。

(一) 穂積陳重

(1) 穂積陳重「礼ト法」、『法学協会雑誌』第弐拾四号第壱、第弐号、明治三九年。

(二) 梁啓超

(1) 『中国法理学発達史論』、『新民叢報』七七、七八号原載、『飲冰室文集』(十五)所収、台湾中華書局、民国四九年。
(2) 『論中国成文法編制之沿革得失』、『新民叢報』八〇~八二号原載、前掲『飲冰室文集』(十六)所収。『論中国成文法編制之沿革得失』は、『中国法理学発達史論』の附録だと言う(「自叙」)。
(3) 『論中国成文法編制之沿革得失』、前掲『飲冰室文集』(十六)五頁。
(4) 『論中国成文法編制之沿革得失』自叙、『中国法理学発達史論』。
(5) 『中国法理学発達史論』、前掲『飲冰室文集』(十五)五〇頁。
(6) 『中国法理学発達史論』、前掲『飲冰室文集』(十五)五四、六〇、六三頁。
(7) 『中国法理学発達史論』、前掲『飲冰室文集』(十五)五五頁。
(8) 『中国法理学発達史論』、前掲『飲冰室文集』(十五)七二頁。
(9) 『中国法理学発達史論』、前掲『飲冰室文集』(十五)八七~八八頁。
(10) 『中国法理学発達史論』、前掲『飲冰室文集』(十五)八三頁。
(11) 『中国法理学発達史論』、前掲『飲冰室文集』(十五)九二~九三頁。

(12)『中国法理学発達史論』、前掲『飲冰室文集』(十五)八二頁。
(13)『中国法理学発達史論』、前掲『飲冰室文集』(十五)九三頁。
(14)『論中国成文法編制之沿革得失』、『飲冰室文集』(十六)五頁。
(15)『中国法理学発達史論』、前掲『飲冰室文集』(十五)四三頁。
(16)『中国法理学発達史論』、前掲『飲冰室文集』(十五)四三頁。
(17)『論中国成文法編制之沿革得失』、前掲『飲冰室文集』(十六)二二、二六頁。「我国之成文法、至唐代而始極浩瀚、其現存於今者、亦以唐之成文法為最古」
(18)『論中国成文法編制之沿革得失』、前掲『飲冰室文集』(十六)十八〜十九頁。

(三)劉師培

(1)『中国民約精義』巻二「陸子」の項。『劉申叔先生遺書』(一)所収、華世出版社、民国六四年。
(2)「憲法解」『政芸通報』原載、一九〇六年、『左盦外集』巻七所収。前掲『劉申叔先生遺書』(三)所収。
(3)「漢代法制発微」『政芸通報』原載、一九〇六年、『左盦外集』巻十所収。
(4)「儒学法学分岐論」(未完)『国粋学報』二九、三二、三五号、一九〇七年、『左盦外集』巻九所収。
(5)「刑礼論」『中国学報』一号、一九一四年、『左盦外集』巻十五所収。
(6)前掲「漢代法制発微」第一葉a、第二葉a。
(7)前掲「儒学法学分岐論」第一葉a、b。
(8)前掲「儒学法学分岐論」第三葉a。
(9)前掲「儒学法学分岐論」第三葉a、b。
(10)前掲「儒学法学分岐論」第七葉a、b。
(11)前掲「儒学法学分岐論」第九葉b。
(12)「刑礼論」第一葉。
(13)『尚書』呂刑「伯夷降典、折民惟刑」、『尚書大伝』「有礼、然後有刑也」など。

（14）「刑礼論」第二葉a。「民国三年十一月師培自記」

（15）「刑礼論」第二葉a、b。

（四）厳復

（1）「憲法大義」、『厳復文集　編年（二）』（『厳復合集』所収、台湾財団法人辜公亮文教基金会、一九九八年）。「独治」はmonarchical governmentで、『法意』では「君主之制」とも訳されている。「専制」との相違は、為政者も遵守する法律があるかないかである（『法意』第三巻第二章、三九～四〇頁。「憲法大義」厳復文集　編年（二）』、四七三～四七四頁。）

（2）以下、一九三一年商務印書館『厳譯名著叢刊』と一九八一年重排本に基づいて増訂された『厳復合集』所収の林載爵主編『法意』の巻・章と頁数を挙げる。第一巻第三章、十四～十五頁。

（3）第八巻第二一章、二二一、二二四～二二五頁。

（4）第二四巻第二六章、七二七頁。

（5）第二巻第五章、三六頁。

（6）第六巻第二章、一三七頁。

（7）第六巻第十六章、一六五～一六六頁。厳復が唐律ではなく、漢律がもっとも備わると言うのは、理解の浅さを示すだろう。清末は亡佚した漢律の蒐輯が始まったばかりの段階で、唐律より完備していることはまだ分からないのである。第一編第三章「章炳麟『五朝法律索隠』の歴史的位置」参照。

（8）第六巻第九章、一五〇頁。

（9）第六巻第十七章、一六七頁。

（10）第十一巻第六章、二七六～二七七頁。

（11）第十九巻第二二章、五一一頁。

（12）モンテスキュー『法の精神』（根岸国孝訳）第一部第八篇第二一章、河出書房、昭和四一年。

（13）第八巻第二一章、二二〇～二二一頁。

（14）第八巻第二一章、二二一頁。

(15) 章炳麟「五朝法律索隠」、『章太炎全集(四)』八三頁、上海人民出版社、一九八五年。

(五) 清朝官僚たち—沈家本その他

(1) 章太炎は「章太炎宣言九」(一九一一年十二月一日)で沈家本を評価している(『民国報』第二号原載、『章太炎政論選集』下所収、中華書局、一九七七年)。
(2) 沈家本「法学盛衰説」、『寄簃文存』巻三、『歴代刑法考』所収、二二四一～二二四三頁、中華書局、一九八五年。
(3) 前掲「法学盛衰説」、二二四一頁。
(4) 沈家本『歴代刑官考』「周、大司徒」按語、一九六〇頁。
(5) 沈家本「死刑惟一説」、『寄簃文存』巻三、二二〇三頁。
(6) 前掲「死刑惟一説」、二二〇二頁。
(7) 『大清律』人命「謀殺祖父母父母」条。
(8) 『刑律草案』(一九〇七)「第三百條　凡殺尊属親者、処死刑」とある。黄源盛纂輯『晩清民国刑法史料輯注(上)』所収、元照出版有限公司、二〇一〇年。
(9) 沈家本「明律目箋　一」、一七八七頁、前掲『歴代刑法考』所収。
(10) 「はじめに」注(3)参照。
(11) 「江蘇巡撫陳啓泰覆奏新訂刑律與禮教不合之處應酌加修訂摺」、宣統元年二月初二日、前掲『清末籌備立憲檔案史料』(下)第二編八五九頁。
(12) 「江西巡撫馮汝騤奏刑律草案不合倫常民情各條擇要繕單呈覧摺」、宣統元年閏二月初四日、前掲『清末籌備立憲檔案史料』(下)第二編八六七頁。
(13) 「河南巡撫呉重憙奏簽註刑律草案繕單呈覧并陳制律應顧立國本原摺」、宣統元年五月初六日、前掲『清末籌備立憲檔案史料』(下)第二編八七〇頁。
(14) 前掲「江蘇巡撫陳啓泰覆奏新訂刑律與禮教不合之處応酌加修訂摺」、八五九頁。
(15) 『尚書』大禹謨「帝曰、皐陶、惟茲臣庶、罔或干予正、汝作士、明于五刑、以弼五教、期于予治、刑期于無刑、民協于中」に基づく。

（16）「大学堂総監督劉廷琛奏新刑律不合禮教條文請嚴飭刪盡摺」、宣統元年二月二三日、前掲『清末籌備立憲檔案史料』（下）第二編八八七頁。

（17）第一編第二章「章炳麟の中国法に対する評価―『五朝法律索隠』を手がかりに―」。

（18）第一編第二章「章炳麟の中国法に対する評価―『五朝法律索隠』を手がかりに―」。

（19）前掲「江蘇巡撫陳啓泰覆奏新訂刑律與礼教不合之處應酌加修訂摺」。削られた関連条文は、前掲『刑律草案』では「第二百九十九条　凡殺人者、処死刑・無期徒刑或一等有期徒刑」となっている。

（20）第一編第二章「章炳麟の中国法に対する評価―『五朝法律索隠』を手がかりに―」。

（21）前掲「河南巡撫呉重熹奏簽註刑律草案繕單呈覽并陳制律應顧立國本原摺」。

第二節

（1）滋賀秀三「中国法の基本的性格」、『中国法制史論集―法典と刑罰』、創文社、二〇〇三年。

（2）『老子』第五七章「…人多伎巧、奇物滋起。法令滋彰、盗賊多有。故聖人云、我無為而民自化。我好静而民自正。我無事而民自富。我無欲而民自樸」。

第五章　章炳麟における法の問題

――『訄書』と『検論』を中心に――

問題の所在

本章は、『訄書』と『検論』を主な手がかりにして、章炳麟（号　太炎）における法の問題について検討する。前章まで、章太炎の「五朝法律索隠」を中心に考察してきた。清末における近代法導入を背景に、章太炎は「五朝法律索隠」において中国法の基本的性格を洗い出し、中国法の中から近代の精神に類するものを探ろうとしたのである。五朝法には「生命を重視する」「官吏と平民に法律を公平に適用する」ところがあったというのである。それ故、彼は「五朝法」を唐律などとは違い、「強者を抑えて弱者を助ける精神」と「上の者を損ない下の者に益する美点」があると評価した。章太炎は中国法を批判的に捉えたわけだが、批判といっても全否定ではなく、五朝法を掬いあげたのである。この作業は中国法の問題点と課題を探ることにつながった。彼は問題点として、①官員を法的に優遇すること、②同罪異罰、③官員や富人が贖刑の上で有利であることを指摘し、課題として、法の公平な適用を挙げた（第一編第二章）。五朝法に対する高い評価は、中国法に可能性を求めた結果であり、また近代法の単純な模倣を良しとしなかったからでもある。そこには法が文化と深く関連することへの洞察がある。当時、唐律が後世や東アジア地域に与えた影響から中国法の基準として考えられ、五朝法が評価されることはなかった。しかも五朝法は散佚して断片しか残っていなかったから、章太炎の見方は稀だと言える（第一編第三章）。ただ、佚文しかない状況なのに五朝法を評価したのは、章太炎が歴史の中から具体的に過去の処断を探り、確たる人間観に立ってその当否を考えたからだ。彼にとっては、五朝法を復元することが狙いではない。彼は中国法の中にも近代の精神に通じるものがあることを示そうとしたまでである。その結果、洗い出されたのは、上述の①②③という問題点であり、礼と法の相補性という前提であった。当時、礼と法の相補性は当然のごとく考えられていて、章太炎のように、それを批判する士人は稀であった（第一編第四章）。彼の作業は、中国法の根本的性格を洗い出して、中国の文化的アイデンティティを明るみに出したのである。ところが彼の法についての思索は、実は「五朝法律索隠」で初めて生まれたものではない。すでに『訄書』において法について思索していたし、辛亥後もそれは続いていた。このことを考察するのが、本章の狙いである。

そこで本章は、第一節で『訄書』に見える法制関連の諸篇を検討し、第二節で『訄書』儒法篇と『検論』原法篇を検討する。それを手掛りに、章太炎が法理にまで踏み込んで法について考えていたことを知ろうとする。そして、第三節で「太炎先生自述学術次第」を検討して、章太炎の新刑律批評を考察する。彼が近代法のどの点に関心を向けたかを知りたいのである。

一　『訄書』の諸篇を中心に

『訄書』は、周知の通り、章太炎の主著の一つである。『訄書』には初刻本（一九〇〇）と重訂本（一九〇四）とがあり、辛亥後には修訂されて『検論』（一九一四）となった。[1] 章太炎はその時々自らの思想を『訄書』や『検論』に表明し、これらの著作から思想の変遷を窺うことができる。
法制の議論は、『訄書』初刻本の儒法、商鞅、刑官、定律などの諸篇に見え、章太炎が当初より法制に関心を懐いていたことが分かる。そして重訂本になると、上の諸篇が増刪されたり、通法篇が新たに加わる。さらに『検論』になると、諸篇が増刪された他に、定律篇が削除され、儒法篇が大幅に書き換えられて原法篇となった。また、『検論』に非所宣言篇があり、時局批判である。「非所宣言」の語は、秦律以降、「妄言」「大不敬」とされてきた罪科で、[2]章太炎がそれを熟知した上でアイロニカルに用いたのではないかと考えられる。本章では、『訄書』初刻本と重訂本の各篇の論旨が変わらない限り、増刪については必ずしも細かく触れないことにしたい。また『訄書』儒法篇と『検論』原法篇は、「法」の見方が大きく変化したので、第二節で検討することとする。

そこで先ず、商鞅篇（初刻本）について検討しよう（本篇の初刻本と重訂本とは、本文の語句がほんの僅か異なるだけである）。本篇は、商鞅や法家に対する旧来の見方に反論したものである。章太炎は言う。商鞅はこの二千年間非難されてきて、特に今世が甚だしい。その批判は、漢以降、商鞅のやり方は民権を抑圧し、君主の放恣を容認したというものである。しかし、法家は西洋のいわゆる政治家のようなもので、刑律にだけ執着したのではない、と。章太炎のこの考え方は、「法」の理解に関わっている。

法なる者は、制度の大名なり。…（中略）…、故に法家者流は、則ち猶ほ西方の所謂政治家のごときなり。刑律に膠するのみには非ず。[3]

章太炎は、「法」を広く捉えて制度と理解した（この種の理解は、『検論』原法篇附録「漢律考」にも見える）。法家の「法」は周の六官と同じだ、と考えたのである。そうであれば、法家が国政全般を考えていることになり、商鞅は酷吏とは違うことになる。すなわち商鞅は、①民を生業に就かせ、国家の税収なども考えて、政治（百官の大法）を熟知し、②人主にも法を適用しようとした。一方、酷吏の張湯は、①専制君主の意に媚び、②見知之法・腹誹之法によって臣下を統制した。章太炎は、このことを次のように言っている。

則ち鞅は大法あるを知り、湯は徒《た》だ犴獄の制あるを知るのみ。法家と刀筆の吏とは、其の優絀　誠に較ぶ可からず。且つ特効の優絀のみに非ず。其の心術も亦た殊絶す。(4)

また言う。

孝公　国事を以て鞅に属するに方《あた》り、鞅　是より其の意を行ふを得。政令内より出づれば、乗輿《くんしゅ》も法に違ひて喜怒に任すを得ず。其の湯の、人主の意を闚《うかが》ひて以て高下を為すより賢《まさ》れること、亦た遠し。(5)

商鞅と法家を高く評価した根柢には、国家運営への視点及び法律に対する章太炎の見方がある。章太炎は、前述したように、「法」を広く制度と解し、単に刑律とは考えなかった。それ故、法家を政治家に近いと見、商鞅を張湯ら酷吏から区別したわけである。何よりもこの政治家として評価しようとする点に注意したい。章太炎は罪刑一致の立場に立つから、商鞅の軽罪重罰主義（小さな過ちでも重刑に処する）など、その思想全体を評価しているわけではないのである。法は元来、国事執行の準則と見なされて、清末でも、「法」と言えば所詮は吏事と即断する儒教の「常識」があった。(6) こうした「常識」を章太炎は批判したのである。「雖乗輿、亦不得違法而任喜怒（君主であっても、法に違反し喜怒に任せて勝手にしてはならぬ）」と言うことからも、法の公平な適用の見方が、章太炎に早くから存したことが窺える。法の公平な適用とは、法を普遍的基準とすることに他ならず、法の下の平等ということである。ただし、法の下の平等とはいっても権利の平等ではなく、処罰の平等である。旧法に特定の階層に法の優遇措置があったこと（後述）を章太炎は意識している。法の公平な適用の問題は、後の「五朝法律索隠」（一九〇八）で具体的に展開されることになり、また彼の体制構想の柱となる（第一編第六章）。

そして初刻本末尾に、「戊戌七月書」と記された一文がある。その中で、今、西洋人が商鞅と違うのは、軽刑かどうかの一点だけで、物事を整斉厳粛にする点では同じだと述べ、「余　此の篇を箸《あら》はす。世人の駭怪する所と為らん。…（中略）…、凡そ法家を非議する者は、自ら維新に近しと謂ふも、実は八百年来の帖括の見なり」と言った。(7) 法家非難は、科挙試験用の俗見と同じだと一蹴するのである。当時、章太炎は変法派に共感する立場であったが、商鞅と法家に対する見方では、譲れなかったのであろう。この一文は、重訂本では削られている。

次に、『訄書』刑官篇についてである。本篇は初刻本以下『検論』まで収載されたが、徐々に手が加えられ、『検論』では修改が大きい。しかし、本篇の趣旨は、一貫して法の公平な適用にある。そもそも法概念は、西洋でも古来実に多様なようだが、法が達成しようとする目標の一つとして正義があることは、論を俟たない。(8) 正義の実現にあたって、適用除外の対象があってはならないわけで、法のもつ形式的正義は、原則的に誰彼となく適用されねばならないのである。ところが中国では、法の安定性が求められた一方、君主は勿論、礼を知る名望家階層は法的制裁を軽減されるか、もしくは免れた。(9) 古来、儒教の「刑は大夫に上さず」の考え方から、礼を知る名望家階層に刑

罰はふさわしくないというのである。正義の実現以上に、秩序の維持が重視された結果と言える。(10)

しかし、章太炎は法適用の除外や軽減に対して、批判的であった。彼は「五朝法律索隠」で法の公平な適用を説いたが、この刑官篇で早くもそれを説いていたのである。章太炎は言う。西洋には三権分立制があるが、中国では、刑官だけが政府と対抗でき、「人主」や「尊達之人」を罪に問える。例えば春秋時代の申無宇は、「僕区之法」（贓物の隠匿者を処罰する法）に拠って楚の霊王を盗人と同罪とし（『春秋左伝』昭公七年）、また孟子は古義を述べて、舜の父である瞽瞍が人を殺したのなら、裁判官の咎繇は捕らえることができるとした（『孟子』尽心上）。「夫れ大上の尊を以てしても、猶ほ五咤を免れず。使《も》し舜　妄りに人を殺さば、則ちこれを治《さば》くこと等しく是なり」と。(11) 篇末に「『周官』の法廃れしより、譴訶すること、上に行はれず」と述べたことからも、(12) 章太炎の関心は、法の公平な適用にあったことが明らかだろう。もっとも刑官が彼の言うように実際に政府に対抗できたかどうかは疑問だが、その意図は分かる。

重訂本の増訂部分は、西洋法における人君の犯罪に関するものである。例えば絶対君主制では、まだ人君の犯罪を許すところがある、と言う。(13) 章太炎は権力者の犯罪に対して、法をいかに適用するかに関心があったのである。

『検論』刑官篇になると、この趣旨がより明確になる。『検論』という書名自体が、彼の精神の鬱屈とその昇華を示しているだろう。「検」字について、後漢、劉熙撰『釈名』が「検、禁也。禁閉諸物、使不得開露」（釈書契）と説明したように、『検論』は、章太炎が当時袁世凱に幽閉されて、その思想表現が禁止された鬱屈を反映させている。事実、「余　事に感ずること既に多く、復《ま》た『訄書』を取りて増刪し、名を『検論』と更む」と書いている。(14) 『訄書』は幽閉を契機に『検論』と改題されたのである。従って、この時期では、法に対する思いがより鮮明になつたと言えよう。『検論』の増訂部分に、人君はその職能を果たすが故に尊いのであり、人君という存在ゆえに尊いのではない、とある。(15)従って、君主が人を殺すなら、その罪を裁くのは正しいことになる。その例として『検論』の原注に、漢、景帝の博打の話が新たに加わった。それは景帝が皇太子の時、呉の太子が文帝に謁見しに来た。皇太子（景帝）は呉の太子と飲んで博打をやり、コマ道を争い、盤を投げて殺した（『漢書』荆燕呉伝）。博打は、監国や撫軍の職務としてやったのではなく、兄弟親戚の間柄でやったのだから、職責上のものではない。章太炎は、当然「凡民殺人之律」に従って処罰すべきだった、と言うのである。(16)彼は権能をもつ人間にそれぞれの職責を求めて、職能による特権を認めない。従って、皇太子でも職務以外での犯罪は、なおさら一般人として処罰すべきことになる。

このように『検論』刑官篇では、法の公平な適用の主張が明確にされた。その背景には、辛亥後の袁世凱の専横がある。袁世凱は一九一三（民国二）年四月、国会を無視して五国善後借款協定を結んだ。七月には第二革命が起こったが、まもなく失敗、一〇月に袁世凱は大総統の地位に即いた。一九一四（民国三）年一月に国会は停止され、二月に省議会が解散させられた。五月一日「中華民国約法」（いわゆる新約法）が公布されたが、それは「臨時約法」とは違って、議会の権限を最小限に抑え、大総統の権限を最大限に拡大したものである。民国二〜三年頃の状況は、以上のようであった。章太炎はというと、一九一四年一月に袁世凱によって龍泉寺に監禁され、絶食して抗議の意を示した。『検論』（一九一四）は、この時代を背景に、自らの体験をもとに書かれたのである。総統権力の抑止や権力の犯罪を念頭に、法の公平な適用がより切実に意識されたのは、当然と言えよう（第一編終章参照）。

三つ目は『訄書』定律篇である。本篇は『訄書』初刻本、重訂本ともに存するが、『検論』で削除されたものである。初刻本と重訂本との間には、僅かに語彙の異同があるくらいで、内容自体に大きな変更はない。削除の理由は、内容に関わると思われる（後述）。

さて、章太炎から見て、中国法の問題は重罰を科したことではなく、微罪でも重罰が科せられる点にあった。彼は言う。

> 夫れ中国の患ふるところは、刑重きの失には非ず。特《た》だ其の米塩のごとく瑣細なれば、罪　死に至らざるに、必ずこれを棄市磬首に致す者は、減ず可しと為すのみ。(17)

章太炎から見て、中国では軽微な罪でも死刑になることがあり、この罪刑不一致こそが中国法の問題であった。例えば韓非子が「且夫《そ》れ重刑は人を罪せんが為に非ず」（六反篇）と言ったのは、一姦の罪を重くして境内の邪を止めるためであった。つまり、罪刑不一致は、秩序維持のために容認されてきたわけだが、章太炎はこれを問題視した。彼からすれば、重罰を科すことが問題なのではない。罪悪に懲りるかどうかは、刑罰の重さとは無関係なのだ。ところが儒家は、罪刑不一致の現実から、個々のケースで法の厳しい適用を回避するために省刑を説いたが、それは本筋ではない、と。(18)

そこで章太炎は、重罪を改めて軽くするケース、軽罪を改めて重くするケース、中国（の通商の地）と西洋とで罪の軽重を等しくするケースの三つを挙げた。検討の結果、次の三点を提言した。すなわち、①大罪の科条の内、無駄なものを監禁に代える。②胥吏・差役は恣意的に法を運用するので、罪は最終的に長官が論決するようにする。③通商の律を定め、港湾都市における中国人と外国人の処罰の仕方を見直す、である。(19) 懲罰は「則ち固より必ず行ふに在り、軽重の剤の能く与《あず》かる所には非ず。」重要なのは罪刑を一致させて法を適正に執行することであり、重罰や省刑ではない、というのである。罪刑一致は法の公平性に関わることだから、章太炎は法の公平な客観的適用を考えていたと言えよう。罪刑一致の視点は辛亥後も一貫しているので、定律篇の削除理由は、その提言内容が民国の時代に合わない、と考えたからであろう。例えば②であると、清朝が杖以下の軽微な罪を州県レベルで処理し、胥吏がそれを悪用した現実に対する提言であった[20]。清朝が倒壊した以上、時代に合わないのである。

四つ目は、『訄書』通法篇についてである。本篇は重訂本に新たに加えられ[21]、修訂されて『検論』にも収載された。重訂本執筆の頃、新しい視点が生まれたからだと推測される。通法篇の内容は、西洋近代的な「議院」「議員」「商工」「社会主義」などの新しい観念を取り込みつつ、中国史の中から取るべき可能性を探ったものである。本篇の重訂本と『検論』との異同は、「後王」(『検論』だと「後之林烝」とする。以下同じ)「議院」(「議舎」)「知事」(「民政長官」)といった語彙が置き換えられ、新たに秦王朝の評価が加わったことであり、他に大きな変更は見られない(語彙の変更は評価に関わるので考察が必要だが、行文の都合で、ここでは触れない)。章太炎が取るべき王朝として、漢、新・晋・魏・隋・唐、後梁、明(『検論』で秦が追加された)を挙げた。例えば漢王朝だと、県邑に「議院」(「議舎」)があり、「議民」は良奥通達之士であり、公民として県政に参加したので、西洋の「議員」に相当する。明王朝であると、三司のうち、按察使と布政使は司法と行政に当たり、清代の督撫よりはましだ、と言う具合である[22]。

また『検論』で新規に追加された秦王朝は、封建制を倒して、皇帝以外は一律に平民とした点が高く評価された[23]。秦王朝に対する評価は、「秦政記」(一九一〇)にも見えている[24]。

この通法篇は議会制や三権分立、田制などに触発されて議論が展開したと言える。代議制に関して、『訄書』重訂本の段階では、まだ「議院」「議員」に肯定的であったが、『検論』になると、すでに代議制の評価は変化している。「議民」を県政(地方自治)に参与する者として認めはしたが、『検論』に追加された原注には、中国には戸口が多く、議士の数は数百と限られているので、民衆を代表するには不十分だ、とコメントした[25]。また、『検論』に追加された「朝廷有議士、其得失未可知也」句を見ても、国政レベルの代議制については、消極的な方向に変化したことが分かる。この消極的な見方は、辛亥前に代議制を批判したこと（「代議然否論」）と関係があるだろう。

五つ目は、地治篇である。本篇は『訄書』重訂本に初めて加わり、『検論』に収載されたものである。内容が連邦制や地方自治を論じていて、代議制と法制の問題にも関わるので、触れておきたい（重訂本地治篇と『検論』地治篇とは、字句の修改が少しあるくらいである）。論旨は、集権制と地方自治の議論をするところにある。そこではアメリカやプロシアが例に取られている。

章太炎は、先ず「人君」の古義から「人君」の資格を見定める。次に複数の国が一人の「人君」を擁立することを歴史的に例示して、連邦制と自治について論じる。彼は言う。古に「人君」を「酋」と称したのは、彼が酒を造って管理できるからであり、「酋」には「材藝」が必要なのである。酒に関係するのは、それが「生民之嗜欲」に適うからだ。周公の時、康叔が一人で三都を統治した。風俗を異にする邶・鄘・衛の三政府が一人の「人君」を戴いたことになる。これは近世の所謂「双立君主」に当たる。「方伯連率」は、連邦制である。中央が兵権を握り、地方は軍事を勝手には出来ない。今のドイツ連邦は、地方が自治しながら兵権は中央にある。これは連邦制の類である。中国の場合、明朝のごとく布政使に行政方面、按察使に司法方面を掌らせるのがよい。県には郷官を設けて、文学と法律の士を任命する。一県は司のごとくであり、一司のことで法律がある場合は律令のように扱い、それがない場合は「俊民」に諮って決める、と。(26)

以上が地治篇の大旨である。注目したいのは、中国の体制として布政使と按察使、及び郷官に類するものを設置し、地方に自治させるという構想である。章太炎は『民報』期に代議制を批判し（「代議然否論」）、代議制に代わる社会として「諦実之共和」体制を構想した。「諦実之共和」は三権分立体制だが、西洋近代のそれとは異質である

（第一編第六章）。法制について言えば、章太炎は代議制を批判して立法権を認めないので、民意の吸収をどう計るかという問題が起こる。重訂本地治篇は、県を治める郷官を置くので民意の吸収を意図していることは分かるが、議論がその制度論的な位置付けに止まっていて、自治構想は具体的に不明である。ただ、『検論』「無法者、咨於俊民而廃興之」句の「俊民」が、『訄書』重訂本では「咨於議会」となっていた。つまり、重訂本の段階では、章太炎は地方にも「議会」を認めて、代議制には否定的ではなかったことが分かる。『検論』で修改された「俊民」とは、恐らく法制エリートのことであろう。「諦実之共和」構想では、「法学をよく学んだ者及び歴史に通達し民間の利病に明るい者」が立法するとされたが、そうした類と考えられる。もともと「俊民」は『尚書』多士篇にある言葉であり[27]、賢人を意味するが、『尚書』呂刑篇には「哲人惟刑、無疆之辞」とあって、儒教において司法を掌るのはエリートなのである。文化に根ざす発想はともかく、通法篇と本篇を併せてみると、『検論』を書いた頃に、地方自治と連邦制への関心がより明確に意識されたと考えられる。といっても、当時章太炎はまだ集権論者であり、連省自治論者ではないが[28]。

最後に『検論』に新たに加えられた非所宣言篇に触れておく。「非所宣言」の語は法制用語で、妄言や妄称の廉で「大不敬」とされたものである[29]。つまり、この語は権力側が処罰するための言葉だが、章太炎は恐らくアイロニカルに、或いは自嘲的に用いたのかと推察される。本篇の内容は五点にわたる。すなわち、官僚の利権行為、中央と地方の高官の大悪、遊学して官吏となった者の弊害、勲臣の本性と素行、科挙による人材と恩蔭などによる人材の比較である。冒頭に総論して言う。

言に高けれども周《あま》ねく務めざる者あらば、以て政を議す可からず。これを卑《ひく》くして人事に切すると雖も、己は其の人に非ざれば、宣しく言ふべき所に非ず。

高尚な言葉であってもそれが出来なければ、政治を論じるべきではなく、社会に密接なことを言うにしても、自分は適任ではないので、言わないほうがよい、というのである。要するに、時局批判が内容なので、歴史的に妄言の類として断罪する言葉「非所宣言」を予め用いたのであろう。本篇は時局批判であるから、これ以上は触れない。

以上、『訄書』初刻本や重訂本の諸篇を中心に法制論を考察してきた。この時期では、まだ代議制を否定していなかったこと、罪刑不一致が問題であったこと、法の公平な適用を説いたことなどが分かった。

そこで次に、『検論』に至って内容を大きく変えた『訄書』儒法篇と『検論』原法篇を見てみよう。章太炎の法制論が中国法の本質に迫っていることが明らかになるだろう。

二　『訄書』儒法篇と『検論』原法篇

本節では、『訄書』儒法篇と『検論』原法篇について考察する。『検論』原法篇は、『訄書』儒法篇を大幅に修改したものである。儒法篇は、もともと『実学報』（第三冊、一八九七年九月一七日）に原載され、『訄書』初刻本と重訂本に収載された。北図本（一九一〇）に至って原法篇と改題され、内容も大きく修改を受け、『検論』ではそれがさらに修訂された。しかも原法篇は字数が儒法篇の約三倍に増え、儒家と法家に対する見方が大きく変わった。儒法篇は、その篇題からも窺えるように、儒家と法家の相補性を容認する見方であったが、原法篇は法そのものを問い、儒家の法律観を明確に批判したものである。具体的に言えば、法運用の問題を儒教の法律観から問い、さらに裁判における法吏の腐敗とも関連づけたのである。原法篇は法に対する思索の深化を反映すると言えよう。

では、どのように変化したのであろうか。先ず『訄書』儒法篇を見てみよう。初刻本と重訂本とは、語句は変動するが、[1]見方は基本的に同じである。同じなのは、仮に儒家に問題点を見いだしても、儒家と法家を相補的に捉える見方である。しかし、『訄書』儒法篇は『検論』原法篇とは見方が異なるのである。詳しく見てみよう。

儒法篇の基本的な見方は、「道は其れ本なるのみ。法は末なるのみ」とか「然らば則ち儒家の道は、其れ法家を擯《しりぞ》くる能はざること、亦た明らかなるのみ」とかの言辞に窺える。章太炎は儒家と法家を相補的に捉えたのである。とはいっても、彼は儒家に問題点を見い出した。その問題点とは、儒家の偏狭さと「原心定罪」の法律観である。

先ず儒者の偏狭さというのは、彼らが鄭の子産や諸葛亮を評価しても、管仲や申不害・商鞅らを斥ける点である。儒家は子産や諸葛亮が法家の術を用いていることを知らない、とその無知を批判したのである。

次に「原心定罪」の法律観である。「原心定罪」は、犯罪行為の動機と情状を重視して罪を定めることである。この「原心定罪」に彼は問題点を見出した。それは中国法が律を具体的に細かく規定したことに関連している。どういうことか。章太炎は言う。法家は苛酷な刑罰を厭わないが、律を細かく規定するのを嫌う。ところが、儒家は律を細かく規定した。妄りに罪を問いたくないからである。「律の岐《わか》たるる者は、妄りに人を殺すを欲せざればなり。」律を細かく具体的に規定すれば、条文は微妙に異なる他のケースにすんなり適用出来ないので、吏議して決めねばならない。しかし、役人は簿書の仕事に疲れはて、日々吏議を避けた。かくて「徳の意　深しと雖も、姦宄瘉《いよ》いよ因りて暴恣となる。今日、是なり。」と。章太炎は、儒家が徳治を貴んで犯罪の構成要件を細かく規定したものの、逆に今日の「暴恣」の事態を招いたと考えたのである。

中国法は、「情」(犯罪行為の様態や事情)と法とのバランス(いわゆる「情法の平」)を重視してきた。[2]この基本認識に立って、法文は犯罪様態を細分化し具体的であったが、その結果、個々の法文の包摂できる範囲が限定されてしまい、既存の法に当てはまらない事案をいかに処理するかという問題が生まれた。(3)章太炎はこのことから生ずる処断の恣意性を指摘している。(4)

彼が挙げた具体例は、董仲舒の決事比である。章太炎は言う。決事比は経と讖を援引比附し、「事」に対してそれを「例」（判決例）として類推適用した。ところが、その文章は冗長で「例」が細かい、と。「例」が個別的にすぎるというわけだが、重訂本になると、この問題点が明確に指摘された。すなわち、「例」が細分化された結果、後世の廷尉は、生死をめぐる「比」（類推適用）が違ってくるのを利として、罪の軽重を売り買いするようになった。法のもつ明確な標準が棄てられて、動揺する結果を招いた、と言うのである。(5)『漢書』刑法志は、このことを次のように記す。酷吏が巧みに法を操って「事」「例」を引き比べ、その結果、法網が細かくなった。律例はおよそ三百五十九章、大辟に関するものが四百九条、一千八百八十二事、死罪の決事比は一万三千四百七十二例に達した。そして法運用の統一性が失われて、同じ罪でも判決を異にすることが起こり、姦悪の役人はそれを取引材料にして悪用した、と。章太炎は、こうした事実を踏まえた上で、儒家の「原心定罪」「援引比附」が元になり、酷吏が法的安定性を損なった、と主張したのである。「情法の平」や比附など、法運用の実際については先学の研究(6)があるので触れないが、章太炎が本篇で問題にしたのは、法を公正に機能させることであった。とはいえ、重訂本儒法篇では、彼は基本的に礼と法の相補性の立場に立ち、いまだ儒家と法家の関係を根本的に見直すまでには至っていない。篇末に「子弓曰、居敬而行簡、以臨其民」（『論語』雍也篇）の言葉を引用して、「烏乎、此可謂儒法之君矣」と評価したことからも、このことは分かる（この語句は『検論』では削除。因みに付言すると、章太炎が問題視した「援引比附」は、民国の新刑律において廃止された。第三節注（4）参照）。

ところが『検論』原法篇になると、儒法篇の見方が変わった。儒法篇で元々、儒家の「原心定罪」の問題が指摘されてはいたが、原法篇に至って、儒と法の相補性ではなく、法独自の意義が高く評価されたのである。そして李悝『法経』、『春秋左伝』に引かれた律条の規定、『晋書』刑法志に見える陳群の言葉、朝律、越宮律、三国魏、桓範の『世要』など、法制史関係の知識が多く引用されて議論が展開された。

章太炎は法について、『管子』を引いて法の概念を広く理解し、法は政治と行政を含み、専ら法曹にだけ掌られていたのではない、という見方を述べた。[7]『訄書』商鞅篇で、法を制度の意と解して、法家を西洋の政治家に近いものと評したのは（第二節）、この認識がすでにあったからであり、「漢律考」でも漢律が刑律よりも広く解されて『周礼』などに近かったと論じている。[8] 従来、中国において司法は単に「吏治」の一環として位置づけられてきたから、[9] 章太炎の法理解がそれらと一線を画することは明らかであろう。

さらに、章太炎は法を制度一般と狭義の法律とに分けて考えた。狭義の法律は、実情を離れて人の心情を窺いはかり、人主一人の便宜のためにすぎない、と言う。[10] そして立法の目的について、次のように述べる。

立法の意は、姦を禁ずるに止む。使し民に偽行あらば、徳を慚ずるのみ。[11]

章太炎から見て、狭義の法律の目的は奸悪の禁止にとどまる。民に偽行があれば、為政者が徳のなさを恥じるまでのことで、法により民を教化することが目的ではないのである。彼は管子や商鞅など法家を政治家と見、張湯・趙禹らを法吏として区別した。[12] この見方は、重訂本儒法篇でもすでに論ぜられていたが、『検論』原法篇に至って、儒家と法吏がより詳細に批判されることになった。春秋折獄の恣意性を批判した個所で言う。

法律の繁苛なるは、未だ以て民を嬈《わずら》はすに足らず。民を嬈はす者は、徴なきの事を億察するに在り。(13)

民にとっての深刻な問題は、証拠もなく判決を下されることだというのである。そして続けて法吏を批判して言う。一事に対して二つの準則（律）があり、罪の軽重がさじ加減なので、彼らはそれを利として科罪を売買するようになった、と。(14) 注意したいのは、問題が法吏個人の不道徳に帰せられず、一事に対して二つの準則があるという中国法の性格に関連づけられたことである。さらに原注に「漢代の儒者は、往々にして喜んで法律の明文を捨てて経典を引き、（犯罪者の）心意を誅して断罪する」と書き加えた。(15) いわゆる「原心定罪」、道徳に根ざす主観的な法解釈が問題だ、と章太炎は明確に主張したのである。だからこそ、原注末尾で「蓋し仲舒より以来、儒者は皆な蚩尤たり」と断定することが出来た。(16)『訄書』儒法篇に存した見方、すなわち儒家と法家の相補性が否定されたのである。

この上で章太炎は、法は罪刑の一致が重要だと主張することになる。

吾　古への法を為《おさ》むる者を観るに、鄭僑の恵、商鞅の烈、鄗侯の平、釈之の豈弟、治を為すこと同じからざれども、要《かなら》ず法令の明らかに符するを以て質と為す。名は刀筆に在れども、正を持すること　儒者に過ぐ。(17)

明らかなように章太炎は、もはや儒者と法家の相補性をたっとんではいない。法家を評価するにしても、それは刑罰を重視したからではなく、罪刑の一致、法の持つ準則としての明確さからであった。支配層にも法を公平に適用する正義、法的安定性など章太炎の法制論は、『検論』に至って、より明確に展開されたと言えよう。『訄書』初刻本・重訂本の儒法篇末尾にあった「子弓曰…」の語句が削られて、新たに「章炳麟曰」が加えられた。すなわち言う。今の世のいわゆる官人で法を守る者に、商鞅や韓非子のような法家はいないし、甯成や郅都のような法吏もいない。まさしく桓範の言葉の通りである、と。

清末民初は、漢律や五朝律の佚文が収集され始めた草創期である。それにもかかわらず、法学者でもない古典学者が中国法を上のような形で論じた。辛亥前後の苛酷な現実が、彼の孤高の思索を深めさせたと考えられる。

三　民国の新刑律に対する批評──「太炎先生自述学術次第」

章太炎は、『訄書』『検論』以外に、「太炎先生自述学術次第」でも法制について具体的に論じた（なお、他にも一九一二年三月に「暫行報律」を批判した「却還内務部所定報律議」などがある。それは手続きの不備や報律の内容の曖昧さを批判し言論の自由を主張したものであるが、刑律のまだ制定されていない段階における議論なので、ここでは省く）。[(1)] 民国の新刑律を旧律と比較しているのである。「太炎先生自述学術次第」という回顧において法制を論じるのだから、彼の学術において法への関心の強かったことが分かる。一体、章太炎は新刑律をどのように批評したのか。この検討を通して、章太炎の問題意識がより明確になるだろう。

そこで先ず、清末民初の新刑律の制定過程について見ておこう。それは複雑な経緯を辿った。清朝における法律修訂作業は、光緒三一年（一九〇五）から始まり、『新刑律第一次草案』（一九〇七）が出来た。それに対して、中央や地方官僚の簽注が附されて増删され、『第二次草案』（一九一〇）が生まれた。そしてさらに、六回にわたる修正が加えられて、最終的に公布されたものが、『欽定大清刑律』（一九一一年一月）である。ところが、辛亥革命で清朝が倒れた結果、『欽定大清刑律』に代わって、先ず一九一二年に『暫行新刑律』、一九一五年に『修正刑法草案』、一九一八年に『刑法第二次修正案』、一九一九年に『改定刑法第二次修正案』が出された。[2]そして一九二八年に至って、ようやく『中華民国刑法』が生まれた。これは『改定刑法第二次修正案』を藍本にしている。さらに『中華民国刑法』は、『中華民国刑法修正案初稿』（一九三三）と『中華民国刑法修正案』（一九三四）を経て、一九三五年に『中華民国刑法』として公布された。こうした中国における刑律制定の紆余曲折は、単に辛亥革命後の政治的混乱によるだけではない。法の精神において、伝統的発想が根本的に変更を迫られたことも挙げねばなるまい。法の精神における伝統的発想とは、礼と法の相補性をめぐるものである。この二千年間、次第に法は礼を補うものと考えられ、法が礼制の影響を受けてきた。しかし、法の近代化に当たって、法は礼制との関係の清算を迫られた。近代法の個人主義的性格が、礼制の発想とは基本的に異なるからである。ところが、いかに儒教が当時、批判されたとしても、社会慣行や日常道徳は急激に変わるものではない。法を安定的に運用したいのなら、慣行や道徳と無縁であることはできない。こうした中国における礼と法との微妙な関係も、刑法制定過程の複雑な経緯に反映していたのである。章太炎の議論も、そこに集中していた。

刑法条文を具体的に批評するに当たって、章太炎は、旧律に過謬があれば削ればよく、新刑律にも間違いはあると考えた。[3]彼は、旧律に肯定的で新刑律に批判的であったわけではないのである（旧律の批判は、すでに「五朝法律索隠」や『訄書』『検論』の諸篇などに見られたが、新律について具体的に触れたのは、この「章太炎先生自述学術次第」が最初である）。ここに言う「新刑律」とは、『暫行新刑律』（一九一二年）であろう。[4]「太炎先生自述学術次第」は、『制言』第二五期（一九三六年九月一六日）に掲載されたが、これは民国二年（一九一三）の手稿が元になっているから、[5]「新刑律」は『暫行新刑律』を指すと推定される。

さて、新刑律の問題点として、章太炎は五点挙げた。すなわち新刑律は、(1)死刑以下に刑名が徒刑（無期・有期を含む）一つしかない。⑵侵占罪（いわゆる横領罪）で官と民を区別しない。⑶謀殺・故殺・闘殴殺を区別しない。⑷相姦罪が軽い。⑸宗教干犯罪がある、の五つである。順次見ていこう。

⑴重大事案に死刑と徒刑（無期・有期を含む）しかないこと　『暫行新刑律』は、第七章「刑名」第三十七条において、主刑を五段階に分け、①死刑、②無期徒刑、③有期徒刑（一等～五等）、④拘投、⑤罰金とした。[6] 章太炎は、新刑律の主刑には、重刑として死刑の下に徒刑しかない点を批判した。彼は言う。旧律では、刑名が五名十七等あった。[7] 清律はさらにそこに発遣（流刑の特に重いもので、辺境に追放して労役に服させる）と充軍（流刑地の兵営で苦役に服させる）の刑を加えたが、新刑律は重大事案に刑名が二名七等（①～③）しかない、と。[8] 章太炎から見て、新刑律は刑名が粗略ということになる。粗略だと、法の適用が恣意的になる懼れがある。同じ罪であっても、徒五年と六月は随意に定められるかもしれぬのである。[9] どういうことか。彼は言う。清律では、死刑の監候（死刑を秋審の後に待って擬定する。罪刑に疑いのある者に対して行う特例措置）に対して、情実（死刑に処す）・緩決（一年間、死刑執行の猶予）・矜疑（減刑して流罪か徒刑にする）の三種があった。該当する律がなくて適用が決まらない場合、法吏の意見で罪の軽重を決めた。事案の実情が多すぎて、あらかじめ律条を制定できないからだが、新刑律となっても、刑名が粗略なので、法官の意のままに罪刑を伸縮させられる。その点で旧律と同じ類だ、と。[10] 章太炎は『検論』原法篇において、中国法の「情」（事案の個別的事情）と適用すべき法とのズレが法吏の恣意性を生むと指摘していた。中国は罪刑法定主義であったものの、[11]「情法の平」を重んじて法の規範性は二次的に扱われることがあった。[12] こうした実情を彼は念頭に置いていたのだろう。それ故、彼は、新刑律が清律の煩雑で詭りのあるものを除いて改めることもせず、すべて近代的な新意で易えてしまった、と批判したわけである。新刑律の刑名は、中国法運用の実態から問われたのである。つまり、問題とされたのは、法の条文と法吏の運用との間に潜むズレであり、『検論』原法篇で

指摘されたことであった。

(2) 侵占罪で官と民を区別しないこと　章太炎は、新刑律が侵占罪で官と民を区別しない点を批判した。侵占罪とは、自己が管理する他人の所有物及びこれに準ずる財物を、自己の特有に帰し、不法に処分したり領有する横領行為を指す。管理している点で、侵占罪は窃盗罪と異質である。新刑律第三十四章第三百九十一条の侵占罪規定だと、「處三等或五等有期徒刑」になる。(13) 業務上の侵占罪に対しては、「處二等至三等有期徒刑」になる（第三百九十二条）。業務上の侵占とは、質業や倉庫業・運送業などにおけるものであり、特に官の公務上のそれと区別はしていない。(14) これに対して、章太炎は言う。旧律の賊盗律は、監守が自ら管理するものを盗むことに対して、常人の窃盗より重くした。(15) ところが、新刑律は監守の罪を常人と同じくして、その罪を区別しない。これは、官員としての責任の所在を忘れたものだ、と。(16) 章太炎の官員の罪を重く見る立場は、「五朝法律索隠」ですでに論じられており、辛亥前より一貫しているから、官員の罪に対して新刑律が軽く見る点を批判したわけである。官員の責任を問うたのは、公務上の犯罪であり、私人の窃盗とは異質だと考えたからであろう。中国において官員に要求される倫理性が前提されている。

(3) 謀殺・故殺・闘殴殺を区別しないこと　新刑律第二十六章第三百十一条に、殺人は「處死刑、無期徒刑或一等有期徒刑」とあり、(17) 旧律にあった謀殺・故殺・闘殴殺の区別を削った。謀殺や故殺などを区別しない理由について、『暫行新刑律』に附された「原案理由」を見ると、①予謀の殺意とそうでないものとは、法理上正確に区別できない、②仮に区別できたとしても、殺人としては同じだから、刑法上、軽重の差がない。③犯意が予謀に出るので、その刑を重くするのなら、なぜ別種の犯罪には重刑の規定がないのか。予謀の殺傷に限って、特に重くする理由がない、とある。(18) 新刑律の考えは、謀殺・故殺など殺人の結果だけを問うて、罪情の違いを無視したから、章太炎は「含胡之甚」だと批判した。彼は結果だけを見るのではなく、罪の構成要件を細かに見ようとした。つまり、西洋近代的な結果主義に反対なのである。

⑷相姦罪の軽いこと　新刑律第二十三章第二百八十九条は、「和姦有夫之婦者」と「相姦者」を「處四等以下有期徒刑或拘投」と規定する。[19] これに対して、章太炎は言う。明清律で親属相姦罪はきわめて重かった。ところが新刑律では、常人が和姦した場合、夫がいない婦であると無罪になる。中国の旧慣が非難したところと異なる。新刑律が軽くしたのは、他国の律がそうなっているからであり、また法律は道徳と無関係という理由からだが、中国の人情や習俗を考えなくて良いのか、と。[20]『暫行新刑律』の本条に附された「補箋」は、法と礼との関係に言及している。すなわち、夫のいない婦を罪に問わないのは、中国の礼教に反すると批判されるかもしれぬが、この種のことは「家庭教育・学校教育及輿論制裁」によって防止すべきであって、刑罰によって矯正は出来ない、と言うのである。[21]「補箋」は北京政府の法部が作ったもののようだが、[22]『暫行新刑律』は、旧律の基礎にあった法と礼の相補性を否定したのである。この新刑律の認識を辿れば、すでに『欽定大清刑律』(第二百八十九条)がそうなっていたし[23]、さらに溯れば、『刑律草案』(一九〇七)の該当条項(第二百七十八条)は、すでに無夫の婦の姦非を罰しなかった。[24]『刑律草案』第二十三章「関於姦非及重婚罪」の説明には、姦非罪は社会と国家の害をなすから、元以降、重罰が課されてきたが、それは礼教と輿論で防げば良く、重罰がなくても、姦非罪は増えはしないだろう、とある。[25] つまり、清末の新刑律は、旧律とは違って、家族倫理を国家政治と切り離そうとしていたわけで、姦通罪もその認識に立って重罰化されず、民国の新刑律もその考え方を継承したのである。要するに、清末民初の新刑律が近代法の個人主義的立場を採用した結果と言える。

章太炎の反撥は中国の習俗や旧慣を無視する点に発し、彼は近代法の個人主義的立場には違和感をもっている。

ただ、家族倫理とこの点について、章太炎が明快に論じたとは言えない。『検論』原法篇では、法によって風俗は教化できないと、法の範囲を見定めて、道徳や慣習世界と同じではないと考えていたにもかかわらず、家族倫理と法について根本的に考察していたわけではないのである。

(5)宗教干犯罪

これもやはり新刑律が中国の習俗や旧慣を無視して、刑法を制定した浅薄さを批判したものである。『暫行新刑律』第二十章第二百五十七条に「対壇廟、寺観、墳墓及其他礼拝所、有公然不敬之行者、處五等有期徒刑、拘役或一百圓以下罰金」とある。[26] 本条の「補箋」には、「信教の自由は、各国の憲法が皆な載せていて、臣民の権利である。本条は、宗教の種類如何を問わず、道教であれ、仏教であれ、キリスト教であれ、およそこれらに対して不敬行為があれば、すべて保護する。それは専ら宗教保護が理由からではない」とある。[27] 章太炎に言わすれば、人情や習俗は国によって異なるから、他国の法に一概に従う必要はない。「独り一《もっ》ぱら中国の人情習俗を屈して、以て異方に就かんと欲す。此れ古への所謂趾を削りて履に適はす者」なのである。[28]

以上、新刑律をめぐる章太炎の議論は、中国の習俗や旧慣、殺人の様態、官員の責任、法運用をめぐるものであった。官員の責任、習俗や旧慣の重視、法運用の視点は、彼が従来から説いてきたものである。章太炎が殺人の様態において、それぞれの罪情を重視したのは、「いかにして」という在り方を、結果と同様に見たからである。罪状の重視は、旧律にも共通する中国的な法思考であろう。官員の責任を問うたのは、官員が中国社会において占めてきた社会的地位を重視したからである。官員の存在は重い。その重さは、一律に個人という抽象的存在の平面に還元できず、法的処罰が科されるべきだと考えたのである。しかし、彼は新刑律の問題点を素描風に論じたまでであって、より一般論として法の問題にまで踏み込んだわけではない。民国初の法制論は、憲法や国会、総統を中心に展開されることになる（第一編終章参照）。

小結

章太炎は古典学者でありながら、実学的な法制に関心を懐いた。本稿はその法制論について、『訄書』『検論』諸篇を主たる手がかりに考察してきた。「五朝法律索隠」（一九〇八）で展開される法制論は、どのような形で芽生えていたのか。また彼の法制論は民国初どのように展開するのか。これが考察の狙いであった。

『訄書』や『検論』に見える法制論は、①「法」の理解、②法の公平な適用、③「原心定罪」に対する批判、④罪刑一致、⑤官員の責任、⑥地方自治と連邦論、の六点に概括できよう。

先ず一つ目だが、章太炎は「法」を広く制度として理解し、狭く刑律だけとは解さなかった。従って、商鞅ら法家は政治家に類するものとして高く評価され、刑律を扱うだけの張湯ら法吏と区別された（『訄書』商鞅篇）。次に二つ目では、彼は法を権力者を除外することなく、公平に適用すべきだと考えた（『訄書』商鞅篇、刑官篇、『検論』刑官篇）。法の公平な適用をめぐっては、「五朝法律索隠」で具体的に中国法の問題として検証されることになる。法の公平な適用とは、法の正義に関わるものであり、中国法の課題である。そして、三つ目である。中国法は礼制の影響を受けており、礼と法の相補性という認識は、古来一般的であって、士人はそれを当然と見なし、この枠組みを疑うことはなかった。章太炎も『訄書』儒法篇では、まだこの見方を払拭しきれていなかった。しかし、『検論』原法篇に至って、法固有の意義と儒教の法律観（「原心定罪」）の問題点が明確に指摘された。すなわち、法は奸悪を禁じることが目的で、風俗教化とは別の性格をもつ。「原心定罪」の法運用は、恣意的に流れることがあり、法吏の専横を生んだ、と言うのである（『訄書』儒法篇、『検論』原法篇）。ただし、章太炎に依れば、法運用が恣意的に流れるのは、一事に対して二つの準則があって、法吏がそれを按配するからである。この按配は中国法の基本的性格と関係している。すなわち、法文の細かく具体的でありすぎるところが逆に、「情」を貴ぶ中国社会では、処断の妥当性をめぐって評議する必要が生じ、そこに恣意性の生まれる余地があるというわけだ。問題を単に法吏個人の倫理に帰さず、法理の問題と関係づけたところに分析の鋭さがある。このことは、四つ目の問題に関わる。

四つ目は、罪刑一致の問題である。罪刑は一致すべきなのに、中国法に不一致があるのは、法が一律に適用されないからだ。故に中国法の課題は罪刑一致ということになる（『訄書』定律篇、儒法篇、『検論』原法篇）。五つ目として、官員の責任を重視する視点である。この視点は「五朝法律索隠」でも見ることが出来るが、辛亥後、『暫行新刑律』侵占罪の条項でも論じられた。新刑律が一般人の業務上の侵占罪と官員のそれとを区別しないのは、官員の責任を軽く見たもの、と批判したのである。六つ目は、連邦制と地方自治の関連である。『訄書』重訂本通法篇では、まだ代議制が批判されず、「議院」「議員」に対して肯定的であった。『検論』通法篇になると、代議制への不信が付け加えられた。代議制の問題は、連邦制と地方自治にも関わるが、それは『訄書』重訂本及び『検論』の地治篇で論じられた。連邦制と地方自治の一般的な議論が、『検論』地治篇では、「俊民」と呼ぶエリートが立法するというように変化した。代議制批判が連邦制と地方自治との関連で考えられ始めたことを窺わせる。

辛亥後も章太炎は法運用の実際に関心を懐いていた。それは「太炎先生自述学術次第」に見ることが出来る。新刑律が重大事案に対して刑名が少なく、また謀殺・故殺・闘毆殺を区別しないと批判した。その他の論点も、他国の近代法を鵜呑みにして中国の風俗や慣習を忘れた点を批判するものであった。

要するに、章太炎の法律に対する関心は早くから存し、『訄書』に見られた視点が「五朝法律索隠」で具体的に展開し、辛亥後は、『検論』原法篇などで深められたと言えよう。中でも旧律に対する批評は、古典学者の余技を越えて、中国法の文化批判として深みの伴った試みであったと考えられる。

【注】

第一節

(1)『訄書』初刻本、重訂本、『検論』の形成過程や修改時期については、湯志鈞「从訄書修訂看太炎的思想演変」(『文物』一九七五―十一)、湯志鈞編『章太炎年譜長編』、中華書局、一九七九年。朱維錚「前言」(『章太炎全集』(三)、上海人民出版社、一九八四年)参照。本稿におけるテキスト名称は、朱維錚説に従う。

(2)程樹徳『九朝律考』は、「非所宣言」条が秦律、漢律、晋律、梁律、北斉律に見えるが、唐律にはないと言う(晋律考中)。「非所宣言」は、言ってはならぬことを言う罪科である。「非所宣言」については、愛知大学名誉教授安本博先生、京都産業大学名誉教授川北靖之先生から貴重なご教示を得た。記して感謝の意を表する。

(3)『訄書』初刻本商鞅篇、前掲『章太炎全集』(三)七九頁。

(4)『訄書』初刻本商鞅篇、前掲『章太炎全集』(三)八〇頁。

(5)『訄書』初刻本商鞅篇、前掲『章太炎全集』(三)八〇頁。

(6)譚嗣同「治事篇第七」(『湘報』第三六号、一八九八年四月一六日)に、「吏事至煩苦、繊末苛譁、晰如牛毛、徒滋弊而擾民、甚無謂也。…(中略)…、今将取旧法而廃之、又不可得」として、総学会に「簡要有定之法」を整理して制定させるのがよい、と述べている。「法」が吏事とパラレルに理解されていたことが分かる。譚嗣同が考える「法」とは、「章程」、「表」、「図」の三つである。「表」とは一覧できる分類表のこと、「図」とは、輿地・境界・田里などを視角化した図解のことである。要するに、譚嗣同の念頭にあった「法」とは、行政的な「章程」類であって、国家全体にわたる制度規範ではない(「壮飛楼治事十篇」、『譚嗣同全集』増訂本・下冊、四四一～四四二頁、中華書局、一九八一年)

(7)『訄書』初刻本商鞅篇、前掲『章太炎全集』(三)八二頁。

(8)小林忠正『法学(第二版)』第二章「法の概念」、第四章「法の妥当根拠と法理念」参照、成文堂、二〇一〇年。

(9)例えば『周礼』小司寇に「八議」(議親・議故・議賢・議能・議功・議貴・議勤・議賓)があり、また唐律も同様で、「八議」「議請減贖」「除免官当」といった処罰の適用を免れる身分特権があった(滋賀秀三訳註『訳註日本律令　五　唐律疏議』、訳註篇一、六二～六七頁、東京堂出版。）

(10)　田中耕太郎『法家の法実証主義』、昭和二二年、福村書店、五三頁。

(11)　『訄書』初刻本刑官篇、前掲『章太炎全集』（三）八四頁。

(12)　『訄書』初刻本刑官篇、前掲『章太炎全集』（三）八四頁。

(13)　『訄書』重訂本刑官篇、前掲『章太炎全集』（三）二六四頁。

(14)　『太炎先生自定年譜』中華民国三年条、龍門書店、一九六五年。

(15)　『検論』刑官篇、前掲『章太炎全集』（三）五五九頁。

(16)　『検論』刑官篇、前掲『章太炎全集』（三）五五九頁。

(17)　『訄書』重訂本定律篇、前掲『章太炎全集』（三）二六六頁。

(18)　『訄書』初刻本定律篇、前掲『章太炎全集』（三）八五頁。

(19)　『訄書』初刻本定律篇、前掲『章太炎全集』（三）八六頁。

(20)　胥吏と陋規に関しては、服部宇之吉『清国通考』第二篇第四「吏ト幕友」（明治三八年原刊、大安、一九六六年復刊）。また、宮崎市定「清代の胥吏と幕友―特に雍正朝を中心として―」、『東洋史研究』一六―四、昭和三三年参照。

(21)　通法篇は、厳密に言うと、初刻補佚本（朱維錚氏の語。湯志鈞氏は手校本と呼ぶ。このテキストに対する両氏の理解は異なり、作成時期も違う）に初めて加えられ、重訂本に収載された。湯志鈞『章太炎年譜長編』、朱維錚『章太炎全集』（三）前言参照。通法篇の書かれた時期は、いずれにせよ一九〇三年以前と考えられる。

(22)　『訄書』重訂本通法篇、前掲『章太炎全集』（三）二四三、二四五頁。

(23)　『検論』通法篇、前掲『章太炎全集』（三）五四一頁。

(24)　「秦政記」、『学林』第二冊、一九一〇年原載、『太炎文録』巻一所収。「人主独貴者、其政平。不独貴、則階級起。」「要以著之図法者、慶賞不遺匹夫、誅罰不避肺府、斯為直耳。」などの言辞からも、一君万民体制によって階級が消滅し、皇帝独裁でも法の準則が機能したことを章太炎が評価したと分かる（前掲『章太炎全集』（四）七一頁）。

(25)　『検論』通法篇、前掲『章太炎全集』（三）、五四三頁。

(26)　『検論』地治篇、前掲『章太炎全集』（三）、五六四～五六五頁。

（27）『尚書』多士「乃命爾先祖成湯革夏、俊民甸四方。（孔伝）天命湯更代夏、用賢人治四方」。『尚書』呂刑の「哲人惟刑」句は、刑を用いるのは「有智之人」と解されている。

（28）「中華民国聯合会第一次大会演説辞」（一九一二年一月三日、『章太炎政論選集』下冊所収）では、アメリカの連邦制に中国は倣うことが出来ないと集権の立場を表明している。

（29）例えば「非所宣言」の語は、『史記』叔孫通伝に「於是二世令御史案諸生言反者下吏、非所宣言。諸言盗者、皆罷之」とあり、『漢書』には「丞相御史奏、湯惑衆不道、妄称詐帰異於上、非所宣言、大不敬」（陳湯伝）とか、「徴博下獄、以非所宣言棄市」（王莽伝下）などとある。

第二節

（1）語彙の異同であると、初刻本「而不知僑、亮之所以～」が重訂本「未不知僑、亮之所以～」（以下初刻本をA、重訂本をBとする）、A「数級」B「数令」、A「格令」B「経讖」、A「不知上密」B「不知上歧」、A「其例已繁」B「其例已枝」。新増語句の異同であると、A「大辟之獄、失実則令誅」B「大辟之獄、差以米則令誅」、A「使後之廷尉、比而析之、設法如牛毛、其卒又以為故事、然後舎生人之能、而行偶人之道」B「使一事而進退於二律、後之廷尉、利其生死異比、得以因縁為市、然棄表埻之明、而従縿游之蕩」、A「貴其明信、不曰推軽重」B「律不亟見、奚有於歧者」となっている。

（2）滋賀秀三「裁判準則としての法」は、中国法が量刑の妥当性を重視したことを指摘する（『清代中国の法と裁判』所収、創文社、昭和五九年）。また、寺田浩明「清代刑事裁判における律例の役割・再考―実定法の非ルール的なあり方について―」は次のように言う。中国法では「情法の平」が貴ばれ、また法文は犯罪様態を具体的に記して細分化されている。ところが、事案の「情」に該当する正条がない場合、「比附」の操作をして量刑の妥当性を決める。この「比附」作業の際、官僚は法を引照しつつ「情法の平」を考える自由と義務をもっていた、と（大島立子編『宋―清代の法と地域社会』所収、東洋文庫、平成一八年）。この法吏の「自由」に対して、太炎が恣意的に流れると批判したのであろう。

（3）小口彦太「中国の法と裁判」、『中世史講座4　中世の法と権力』、学生社、一九八五年。滋賀秀三前掲「裁判準則としての法」。

（4）『訄書』重訂本儒法篇、前掲『章太炎全集』（三）一三九頁。

（5）『訄書』重訂本儒法篇、前掲『章太炎全集』（三）一三九頁。
（6）儒教思想と法運用に関しては、西田太一郎『中国刑法史研究』第四章「儒家の刑罰思想」参照（岩波書店、昭和四九年）。また中村茂夫「比附の機能」は、比附が犯罪の構成要件の類似からというより、妥当な量刑を求めて行われていた、と指摘する（『清代刑法研究』所収、東京大学出版会、一九七三年）。
（7）『検論』原法篇、前掲『章太炎全集』（三）四三五頁。
（8）「漢律考」、『検論』原法篇附録。前掲『章太炎全集』（三）四三七～四三八頁。
（9）小口彦太前掲「中国の裁判と法」。
（10）『検論』原法篇、前掲『章太炎全集』（三）四三六頁。
（11）『検論』原法篇、前掲『章太炎全集』（三）四三六頁。
（12）『検論』原法篇「箸書定律為法家、聴事任職為法吏。法吏多文、俗世因以非申・商、則過」、前掲『章太炎全集』（三）四三七頁。
（13）『検論』原法篇、前掲『章太炎全集』（三）四三六頁。
（14）『検論』原法篇、前掲『章太炎全集』（三）四三六頁。
（15）法ではなく心意を基準に断罪する点は、董仲舒「春秋決事」（馬國翰輯『玉函山房輯佚書』所収）に窺える。例えば甲には子がなく、捨て子の乙を我が子として育てた。乙が人を殺したが、甲は乙を隠した。董仲舒は『詩経』（小雅・小宛）を引用し、乙は実子ではないが、「父は子の為に隠す」（『論語』子路篇）として甲の隠匿罪を問わなかったとある。殺人者の隠匿を法に問う前に、儒教倫理の強く作用したことが分かる。
（16）『検論』原法篇、前掲『章太炎全集』（三）四三六頁。
（17）『検論』原法篇、前掲『章太炎全集』（三）四三六頁。

第三節

（1）『制言』第二五期、一九三六年九月一六日。「太炎先生自述学術次第」（五三～六八頁、前掲『太炎先生自定年譜』附録二、龍門書店、一九六五年）。また「却還内務部所定報律議」は、一九一二年三月七日『大共和日報社説』「社論」に掲載された無署名

論文だが、『太炎最近文録』に収載され、前掲『章太炎政論選集』下冊にも収載された。

（2）黄源盛纂輯『晩清民国刑法史料輯注（上）』序「古今之間一線牽」・三（元照出版有限公司、二〇一〇年）。また西英昭『近代中華民国法制の構築―習慣調査・法典編纂と中国法学』第一章参照（九州大学出版会、二〇一八年）。

（3）前掲「太炎先生自述学術次第」六二頁。

（4）『暫行新刑律』は、『欽定大清刑律』を援用している（民国元年三月一〇日「大総統令」）。「総則」全十七章は『欽定大清刑律』と同じだが、清朝倒壊という事態を受けて、「分則」から第一章「侵犯皇室罪」が削られた結果、三五章となった。しかし、刪修後の『暫定新刑律』は、皇室関係条文に止まらず、立法精神の上で異なる点があった。すなわち、①刑名を減らしたこと、②旧律にあった援引比附を廃したこと、③少年犯罪の矯正に「感化教育」を採用したこと、④「危害乗輿・内乱・外患」、尊親属に対する犯罪などに適用された重罪を廃止したことなどである。太炎の新刑律批評は、①と④（相姦罪）に向けられていたが、辛亥前に彼は②援引比附を批判し、④尊親属殺人への法の均等な適用を説いていたから、その点では、先駆的なところがあったと言える。また、前掲黄源盛纂輯『晩清民国刑法史料輯注（上）』三六二～三六三頁。

（5）「太炎先生著述目録」巻上「已刊之部　一　専著」按語、前掲『太炎先生自定年譜』七七頁。

（6）前掲『晩清民国刑法史料輯注（上）』三九八頁。付言すると、『暫行新刑律』第三十七条は、『欽定大清刑律』（一九一一）第三十七条を承けている（前掲『晩清民国刑法史料輯注（上）』三〇一頁）。

（7）五刑は二十等である。清、沈之奇撰『大清律例』巻第一「名例律」「五刑」に、死刑・流刑・徒刑・杖刑・笞刑の五等あり、死刑には絞と斬、流刑には二千里・二千五百里・三千里、徒刑には一年・一年半・二年・二年半・三年とあって、等級が細かく規定されていた。（『大清律輯注』（上）、法律出版社、二〇〇〇年）。

（8）太炎は「二死三流」をそれぞれ一等に数えたので（原注）、「五名十七等」になる。前掲「太炎先生自述学術次第」六二頁。

（9）前掲「太炎先生自述学術次第」六二頁。

（10）前掲「太炎先生自述学術次第」六二頁。

（11）田中耕太郎前掲書三〇～三一、六五～六六頁。滋賀秀三前掲「裁判準則としての法」。

（12）田中耕太郎前掲書四〇頁。裁判における「法」のあり方については、例えば滋賀秀三「伝統中国における法源としての慣習―ジャン・ボダン協会への報告」、『続・清代中国の法と裁判』所収、創文社、二〇〇九年。また寺田浩明「清代司法制度における

『法』の位置付けについて」（『思想』七九二号、一九九〇年）など参照。要するに、法吏は「法」以外の基準にも依拠したということである。

(13) 前掲『晩清民国刑法史料輯注（上）』五〇〇頁。

(14) 『暫行新刑律』第三百九十二条に附された「原案注意」に、「業務」として「質業」「倉庫業」「運送業」が扱っている財物を指すとし、業務によって他人の財物を管理しながら盗む場合は、「雖非監守自盗之官員可比、然其侵占之情、無繊芒之軽重、故予以同一之処分」とある。前掲『晩清民国刑法史料輯注（上）』五〇一～五〇二頁。

(15) 清律賊盗律「監守自盗倉庫銭糧」条。前掲『大清律輯注』（上）五六三頁。

(16) 前掲「太炎先生自述学術次第」六三頁。

(17) 前掲『晩清民国刑法史料輯注（上）』四七九頁。

(18) 前掲『晩清民国刑法史料輯注（上）』四七九頁。

(19) 前掲『晩清民国刑法史料輯注（上）』四七五頁。

(20) 前掲「太炎先生自述学術次第」六三～六四頁。

(21) 前掲『晩清民国刑法史料輯注（上）』四七五頁。

(22) 前掲『晩清民国刑法史料輯注（上）』「『暫行新刑律』編輯説明」三六三頁。

(23) 前掲『晩清民国刑法史料輯注（上）』三四一頁。

(24) 前掲『晩清民国刑法史料輯注（上）』一五六頁。

(25) 前掲『晩清民国刑法史料輯注（上）』一五三頁。

(26) 前掲『晩清民国刑法史料輯注（上）』四六九頁。

(27) 前掲『晩清民国刑法史料輯注（上）』四六九頁。

(28) 前掲「太炎先生自述学術次第」六三～六四頁。

第六章　章炳麟の体制構想
――「諦実之共和」と「奇觚之専制」――

問題の所在

前章まで見た通り、清朝が西洋法制を導入して中国法を近代化しようとした時期、章炳麟（号　太炎）はその憲法を批判し、また中国法について論じた。すなわち、「虜憲廃疾」（「代議然否論」附録、『民報』第二四号、一九〇八年）において、彼は「憲法大綱」の実質と問題点を明らかにし、[1]「五朝法律索隠」（『民報』第二三号、一九〇八年）では、独自の視点から中国法の問題点を洗い出して、[2]採るべきものとして五朝法を見い出したのである。中国古典学の大家が法制を論じるなど、当時としては到底考えられないことであった。伝統的に儒教が法学を低く評価して、法学が疎んじられてきたからである。しかも清末は、五朝法の佚文が収輯され始めた段階であり、唐律を「東洋のローマ法」として評価するのが通例であったから、[3]章太炎の見方は通説とは異なり、当時、きわめて斬新であったと言えよう。[4]一方、この頃、彼は代議制を批判し、代議制に代わる「諦実之共和」体制を構想した（「代議然否論」）。「諦実之共和」体制は「奇觚之専制」とも呼ばれ、この体制は「共和」でありながら「専制」なのである。民衆は主権者でありながら、立法には関与せず、政治意思を表明しない。これは実に奇妙である。「共和」がなぜ「専制」なのか。ところが従来、「諦実之共和」が「奇觚之専制」でもある理由について、考察が尽くされたとは言い難い。

せいぜい「諦実之共和」構想は、章炳麟の「学者政治」の志向とか「平均主義」の反映とされるばかりで、なぜ「共和」が「専制」なのか、その理由が十分に明らかではないのである。(5) 本章は、法制を手がかりに、「共和」が「専制」でもある理由をめぐって考察するものである。というのは、この体制が章太炎の法制論の本質に係わり、国民主権と立法という今日の重要な課題にも係わっているからである。

そこで第一節では、「諦実之共和」構想に至るまでの章太炎の議会制論を跡づける。「諦実之共和」構想が代議制批判に関わるからである。第二節では、「諦実之共和」社会における法制を検討する。「諦実之共和」社会において立法を担うのは、法学者及び歴史に通暁し民間の利害をよく知る者（以下「法制エリート」と呼ぶ）であり、議院ではない。何故なのか。その論点を整理して、「共和」が「専制」でもある着想の意図とアポリアを明らかにしたい。そして第三節では、「共和」にして「専制」という着想の文化的基底を知るために、秩序をめぐる規範意識について検討する。そもそも規範意識は政治、法律、文化などの諸制度の基底にあって、思考の慣性として働き、着想を無意識裡に枠づけるからである。いかなる規範意識があって、「共和」にして「専制」という体制を当然のように着想させたのか。この点を知ろうとする。最後に第四節では、一九〇八、〇九年頃を境に章太炎の関心が法制領域から哲学領域に移ることを明らかにしよう。というのは、哲学領域での関心が『斉物論釈』で展開した結果、法制領域での関心が薄れてしまうからである。要するに、「共和」が「専制」でもある理由及び「共和」が「専制」だと着想できる文化的基底をさぐり、章太炎の体制構想と民意の表現との間にアポリアが潜むことを明らかにしたい。

一　議会制について――『訄書』より「代議然否論」まで

「代議然否論」（一九〇八）以前、章太炎は議会制についてどのように考えていたのか。代議制の前提する国民主権や権力のあり方にも係わるので、概観しておく。

先ず、『訄書』初刻本（一九〇〇）明群篇である。本篇の主旨は、「合群」と「民主」（民の指導者）との関係を説くところにある。すなわち、「群《しゅうだん》」（中でも国家）には安定した階層秩序（「明分」）が必要で、「合群」するには、「睿哲仁彊」なる「民主」が聡明な「学士」を用いることは重要だ、と言うのである。この考え方は荀子的だが、当時、章太炎は変法派の立場に立っていた。それ故、本篇は『訄書』重訂本（一九〇四）では削除されることになるが、議会制は、初刻本では次のように論じられた。

今の議院を張る者は、其の進孰美ならずんば非ず。正乏の義有りて、而る後に議官有り。其の職は則ち定法の後に置く。(1)

故に議院なる者は、定法の後の尚ぶ所にして、法の始めて変ずるに取る所には非ず。(2)

議会主義者の言葉は美しいが、上辺だけで中味がない。本来、正しい道かどうかの議論があって議官や議院があるはずだから、議院は法制が安定した後に設置すればよい、というのである。章太炎は議院の合議に冷淡であって、合議よりも「民主」の速やかな決断を重視したと言える。そして、議員を「議官」という官職として理解した点にも注意したい。「議官」は、「民主」が民意を吸収するのを輔助する官員であり、民間選出の民衆代表ではない。つまり、章太炎は議院を行政機構の一環として理解し、討議を通して合意を形成し、諸問題を解決する場とは考えなかったのである。この「民主」の決断を重視し合議に冷淡な態度は、「諦実之共和」構想にも係わるので、第三節でも触れたい。

官員が安定した世において民意を吸収するという考え方は、『訄書』初刻本官統篇にも見ることができる。本篇は修改されて『訄書』重訂本官統下篇、『検論』(一九一四)五術篇となったが、議院の部分が『検論』では削除された。代議制に対する評価が変わったからである。

さて、初刻本官統篇は、中国の危機を救う建官の法として六術を挙げたが、その中の一術が「議院」である。すなわち、章太炎は議院を科道官(都察院の六科給事中、各道の監察御史)と区別し、議院を安定した世に設置するものと考え[3]、「上書」と対置した。「上書」は、通政司の職掌と区別されて、既決あるいは未決のことに関する通制とされたのである。新旧のことがらが雑糅している場合、新しい考えを持つ者が「上書」を制するが、「群議」は旧い考えを持つ者が制するという[4]。本篇から見ても、章太炎は議院を一人の主権者(君主)を中心に、常制について「群議」する仕組みと理解したようである。議院は安定した世に開設すべしと言うから、危機の時代には設置しないことになる。「群議」すれば、一人の主権者の決断が遅れると考えたからに違いない。

ところが、『訄書』重訂本通法篇になると、国民主権を前提にした地方自治と関連づけられた。本篇は、過去の王朝政治ののっとるべき点を検討したもので、『訄書』手校本(一九〇〇)に初めて加わり、『訄書』重訂本と『検論』に収められた。さて、章太炎は古の王制から秦代まで論じた後、漢朝について言う。漢は中央集権であったが、それでも郡県は「自治」できた。だから郡県制の初めは、それほど封建制に異ならなかった。漢朝において、県邑に「議院」（『検論』では「議舎」）があり、「良奥通達之士」である地方の「義民」は、公民として県政に参与した。「議民」は西洋の「議員」に相当し、県において「国命」は「義民」に諮られた、と。[5] 漢朝が評価された理由の一つは、地方に設けられた議院なのである。章太炎は「義民」を地方の紳士層と捉えているらしく、「凡そ漢世の道路河渠の役、今は其の費えに難《くる》しむも、彼これを挙ぐるに径《ただ》ちに易き者は、無慮《おおよ》そ議院の効なり」と言う。[6] 清代において道路、橋梁、河渠など、地域の社会基盤整備は地方紳士層が担っていたから、章太炎は重訂本において、彼らと議院を結びつけて理解していたことが分かる。（『訄書』重訂本地治篇でも、集権制と地方自治について論じている。前章参照）[7]。

しかし、辛亥後の『検論』通法篇になると、認識が変わった。前に引いた『訄書』重訂本「議院之効」句が「議民之効」句に訂正され、割注で「按ずるに中国は戸口至って多く、議士数百、民を表はすに足らず」と述べて、[8] 朝廷（中央政府）の「議士」と郡県の「議民」（地方自治）を区別したのである。それは朝廷の「議士」は民意を反映しにくいが、郡県の「議民」にはそれができると考えたからであろう。それ故、『検論』では、地方在住の民間の実情に通じた「議民」が討議することは肯定しても、中央の議院や「議士」に対して、懐疑的になったのである。辛亥後の議院の現実が代議制批判の認識を強めたと考えられる。[9]

要するに、初刻本と重訂本とでは、議会制に対する認識が深まるとともに、評価が変化した。すなわち、初刻本に見られた一人の主権者が民意を把握するという民本主義的理解が批判されるに至ったのである。

そして、議会制認識は『民報』期に大きく転回した。転回は、「代議然否論」の前年に書かれた「官制索隠」（『民報』第一四号、一九〇七年。『太炎文録初編』巻一、『章太炎文鈔』巻四再録）に早くも表れる。章太炎は欧米の君主制と共和制に欠点を見いだしたのである。すなわち、議会制は巨万の富を費やす選挙と賄賂を取ることから成り、共和制や立憲制は民衆を歓ばせる体制だが、専制君主制と委細の相違はあっても、猥賤の点では同じだ、と言うのである。[10]代議制批判の視点に、選挙制度や民意の反映（後述）以外、猥賤さが加わったのである。この点には留意しておきたい。章太炎は言う。

> 行誼修まらず、賕賂公行するは、斯れ官吏・議士為り。其の維綱を総ぶる者は政府為り。政府の鄙しみ厭ふ可きは、寧《いづ》くんぞ独り専制のみならんや。民主立憲と雖も、猶ほ将にこれを攙《のぞ》き去らんとす。…（中略）…、凡そ政体の稍や優る者は、特《た》だ能く吏民を擁護し、これが為に利を興すこと、専制の為す所より愈《まさ》るのみ。然れども其の官僚は、猶ほ頑頓にして廉耻なし。[11]

章太炎は政府を、民主立憲制か君主専制かを問わず、厭うべき存在と考えた。それは官員の破廉恥さや賄賂の横行が存するからである。彼は、民主立憲制の吏民擁護と興利という政治目標は評価したが、官吏の破廉恥は許せなかった。そして、政府と民衆との関係はあたかも「乾矢鳥糞之孳殖百穀」のようなものと言い、「穢悪」なる「乾矢鳥糞」でも、「百穀」の「孳殖」には不可欠だとして、共和政府の設置は必要悪と考えた。「光復以後、復《ま》た共和政府を設くるは、則ち已むを得ずしてこれを為すなり。義の任す所、情の迫る所には非ざるなり」[12]。章太炎は、民主立憲でもなく君主立憲でもない共和制を構想する他なかった。

以上、「代議然否論」以前、『馗書』期における議会観は、①一人の主権者（君主）の下で「群議」する諮問組織、②一人の主権者による民意吸収の方途としての地方自治、であった。ところが『民報』期になると、③君主専制か民主立憲か、その体制のいかんを問わず、官僚制の腐敗と結びつけて認識し始めた。民意の吸収及び「穢悪」なる権力機構の腐敗防止が、新しい体制構想の課題となったのである。「諦実之共和」構想は、この基本認識から生まれた。

そこで次に、「諦実之共和」構想と表裏をなす代議制批判だが、それは章太炎の思想的特徴として早くから研究されてきたので、再論は省き、代議制批判の論点を整理しておく。(13) 章太炎は代議制を「民権を阻害する」システムと見た。「代議政体なる者は、封建の変相なり」「民権は代議に藉りて以て伸びず」というのである。(14) その理由は四点あった。すなわち、①平等の阻害、②選挙制度の困難さ、③民意の抑圧、④政党への不信（政党に対する不信や批判は、辛亥後も変わらない）(15)、である。それは、およそ次のような認識に基づいている。

①平等　中国は二千年間ほぼ平等である。(16) 一君統治の下、万民が平等だからだが、立憲制は逆に貧富や格差を生む。(17) 章太炎の平等を尊ぶこの視点は辛亥後も同様で、「中華の国民が共和体制に望むのは、元首が世襲ではなく、人民に貴賤のないことだ」と述べている。(18) 平等は代議制批判の根拠の一つであり、平等の確保は、体制構想の課題となる（平等は第四節参照）。

②選挙制度　選挙制度は中国の実情に合わない。その理由は、①選挙人口と代議士の割合、②代議士に選出された土豪（「豪右」、紳士）が民意を代表しない、の二点である。

③民意　民意は、紳士（土豪）が議員に選出されるので抑圧される。清代、紳士（土豪）は基層社会において官吏と共に地方行政に関与してきた（官治の補助）。清末における議会制導入論は、紳士の政治参加を制度的に公認せよと求めるものであった。(19) 政治への公的参加といっても、紳士と民衆との間には、文化意識の上で障壁がある。すなわち、士人は礼規範を遵守して、民衆とは違う（『礼記』曲礼上「礼不下庶人」）という文化意識が障壁となるのであ

る。この意識は、民衆を統治対象と見なして民意を民本主義的に吸収させることはあっても、討議を通してともに公論を形成するという発想を生まない。このことが民意の反映の点で問題になる。その上、紳士は旧体制の政治基盤を支え支配層と文化意識を共有するから、旧体制の批判者たりえない。従って、清末の立憲運動は、粗放な体制下にあった基層社会を国制の末端に組み込む動きであったから、民衆にとって、議会制は官治が一層厳しくなることを意味した。(20)

④政党　政党は腐敗の温床である。(21)章太炎は、政治主体の資質として清廉さ、利欲のなさ、誠実さといった倫理性を求めた。政党はその資質を欠く故に、民衆の代表として容認できなかった。もともと議会制は、議院の意思を国民の意思と見なし、立法府として行政と司法の二府に対峙する。その場合、国民の意思を反映する必要があり、議員と国民が同質の基盤をもつことが条件になる。そこで始めて合議を通して生まれた法が正義となり、規範性をもつからである。(22)言い換えれば、同質の基盤をもたないバラバラな集団が多数決の原理に拠って立法しても、法は遵守されない。また、その種の立法は多数派の横暴となり正当性を欠くものになる。この危惧は、辛亥後に現実のものとなり、章太炎は政党を「人民之蠹蠹、政治之秕稗」と批判した。(23)

二　「諦実之共和」構想と法制

「諦実之共和」は、「代議然否論」の後半部で展開されたが、法制が特徴的なあり方をしている。特徴的な法制とは、①三権分立と相互牽制、②権力者の犯罪に対する法の公正な適用、③法制エリートによる立法、の三点である。章太炎は、立憲制が「貴族黎庶之分」を生んで不平等であり、その政府を「穢悪」と考えたので（前節）、上の三点は平等の確保と権力の腐敗防止という課題に対する彼の解決策となる。さらに民衆は主権者でありながら立法せず、立法は法制エリートに委ねられることが顕著な特徴と言える（これは代議制を否定した結果だが、民意に基づく議会なしに、権力の牽制がどこまで可能かが問題になる。もっとも、辛亥後、議会は総統権力と対抗しても、それを牽制できなかった。議会が無力なことには様々な理由があった）。この着想については次節で考察することとし、本節では先ず、「諦実之共和」の特徴的な法制を概括して、上の課題との関連を明らかにしたい。

（1）三権分立　「諦実之共和」社会は、行政・司法・教育の三権分立であるが、教育が加わって立法のない点に特徴がある。この意味において、三権分立ではあっても、「諦実之共和」社会は、いわゆる立法国家ではない。(1)しかし、章太炎は権力の分立によって、権力を牽制しようとしたのである。権力牽制には、辛亥後、より重心がかけられることになる。

先ず、権力の相互牽制から見ていこう。行政長官である総統は、選挙によって選ばれる。その被選挙資格は地方長官・国務長官経験者、及び功績と才略のあることである。(2)総統の職掌は、国防、行政、外交に限られ、立法はできない。その親裁する政事は国務長官と連署する。(3)権限は制約されているのである。またその地位は司法長官、教育長官と対等である。外交でも、緊急事態には地方代表が選出されて、政府と審議する。(4)総統の独裁は認められていないのである。

次に司法長官である。司法長官は法学者の中から互選され、政府によって叙任されるが、政府に司法長官の採否権限はない。司法の独立性を担保し、豪右の選出や政府への従属を防ぐためである。その地位は総統と対等である。司法長官の職掌は、官府の処分及び民衆の獄訟すべてであり、総統の犯罪にも、法律が適用される。(5)章太炎が権力者にも法を公平に適用しようとするのは、法を普遍的準則と見なして権力を牽制しようとしたからである。従って、総統権力の牽制は、三権分立制と法の公平な適用によることになる。

そして教育長官である。教育長官も総統らと対等の地位にある。教育は政府に隷属せず、政治から自由である。隷属しないのは、従来、中国では教育や学問が経世致用を旨とし、政治と深く結合していたからだ。章太炎は、政府が管理する学問は腐敗し、健全な学問は民間にあると考えたので、[6]学問と教育は、政治から独立すべしとなる。[7]ただし、初等教育（小学校）と軍事教育（海陸軍学校）は義務教育なので、政府が管理する。[8]教育長官を三権の一に加えたのは、彼が教育の独立性を重視したこと以外に、清末における地方官制改革からヒントを得たのかもしれない。それは全省の教育事務を管理する提学使司の設置（一九〇六）である。提学使司の設置は、中央に学部が設けられて明清期の提督学政が廃止されたことに対応し、各省官制通則（一九〇七）には、布政・提学・提法の三司が生まれた。三司は、それぞれの地方における行政・教育・司法三権を管轄するのである。

最後に立法である。立法が三権の中に入らない点に「諦実之共和」構想の性格がよく表れている。立法は「諦実之共和」では、法制エリートによって制定される。その意図は、法律を権力者や豪右から独立させ、権力者を監督することにある。[9]そもそも立法権は主権中の最たるものであり、主権者が自らを縛り、かつ自らを護る範囲を決定する権限である。ところが、法律制定の特命をもった法制エリートが立法し、主権者の民衆は主権を行使しない。代議制が否定され、「共和」体制に立法府が存在しないからである。民衆は制定に関与せずとも、法の保護対象であったから「共和」だと考えられたに違いない。しかし、主権者である民衆が主権を行使しなくても「共和」だと何故当然のように発想できたのか。おそらくこの発想は、民意と政治をめぐる中国の文化的伝統と関係があるだろう（次節）。それ故、旧説のように法制エリートに委ねた構想を「学者政治」と概括するだけでは、一般化しすぎであろう。章太炎は儒教に基づく法の運用や裁判などを批判していて、[10]「学者政治」とすると、儒教に見られる士人の政治参加と区別が付きにくいし、また、もともと儒教の発想は「俊民」が政治を行い「哲人」が司法に関与するというものであるから、[11]民意の吸収とエリートの問題は中国文化に深く関わる。立法機関不要の発想は、章太炎個人の発想には止まらないということである。

（2）法制定の意図　「諦実之共和」における法制定の意図は、三つある。すなわち、①民衆の権利擁護、②総統権力の牽制、③官員の過失や違反の処罰、である。

①民衆の権利擁護　民衆の権利擁護とは、集会や言論・出版の自由、身体の自由といった自由主義的権利の承認である。民衆は罪がなければ勝手に逮捕はできず、もし逮捕されたら、法吏に訴えて裁判ができる。[12]民衆が主権者だからだ。民衆主権をたっとぶ立場は、謀反罪を軽くする主張にも窺える。すなわち、「謀反罪を軽くして、民を上に束縛されないようにする」と言うのである。[13]「謀反罪」は旧法の「十悪」の一つで、社稷（天子）を危うくすることの予備陰謀罪である。それを軽くするというのは、現政権への批判を認めるということに他ならない。また、司法が歪められた時は、司法長官が歪みを治めるが、もし長官が不作為であれば、民衆は学官に請求して法学者を集め、司法の歪みを治めることもできる。[14]法運用上の誤りが想定され、別の権力による執行が考えられているのである。法の公正な適用によって主権者を護るわけである。

②総統権力の牽制　総統権力の牽制とは、総統の独裁を許さず、総統にも法が適用されることである。すなわち、総統の過失や受賄罪などを法吏が裁くのである。この権力者に法を適用する点は旧法に対する批判でもある。また、総統は勝手に法律を改めることが出来ない。[15]総統に独裁させないということである。辛亥後、袁世凱は大総統となるや、臨時約法を改めて新約法を制定し、大総統の権限強化や民衆の権利抑制などを企てた。民国に至って、総統権力牽制の重要性は現実のものとなり、章太炎の辛亥後の法制論は権力牽制が大きなテーマとなる（第一編終章）。

③官員の処罰

官員の過失や溺職・受賕の罪は、法吏が裁く。[16] 権力者や官員に対して法の適用が厳しいのは、旧法では、法が必ずしも公正に適用されなかったからである。このことを、章太炎は「今の専制は直《た》だ刑罰の中《あた》らざるを害と為す」と述べる。[17]「諦実之共和」は、法が支配する社会なのである。

以上、法制定の意図に、権力牽制と民衆の主権擁護という両側面のあることが分かった。そもそも法の理念は、正義の実現や秩序の維持にある。ところが、旧法は皇帝を中心とする秩序維持に傾いて、正義は必ずしも公正に実現されなかった。「諦実之共和」が「諦実《しんじつ》」と称するのは、共和制として、権力を牽制し民衆の主権を擁護する両側面を併せ持つからであろう。総統は行政権しかもたず、立法も司法にも関与できない。そして、罪を犯せば処罰される。専制君主とは対照的である。ところが「諦実之共和」は「奇觚之専制」とも称される。そもそも専制とは、権力が淀みなく決断できて、議院のような中間機関を介さずにそれを直接に執行できることである。「共和」が「専制」でもあるのは、共和制でありながら議院が不在で、主権者である民衆に代わって、法制エリートが立法し、法が公正に運用されると考えたからであろう。三権は相互牽制して、その総攬者は不在であり、しかも主権者の民衆は、国家の緊急事態においてしか立法権を行使しないのである。章太炎は、「諦実之共和」を、法が普遍的に適用されて権力の集中と抑制がバランスよく行われ、主権者が政治に関与しなくても、行政は淀みなく執行されるものとイメージしたのであろう。言い方を換えれば、それは普段、権力の決断と執行は停滞することなく、民衆は政治に関与せずとも生きてゆける体制なのである。あたかも一君万民体制における放任にも似た民衆のあり方が夢想されたと言えようか（後述）。

しかし、民衆の監督なしに、権力の分立と法の運用だけで権力濫用を抑止することは現実に可能なのか。これは大きな問題であるが、それは後に考えることにして、次に、なぜ「共和」にして「専制」という体制を当然のように章太炎が着想できたのか、考えてみよう。

三　秩序をめぐる規範意識

「共和」にして「専制」という相矛盾する体制が、どうして当然のごとく着想されたのか。それを知るために、ここでは文化の基底にある秩序をめぐる規範意識について考察したい。というのは、秩序をめぐる規範意識は、伝統や慣習などに根ざし、思考の慣性として作用するからである。それは制度の基底にある集合意識であり、歴史の変動期において、新奇の事態（例えば産業化）に対して、伝統の中でその意味を衡量して自らに合ったものに変容させる。文化的想像力として変動の波を和らげるのである。[1] 中でも法と秩序をめぐる規範意識は、社会の安寧に係わる故に、この「諦実之共和」体制を考察するのに、その検討は欠かせないだろう。例えば康有為の『大同書』は、産業化という歴史の大きな変動を大同思想によって乗り切ろうとした。その法制観を見ると、法の存在は「人治の苦」とされ、大同社会では「刑措不用、囚獄不設」と言う。[2] 法の不在は「太平世」における性善の理想状態なのである。康有為にとって法は厳罰に他ならず、章太炎の考えたように、公平に適用すべき準則ではない。法の存在即「人治の苦」という発想は、彼が無意識裡に思考の慣性として、儒家としての自明さからそう着想したと考えられる。思考の慣性は、自明なことを一々再考させないのである

「諦実之共和」においても、康有為と同様、秩序をめぐる規範意識が暗に働いた節がある。それは民衆が立法に関与せずとも社会は行政的に運営できるという規範意識である。章太炎が一君万民体制をほぼ平等と評したのは、その統治体制の粗放さを代議制と比較してのことであった。この粗放で自由な体制には、いわば鼓腹撃壌の小共同

体が散在し、それを粗放な統治体制が包み込み、その上層に緊密な行政機構が聳えているという形象である。そこでは官僚の効率的統治と民衆の非政治的日常が混在している。すなわち、官僚制的行政は民衆の日常と縁遠いところで運営され、民衆はむしろそのゆるい状態を自由と捉えているということである。鼓腹撃壌歌はその表現であるが、国家の側から見れば、民衆は政治的に無能力な統治対象ということになる。政治的無能力という点ではなく、後述するような視点（第四節）から、章太炎はこの体制の自由として評価し、この種の統治形態をよしとしたと見える。だからこそ、法制エリートに立法を委ねても、行政が滞ることなく機能すると考えたではあるまいか。「共和」即「専制」という奇妙な体制であるにもかかわらず、この点は従来、十分に検討が尽くされたとは言い難い。(3)「近代政治からすれば、民衆は主権者であって政治的無能力者ではない。「共和」が「専制」と相容れるのかどうか等々、考察すべき点は多い。

そこで本節では、いったん章太炎から離れて、法と秩序をめぐる伝統的規範意識について概括し、章太炎の「共和」が「専制」でもある理由を考える参考にしたい（そして次節では、「代議然否論」が書かれた一九〇八年頃における章太炎の精神のあり方からも検討する）。章太炎思想との同異を確認するため、規範意識は次の四点にまとめよう。すなわち、（1）法の度量衡性と法的安定性、（2）立法と合議、（3）礼と法、（4）ノモス的規範、である。

（1）法の度量衡性と法的安定性

ここに言う法の度量衡性とは、基準として法が客観性をもつことである。そして法的安定性とは恣意を排除すること、及び国家的制裁によって法的秩序を確保することである。法の度量衡性と法的安定性については、法家の法実証主義として、先学により、早くから考察された。(4)すなわち、法家は法を法的安定性と度量衡のような客観性をもつものと考え、法を礼から独立させたが、法家の欠点は法の内容や目的を考慮せず、法的安定性だけを目ざした、と言うのである。(5)中国では古代において、早くも法の機械的運用が目指されたわけである。[6]機械的運用の点は一見、章太炎の主張と共通するところがあるが、これをもって章太炎の立場を法家的と見るのは早計である（後述）。

（2）立法と合議　章太炎は合議には冷淡であり、議会による立法を批判した（第一節）。では、中国において法はどのように考えられてきたか。法は一人の主権者（君主）によって生まれるとされた。管子は言う。

> 夫れ法を生ずる者は君なり。法を守る者は臣なり。法を法とする者は民なり。（『管子』任法篇）

管子によれば、君主は国家と同等視され、その地位の尊さは制令を出すところにあった。それ故、君主と臣下がともに合議して立法するのは間違いになる。君主一人で立法するから、法の権威は君主による。しかも法家の場合、法の権威は君主の人格性にではなく、君主一人が発する法の客観性によった。商鞅は言う。

> 今、法令明らかならず、其の名定まらざれば、天下の人これを議するを得。其の議は、人ごとに異なりて定まるなし。人主　法を上に為り、下民　これを下に議す。是れ法令定まらず、下を以て上と為すなり。此れ所謂名分の定まらざるなり。（『商君書』定分篇）

商鞅は、法を秩序維持の装置と理解したから、法令が明らかではなく刑名が曖昧だと、人々が議論する結果、法は不安定になると考えた。合議は認められないのである。法家は合議を、法に権威のないときに始まると認識したと言えよう。章太炎は『訄書』において、議院は安定期に導入し、危機の時代では、一人の立法者が「群議」せずに決断するほうがよい、と考えていた（第一節）。彼の「群議」に対する冷淡さは、法をめぐる伝統的思索が、合議を法的安定性を損ない法の権威を貶めるものと認識したことと通底する。章太炎は管子や商鞅に早くから関心を示していたから、[7]「諦実之共和」で民衆の立法に消極的な彼の発想も、法家的規範意識と関連する。ただし、法家から見れば、民衆は統治対象にすぎないが、章太炎においては、民衆は主権者だから、立法に消極的なのは、別の理由にも関連している（後述）。

話しを戻す。中国において法は専制君主の意思命令であり、[8]賞罰は君主の大権と評された。[9]しかし、章太炎は法の秩序を君主のためとは考えない。彼が法を普遍的準則と見なして、権力者にも適用しようとしたところが法家とは違うのである。

（3）礼と法

礼と法の関係についても、先行研究がある。[10]礼と法の関係とは、「明刑弼教」の言葉からも分かるように、法が礼の補完と見なされてきたことである。しかし、法として見れば、貴賤・尊卑・長幼・親疎の別を重んじる礼が法の均質性の中に入り込んだと言える。このことは同罪異罰の例で分かる。[11]例えば夫が妻を殴傷すると、「凡人」の処罰から二等を減ぜられるが、妻が夫を殴ると徒一年、妻が夫の祖父母・父母を殴ると絞刑になる（唐律）。誰が誰を殴傷させるかで処罰が違うのは、礼制の区分が反映されたからである。儒教の「名分」という社会秩序の構成原理に即して、処罰が決まるのである。それ故、儒教はいわゆる法的モラリズムの立場に立つと言える。法的モラリズムとは、社会倫理を維持するために不道徳な行為も処罰してよいとする考え方である。法は普通、他者に対する危害を加えた場合に適用されるが、法的モラリズムは、道徳規範を逸脱すれば、まだ危害を加えていない場合でも、秩序のために処罰してよいと考える。例えば唐律の「十悪」の中に「不孝」がある。祖父母・父母を「告言」（官憲に訴えること）すると、家族倫理を乱すことになるので絞になる。[12]「告言」が親の罪は隠すという儒教倫理に違反するのである。親に積極的に危害を加えたわけではないが、社会的に親の罪を告発するので、重い絞刑に処せられるわけだ。法家はもともと法的モラリズムの立場ではなく、親戚やなじみの貴人などに法の適用を按配してはならぬ、と説いたが、[13]唐律の「不孝」は、家族秩序を重視する法的モラリズムが徐々に法の中に浸透してきた結果なのである。[14]こうした礼と法の相補関係に対して、章太炎が批判的であったことは、前章で考察した。[15]

（4）ノモス的規範　ここで仮にノモス的規範と言うのは、自生的秩序をもった共同体の規範を指す。[16]ノモス的規範をことさら挙げるのは、中国古代に礼や法とは違う規範意識が存したからである。すなわち、規範が自生的に存して秩序を作り、それが意識化されていないという規範意識のことである。老子の小国寡民風の在り方と言える。人は礼や法によって外から規範づけられておらず、秩序は自生的で自然なものと感じられ拘束とは意識されていない。老子はそれを「無為」に根ざすとして、「不言之教」と呼んだ。[17]老子は自生的秩序について、次のように言う。

故に聖人は云う、我為すこと無くして、民自ら化し、我静を好みて、民自ら正しく、我事無くして、民自ら富み、我欲無くして、民自ら樸たり。（『老子』第五七章）

自生的秩序の世界は無為自然をたっとび、聖人が規範化せずとも、そこには秩序が存する。従って、道家からすれば、礼や法は作為的なものとなる。周知のように、老子は礼を批判して「夫れ礼なる者は、忠信の薄にして乱の首《はじめ》なり。」（『老子』第三八章）と言った。道徳や礼は「道」が失われた後に生まれ、礼を道徳の表面的なものと見たからである。老子は「道」を「常無為、而無不為」（第三七章）と考えたから、礼規範は無為自然に反することになる。

また、老子は法も批判して「法令滋《ま》ます彰《あら》はれて、盗賊多く有り。」（第五七章）と言った。「法令」は、「忌諱」「利器」「伎巧」とともに、文明の表象として拒否されたわけで、老子が「我為すこと無くして、民自ら化す」という、「道」に生きる民にとって、法は不自然に人を拘束するものなのである。要するに、ノモス的規範は自然法に則ったものと言えよう。

もっとも自然法に則る点では、儒家も同じである。(18) しかし儒家は、天の権威を借りて礼は王が制定すると考えた点が、道家とは異なる。例えば天の権威を借りることについて、荀子は次のように言う。

礼に三本あり。天地とは、生の本なり。先祖とは、類の本なり。君師とは、治の本なり。…（中略）…、故に礼は、上　天に事へ、下　地に事へ、先祖を尊び君師を隆んにす。是れ礼の三本なり。（『荀子』礼論篇）

天地が礼の根拠の一つとして挙げられているのである。ただし、荀子においては、周知の通り、礼は聖人による作為であり、老子の言う「自然」そのままではない。聖人の作為した礼規範は、意識化されない自生的秩序とは異質である。

このように中国古代には、規範意識をめぐって多様な理解が存した。法規範、礼規範及びノモス的規範である。このことを『尹文子』は巧みに説明している。

大道もて治むれば、則ち名法儒墨自ら廃たる。名法儒墨を以て治むる者は、則ち道を離るるを得ず。…（中略）…、道　以て治むるに足らざれば、則ち法を用ふ。法　以て治むるに足らざれば、則ち術を用ふ。術　以て治むるに足らざれば、則ち権を用ふ。権　以て治むるに足らざれば、則ち勢を用ふ。…（中略）…、道　用ふれば、則ち無為にして自ら治む。(19)

『尹文子』は、統治の在り方を「大道」・「道」・「法」・「術」・「権」・「勢」で区分した。「大道」は道家の自生的秩序を指し、「道」は儒家や墨家などの諸規範に基づいた統治法、「法」・「術」・「権」・「勢」は法家的統治法を指す。尹文子は「無為にして自ら治まる」仕方を最高のものと見、最上の統治法を「大道」に置き、順次「道」、「法」と考えたのである（引用末尾の「道」は「大道」を含むだろう）。『尹文子』は、『漢書』芸文志では戦国時代の名家に分類され、『四庫提要』では子部雑家に分類されるが、道家や法家との関係も窺える。現行の『尹文子』は後人偽作の疑いがあるが、ここではノモス的規範と礼法との関係をめぐる言説として着目したい。思想系統や真偽は、今、問題にはならないのである。

以上、要するに、中国における秩序をめぐる規範意識は、多様ということである。従って、礼治か法治かという単純な対立図式では類別できないということになる。中でも道家的発想は、礼と法を批判し、政治から離れて規範を意識しないで暮らす日常を理念化したから、礼と法の拘束から逃れる格好の精神安定剤であった。しかも、それは空想されたロマンティックな表象というより、中国という広大な世界に散在する小共同体の日常の表象であるから、尚更であろう。

話しを戻そう。「諦実之共和」構想は権力を相互牽制させて独裁を許さない一方、立法を法制エリートに委ねて、主権者の民衆に普段、政治に関与させなかった。この構想は合議に冷淡であり、そこにはリーダーの決断をたっとぶ章太炎の見方が反映していた。規範意識として見れば、そこには合議による立法を否定する法家的なものがあるとともに、民衆が政治に関与しない道家的なものもあったと言えよう。「共和」にして「専制」の構想は、彼が「学者政治」を強調したとか、或いは強力な一人のリーダを容認するためといった式に、たんに彼個人の立場に帰して見るよりも、[20] 文化的基底をも併せて考えたほうがよい。というのは、民衆が政治に関与しないで暮らす表象に道家的ルーツがある以外に、エリート肯定や強力なリーダシップの是認が何よりも中国的と考えられるからである。「諦実之共和」構想では、主権者である民衆が政治に関与せず、エリートが代行し、相互牽制されたリーダシップの下に法が公正に運用される。この体制は、章太炎がほぼ平等と評した一君万民制と通底するところがある。「諦実之共和」が「奇觚之専制」と称された所以は、民衆を主権者とする以外に、ノモス的規範、エリートの代行、リーダシップの相互牽制、法の公正な運用を認めた点にあるだろう。彼を法家的と断じるのを早計としたのは、以上の理由からであった。

そこで次に、代議制が批判され「諦実之共和」が構想された時期、章太炎がノモス的規範に傾斜していたことを当時の精神のあり方からもさぐってみよう。時あたかも彼にとって多事多難の時期であった。

四　法制から哲学へ

前節では秩序をめぐる規範意識を考察したが、本節では、周辺の出来事から章太炎が非政治的な生き方を評価したことを検討する。彼は一君万民体制のほうが立憲制よりましだと考えていた（前節）。粗放な体制では「苛察」が遍くは行われず、人々がほぼ平等だからであった。つまり、リーダーシップが相互牽制されて法が公正に運用され、民衆が平等であれば非政治的でもよいというわけだ。「五朝法律索隠」（一九〇八年八月一〇日）や「代議然否論」（一九〇八年一〇月一〇日）を書いた一九〇八、〇九年頃、彼の周辺では何が起こったのか。思索の関心が法制のあり方から非政治的な生き方に移るようなことがあったのかどうか。老子に関心があったのだろうか。日常から光を当ててみよう。

さて、一九〇八年は、章太炎と孫文との確執が強まり、日本政府によって『民報』が封禁された（一〇月一九日）歳である。もともと孫文に対する溝は、一九〇七年に日本政府の要請に応じて孫文が海外に出国した辺りから伏在していたが、『民報』の封禁を契機に表面化した。民報社は財政が窮迫して、資金援助を孫文に求めたものの、首尾よく行かず、また一九〇八年初めには、章太炎自身が発病し[(1)]、民報社における毒薬事件や呉稚暉との論争も起こった。加えて、『民報』封禁に伴って罰金（一五〇日本円）が課せられたが納付できず、労役して支払う他ない事態に直面した（納付期限の最後の日に弟子たちがやっと工面したという[(2)]）。このように一九〇八、〇九年は個人的にも苦境に直面する日々であった。この間の心境は、例えば「偽『民報』検挙状」の行間から窺うことができるが[(3)]、その一方で、留学生に国学講習をし、また印度哲学への関心も深めていた[(4)]。この時期味わった政治的挫折感や精神的窮迫は、思索を非政治的な方向へ転じさせたと思われる。一九〇九年頃から思索内容が法制的なものから哲学的なものに変わるのである。

今、平等観念を手がかりに、それを見てみよう。というのは、平等の扱い方で関心の方向が分かるからだ。章太炎は平等について、「代議然否論」では「貴族黎庶之分」の有無で考えていた。思索は社会領域でなされ、法の公平な適用や抑富強救貧弱策などが平等策として提示された。その一方で、彼は仏教の宗旨を「慈悲平等」と考えていた[(5)]。もし関心が哲学方面に向かうなら、平等は心のあり方に比重がかかるだろう。

さて、『国故論衡』（一九一〇）原道下篇には、非政治的な民俗の世界が論じられている。このことは「諦実之共和」における民衆のあり方が哲学領域において展開したのではないか、と推測させる。章太炎は、礼や法に縛られない人の本源的なあり方について言う。

今、慈恵廉愛なくんば、則ち民は虎狼為り。文学なくんば、則ち士は牛馬為り。虎狼の民、牛馬の士ありて、国　治まると雖も、政　理まると雖も、其の民は人ならず。世の人あるは、固より国に先んず。且つ国を建つるは以て人の為なるか、将《は》た人とは国の虚名の役するところと為るか。韓非は国に見ありて、人に見なし。群に見ありて、孑《ひとり》に見なし。(6)

慈恵廉愛のない民衆や情性の分からぬ士人がいて、政治や国家がいくら治まったとしても、もはや民衆は人とは言えない。彼は人のあり方と国家政治とを区別し、慈恵と廉愛に生きる民の世界は政治国家よりも先に存する、と見たのである。それ故、韓非子は国家統治にしか識見がないと断じたわけだ。この引用の後段、章太炎は老子と韓非子を対論し、「韓非は賢と雖も悟らず」「貞廉の行いは賤しむ可けんや」「人の智慧辯察を求むる者は情性なり。文学の業、絶つ可けんや」と言い、老子を高く評価した。「貞廉」「情性」「文学」を人の本源的なあり方として重視しているのである。中国思想は政治性が強いが、政治とは切り離された地点で「情性」や「文学」に価値を見いだしたわけだ。一般に老子は『韓非子』解老篇などを根拠に韓非子的と評されるところがある。しかし、章太炎は老子を韓非子と区別した。それは、章太炎が老子を荘子斉物論の原点と解したからである。原道下篇の後段で言う。

荘周は老聃の意を明らかにして、これを和するに斉物を以てす。万物の異情を推して以為らく、正味正色の以て其の相伐つなく、並《とも》に行はれて害《そこ》なはざらしむと。其の道は政と俗を分異し、位を干《おか》さ令むる無きに在り。[7]

荘子は老子の意を明らかにして、あらゆるものが本来の形で相害なうことなく存在すると考え、また政治世界と民俗世界とを区別したと言うのである。ここでは老子は荘子の原点と捉えられている。ということは、老子の中から政治性を切り離し、老子を斉物論と同様、政治世界を越えた、精神の哲学として理解したことを意味する。『荘子』斉物論の趣旨について、章太炎は「斉物論釈序」において「其れ唯だ消《ママ》揺・斉物二篇は、則ち世俗に云ふ所の自在平等にはあらず。体は形器にあらず。故に自在にして対なし。理は名言を絶す。故に平等にして咸《あまね》く適《かな》ふ」と述べた。[8]『荘子』の逍揺・斉物両篇は世俗のいう平等ではないと言うのだから、老子もその方向で理解されたことになる。この頃、政治や法制の世界から、哲学や精神の世界に思索の力点を移したと言えよう。その成果が『斉物論釈』（一九一〇）なのである。政治に収束仕切れない世界に価値を見いだしたことには、十分に留意すべきである。

ところで、前節で見たように、道家は礼や法とは違う自生的秩序を説いた。自生的秩序における規範は、外から拘束する礼や法とは異なり、ことさら規範とは意識されなかった。それ故、章太炎が原道下篇で言った「慈恵廉愛」句、あるいはそこに引用された「諸《これ》を心に説《よろこ》び諸を慮《こころ》に研《みが》き、天下の亹亹を成す者」句（『易経』繋辞下）[9]の描く有様は、あたかも政治に関与しない自生的秩序をもった世界での生き方を指すと考えられよう。この理解があったればこそ、「韓非は国に見《けん》ありて、人に見なし。群に見ありて、孑《ひとり》に見なし」（原道下篇）と法家を批判できたわけである。逆に言えば、「諦実之共和」における主権者の民衆は、そのあり方が哲学的な方向で展開した結果、政治的には具体化されなかったことになる。この老子への関心の転回について、彼は辛亥の歳、蔡元培に、以前は老荘学説を信じなかったが、「今皆な其の然らざるを知る」と書き送っている。[10]かつて章太炎は老子を「以為後世陰謀者法」[11]と評していたのだが、老荘に対する見方が仏教に接することで変化したと言っているのである。一九〇九年頃、思索の軸足を政治や法制の世界から哲学の世界に移したことが分かる。

以上だとすれば、「諦実之共和」構想において平等は、権力の相互牽制や法の公正な適用など法制領域で思索されていたが、一九〇八、〇九年頃を境に、平等はしだいに哲学領域で思索が展開していったと考えられる。社会的平等は心的平等へと問題を深められたが、民衆の主権表現とその制度化の課題は等閑視され、議論されないままになったとも言える。この問題が再び章太炎によって意識的に思索されるのは、辛亥後、袁世凱の独裁や議会の無力さなどを目の当たりに体験したことによってである。民衆の主権表現の問題は、連省自治論によって提示されることになると思われるが、その考察は別稿を待ちたい（第一編終章参照）。

小結

以上、章太炎は代議制を批判して「諦実之共和」を構想した。その意図は平等の確保にあり、その方法が権力の相互牽制と法の公平な適用であった。代議制では、議員という新しい階級が生まれて不平等になり、紳士層の抑圧が常態化するというのが理由であった。彼にとって平等の点では、専制君主体制のほうが万民に階級のない分ましだと考えられたのである。専制の害は、刑罰が適切に適用されないことだけだからだ。それ故「諦実之共和」では議会に代わって、権力の相互牽制及び法の公正な適用が目指されることになった。法による権力牽制は、辛亥前、章太炎によって早くもなされた重要な主張である。

しかし、そこでは主権者である民衆は、緊急事態以外、立法に関与せず、法制エリートが立法した。従って、そこでは行政、司法、教育の三権が分立して相互に牽制し、法が公平に運用される以外、主権者の監督を受けないことになった。この意味において、民衆は主権者であるから「共和」であっても、権力は一人（あるいはエリート）に集中する故に専制なのである。「奇觚之専制」と称された所以である。普段、政治に関与しない民衆は、専制君主体制下と同じく、鼓腹撃壌風に生きるのである。彼の認識においては、「専制」下でも中国の民衆がもっとも自由であった。(1) この政治に関与しない故に自由だという発想に、中国の伝統的規範意識が影を落としているのである。民衆は自由だが、それは政治に関与しない状態である。西洋近代のように政治に積極的に、あるいは消極的に関与する自由ではない。その意味で民衆は政治的に無能力との前提があり、専制君主体制とこの点では何ら変わらない。ところが章太炎はむしろこの自由を「慈恵廉愛」や「情性」といった人間の本源的あり方として評価したと言える。このことは十分評価すべきではあるが、それは政治と切り離された哲学の次元であって、政治の次元では、結局、民意の集約と立法という近代政治の課題は解決されないことになり、「諦実之共和」構想には奇妙な矛盾が生まれたのである。すなわち、権力が相互牽制されつつも集中し、民衆が主権者でありながら立法に関与しないというアポリアである。これは西洋に体制モデルを求めないで、新しい体制を構想しようとしたところに生まれた。「諦実之共和」構想は、権力の集中と抑制という相反する章太炎の関心が法制面で展開されたものと考えられる。それも権力を牽制する基盤を欠いたままに、である。

かくして章太炎にとって問題は残った。権力を相互牽制して法で監督するにしても、主権者の民衆が議院を介さず、しかも非政治的なあり方をしている現実において、権力は牽制できるのか。民意はどのように表現されるのか。この問題の深刻さは、辛亥後に露呈した。大総統の袁世凱に権力が集中して独裁する。議院が民意を代表せず、また政府を監督できない。民衆も政治に無関心。各地に軍閥が跋扈して対立する。民国に至って、「諦実之共和」構想のユートピア性が明らかになった。ここでいうユートピア性とは、三権がうまく相互牽制できないというくらいの意味である。かくて民国初、章太炎は現実政治と関わる中でこの問題と格闘することになった。彼は総統権力の牽制と民衆主権のあり方（憲法や自治など）を中心に思索してゆくのである（第一編終章参照）。

［注］

問題の所在

（1）第一編第一章「章炳麟の『憲法大綱』批判」。

（2）第一編第二章「章炳麟の中国法に対する評価―『五朝法律索隠』を手がかりに―」。

（3）瀧川政次郎「唐代法制概説」、『支那法制史研究』所収、有斐閣、昭和一五年。

（4）第一編第三章「『五朝法律索隠』の歴史的位置」。

（5）唐文権・羅福恵両氏は、章太炎が封建帝制に反対し三権分立を唱えるので、彼には「民主精神」があるが、最高統治者の集権に必ずしも反対していないと言い、それは「平均主義」の反映だと考える。そして「学者政治」を「官僚政治」「政党政治」の対立概念とする（唐文権・羅福恵『章太炎思想研究』第四章「懸群衆理民物―章太炎的政治学説」「対代議政治的商討」節、華中師範大学出版社、一九八六年）。また汪栄祖氏は、章太炎が反民主だという通説は、その代議制批判を主たる根拠にするが、彼は代議制が国情に合わないと考えたまでで、通説は不正確な批判にすぎず、「諦実之共和」は法律の専門家による「学者政治」だ、と言うに止まる（「章炳麟与中華民国」、『中華民国建国史討論集―開国護法史―』第二冊、中華民国建国史討論集編集委員会刊、一九八一年）。姜義華『章太炎』は、章太炎は政治の民主化を新しい権力分立の体制によって計ろうとし、権力構造や政策決定に社会成員全体の参加と監督を構想したと言うが、この参加と監督が何か不明である（台北東大図書公司、一九九一年）。また、同『国学大師叢書　章太炎評伝』「四・二　民主主義」（百花洲文藝出版社、一九九五年）も参照。

第一節

（1）『訄書』初刻本明群篇、『章太炎全集』（三）五二頁、上海人民出版社、一九八四年。

（2）『訄書』初刻本明群篇、『章太炎全集』（三）五二頁。
（3）『訄書』初刻本官統篇、「議院者、別于科道、治定之制也」「故拠乱則通封事。乱已定則置議院。二術」（前掲『章太炎全集』（三）七〇頁）。
（4）『訄書』初刻本官統篇、前掲『章太炎全集』（三）七〇頁。
（5）『訄書』重訂本通法篇、前掲『章太炎全集』（三）二四三頁。
（6）『訄書』重訂本通法篇、前掲『章太炎全集』（三）二四三頁。
（7）第一編第五章「章炳麟における法の問題―『訄書』と『検論』を中心に―」。
（8）『検論』通法篇、前掲『章太炎全集』（三）五四三頁。
（9）「参議員論」（一九一二年二月。湯志鈞編『章太炎政論選集』下冊、中華書局、一九七七年）、「与黎元洪書　三」（一九一二年八月一六日）、「致伯中書　十」（一九一三年八月三日）などに辛亥直後の代議制批判が見える（新版『章太炎全集　書信集』、上海人民出版社、二〇一七年）。
（10）「官制索隠」、前掲『章太炎全集』（四）八六〜八七頁。
（11）「官制索隠」、前掲『章太炎全集』（四）八七頁。
（12）「官制索隠」、前掲『章太炎全集』（四）八七頁。
（13）第一編第一章「章炳麟の『憲法大綱』批判」第四、五節参照。
（14）「代議然否論」、前掲『章太炎全集』（四）三〇〇、三〇六頁。
（15）例えば政党について、「与黎元洪書　三」では「浹旬以来默視近状、乃知中国之有政党、害有百端、利無毛末」と述べ、議員の弁舌力やセクト性などに弊害がある、と指摘する（『順天時報』原載、前掲新版『章太炎全集　書信集』五一二〜五一三頁）。また「与章行厳論改革国会書」（一九二四）でも、国会や政党が政府権力と官員の横暴を監督弾劾できないのは、中国の政党は「愛憎」を基準に取捨選択するからだ、と批判する（前掲『章太炎政論選集』下冊七八八頁）。
（16）「与馬良書」、前掲『章太炎全集』（四）一八五頁。
（17）「代議然否論」、前掲『章太炎全集』（四）三〇〇頁。
（18）前掲「大共和日報発刊辞」、前掲湯志鈞編『章太炎政論選集』下冊。

(19) 張朋園『立憲派与辛亥革命』第一、二章。中央研究院近代史研究所、一九六九年。
(20) 「与馬良書」「立憲代議、将一切使民淪于幽谷。夫賊民者、非専官吏、郷土秀髦、権力絶尤、則害於民滋甚」(前掲『章太炎全集』(四)一八六頁)。
(21) 「代議然否論」、前掲『章太炎全集』(四)三〇九頁。
(22) カール・シュミット著、稲葉素之訳『現代議会主義の精神史的地位』八、一二、一四、三七、三九頁など、みすず書房、一九七二年。
(23) 前掲「与黎元洪書　三」。

第二節

(1) カール・シュミット著、田中浩・原田武雄訳『合法性と正当性』六〜八頁、未来社、一九八三年。
(2) 「代議然否論」、前掲『章太炎全集』(四)三〇六頁。
(3) 「代議然否論」、前掲『章太炎全集』(四)三〇七頁。連署(副署)の意味については「民国光復」(一九三三)でも触れられる。
(4) 「代議然否論」、前掲『章太炎全集』(四)三〇七、三一〇頁。
(5) 「代議然否論」、前掲『章太炎全集』(四)三〇七頁。
(6) 「代議然否論」、前掲『章太炎全集』(四)三〇八頁。
(7) 経世と求是については、例えば『章太炎的白話文』一、二、二九頁(芸文印書館重印、民国六一年)。
(8) 「代議然否論」、前掲『章太炎全集』(四)三〇六頁。
(9) 「代議然否論」、前掲『章太炎全集』(四)三〇六頁。
(10) 第一編第五章「章炳麟における法の問題―『訄書』と『検論』を中心に―」。
(11) 例えば政治と司法に関して、『尚書』に「乃命爾先祖成湯革夏、俊民甸四方」(多士)とか、「哲人惟刑、無疆之辞」(呂刑)などとある。エリートが政治や司法に関わるのである。章太炎は、「俊民」の語を『訄書』地治篇で用いている。
(12) 「代議然否論」、前掲『章太炎全集』(四)三〇七頁。
(13) 「代議然否論」、前掲『章太炎全集』(四)三〇七頁。

(14)「代議然否論」、前掲『章太炎全集』(四)三〇七頁。
(15)「代議然否論」、前掲『章太炎全集』(四)三〇六頁。
(16)「代議然否論」、前掲『章太炎全集』(四)三〇七頁。
(17)「与馬良書」、前掲『章太炎全集』(四)一八六頁。

第三節

(1) 三木清『構想力の論理』第二章、『三木清全集』第八巻、岩波書店。
(2) 康有為『大同書』五一〜五二頁、中華書局、民国二四年。
(3) 唐文権・羅福恵両氏は、「奇觚之専制」を一人に集権して全民がその保護を求める平均主義の反映であると解した(前掲『章太炎思想研究』第四章「懸群衆理民物―章太炎的政治学説」)。一人に権力が集中して、それ以外の民衆はすべて平等という政治構造を章太炎が称賛したというのだが、なぜそれを「共和」と考えたのかが不明である。また、汪栄祖氏は、章太炎の代議制批判に触れ、「諦実之共和」に言及するが、章太炎の司法観念が監察制度と関係するとは指摘するものの、立法権が専門家に委ねられる点については、検討がない(前掲汪栄祖「章炳麟与中華民国」)。
(4) 田中耕太郎『法家の法実証主義』二四頁、福村書店、昭和二二年。
(5) 田中耕太郎前掲書九一〜九四頁。
(6) 田中耕太郎前掲書四一〜四二頁。
(7) 例えば早期の著作『膏蘭室札記』(一八九一〜九三)は、杭州の詁経精舎における読書ノートである。全四七四条の内、諸子関係が三一二条あり、管子が約三分の一強を占める(第二編第三章「章炳麟にとって実証とは何か」参照)。また「読管子書後」(一八九七)は後に「喩侈靡」と改題して『訄書』に、そして「商鞅」(一八九八)は『訄書』と『検論』に収載された。章太炎は法家に関心の高かったことが分かる。
(8) 滋賀秀三「中国法の基本的性格」、『中国法制史論集―法典と刑罰』所収、創文社、二〇〇三年。
(9) 中田薫「支那律令法系の発達についての補考」、『法制史論集』第三号、昭和二八年(『法制史論集』第四巻所収、岩波書店)。
(10) 穂積陳重「禮ト法」、『法学協会雑誌』第弐拾四巻第壱号第弐号、明治三九年。瞿同祖「中国法律之儒家化」、『国立北京大学五十周年紀念論文集』文学院第四種、北京大学出版部、一九四八年原載、『中国法律与中国社会』所収、中華書局、一九八一年。

(11) 浅井虎夫『支那法制史』第四章「唐代の法制」第十二節「刑法」、博文館、明治三七年。

(12) 『唐律疏議』名例「十悪」、闘傷「告祖父母父母絞」(一五二～一五三頁、一〇〇二～一〇〇三頁、景印光緒庚寅刊本、京都東海書店、一九六八年)。滋賀秀三譯注『唐律疏議　譯注篇一』四七～五〇頁、(『譯注日本律令　五』)東京堂出版、昭和五四年。

(13) 例えば『管子』禁蔵篇に「法者、天下之儀也。所以決疑而明是非也。百姓所縣命也。故明主慎之。不為親戚故貴易其法。…、故主上視法厳於親戚。」とある。唐律の「八議」などとは、対照的である。

(14) 清末の法学者沈家本は、「十悪」は北斉に始まり「重罪十条」と呼ばれたが、隋になって軽罪も加わり、「不孝」「不睦」など家庭秩序の紊乱までもが重罪とされるに至ったと指摘する(「明律目箋　一」『歴代刑法考』所収、中華書局、一九八五年)。

(15) 第一編第二章「章炳麟の中国法に対する評価―『五朝法律索隠』を手がかりに―」第一節「重生命」の項、第三節「平吏民」の項参照。

(16) 船田享二『法律思想史』第四章「ギリシャ法律思想」、河出書房、昭和一八年。また、ノモス的規範について、F・A・ハイエクは、自生的秩序には正義に適った規範《ノモス》があり、それは強制されたものではなく、慣習を基礎にしていて、制定法とは異質だと論じている。『法と立法と自由』I(『ハイエク全集』第八巻二八、五八、六七、一〇四頁、春秋社、一九八七年。『法と立法と自由』II(前掲『ハイエク全集』九巻四九～五二頁)。

(17) 『老子』第二章。

(18) 梁啓超『中国法理学発達史論』(「旧学派之法概念」)、前掲田中『法家の法実証主義』第二章参照。

(19) 『尹文子』大道上篇。掃葉山房本第一葉A、『百子全書』五、浙江人民出版社。

(20) 前掲唐文権・羅福恵『章太炎思想研究』。本節注(3)参照。

第四節

(1) 『民報』第一八号啓事欄。

(2) 「偽『民報』検挙状」注引く周遐寿『魯迅的故家』(朱維錚・姜義華編注『章太炎選集』所収、上海人民出版社、一九八一年)。

(3) 前掲「偽『民報』検挙状」。この「検挙状」は、孫文との対立を章太炎の眼から生々しく書いたものである。『日華新報』掲載の原文は長らく不明であったが、章氏家蔵の文件から復元された。「検挙状」から章の心境や感情的反発などが読み取れる。

（4）周作人「記太炎先生学梵文事」は、一九〇八年当時、章太炎が講学の旁ら、印度哲学に関心を深めて、ドイッセン『ヴェーダンタ哲学論』（英訳本）や姉崎正治『印度宗教史考』に言及したと回想している（『秉燭談』、一九四〇年原刊、止庵校訂『周作人自編文集』所収、河北教育出版社、二〇〇一年）。姉崎やリスデヴィッツら印度哲学者に対する批判は、「人無我論」（一九〇七）に見える（第二編第五章「章炳麟と姉崎正治―『訄書』より『斉物論釈』に至る思想的関係―」参照）。そして「與余同伯書　一」（一九〇九年四月一七日）には、「末底近専以経訓教授、仏学則自知冷煖耳。頃已請得一梵文師、名密尸邏、来寓教授」とあり、「與余同伯書　二」では『老子』第一三章の一句を梵文に訳している。両書簡とも金銭的な苦境を訴え、また「与周豫才、周作人書」（一九〇九年五月）には、周兄弟に対する梵文学習への誘いが書かれている（前掲新版『章太炎全集　書信集（上）』三五二～三五四、三五六頁。なお、「末底」とは章太炎の仏号で、サンスクリット mati の漢語訳と思われ、叡智、知性などを意味する。サンスクリットに関しては、京都産業大学教授志賀浄邦氏からご教示を得た。ここに記して謝意を表する。

（5）「送印度鉢邏罕保什二君序」、「抑吾支那之道術、自印度来、東踰海、漸及日本、皆以慈悲平等為宗。」、『民報』一三号、一九〇七年、前掲『章太炎全集』（四）三五九頁。

（6）原道下篇、『国故論衡』下巻、『章氏叢書』上冊第一二九葉、四八四頁（民国六年、浙江図書館刊、京都中文出版社復印、一九七〇年）。

（7）原道下篇、前掲『国故論衡』下巻、『章氏叢書』上冊第一二九葉。

（8）『斉物論釈』序、前掲『章氏叢書』上冊第一葉、三八一頁。

（9）原道下篇、前掲『国故論衡』下巻、『章氏叢書』上冊一二九葉。

（10）「与蔡元培書　一」、前掲新版『章太炎全集　書信集（上）』三五七頁。

（11）『訄書』初刻本儒道篇、前掲『章太炎全集』（三）九頁。

小　結

（1）「与馬良書」、前掲『章太炎全集』（四）一八五頁。

終章　権力牽制の行方
――結びに代えて――

一　前章までの概要

以上、第一編は章炳麟（号 太炎）の中国法をめぐる論議を中心に考察してきた。考察によって明らかになったことは、各章の小結を参照していただきたい。この終章では、辛亥後の法制論を辛亥前との関連から大まかにまとめて、彼の関心がどこに収斂してゆくのか考察して見よう。

というのは、民国になって、辛亥前、章太炎が構想した体制や法制論が現実の篩にかけられるからだ。彼の思索がいかほど現実に肉薄して切り込めていたのか。辛亥後、実地に試されたわけだが、この中で思索の核が洗い出されてくる。法制の議論だから当然と言えよう。しかし、彼は法制の実務家ではないから、その法制論には現実に対する強い批判が反映している。それ故、辛亥前の法制をめぐる思索は、辛亥後、どのように変転したか、或いはしなかったのか。また何が変転しなかったのか（後述）。辛亥前と比較すれば、変わらない関心が分かり、思索の核が見えてくるだろう。

辛亥前の法制をめぐる思索は、以下のようにまとめられる。

（1）法に対する関心は早期から存し、清朝の近代法導入という事態に直面してからではない。例えば『訄書』

儒法篇では、儒家と法家という伝統的枠組みを用いて、法について論じていた。しかし、『検論』(一九一四)になると、儒法篇が原法篇と改題されたことからも分かるように、伝統的枠組みから離れて、中国法そのものに鋭い分析を加えた。法に対する関心の高さが分かる。原法篇の他にも、『国故論衡』に原道上中下三篇、『訄書』に原人・原道・原変・原学・原教といった「原」字の付く論考があり、章太炎は基本的観念を原理的に考察しようとする態度が強い。それらは古典の列挙と考証に終わらず、対象を哲学的に掘り下げたところに特徴がある。(第五章)

(2)章太炎は合議制に対して消極的であり、その反面として、強いリーダーシップに期待した。代議制批判は、合議制に対する消極的態度とリーダーシップに対する高い期待の表れである。ところが「諦実之共和」構想では、権力の牽制や法の支配を説いた。この権力の牽制と法の支配が、辛亥後における法制論の主調となる。(第五章、第六章、終章)

(3)清朝の「憲法大綱」に対する批判の根柢には、章太炎の歴史的文化的視点があり、日本と中国との差異を指摘して、単に外国法を模倣する愚を指摘した。さらに彼は、専制君主政体の粗放な管理も自由として評価した。老子の「小国寡民」をよしとして、小共同体が権力から距離のあることを評価したのである。それは権力から離れて抑圧の少ないことが自由と見做されたからだ。抑圧の少ないのが自由という見方は、「諦実之共和」構想では、権力の牽制や法の支配の形で論じられた。(第一章、第六章)

(4)章太炎は「五朝法律索隠」において、中国法では、官吏と民衆を同等に扱わないとか(「平吏民」の視点)、家族倫理における上位者が優遇されるとか(「重生命」の視点)、富人が優遇される(「抑富人」の視点)といった諸点を批判した。その批判は、儒教の影響を受けた中国法の基本的性格に触れるものであった。清末において、彼のような鋭い批判は稀であった。従って、章太炎にとって官吏と平民、名教秩序の上位者と下位者、富人と貧民・弱者を平等に扱うことがあるべき法制の課題となった。付言すれば、官吏の違法を監督する制度は、民国になって具体化された。（第二章、終章）

（5）唐律が東洋のローマ法と称されたように、中国法は唐律を基準としてきた。それ故、五朝法を高く評価する見方は、清末は勿論、日本でも稀であった。当時、五朝法はすでに散逸しており、佚文の蒐集が始まった段階なのである。また、唐律が基準となったのは、単に法体系として完備していたことと周辺の儒教文化圏に影響したことが関係する。法制に対する儒教の影響は、自明とされて疑われることがなかったのである。しかし、章太炎は外国法の模倣を批判し、中国法の可能性を見い出そうとして、儒教の影響が少ない五朝法を評価した。（第三章）

（6）伝統中国では、ほぼ二千年近い間、法は低い地位しか与えられてこなかった。儒教思想が貶しめたことに加えて、法制人材を制度的に育成することが弱まり、士人の法に対する関心は薄くなった。そうした知的環境の中で、章太炎が法について論じたことは、清末における近代法の導入という背景があるにせよ、注目すべきことである。伝統学術の枠に収まらない、彼の思索の広さや視点の鋭さが分かる。（第四章）

（7）辛亥前における章太炎の体制構想は、その特徴が権力の相互牽制、独裁の拒否、法の支配（法吏への告訴など）、及び法学者・歴史や民間の利害に通じた者（いわば法制エリート）による法制定にあったと言えよう。すなわち、行政・司法・教育の三権を分立して相互に牽制させ、三権の長官でも違法があれば、彼らにも法を適用する。民衆は、法的権利が保護される。法はあまねく適用されるのである。しかし、立法機関は不在という奇妙な政体なのである。つまり、それは行政と司法に偏っているわけだが、この政体を彼は「諦実之共和」「奇觚之専制」と呼んだ。彼が早くより合議制に対して冷淡であり、『民報』において代議制を批判したから、この種の構想は当然の帰結と言えよう。その一方で、富人を反功利主義の立場から批判したり、また、老子の小国寡民風のあり方を評価したので、産業社会や市民政治の方向を目指したとは考えられない。辛亥前、「諦実之共和」構想はあくまで代議制のアンチテーゼとして示されたままでで、そこに至る具体的な道程を欠いていたり、ロマンティックな空想が入ったのはやむを得ない。この構想が民国になって篩にかけられて、章太炎の法制論の核が洗い出されることになる。（第六章）

辛亥前の章太炎の法をめぐる思索は、大体以上のようである。要するに、(1)三権分立と権力の牽制、(2)法の支配（法吏が治める）、(3)民衆の権利保護、(4)法制エリートによる立法、(5)合議制への消極的態度、(6)強いリーダーシップへの期待、(7)権力から離れた生き方を自由として尊ぶ、(8)反功利主義的、といった特徴がある。

では、章太炎の辛亥前における思索が、民国になってどのように現実の篩にかけられたのか。辛亥後、彼は書斎の静謐さの中に閉じ籠もることなく、積極的に現実に関わり、法制について論じた。辛亥後一〇年ほどして、彼は国会を批判し大総統のあり方を論じて、連省自治を唱えた。これは、軍閥割拠と半植民地状態の中で中華民国の主権のあり方をめぐる彼の回答である。それを単に辛亥後は「頽唐」になったとして片付けてよいのかどうか。独裁批判や権力牽制といった彼の意図をどう評価するのか。立法機関批判の意図は無視してよいのか。従来なされた民国期における章太炎評価は、いわゆる「旧民主主義—新民主主義」的史観と中央集権を自明の前提としていて、再考の余地があるだろう。独裁や民意の問題は、今日的な課題でもあるから、尚更であろう。

本章は、第一編の結びも兼ねて、彼の法制論の核を探ろうとするものである。そこで先ず、民国の憲法（草案類も含む）の概要を瞥見し、次に章太炎が捉えた民国の課題、及び民国初（二〇年余り）における彼の法制論を検討して見よう。そして最後に、それらを通して、辛亥前の思索がどのように変化し、あるいは変化しなかったのかについて考察したい。

二　憲法と憲法草案類

中華民国の歩みは、新しい権力が安定するまでの混乱と呼ぶには、余りにも長い無秩序であった。確かに立憲法制は存し、それに準じて統治が正当化されようとした。無法の原野ではなかった。しかし、統治の正当化をめぐって、権力が暗躍した。北と南と、中央と各省と、権力それぞれが「自律」し自らを正当化しようとした。当時、日常の暮らしの中では、革命への幻滅があり抑圧の実感があった。例えば王独清『長安城中的少年』は、当時の雰囲気を次のように回想する。

「ごぞんじのとおり、民国二年以降は人々を窒息させた時期である。それは、袁世凱が反動的局面をできるだけ拡大しようとしていた時代だ。このころ陝西はすでに陸建章が張鳳翽にかわり、行政機関までがべつの名義にかえられた。すべてが逆行しつつあり、辛亥革命がもたらした新しい現象のすべては、さっさとしまいこまれて、地下に埋められたようだった。」

「同時にまた、陸建章は陝西においてほとんどあらんかぎりの悪事をはたらき、すべての行政機関はじぶんの腹心に請負わせ、おもうぞんぶんありとあらゆる苛斂誅求をおこないつつある。(1)」

共和制という建前と日常の実感との乖離の大きかったことが窺える。各省の自治や立憲法制は、自らを正当化するための旗として争奪の的になりこそすれ、立憲法制が一元的に機能する状態ではなかったのである。章太炎は後に大総統や国会などを「三蠹」として批判したが、これらを中心にして、民国の一〇年余りを振り返って見よう。彼は立場が集権論から分権論に変わり、権力牽制の仕方をより具体的に示した。極論にもみえるその議論は、この時期の動向を知らずに理解できないからである。

そこで先ず一〇年間の軌跡を素描しておく。辛亥革命によって中華民国が生まれ（一九一二年一月一日）、清朝皇帝は退位（一九一二年二月一二日）、袁世凱が孫文に代わって臨時大総統に就任した（一九一二年二月一二日）。そして、翌三月一一日に「臨時約法」（後述）が公布された。これ以降、中国における共和制の歩みは錯綜を極めることになる。袁世凱の独裁志向に対して第二革命（一九一三）が起こったが、一九一四年一月一〇日に国会が袁世凱によって解散させられ、憲法起草委員会によるいわゆる「天壇憲法草案」策定（後述）も中断した（一九一三年一一月。一九一七年再開）。そして「臨時約法」に代わって、大総統権限を強化した「中華民国約法」（いわゆる新約法。後述）が成立し（一九一四年五月一日）、袁世凱の帝制運動が活発化した。袁世凱の洪憲帝制のもくろみ（一九一六年一月一日）は、第三革命（一九一五年一二月）や地方の独立反乱で失敗。彼の死去に伴って、副総統であった黎元洪が大総統に就任、旧国会と「臨時約法」が復活した（一九一六年六月）。ところが、段祺瑞国務総理は、孫文ら南方の民党と対立して「臨時約法」の復活を拒否、孫文は「臨時約法」を守ろうとして護法運動を開始した（一九一七）。一方、旧清帝溥儀を擁した安徽督軍の張勲が復辟を試みて失敗した（一九一七）。こうした混乱の中で憲法制定事業が復活し、「天壇憲法草案」がその元とされた。一九一七年以降、北洋軍閥も分裂して各省が独立を一層強め、軍閥混戦が深まり、南北対峙の形勢が生まれた（南北戦争一九一八年など）。すなわち、国会は軍閥の圧迫を受けて、黎元洪大総統によって再び解散させられ（一九一七年六月一二日）、翌一九一八年八月には新国会（いわゆる安福国会）が開かれ、徐世昌が大総統に選ばれた。一方、南方では護法非常特別国会が開かれ、国会が南北に生まれることになった。そうこうする中、安徽系軍閥と直隷系軍閥の戦う、いわゆる安直戦争（一九二〇）が起こり、ついで孫文の広東政府が成立して北伐が宣言され（一九二一）、さらに二回にわたって奉天系軍閥と直隷系軍閥の戦う、いわゆる奉直戦争（一九二一、一九二四）が勃発した。こうした軍閥戦争と混乱の中で「中華民国憲法」が制定された（一九二三年一〇月一〇日）。いわゆる「曹錕憲法」である。章太炎も加わった連省自治運動（一九二〇年～）は、こうした内乱や軍閥戦争を戢める手段として提唱され、湖南省自治（省憲法公布及び省議会選挙一九二二年一月）は始まったのである。

要するに、民国初の十数年間は、統一権力があるようで実はなく、立憲法制の支配があるようで実はなく、圧迫がなさそうで実はあるという、まことに奇妙な「無法」状態だったと言えよう。それは広大な領土における権力のあり方（集権か分権か、大総統と国務総理という二元の権力、国会など）に加えて、外交関係が醸成したものと考えられる。章太炎が傍観者として身を処したのならともかく、この奇妙な「無法」状態の渦中に身を置いた。その発言や思索は、状況的と言う他ない。従って、これらの発言や思索を検討するにしても、この終章では、時系列を追うことはしないでおこう。状況的発言を時系列に沿って追うと錯綜して、かえって思索の核にあるものが見えにくくなるからだ。また、本章は辛亥前の法制論を、民国初期の議論と比較しようとするからでもある。辛亥前の思索は、民国の混乱の中でより何に批判の照準を絞ってくるのか。照準されたものは思索の基底にあったモチーフではないか、と考えるのである。

そこで章太炎の民国初期における法制論を見る前に、主な憲法類（草案類を含む）の概要を示しておく。(2) これらはいずれも章太炎が「三蠹」として批判したものであり、その批判の理解には欠かせまい（傍線部は章太炎が批判した関係箇所）。

（A）「臨時約法」（一九一二年三月一一日。いわゆる旧約法）は、大体フランス第三共和国制に倣ったもので、①主権は国民全体に属する（第二条）。②人民は自由権（第六条に七項列記）を有する等、人民の権利・義務規定がある（第五〜一五条）。③公益の増進や治安維持のために、また非常事態には、法律に拠って人民の権利が制限できる（第一五条）。④臨時大総統は臨時政府を代表し、政務を総攬して法律を公布する（第三〇条）等の諸規定がある（第二九〜四二条）。⑤臨時大総統は参議院の同意の下に宣戦・講和・条約締結ができる（第三五条）。⑥臨時大総統の下に国務員（国務総理と各部総長）が置かれ（第四三条）、臨時大総統を補佐して責任を負う（責任内閣制。第四四条）。⑦立法機関は参議院の一院制である（第一六条）。⑧参議院には臨時大総統と国務院に対して弾劾権（第一九条第一一、一二項）、及び臨時大総統の行政権に対して承諾権がある（第一九条）。⑨臨時大総統・副総統は参議院によって選挙される（第二九条）。⑩憲法は国会が制定する（第五四条）。

「臨時約法」において、大総統の権限は大きく、政務を総攬して（④）、その下に国務総理を筆頭に国務員が行政を行っている（⑥）。しかし、彼らは法制上、国会によって牽制されていたのである（⑤⑧）。

（B）「天壇憲法草案」（一九一三年一一月国会憲法会議に草案提出。一九一七年審議再開）は、①国体は統一民主国（第一条）として、国民の自由権や納税・兵役義務を規定する（第三〜一九条）。②国民教育は孔子の道を修身の大本とする（第一九条）。③大総統は国務員の賛襄を得て行政を行う（第五五条）。④大総統は外国に対して民国の代表である（第六八条）。⑤大総統は法律の公布・執行を行い、官吏の任免、陸海軍の統帥、条約締結、宣戦布告等の諸権限を持つ（第六三〜七五条）。⑤大総統は出席した参議院の列席議員の同意（3分の2以上）の下に衆議院を解散できる（第七五条）。⑥国務員（国務総理と各部総長）は衆議院に対して責任を負う（第八一条）。⑦参議院と衆議院の二院制（第二一条）。⑧衆議院は大総統と副総統の謀反、及び国務員の違法行為に対して弾劾権がある（第四一、四二条）。⑨参議院は弾劾された大総統・副総統・国務員に対して審判権をもつ（第四四条）。⑩大総統は国会議員によって組織された総統選挙会で選出される（第五七条）。⑪憲法の修正は国会が発議して、憲法会議で修正する（第一〇九、一一〇条）。

「天壇憲法草案」では、大総統が議会の解散権を手に入れて（⑤）、国会の牽制に対する対抗が可能になった。しかも、大総統選出や憲法修正も、より容易になったのである（⑩⑪）。制度的に国会の権限が弱まったといえる。

（C）「中華民国約法」（一九一四年五月一日。いわゆる新約法）は、袁世凱によって「臨時約法」が増訂されたものである。すなわち、①大総統は元首となり、統治権を総攬した（第一四条）。②大総統は立法院を参政院の同意の下に解散できる（第一七条）。③行政は元首たる大総統を国務卿が参襄する（第三九条。国務総理の廃止）。④緊急事態には、立法院を召集せず参政院の同意だけで法律に等しい命令が発布できる（第二〇条）。⑤内乱や非常事態などでは、立法院を召集せずに参政院の同意だけで財政の緊急処分が出来る（第五五条）。⑥立法機関は立法院の一院制だが、権限は弱まった（第三一条）。⑦参政院は大総統の諮問機関になった（第四九条）。⑧大総統の謀反に対して立法院は弾劾権をもつが、その条件は（B）よりも厳しくなり、弾劾訴訟を大理院に提起するだけであった（第三一条第九項）。⑨憲法は憲法起草委員会が草案を作成し、参政院がそれを審議し、国会ではなく国民会議で決定する（第五九〜六一条）。

新約法では、大総統は国家元首とされて統治権を総攬し、まるで君主のように権限が強化された。そして、国会の権限や大総統に対する牽制は大幅に弱まった。国会に民意の代表性や権力に対する牽制力が問われる端緒になったのである。

（D）「中華民国憲法」（一九二三年一〇月一〇日。いわゆる曹錕憲法、賄選憲法）は、最初に民国で合法的に制定された憲法である。ただし、議員の買収によった国会で成立したものであり、また当時の連省自治運動（特に上海国是会議、一九二二年五月）の影響を受けて連邦主義的性格を持つことから、評価が分かれる。①国体は永遠に統一民主国（第一条)。②主権は国民全体に属する(第二条)。③大総統は国務員の参襄の下に行政を行う(第七一条)。④国務員は衆議院に対して責任を負う(第九五条。責任内閣制)。⑤大総統は衆議院を解散できるが、参議院の同意が必要である(第八九条)。⑥参議院と衆議院の二院制(第四〇条)。⑦衆議院は大総統・副総統の謀反、及び国務員の違反行為に対する弾劾権(第六〇、六一条)、そして国務員に対する不信任決議権(第六二条)を持つ。⑧参議院は弾劾された大総統・副総統に対する審判権(第六三条)、及び大総統の衆議院解散に対する同意権を持つ(第八九条)。⑨国権を国家に属する事項と地方に属する事項に分かつ(第二二～三八条)。⑩地方は劃分して省・県の両級とする(第一二四条)。⑪省自治法の制定権を認める(第一二五条)。⑫大総統選挙は国会議員が組織する総統選挙会で行う(第七三条)。

このように、「中華民国憲法」は国権を中央事項と地方事項を分ける連邦主義的立場に立ち(⑨)、また地方制度を省と県の二級に分かち(⑩)、省自治を認めた(⑪)。そして、国会は弾劾権や審判権、同意権を復活させたから(⑦⑧)、大総統権力は制度的には牽制を受けていると言える。

憲法・憲法草案類の大略は、以上のようである。しかし、それらの問題は法制と現実との乖離であり、憲法が単なる手続きや権力の正当化に堕している点にあった。次節との関連から、主たる留意点をあげよう。(ア)大総統と国会の関係に関しては、国会が大総統権力をどこまで牽制出来るか、(イ)権力を誰にどこまで集中させるか(中央か地方か、大総統か国務総理か)、(ウ)中央集権か地方分権か、(エ)憲法をいかに制定するか(国会か、憲法会議の類い、或いは省議会においてか)、(オ)大総統をいかに選ぶか(国会か総統選挙会の類いか)、である。

辛亥前、章太炎は法制について、(1)権力の相互牽制、(2)法の普遍的支配、(3)民衆の権利保護、(4)法制のエリートによる立法、(5)合議制への消極的態度、(6)強いリーダーシップへの期待、(7)権力から距離のある生き方を自由の尊重、(8)反功利主義、の諸点で考えていた(本章第一節)。しかし、民国の現実は、辛亥前の期待を裏切った。すなわち、⑴権力の相互牽制、⑵法の支配、⑹強いリーダーシップへの期待の点においてである。彼は当初、強いリーダーシップを袁世凱に期待したが、袁世凱は皇帝になろうとし、また外交的にも国権を弱めた。章太炎が袁世凱に幽閉されたのは、周知のところである。権力牽制の問題は、国会の権能に関わることであり、元々、彼は⑸合議制に消極的であり、辛亥前に代議制を批判したが、辛亥後、国会は案の定、その機能を果たさなかった。彼は随所で国会と政党の批判を繰り返している。(3) 総統や国会のあり方は⑶民衆の権利保護を云々する以前の問題であり、民国の現実が辛亥前の構想を裏切っていることは明らかである。

そこで次に、章太炎は民国の課題をいかに捉えたのか。見てみよう。

三　章太炎の課題認識

先ず民国初に章太炎の認識した民国の課題について確認しよう。それは政治、法制、財政など多岐にわたるが、民国における彼の思索の原点になるものなので、その大概を記す。

辛亥直後、彼は「中華民国聯合会第一次大会演説辞」（一九一二年一月三日）において、(4) 次のように民国の課題を捉えた。①中央集権体制を採用して連邦制をとらない。②大総統を設けるが、その権力を制限して民主専制の弊害を防ぐ。③行政部は議院に対して完全に責任を負う。④外藩は言語や生業が同化してから後に、本部の政権と平等にする。⑤いわゆる三権分立以外に、教育と糾察の二権を加える。⑥考選と考績は、内閣に専門部署を設けて管轄する。⑦田産制限、農商工業に対する累進課税、財産相続の制限を行う。(5) ⑧土地の国有化は困難。⑨財政問題と税制。⑩自衛のために国権を維持。⑪婚姻制度は旧来のママがよい（早婚は禁止。庶子にも均分相続。十逆の一つである「内乱」

は厳罰。死後の継嗣は禁止。生前の養子は承認等々)。⑫信仰の自由、政教分離である。

同様の認識は、他でも説かれた。前引の演説の直後、張謇に宛てた書簡(一九一二年一月六日)でも、①大総統の権力制限、②政党が未熟で徒党に類すること、③立法部と行政部に対して監察を行う必要性、④教育の政治からの独立、⑤財政問題、に触れている。(6) ①②は大総統の権限と国会の機能に関する問題、③は糾察権に関すること、④は信教の自由(孔子教)に関することである。また同じ頃(一九一二年一月)、章太炎は、政治や法律は皆慣習を基礎にするので、他国の法律を真似るのは愚だと言い、(7) 地域の固有性を踏まえて政治を行い法令を出すべきだから、地域の固有性を知る必要があるとも主張している。(8) 「臨時約法」が制定される直前の頃である。さらに「在統一党南通県分部成立大会上之演説」(一九一二年四月八日)でも、中央集権を目指して、連邦制は採らないと明言し、中央政府の命令を浸透させるために省制を廃して道制を採用せよ、と説く。(9)

以上から、辛亥直後、「臨時約法」が制定される前後、章太炎が捉えた民国の課題が分かる。今、法制に限って言えば、彼は当時(ア)連邦制に反対して中央集権の立場に立ち、(イ)総統権力の牽制や官僚の糾察を考え、(ウ)外国法を模倣した法制定に否定的であり、(エ)教育の政治からの独立、信教の自由を唱えて孔子教に国教化に反対したと言えよう。辛亥前の体制構想と比べると、(1)権力の相互牽制、及び(2)法の普遍的支配、(3)教育の政治からの独立の点で一貫していたと言える。しかも(1)権力の相互牽制の点は、辛亥前よりも具体化して、さらに糾察が加わった。糾察については、軍閥の抗争や国会の混迷などを経て、一〇年ほどすると、より具体的に構想されることになる(後述)。そして中央集権の立場はやがて地方分権に変わる。ただ、代議制批判の立場は辛亥後も変わらないが、民国初は封印されている。代議制に否定的であったのは、辛亥前は紳士が議員になり、民意を代表せず抑圧が強まることが理由であった(第一、六章、本章)。章太炎にとって善き体制とは、人民は平等で貴賤がなく政治が公平なものであった。彼は言う。

民主立憲・君主立憲・君主専制は、此れ政体高下の分為《た》りて、政事美悪の別には非ず。専制も良規なきに非ず。共和も秕政なきに非ず。我が中華国民の共和に望む所の者は、元首は世々に及ばず、人民に貴賤なきことに在り。(10)

章太炎にとって、元首の世襲されないこと及び人民の平等なことが重要なのである。それ故、秦の専制も評価した。貴賤を問わず賞罰が行われた公平さの点からである。(11) とりわけ旧中国においては、民衆にとって刑罰が重く官員には軽いという法的現実があったから（第二章）、公平さは重大事であった。しかも彼から見て、旧中国は専制といっても実質はほぼ放任状態であったから、(12) 議員（紳士層）が民衆の上に存すれば、この公平さを損なうと考えたのである。ところが、民国は議会制を採用し、袁世凱は帝制を企てた。そして国会は案の定、権力を牽制できず、国内は混迷している。元々、章太炎は対外的にも集権体制で臨むべしと考えてきたが、それは外交では強い国権が有利だからだ。(13) 民国の混迷は当然、外交においても現れた。章太炎にとって、中央政府が売国的になったことは、集権するかどうか以前の重大事であった。(14) 彼は言う。

通じて民国十年以来を計るに、集権の名を借りて、濫りに外債を借り、主権を販鬻《う》り、練兵して人を殺す。袁氏其の端を開き、馮・徐其の業を承く。中央政府は、一変して売国機関と為る。これ有るは其の無きに如かず（「在国是会議上之演説　天壇憲法之欠点」一九二二年九月一〇日）。

上海国是会議は一九二二年五月七日、全国の省議会、商会、教育会などの八団体代表が国是を定めようとして上海で開催したものである。会議には全国一四省区の代表二九人が参加し、国憲草議委員会が組織され、[15]章太炎、張君勱らが参加した。九月一〇日、国是会議講演会が開かれ、章太炎と張君勱が講演したが（この草案は（D）「中華民国憲法」に影響を与えた）、この時、章太炎は具体的に（A）「臨時約法」と（B）「天壇憲法草案」（以下「約法」「天壇憲法」と略記）を取り上げて、条文の矛盾を衝いた。彼は民国の直面する問題を法理として示そうとしたわけである。

そこで章太炎が法理によって説得する仕方を見てみよう。彼は言う。「約法」第一章第二条「中華民国之主権、属于国民全体」とあるが、これは第七章附則第五四条の「中華民国之憲法、由国会制定」に抵触する、と。[16]憲法制定権を国会にだけ与えたことを批判したわけだ。というのは、国民の主権を国会が代行できないと考えたからであり、また人民が直接制憲するのがよいと考えたからでもある（後述）。国会は民意を集約していないという認識は強い。また言う。「天壇憲法」第二章第三条に「中華民国国土、依其固有之疆域。国土及其区膿、非以法律不得変更」とあるが、「其固有之疆域」とは何を基準に決めたのか。それに「以法律」であれば、「疆域」は確かに変更は可能だが…。また、同第七〇条は「約法」第三五条を承けて、国会が同意した上で大総統の条約締結権を認めている。しかし、領土関係の条約は国家の同意なしに締結された、と。[17]要するに、彼は制憲行為や条約締結権など、憲法の規定と現実がズレていて、法が規範として機能していないというのである。次節に考察する改革案は、この認識に立って構想された。

話を戻すと、章太炎が専制を共和制よりまだマシと評したのは、皇帝以外は貴賤の差がなく賞罰も公平に行われたからであり、集権体制もその点から評価した。しかも当初、集権体制なら外交に有利であろうと彼は考えたが、民国の一〇年間に中央政府の売国性が露呈した。集権しても、外交は脆弱であった。だとすれば、課題は権力のあり方になる。すなわち、集権か分権か。権力をいかに牽制するか。国家が国民の主権を代行できるか、である。

四　内乱の原因——「三蠹」

さて辛亥前、章太炎は権力の牽制を三権分立および法の支配（法吏への告訴など）で考えていた（第六章）。三権分立は辛亥前では行政・司法・教育であったが、民国初になって、さらに糾察と立法が加わった（前掲「中華民国聯合会第一次大会演説辞」）。権力牽制の点では、より強められたと言える。糾察が加わったのは、法制上定められた三権分立と相互牽制だけでは弱いことを、辛亥後の現実が見せつけたからである。また立法を加えたのは、民国が議会制を採用した現実を追認したからである。しかし、総統権力が強まる一方、そのポストは争奪の的になり、また国会が牽制機能を果たせないことはすぐに明らかになった。「臨時約法」では参議院に弾劾権があり、条約の承諾権もあったにも拘わらず、機能しなかった。法制と現実との間に余りの懸隔が存したのである。かくて章太炎は、権力の牽制のために極端とも見える改革を主張することになる（後述）。改革は条文の字句修正のレベルではなかった。

そこで先ず章太炎が捉えた問題点を見てみよう。彼は「弭乱在去三蠹説」（一九一二）で、内乱の原因を「三蠹」（約法・国会・総統）に求め、それらを改革せねばならぬと言った。[18]①約法が「蠹」（害虫）だと言うのは、「臨時約法」（「天壇憲法草案」も含む）が集権体制を前提して専制の護符に堕したからである。[19]「臨時約法」は大総統と国務総理に分権し、参議院に弾劾権と承諾権を付与したが、袁世凱の専権を防ぐことが出来なかったばかりか、国権も守れなかった（前節参照）。②国会が「蠹」だと言うのは、国会は権力の牽制機能を果たせないばかりか、賄賂で動くからである。民国初より章太炎は元々国会や政党に懐疑的であったが、袁世凱の帝制の失敗後、国会や総統は後述するような有様なのであった。③総統が「蠹」だと言うのは、総統の位が争奪の的になり、戦争を引き起こしたからである。彼に言わせれば、大総統の職は帝王にも似るが、それ以上の問題がある。問題とは、帝王の位が世襲なのに比べて、大総統の位は五年ごとに武力で争われることだ。章太炎は言う。

大総統の一職は、権に殉ずる者の必ず争ふ所と為る。民国十一年の中、乱数《しば》しば起こるは、皆この大位を争うに由りて成り、投骨然として、狗を引きて相ひ噬ま使むるが如きなり。而して民国六年の乱は、亦た此より起こる。内閣の専権と総統の専権は其の害異なること有るに非ず。…（中略）…、而して大総統は五年に一たび選べば、則ち五年毎に必ず武力の争ひ有らん。此の職を去らざれば、則ち衅《ちぬ》ること中より起こり、魚爛《ほうかい》四方に及びて、人民は始終幸ひ無けん。（「弭乱在去三蠹説」）

民国六年の乱とは、袁世凱の洪憲帝制失敗の後、黎元洪が大総統になり段祺瑞が国務総理になって以降、起こった権力争奪戦のことである。すなわち、彼らは総統府と国務院の権限、地方分権、対独参戦等の問題をめぐって争い、張勲復辟を誘発したが、復辟が失敗すると、黎元洪が辞職させられ、馮国璋（直隷軍閥）が総統の位に就いた。そして南方の民党や西南軍閥が旧国会の復活を要求したのに反し、国務総理段祺瑞（安徽軍閥）は民国初の参議院を召集しようとした。段祺瑞は民党と対立したこともあって、南北の対立が深まり、段内閣は総辞職することになったが（後任の国務総理は汪大燮・王士珍・銭能訓とめまぐるしく交代）、段内閣は張作霖（奉天軍閥）の支持によって再び成立した、という紛糾のことである。こうして北方では直隷軍閥の曹錕や呉佩孚、安徽軍閥の段祺瑞、奉天軍閥の張作霖、南方では孫文や西南軍閥らが南北に対立して抗争する構図が生まれた。民国十一年の乱とは、孫文の北伐令、第一次奉直戦争、国会と総統の位をめぐる争いなど諸々の混乱を指す。すなわち、広東国会で非常総統に選ばれた孫文が護法のために北伐軍を組織し、また第一次奉直戦争で直隷派が勝利した。そして直隷軍閥（曹錕や呉佩孚など）は、いわゆる安福国会（民国七年八月）で選出された大総統徐世昌に辞職を迫って法統の回復を唱え、黎元洪に総統復位を要請した。かくて北京では民国六年六月に解散された国会が復活した（民国一一年八月）というものである。

国会のあり方を見ると、一〇年余りの間に二回解散させられ、二回復活した。解散は民国三年一月一〇日及び民国六年六月一二日の二回、復活は民国五年八月一日及び民国一一年八月一日の二回である。章太炎が問題視した民国六年の乱と民国一一年の乱は、大総統と国会をめぐる混乱であり、規範として機能しない法制と権力闘争の現実であった。それ故、国会と総統の権能、そして、それらを法的に根拠づけた「臨時約法」を、彼は「三蠹」として指弾したわけである。

では、「三蠹」を除いてどう改革しようというのか。

五　権力のあり方―改革方案

「三蠹」を除く改革方法は、二つ提起された。すなわち、一つ目は権力の分散であり、中央政府と総統権力のあり方に関わるものである。二つ目は監察官制であり、国会に代わって権力を牽制しようとするものである。

（1）権力の分散

「章太炎改革法制之新主張」（一九二二年六月二五日）で、章太炎は改革案として①連省自治、

②連省参議院、③委員制を主張した。[20] 集権制を前提する「臨時約法」に対して連省自治という地方分権、中央の国会に対して連省参議院という地方自治を基礎にした合議制、総統に対して委員制を改革案として挙げたのである。連省自治構想は、省自治→省際自治→連省自治の三段階を経るというものである。彼の連省自治論の大概は、先学の研究から知ることが出来るので、ここでは省きたい。[21] それに連省自治論は、彼の辛亥後の評価や研究視角にも関わり、検討すべきことが多いからでもある。ただ、彼の各省自治の意図には留意しておこう。省自治は国内的には土着の人民を保護し、対外的には全国の領土を保持することだと章太炎は言うのである。[22] 彼の基本的意図を軽視すると、連省自治の問題点を個々にあげつらって批判しかねず、省自治の主張につらなる権力の牽制や民意の反映という其の問題関心を見失いやすいからである。

次に③委員制であるが、委員制は総統の一権集中に代わる権力の分散として考えられた。というのは、「大総統の一職は、権に殉ずる者の必ず争ふ所と為」ってきたからだ。こう判断した根柢に、章太炎の人間認識が潜んでいる。彼は民国一〇年間の経験から総統を三つの人間類型に分けた。すなわち、(ⅰ)「梟鷙」(権力を恣しいままにする独裁者)、(ⅱ)「仁柔」(国務総理など他から総統権力を簒奪される温厚な者)、(ⅲ)「誇誕」(「梟鷙」と「仁柔」の中間でその勢いによっていずれかに傾く者)の三つである。[23] 権力を執行する委員が複数になると、権力が分散するので、「梟鷙」なる者は恣にはできず、「誇誕」なる者も好き勝手なことを言えない。そして「仁柔」なる者は少ない助力を心配せずともよい、と考えたのである。争奪の的となった大総統や国務総理のポストを、さらに分散させて権力を牽制しようとしたわけだ。そして、「章太炎改革法制之新主張」より二年後に書かれた「改革意見書（二）」では、委員制が具体化されて行政委員と呼ばれ、「中策」とされた。[24]「中策」なのは、数カ国に分治する方策(これが「正軌」)に比べて、単に中央権力を分散させる仕組みだからである。具体的内容としては、行政委員は五〜七人で構成し行政委員の主席を作る。しかし、独裁の過ちを予防するために、任期を設けて永久に主席たることはできない。委員は唐代の同平章事・明代の内閣・清代の軍機のようなものだ、と説明した。[25] 委員制への批判に対して、彼はこれまで総統不在の時には国務員が大政を代行して不都合はなかったし、逆に総統が強ければ、国務院に干渉し圧迫したではないか、と答えた。委員制の意図が総統権力の牽制にあったことが分かる。

委員制を「中策」としたことには、湖南省憲法の改正要求といった背景がある。すなわち、この「改革意見書（二）」が書かれた半年程前、湖南省自治の根拠となった湖南省憲法（一九二二年一月一日公布、施行）に対する改訂の要求が北方から来た。また、南方の孫文も連省自治には反対した。章太炎は改訂要求に対して推進の立場から反論したが（次節）、改訂要求は地方分権の現状の容認すら極めて困難ということを改めて彼に認識させた。こうした経緯もあって、「改革意見書（二）」では、分治を「正軌」、委員制を「中策」としたと考えられる。しかし、委員制にしても、やはり実現は容易ではない。総統制は実施されてすでに一〇年も経ち、重い現実だから、総統制が問題だと分かっていても、利害の錯綜と権力の乱立は、改革の方向を見えにくくさせた。権力濫用を牽制する諸策は、現実には浮遊する他ない。

委員制で付言すると、「国是会議上之演説　天壇憲法之欠点」（一九二二年九月一〇日）では、国政委員制を採用して総統制を廃止するとある。[26] 行政委員がここでは国政委員と称されているが、それは国是会議で検討された乙種草案に見える。国是会議は、前節でも触れたように、民間主催でありながら、国是を定めるとして憲法草案を検討した。その草案は二案あって、主案たる甲種は張君勱、副案たる乙種は章太炎が草したが、国政委員は、この乙種案で提案されたものである。その意図は「改革意見書（二）」と同様、権力の分散と牽制にあった。

思えば、辛亥前の体制構想では、一人のリーダー（皇帝）に代えて、権力は行政・司法・教育の三つに分散された。総統は行政を掌り、その地位は他の長官と対等であるばかりか、独裁を許されず、勝手に法を改めることも出来ない。また総統の過失や受賕罪に対しては、法が適用された(第六章)。辛亥前、章太炎は総統の独裁を認めず、法を例外なく適用しようとした。ところが民国になり、大総統は大きな権限を持つに至った。[27]そして袁世凱の(C)「中華民国約法」になると、大総統は国家の元首として統治権を総攬し、行政を国務卿の参襄の下に行うことになった(第一四、四四条)。大総統の位はあたかも君主のようになったのである。一方、国会であるが、(A)「臨時約法」は、参議院に大総統に対する同意権や弾劾権を認めたが(第三四、三五、四〇、四一条)、(C)「中華民国約法」は、立法院と参政院に、大総統の諮問に答えたり意見を建議する権能しか認めていない。

要するに、民国の大総統は、どの憲法(草案も含む)規定の上でも行政権以上の権能を持ったのであり、独裁を可能にした。一方、国会は現実はもとより、法規上でも大総統に比べて弱い立場であった。民国一〇年余りの現実は、三権分立や法の適用などがいかに無力かを明らかにした。総統制の廃止と行政委員制への改革は、この経験から生まれた提言なのである。辛亥前における体制構想の意図がより具体化したものと言えよう。

(2) 監察官制

監察官制は、権力の牽制策のもう一つであり、国会に代わるものとして構想された。具体的には給事中と監察御史の設置である。[28]給事中と監察御史とは、いかにも古めかしい名称であるが、章太炎の意図は旧制の復活ではなく、国会の機能不全を改革する点にあった。

そもそも給事中とは、漢代から存するポストであったが、唐代では、門下省の要職となり制勅に封駁できた(清代では封駁の権限はない)。明代では、唐宋の旧制に沿って、六科に給事中一人、左右給事中各一人といった具合に置かれ、御史と併せて「科道」「台垣」と称された。つまり、給事中は事前に政治意思に影響を与え、御史は官吏を事後に糾察するのである。

給事中と監察御史という歴史的官制が持ち出された訳は、民国の国会には問題点が多いからである。章太炎は「与章行厳論改革国会書」（一九二四年一月一五日）で、かつて論じた自らの反代議制論に言及し、今や国会の害は「代議然否論」で指摘したこと以上だと言った。何が辛亥前と違うのか。かつては、地域の土豪が議員になり民意を代表出来ないことが主たる代議制批判の理由であった（第一章）。しかし、民国で議員の素行を目の当たりに見て、反対理由が具体的になった。批判は二つある。一つ目は、参衆両院で八〇〇名余りいる議員の資質である。太炎によれば、彼らは粗製濫造され賢愚が混じり、投票用紙に名前を書くだけで、勢力のある多数派に屈することが多い。(29)二つ目は、議員定数との関係で、弾劾等の機能が果たせていないことである。すなわち言う。①議員が官吏を監督する場合、過半数の議員の出席という多数決原理がある故に、弾劾査辦ができない。②法吏で監督する場合、過半数の議員が（官吏と関係して）罪を犯していれば、処置しようがない。③選挙区がその議員を停職させて起訴するにしても、多数の議員が該当すれば、停職・起訴は現実的にできない、と。(30)そこで政府は給事中によって監督し、官吏は監察御史によって監督するのがよいと主張することになった。官員を官員で監督する監察官制のアイデアは、すでに「諦実之共和」構想に見られる（第六章）。

議員定足数と弾劾などの国会の権能について補足をしよう。（D）「中華民国憲法」を例に挙げると、参衆両院はそれぞれ議員総数の過半数の列席がないと議会が開けず（第五六条）、参議院が大総統・副総統に謀反行為があるとして弾劾する場合、列席議院の3分の2以上の列席、列席議員3分の2以上の同意を得なければならない（第六〇条）。行政に対する弾劾も、国会議員の出席数が関係する。衆議院が行政を掌る国務員に違法行為ありとして弾劾する場合、列席議員の3分の2以上の同意が必要なのである（第六一条）。法文上はこのように国会は政府を監督できるが、実はそれ以前の現実が問題となる。「中華民国憲法」公布より前、国会が二度解散させられ二度復活したことは前述した。民国六年、護法運動が盛んなとき、南方派は広東で国会を開こうとしたものの、定数不足で正式に開会はできなかった。[31]一方、北方では民国七年に安福国会が召集されて、徐世昌が大総統に選出されたが、南方派は徐を「非法総統」として正当性を認めなかった。このように国会は権力牽制の権能を果たせないばかりか、逆にそれぞれの地域権力（軍閥）を正当化する場になったのである。監察官制は、こうした現実の中から生まれた。

仮に給事中と監察御史によって政府と官吏を監督するにしても、給事中と監察御史の不法行為はどうするか。章太炎は法吏が彼らを糾察し法廷で起訴すると言う。給事中・監察御史制は国会議員が政府を監督するのに比べて勝る、と言う。[32]監察御史は法吏とは別なポストなのである。[33]そして、監察御史が官吏を弾劾査辦した後、不法行為の軽重によって刑律と行政処分の二つがあると言い、行政処分としては免職降資・除名不叙・他州安置・辺境効力自贖の四つを挙げた。その理由は、近世の刑律は人民を糾治するものが多く、官吏を糾治するものが少ないので、官吏に弾劾査辦を行わないと、彼らが恣になるからとした。[34]加えて、彼は給事中と監察御史の選抜方法、任期、定員、官位など制度について事細かに述べた。弟子の但燾が「給事中制度論」を書いて、章太炎の議論を補足をしたことも付け加えておこう（『華国月刊』第一巻第五期、一九二四年一月）。

明らかに監察官の発想は歴史的経験に基づいていて、新たな現実に対して有効かどうかは検討の余地が残っているだろう。しばらくその検討を置いておけば、この改革案は弱い立法機関に代えて行政機関を強化するものだという点には十分留意しておきたい。それは国民の主権をいかに吸収して表現するかを探るより、行政が政治も管理しようとする方向なのである。代議制批判の到達点と言えるだろう。

次に「三蠹」の改革策に比べて、より根本的な問題について考えよう。それは湖南省憲法の改訂要求であり、上述した改革策の直後に起こった。この改訂要求には、主権のあり方を考えさせる契機が潜んでいた。国民は自らの主権をいかに表現するのか。権力者が民本主義的に民意を吸収するのか。そこにはこの根本的な問いが含まれており、権力牽制や集権か分権かといったレベルを超えるものであった。

六　規範の形骸化と自治の形と

湖南省憲法の制定とその改訂には、次のような背景があった。すなわち、章太炎は湖南省長譚延闓から招かれ（他には張継、呉稚暉など）、湖南省自治運動に関係した。「聯省自治虚置政府議」は、それを承けた章太炎の提議である。そもそも「湘人治湘」論は、一九一七年の護法戦争頃、段祺瑞の武力で中国を統一するという方針に抗して、湖南の現状を維持せんがために唱えられた。一九二二（民国一一）年元旦に湖南省憲法が公布され、次いで省長選挙が行われた。ところが、これを契機に湖南督軍の譚延闓と湖南軍総指揮趙恒惕との間に不和が表面化した。趙が省長に選ばれて、譚が趙に反撥したからである。その後、譚は趙恒惕打倒の運動を起こして南方の孫文に接近、孫文の命を受けて北伐軍として湖南に侵攻してきた。一方、趙は全国に護憲を訴えたが北伐軍に敗れ、北方の呉佩孚（直隷派）の援軍を得て、今度は逆に北伐軍を退けた（一九二三年）。省憲法改訂の要求は、一九二四年、湖南を管理下に置いた呉佩孚から提起された。[35] 孫文にせよ呉佩孚にせよ、中国の統一を掲げて省自治には反対し、省自治が中国統一できない救時策であることを理解しなかった。章太炎の省憲法改訂反対には、上述のような背景があった。さて、章太炎は憲法条文を根拠に改訂の不要なことを湖南省議会に説いた。呉佩孚側は改訂要求の根拠として省憲法の憲法違反を挙げるが、章太炎はそれを逆手にとって反論した。

章太炎は言う。（D）『中華民国憲法』（第二節参照）は公布されたが、まだ施行されていない。従って、省憲法が未施行の憲法に違反することをもって改訂要求はできない、と。また、現実に存する巡閲使のポストと常備軍の配置がそもそも憲法に違反しているから、呉佩孚側が先ずそれを正すべきだ、と。省憲法改訂要求の手続きおよび呉佩孚側の違反に関して、法理として説いたのである。巡閲使は、北洋政府が民国初、二省以上にまたがって管轄するために置いた臨時の軍政長官であるが、（D）『中華民国憲法』は省と県の二級しか地方行政区画として認めないので、省を超えたその設置は憲法違反になる。これが章太炎の論理である。補足すれば、呉佩孚は一九二〇年に直魯豫巡閲副使として洛陽に駐在し、翌二一年には両湖巡閲使になった。巡閲使の設置は省以上の行政区画を前提しているから、章太炎は（D）第三条「国土及其区劃、非以法律不得変更之」（憲法に拠らず）恣に省以上したわけだ。また、（D）第三二条には「常備軍之駐在地、以国防地帯為限」とあるが、呉の軍隊は現実にそう配備していないから憲法に違反する。憲法違反と言うのなら、先ず湖南から撤兵すべきだ、とも批判した。[36]この電文末尾で章太炎は湖南省議会に檄を飛ばして、切々と抵抗を訴えた。しかし、明らかになったのは、法理の当否とは関わりなく動く現実であった。彼は言葉の無力さをまたもや見せつけられたことになる。

しかし、この改訂要求は章太炎にとって思想的には問題の根本を考える好機であったと言える。それは人民主権に関わるものであり、主権と国会の基本的関係を再考する好い機会であったのである。中華民国の主権が国民全体にあるとは何か。これを考えることは、憲法違反の当否や地方分権の正当性といった戦術的な駆け引きを超えた、共和制の原点を原理的に考える契機になったはずである。はずであると言ったのは、章太炎は結局、中央の国会は民意を代表しないという議論に収束させてしまったからだ。それはどういうことか。見てみよう。

章太炎は「章太炎再致湘議会電」で国会と主権との関係を問うた。[37]彼は言う、（A）「臨時約法」第二条に「中華民国之主権、属于国民全体」とあり、同第五四条には「中華民国之憲法、由国会制定之」とある。主権の最たる行為は憲法制定だが、両条は相矛盾する。世界のどの国の国会でもその開催には、人民の請願が先ずあって、そこで議員は人民の代表となる。ところが、中国の国会は大総統が召集し、人民は開催請求の意志表示ができない。議員選挙が行われても地保が議員なるだけで、彼は一村の代表ではない。従って、国会は人民の代表たり得ない。「約法」自体自己矛盾するのだ、と。(38)彼は憲法制定権の前提する民意の反映と議員の代表資格の乖離を問うたのである。仮に国会をこの論理で否定できたとしても、人民の主権や政治意志をいかに代表するのか。この根本的な問いは、依然として残る。人民の主権に関して、彼は「聯省自治虚置政府議」（一九二〇）において、県知事から省長までは、すべて人民の直接選挙で選ぶとした。(39)憲法制定が人民の主権行為の最たるものなので、地方における直接選挙が民意をもっとも反映すると考えたのである。「与章行厳論改革国会書」（一九二四）では、選挙について元首の選挙や憲法の批准を例に挙げながら、「多数決をして無害なのは、権利が国民全体に存する時であり、代議士ではない」と言っている。(40)章太炎は中央の国会は人民の代表たりえないが、地域共同体のレベルでは、直接選挙により代表を選出することに否定的ではなくなったのである。それはどういうことか。辛亥前を振り返ってみよう。

辛亥前、章太炎が構想した「諦実之共和」社会は三権分立であっても、立法機関は議員が人民を代表しない等の理由から設置されず、法律は法制エリートが制定した。彼がもともと合議制に対して『訄書』期から冷淡であったことに加えて、議員に土豪が選ばれて民意を代表できないと考えたからだ。「諦実之共和」にして「奇觚之専制」という奇妙な体制構想は、こうして生まれた。そこでは選挙に消極的であった。しかも当時、彼は老子の「小国寡民」に共感し、小共同体に生きる民衆の非政治性を高く評価した。しかし、「聯省自治虚置政府議」（一九二〇）に至って、ようやく基層レベルにおける直接選挙が容認され、共同体自治の考え方に変化が起こった。ところが、「与章行厳論改革国会書」や「章太炎再致湘議会電」（以上ともに一九二四）では、給事中・監察御史制と国会の否定しか改革案として説かれなかった。国民の主権行為を憲法制定と捉え、連省自治瓦解の危機という事情があったにせよ、数年の間に主権と民意をめぐる根本的問いに対して、彼の思索は深まらなかったと言えよう。結局、章太炎は給事中や監察御史など、いわばエリートで政府と官員を監督し、立法は法制エリートに委ねる方向で考えてしまったのである。つまり、彼の思索は、権力牽制と法の支配を行政国家の形で考えたことになる。人民の主権表現を県レベルの立法機関を介して集約する方向ではなかったのである。

七　結びに代えて

以上、民国一〇年余りの期間における章太炎の法制論を瞥見した。彼の思索は権力牽制や地方自治に収斂していったことが明らかになった。思索が現実に直面し、その中で一点に照準を合わせた結果である。照準は権力牽制、及び民衆の権利の基礎となる地方自治に定められたと言える。辛亥前の思索は、現実の篩にかけられたのである。

辛亥前、彼の法制論は、(1)権力の相互牽制、(2)法の支配、(3)民衆の法的権利の保護、(4)法制エリートによる制定、(5)合議制への消極的態度、(6)強いリーダーシップへの期待、(7)権力からの距離のある生き方を自由として尊ぶ、(8)反功利主義、が特徴であった。当時、彼の考えた法の支配とは、①総統など権力者や官僚にも法を公平に適用して、②権力を牽制し、③民衆の権利を保護するものであり、また④富人の権利を認めない反功利主義的なところがあった。しかも老子の「小国寡民」風の小共同体をよしとして、権力からの自由を尊び抑圧を避けようとしたが、この点（第六章）は法の支配を曖昧にして不徹底なものにした。法の支配は、法が社会全体に規範として機能することが前提されているからだ。ただ、民国になって、地方自治として人民による省長や県知事の直接選挙を肯定し、主権行為である省憲法制定では、省議会による制定では人数が限られるので、県議会と城鎮郷自治会を恢復させて憲法発布の中枢機関とすると述べるに至った。(41)この点を見れば、法の支配、法の社会規範化という考え方が一貫したと言える。自由を権力から距離をとって抑圧を避ける方向ではなく、逆に直接選挙を通して政治に関与する方向で自由を考え始めたからである。また、湖南省自治運動の関係から、商界などとの連携が不可欠となり、かつての反功利主義は前面に出なくなった。しかし、結局、給事中・監察御史・法吏など、いわば行政エリートによって権力を牽制し法が支配する体制像を描くことになった。規範として機能するはずの憲法が軍事力によって形骸化し、法は権力者が自己正当化する手続きに堕した現実があったからだ。が、いずれにせよ、人民主権を認めて地域から立法する芽は、背後に退いたと言えよう。

以上、第一編は章太炎の法制論を辛亥前を軸にして、辛亥後も併せて見た。明らかになったことは、彼の法への関心は早期より強く、儒教の法への影響をも判した。その批判は法吏の専断といった現象面のみならず、法理にまで及ぶものであった。

その鋭い分析は、『検論』原法篇に見ることが出来た。しかも、その作業は法制史研究の早い時期におけるものなのである。中国近代の知識人が法に冷淡であり、儒教の法への影響を当然と見做したことを思い併せれば、章太炎の思索の歴史的意義が見えてくる。

そして、本終章は辛亥後の法制論を考察し、辛亥前の体制構想とも比較した。辛亥後、彼は憲法・大総統・国会の三者を「蠹」と批判し、権力を分散させて牽制し、監察官・法吏が監督する体制を主張するに至った。辛亥前、彼は「諦実之共和」にして「奇觚之専制」と自ら呼ぶ特異な政体を構想したが、これが民国の現実の中で練り上げられたと言えよう。総統権力を牽制するために委員制を構想したのは、法の支配と民衆主権保護のためであった。それは民衆の主権行為が憲法制定に表現されると考えたからだが、ただし、制定後の権利保護や民意表現がどうなるのかは不明であって、せいぜい県議会と城鎮郷自治会を恢復させるという言葉から推して基層社会の立法機関に期待していたことは窺える。

ともあれ、民国初、章太炎の辛亥前の法制論は、①法の公平な適用、及び②支配権力の牽制に思索の照準を合わせたことになる。そして、④反功利主義的な見方が弱まり、現実的になった。ただし、彼が構想した政体は、権力を地方や行政委員に分散させた体制であるが、立法国家ではなく一種の行政国家タイプなのである。民国初における章太炎の思索の軌跡と原点を見た時、単に「頽唐」したと評してよいかどうか。さらなる考察が必要であろう。

［注］

（1）王独清著、田中謙二訳『長安城中の少年』一一三〜一一四頁、東洋文庫、平凡社、昭和四〇年。（『長安城中的少年』、上海光明書局、一九三三年。）

（2）馬場鍬太郎『支那経済地理誌制度全編』第七章「民国の中央行政制度」、禹域学会刊、昭和三年。味岡徹「民国憲政の二つの潮流」、久保亨・嵯峨隆編『中華民国の憲政と独裁　一九一二―一九四九』所収、慶応大学出版会、二〇一一年など。

（3）例えば「参議員論」（一九一二年二月）では、議員は民衆の代表ではなく、「議郎」にすぎないと批判し、「新紀元星期報発刊辞」（一九一二年九月）では、議員が人民の代表ではなく「民賊」だと五点にわたって非難している。

（4）「中華民国聯合会第一次大会演説辞」（一九一二年一月三日、『大共和日報』一九一二年一月五〜六日原載。）『統一党第一次報告』（一九一三）、『章太炎最近文録』（一九一五年）所収。（ただし、『章太炎最近文録』所収のものには異同がある）。湯志鈞編『章太炎政論選集』下冊所収、中華書局、一九七七年。

（5）『章太炎最近文録』では、さらに遺産相続税が追加されている。

（6）「与張謇論政書　一」、『大共和日報』一九一二年一月六日原載。『章太炎最近文録』収録時に「与人論政書　一」と改題。前掲『章太炎政論選集』下冊所収。
（7）「大共和日報発刊辞」、一九一二年一月四日。前掲『章太炎政論選集』下冊所収。
（8）「先綜核後統一論」、一九一二年一月一一日。前掲『章太炎政論選集』下冊所収。日本が統治のために台湾における旧慣調査をしたことにも触れて、民俗調査の必要性を説く。
（9）「在統一党南通県分部成立大会上之演説」、一九一二年。章念馳編訂『章太炎演講集』所収、上海人民出版社、二〇一一年。
（10）前掲「大共和日報発刊辞」。
（11）「秦政記」（一九一〇）でも、「人主独貴者、其政平。不独貴、則階級起。…（中略）…、要以著之図法者、慶賞不遺匹夫、誅罰不遺肺府。斯為直耳。」とある。
（12）前掲「在統一党南通県分部成立大会上之演説」。
（13）前掲「在統一党南通県分部成立大会上之演説」では、亡国の危機感を募らせている。「在国民党上海交通部茶話会上之演説」（一九一三年六月八日）では、各省が独立してもなお民国の領土だが、政府が道を誤り領土を他国に譲渡すれば永久に回復は出来ないと言い、中央政府の売国性を責めた。
（14）「在国是会議上之演説　天壇憲法之欠点」（一九二二年九月一〇日）。前掲『章太炎演講集』所収。また、「国是会議『国憲』講演記―章太炎講『天壇憲法』之劣点」の題名で、呉瑩崗主編『『申報』中的章太炎文献選輯』にも収録（上海辞書出版社、二〇一七年）。
（15）その間の経緯は、「国是会議国憲草議委員会記」（『申報』、以下同じ。一九二二年六月二六日）、「国是会議草憲委員会常会」（一九二二年七月九日）、「国是会議草憲委員会開会紀」（一九二二年七月一四日）、「聯省自治促進会開籌備会」（一九二二年八月二四日）、及び「国是会議草憲委員会開会記―議開『憲法』講演会」（一九二二年八月二五日、前掲『『申報』中的章太炎文献選輯』所収）など参照。
（16）前掲「国是会議『国憲』講演記―章太炎講『天壇憲法』之劣点」。
（17）前掲「国是会議『国憲』講演記―章太炎講『天壇憲法』之劣点」。条文に関して、「臨時約法」と「天壇憲法草案」を『申報』記者が取り違えたことを、章太炎は抗議した（「章太炎来函」一九二二年九月一二日、前掲『『申報』中的章太炎文献選輯』所収)。ただし、「第二章第三条:中華民国国土、依其固有之疆域、…」は、太炎の指摘した通り「天壇憲法草案」であり、「臨時約法」ではないが、条数は「第二章第二条」が正しい。

(18)「弭乱在去三蠹説」。手稿。前掲『章太炎政論選集』下冊所収、湯志鈞氏は按語で一九二二年と推定する。この元の原稿が「章太炎改革法制之新主張」(『申報』一九二二年六月二五日)である。

(19) 前掲「弭乱在去三蠹説」「昔者、武漢倡義、各省本自為謀、因而導之、即為聯邦之勢、而約法無此形式。天壇憲法、後雖増訂、亦未有聯邦之文、其為集権専制之護符、彰彰可見」。前掲『章太炎政論選集』下冊七五六頁。

(20)「章太炎改革法制之新主張」、『申報』一九二二年六月二五日原載、前掲『申報』中的章太炎文献選輯』所収。

(21) 横山宏章「中国の地方分権論―『大一統』と『連省自治』の確執」、『明治学院大学論叢』法学研究五四八号、一九九四年。汪栄祖「章炳麟与中華民国」、『中華民国建国史討論集―開国護法史―』中華民国建国史討論集編集委員会刊、一九八一年。汪栄祖『章太炎散論』「四。章炳麟与自治運動」、中華書局。李潤蒼「章太炎与"聯省自治"」、『近代中国人物』第二輯、重慶出版社、一九八三年。唐文権・羅福恵『章太炎思想研究』第四章「県群衆、理民物―章太炎的政治学説」「从統一到分治」一三七～一四五頁、華中師範大学出版社、一九八六年。姜義華『章太炎評伝』八・二聯省自治、百花洲文芸出版社、一九九五年など。連省自治全般については、胡春恵『民初的地方主義与聯省自治』(増訂版二〇一一年、中国社会科学出版社)、劉迪『近代中国における連邦主義思想』(成文堂、二〇〇九年)など。

(22)「各省自治共保全国領土説」(一九二〇～二二年手稿)、前掲『章太炎政論選集』下冊七五五頁。これは「聯省自治虚置政府議」(北京『益世報』、一九二〇年一一月九日原載)や「弭乱在去三蠹説」に展開すると考えられている。

(23) 前掲「章太炎改革法制之新主張」。ただし、前掲「弭乱在去三蠹説」では、同じ内容で「誇誕」の語が「狂妄」となっている。

(24)「改革意見書(一)」、『申報』一九二四年一一月一四日原載、前掲『『申報』中的章太炎文献選輯』所収。『申報』の原題は「章太炎再発表改革意見書」。

(25) 前掲「改革意見書(二)」。

(26) 前掲「在国是会議上之演説　天壇憲法之欠点」。

(27) (A)「臨時約法」では、行政は国務総理と各部総長が掌り(第四四、四五条)、臨時大総統は政務を総攬する(第三〇条)。(B)「天壇憲法草案」では、大総統は行政権を国務員の参襄によって執行するほか(第五五条)、法律の公布と執行、官吏の任免、陸海軍の統帥、条約締結、国会解散、戒厳宣告などの諸権限がある（第六三～七五条）。

(28)「与章行厳論改革国会書」（一九二四年一月一五日、『華国月刊』第一巻第五期。前掲『章太炎政論選集』下冊七八九頁。給事中・御史の名称は、帝王侍従官の嫌いがあるので変更して良いと言う。

(29) 前掲「章太炎改革法制之新主張」。

(30) 前掲「与章行厳論改革国会書」、前掲『章太炎政論選集』下冊七八八頁。

(31)「天壇憲法草案」第三七条には「両院非各有議員総額過半数之列席、不得開議」とある。

(32) 前掲「与章行厳論改革国会書」、前掲『章太炎政論選集』下冊七八九頁。

(33) 前掲「与章行厳論改革国会書」、前掲『章太炎政論選集』下冊七九〇頁。

(34) 前掲「与章行厳論改革国会書」、前掲『章太炎政論選集』下冊七九〇頁。

(35) 前掲胡春恵『民初的地方主義与聯省自治』第五章第六、七節。

(36)「章太炎致湖南省議会電」（一九二四年三月二四日）、前掲『《申報》中的章太炎文献選輯』。

(37)「章太炎再致湘議会電」（一九二四年三月二五日）、前掲『《申報》中的章太炎文献選輯』。

(38) 前掲「章太炎再致湘議会電」。

(39) 前掲「聯省自治虚置政府議」、前掲『章太炎政論選集』下冊七五二頁。

(40) 前掲「与章行厳論改革国会書」、『章太炎政論選集』下冊七八九頁。

(41) 前掲「在湖南長沙報界歓迎会上之演講」、一九二〇年一一月一日。『大公報』一九二〇年一一月二日。前掲『章太炎演講集』所収。

第二編　章炳麟における知の諸相

第一章　章炳麟における表現の問題
――方法としての言語――

問題の所在

章炳麟（号　太炎。以下、章太炎という）は、一九一〇年に『国故論衡』、一九一一年には『斉物論釈』を上梓している。辛亥革命前夜、経済的危機、政治的緊迫、社会的混乱の最中に出されたそれらは異彩を放つ。例えば胡適はそれらを、この二千年間において「著作」と称するに足る七、八部の書の一つと激賞し（「五十年来中国之文学」、『胡適文存』二所収）、章太炎自らも「一字千金」とまで自負した（「太炎先生自述学術次第」）。章太炎自身の言語空間の特異さもさることながら、確かにこれらは学術の外衣を借りたそれこそ「政治的」な書であり、言葉本来の意味で思想的だと言えるのである。

さて、小論が試みるのは、この時期において言語が章太炎の中で占める位置を探ることである。章太炎が言語をどう捉えたか、この検討を通して彼の世界把握を知ろうとするのである。というのは、こう考えるからである。すなわち、その人特有の言語表現とは、その言語体験に根ざし、それらはとりも直さず彼の世界経験の反映に他ならない。世界経験こそが言語の基礎にあるのであって、その逆ではない。だから、言語の検討から世界把握へ原理的には遡及できるはずなのである。

さらに付言すれば、言語意識という光を通して、章太炎の思想において彼の世界を規定している生の観方、いってみれば、絶えず旋律の底を流れゆく通奏低音のごときもの、これを明らかにしたいのである。このことは、後にも触れるように、二つのことを批判することでもある。一つは、辛亥前夜、章太炎は人民から遊離し、学問に沈潜して反動化するという歴史的評価があるが、これに対して。二つは、こうした評価は、政治行動を基準にして思想の全体、生の原質をも評価せんとする方法意識に基づいているが、これに対して。中国の近代は、政治を抜きに語れはしない。が、政治思想のみでもやはり語れはしないのである。けだし、いかなる政治思想にも人間存在の原像は秘められているし、この生の観方が政治とはりつめた関係に入る時こそ、思想はエネルギッシュに運動し、豊かな稔りをもたらすからである。いま政治思想を云々する前に、一まずこれを探ろうというわけなのである。

但し、小論は章太炎の表現そのものを検討するのではない。そうではなくて、彼が言語を思想の方法として捉えたその意味を論ずることにする。言語を思想の方法として捉えたことも、また一つの言語体験に根ざしているからである。

方法としての言語。これは章太炎が自覚していた対象世界の捉え方である。これは勿論、一般的意味において、世界と我々が交流する時、言語がその媒体になる故に、言語は方法だと言ったのではない。それなら章太炎に限らず、例えば譚嗣同や康有為においても言語は方法であろう。そうではなくて、言語が方法意識として章太炎にあったというのである。周知のように、章太炎はすぐれた「小学」者であった。「小学」とは、経学の基礎にある、文字・訓詁・音韻に関する伝統的学問のことである。だから章太炎には『新方言』（一九〇九）とか『文始』（一九一〇）といった関係書があるし、『国故論衡』（一九一〇）も全三巻のうち、上巻が「小学」にあてられている。しかし既に述べたように、小論の課題は、その文学論と表現意識の検討を通して、章太炎における言語の位置を考えることであって、その「小学」観や言語汎論の検討ではない。

そこで先ず小論は章太炎の文学論と表現意識を検討したい。すなわち章太炎は、表現の規範性を「文質の調和」に求めたが、「文」概念の批判的吟味から文字の重要性、その特質を導く（第一節）。文字とは対象世界を如実に反映するものと考えられたが故に、章太炎にとって、表現は実の世界を厳密に捉えた上で、「文《レトリカル》」でなければならない。これが章太炎の言う「文質の調和」であったが、このことは当然、実の世界の対象把握に関係してくる。表現、文学の問題は、対象把握の問題に変奏されるのである（第二節）。実の世界の厳密な認識とレトリカルな表現とは、言ってみれば、「小学」を文学の根底に据えることに他ならないが、事は歴史叙述においても同様だ、と彼は考える。言語を学問の方法にすることは、認識の厳密さに関わっているからだ。ただ歴史叙述の場合、人間事象は複雑である故に、厳密な再構成は不可能だし、類型化も困難である、と彼は見た。このように実証と個別性は重んじられたが、その実証的方法は深く哲学に裏打ちされていたと言える（第三節）。

以上が小論の手順であるが、問題意識としては、章太炎が捉えた人間存在の原像、転換期における行動原理を明らかにすることにある。この点については不十分ながらも別稿で触れたので(1)贅言しない。ただ小論が『国故論衡』などを扱う関係上、ここでは辛亥革命前夜の章太炎についての従来の評価に問題があるとだけは、指摘しておきたい。すなわち、従来の評価は言う。『民報』期の進歩的章太炎は辛亥以後、右傾化する。その証拠に章太炎は学術に沈潜し、人民から遊離する、と。(2)右傾化とされる事実は検証すべきだが、少なくとも辛亥前夜に関して言えば、唯物論から唯心論へ、革命から反動へ、政治から学術へといった評価枠は明快ではあっても、その余りの捨象によって、人間の存在、精神の運動を捉えるのに失敗しているのではないか。

例えば『国故論衡』の収載論文は、その多くが『民報』期に書かれ、そうして『国粋学報』に発表されたという事実。[3]また小論でも触れるが、章太炎の表現意識、世界把握は『民報』期以前から一定していると考えられること。要するに、いわゆる右傾化と密接に関わっているであろう章太炎の伝統学術への傾斜やその再読作業は、すでに「革命的」と評される時期に並行しているのである。

とすれば、こうした章太炎評価と歴史的事実とのずれは、次のことを明らかにする。①従来、この国粋運動の思想的性格が軽視されてきたこと。②それ故、章太炎の思想構造全体における国粋の位相が明確にされず、単に種族主義、ナショナリズムという普通名詞で片づけられてきたこと。というのは、それがナショナルなものであるのは無論だが、この時期におけるナショナリズムの歴史的特徴を明らかにしない限り、国粋運動を反動という具合に短絡しがちである。③とともに、批判的―反権力―人民の味方―政治的進歩性―唯物論といった暗黙の価値連鎖が研究者の評価枠に浸透しており、未だに存在から政治までトータルに把握する評価枠ができていないこと。だからこそ『民報』期には政治的で戦闘的な側面が評価され、辛亥前夜になると、かの評価枠にもはや収まりきれなくなったが故に、保守とか反動とかに後退したと評されるに至るわけであろう。

今や何が根源的な意味で革命的なのかを十分考慮しつつ、従来の評価枠そのものを検討せねばならない。章太炎研究は、革命から保守へとか、唯物論から唯心論へといった次元ではなく、転換期における人間の存在と政治の転変をも射程に収めて試みられねばならぬと考えるのである。

一　「文」について

方法としての言語を考える時、これは章太炎の表現意識と無関係に論ずることはできない。思うに表現とは、世界の把握とその伝達との緊張において成り立つものである。世界を捉え、己の生のありかに従ってその意味を見出すには、確かに言語がその媒介となる。現象学的に言って、言語によって世界は分化し物はその者の志向に応じて秩序化され、意味化される。言語は思考を発酵させるとともに、世界の薄膜に光をあて、同一性を打ち砕き、世界の多様性を現前させる。未知のカオスが意味として分化してゆくわけである。そして、こうして得られた一つの世界を伝達するのも、やはり言語に他ならない。ただ表現というものが、日常世界の会話や伝達とは次元を異にしている点に着目すれば、言語の特異な性格に気づく。ソシュールは、いみじくも言語をラングとパロールに分けたが、表現とは、言ってみれば社会の強制としてあるラング、その社会が共有しているが故に涸渇した既成の言語から、いかに己の固有な世界をみずみずしく表出するかであろう。つまり、いわゆる伝達と己の世界との創造的緊張が表現だといえ、この意味で、表現意識とは一つの言語体験に他ならない。

そこで章太炎の表現意識の検討から始めることとしたい。章太炎は「致国粋学報社書」(一九〇九年一一月二日)に言う。(4)

> 蓋し学問は、語言を以て本質と為す。故に音韻訓詁、其の管籥《かぎ》なり。真理を以て帰宿と為す。故に周秦の諸子、その堂奥《おうぎ》なり。

これは、章太炎自ら学問方法論として「小学」を宣揚しているのだが、われわれの問題は、言語がどう思想の方法として位置づけられているのか、文字・音韻・訓詁の「小学」が方法論としていかに導きだされ、根拠づけられているのか、これを探ることである。

前もって言っておけば、章太炎の表現意識は「文質の調和」にあると言える。感性の揺らめきを事とする文采《レトリック》と客観的世界を厳密にふまえた実質（「質」《レアル》）との均衡の上に、すぐれた表現世界は成り立つというのであり、大まかに形式と内容の調和と言えるかもしれない。単なる文采は浮薄に流れ易く、文采のない実質（「質」）は感動を伴わないからである。しかし、この「文質の調和」という主張自体、さして独自なものではない。今、問題としたいのは、この主張そのものではなく、「文」と「質」の概念に盛られたものである。

およそ古典主義の世界においては、思想は常に伝統的範疇を借りて表明される。それ故問われるべきは、そこに注がれた観念であり、意味構造である。この試みを放棄する時、我々の前に現前するものは、つねに「永遠の昨日」、進むことを知らぬ過去でしかない。

さて、我々は章太炎の言う「文」と「質」との調和という古典的議論の吟味にとりかかろう。彼は国学運動の機関誌『国粋学報』の編集主幹鄧実に次のように書き送っている。

向《さ》きに『訄書』を作る。文　実《まこと》に閎雅にして、篋中に臧する所の此れに視《くら》ぶる者、亦た数十首。蓋し博にして約有り。文は質を奄《おほ》はず。是を以て文章の職墨《みほん》と為すも、流俗　或ひは未だ之を好まざらん。（「与鄧実書」、『太炎文録』一、一九〇九年）

ここで章太炎は、規範的文章の要件として「博」にして「約」、「文」《レトリカル》であって「質」《なかみ》が備わっていることを挙げ、己の『訄書』をその好例としている。この博識と簡約、文采と実質の調和ということは、前述の如く、珍しくはない。例えば、「文質の調和」ということは、細かく意味を問わないのなら、『論語』以来伝統的にあるし、博約とか、

「文」と「理《なかみ》」の調和というのも、すでに晋の陸機「文賦」が主張している。が、留意すべきはその意味構造である。

「文」という漢字は、文様、文飾と熟するようにレトリック、装飾の意味が強い。ところが章太炎にあっては、その意味は担いつつも、文字との連関で捉えられ、必然的に「質」に結びつくものであった。あるいは、その「文」概念の論理的コロラリーとして「質」があった、とも言ってよかろう。

この「文」と「質」の概念の検討は、すでに一九〇二年の「文学説例」篇で試みられている。「文学《リテレチュア》」という新たに西欧より受容された観念を吟味する形で、それらの連関がつきつめられてゆくのである（『新民叢報』五、九、一五号）。

「文」と「質」の検討は、変法派の機関紙『新民叢報』に載った「文学説例」篇、『訄書』重訂本の「訂文」篇附録である「正名襍義」（一九〇四年）、そして『国粋学報』の「文学論略」篇（九、一〇、一一号。一九〇六年）で繰り返しなされている。その関心の向うところ知るべしであるが、ただ「文学説例」篇は、文字の修改があるものの、その大部分が「正名襍義」の構成部分となり（他の部分は『訄書』初刻本「訂文」篇附録の「正名略例」である）[5]、「文学論略」篇は、後に『国故論衡』「文学総略」篇となる時、大幅な刪改を蒙っているが、その論旨は変らない。

文学の始まりは、蓋し言語に権輿す。（「文学説例」）

文学と言語との基本的相互連関、あるいは、表現の根底に文字を見出すこと。これが章太炎の一貫した論旨であり、基本認識であった。が、この言語と表現との相互連関という当然すぎる論旨には、ある独自な世界認識が潜んでいたのである。

そして、この事とも関わるが、リテレチュアという外来の概念をめぐる議論が、「正名」という名称と実在との一致をめぐる議論と同次元で章太炎には捉えられ、転用されたという事実に留意したい（「文学説例」が「正名襍義」の一部分をなすという事実を想起しよう）。なぜ文学論、表現論が正名論と重なりあうのか。それを可能にする論理は何なのか、ということである。この問いは、「文」と「質」との問題に関わっているし、文学と「正名」という規範主義が同次元で把握されたところに、章太炎の表現意識の特徴を窺うことができるのである（後述）。

ところで、この「文学説例」篇は、文学と小学との本来的な相補関係を論ずる。すなわち、「文」であるためには「小学」は必須だ、というのである。これを弁証するために章太炎は、人間の特性たる表象主義という観念を援用し、表現がレトリカルであることは不可避であって、だからこそ「質言」を重んずる「小学」は必要なのだ、と主張する。今この論理を追ってみたい。

章太炎は、漢代のいわゆる文学者、司馬相如や揚雄に「小学」の著作「凡将篇」や「訓纂篇」があった事実を挙げ、文学の根底に「小学」があったからこそ「其の文辞は閎雅」であったし、本来両者は相補的なのだ、と言う。だから書契ができて以来、文学と「小学」とが分化して、文学が「小学」を軽視する今日的事態は、章太炎からすれば、ありうべき表現からの逸脱に他ならない。

世に小学に精練すれども、文辞に拙き者有り。未だ小学を知らずして、文と言ふ可き者有らず。（「文学説例」）

要するに、レトリカルであるには「小学」が要請される、と言うのであるが、一九〇六年の「論語言文字之学」

（『国粋学報』二四、二五期）でも「小学」を諸学の基礎学として弁証するために、この主張はくり返されている。この「文学説例」篇では、言語の本質的特性、および中国文学の古典主義的性格の二点からそれが論証された。

ここにいう言語の本質的特性とは、物事は他の何ものかに仮りて表象せざるをえないという意味であって、章太炎が援用する姉崎正治『宗教学概論』は、宗教心理の説明にこの表象主義の概念を使用する。（補注1）その立場からすれば、表象主義は全く不可避の人間の病質なのである。章太炎の場合は、伝統的な漢字分類である六書《りくしょ》の中の仮借、引伸の心理的説明にこの表象主義の概念を援用し、言葉が多義化してゆく必然性の根拠とした。彼もやはり表象主義を、人間には不可避の言語の病質としたのである。

その例に依ると、こうなる。「雨降」「風吹」と言う時、「降」とは人間が陵阜《おか》から下ること、「吹」とは人間の口から急に気を出すことがその原義である。だから「雨降」「風吹」は擬人化されていると言える。また「思想之深遠」と言う場合、本来水をはかる「深」、距離を記す「遠」という形容詞が原義から離れて用いられている。つまり、「思想」の程度が水や距離の程度に借りて表象されている、と言うのである。以上の例のように、章太炎は意味論がその対象とするような言語一般の意味の転移を論じているのである。これは確かに文学的レトリック以前だし、明らかに言語固有の特性に違いない（例文の「深」「遠」という水や距離の程度を示す形容詞が「思想之深遠」というように抽象的観念の程度を示すに至るのは、それらの原義と思想との意味的な「相似性」に依ると考えられる）。

このように表象主義は、言葉が多義化する説明に用いられたわけだが、章太炎が何よりも問題視したのは、文学がレトリックのために表象主義を用いる事態であった。中国の文学の古典主義的性格は周知のところだが、文学表現が古い文字をレトリックとして習用し、新たにできた「正文」（字体）を用いないのもその一つの表われであろう（古い文字と正文のことは、たとえば形声文字の成立経緯を想起せよ）。これは言うまでもなく、文学表現が事とする隠喩の手法に属し、涸渇した意味の賦活化を意図したものだが、章太炎には、それこそが表象主義の氾濫、文学の頽落と映じたのである（もっとも、彼はレトリックそのものを否定はしない。「文」は「質」なるものとの関わりが問題なのである。それにしても章太炎自身の文章は、なんと表象主義的なことか！）。

然れども賦頌の文、声対の体、或ひは反《かへ》って代表《メタファ》を以て工と為し、質言を拙と為す。是れ則ち病質を以て美疢と為すなり。（同上）

表象主義が不可避の病質であってみれば、文学がレトリカルな「代表《メタファ》」を巧妙とし、内容はあっても飾りのない「質言」を稚拙とすることは、病質を「美疢」（食べすぎると病気をもたらす、うまい食物）とすることにつながる、と彼は難じているのである。

言語は病《けつてん》なき能はず。然らば則ち文辞愈《いよ》いよ工《たくみ》なる者は、病も亦《ま》た愈いよ劇《はげ》し。是れ其の分際は、則ち文言、質言に在るのみ。（同上）

ここでは、言語は本質的に表象主義という病質をもつが故に、文学が文采《レトリック》としてそれを巧みに使うほど、その弊害もまた甚だしい、と言うのである。上の引用に続けて、この事は美文の時代たる魏晋期以降のみならず、周公、孔子の時代よりしてそうなのだ、と述べていることよりすれば、章太炎が象徴的表現を漢字そのものの本性として考えていたことは明らかである。

要するに、表象主義が漢字の字体の変遷や増出、転義に逆行して巧みに応用され、そこに中国の文学的レトリックが可能になる。だからこそ、単に古典解釈や文学史のためのみならず、表現とその理解のためにも「小学」は必要なのだ、と。これが「文学説例」篇の「小学」の根拠づけであった。

ところが「文学説例」篇が、人間に不可避の病質である表象主義を援用したことは、「文言」を必然的として承認することにつながった。

> 文辞は質を存するを以て本幹と為すと雖ども、然れども業《すで》に文と曰ふ。其の一《もつぱ》らは質言に従ふ能はざること知る可し。（同上）

ということは、（文辞のレトリックは不可避なのであるから）空虚に流れ華美となる危険は承認するしかないということである。文学の頽落は、「救ふに淳質を以てす」と述べられるにすぎず、この意味では、「小学」は要請に止まると言って差支えない。「文学説例」篇（一九〇二）では「文言」と「質言」とは単に対立させられるのみで、両者の相互連関は提示されず、「文」概念から「質」が導かれることはないのである。

ところが、一九〇六年の『国粋学報』に載った「文学論略」篇はそうではなかった。これは「文」と「質」とが分化してゆく歴史を追いつつ、当今の「文」概念の問題点を指摘し、さらに文学の範疇分類を試みることによって、「小学」や「質」の世界を根拠づけようとする。

要するに、「文学論略」篇が文学を「文」の法式《きまり》とし、「文」の学と捉え直したところに「文学説例」篇にはない説得力が生じたのである。すなわち、章太炎は「文」の歴史的範疇の検討を試み、それらは文学とは何よりも文字から成ることの意味を忘却している、と批判した。文字言語を音声言語から区別した章太炎にすれば、文学は文字で表現されているもの全体と考えられる故に、文字を知って表現することが何よりも重大となり、文学をレトリックとする観方は斥けられたわけである。「文」概念から「質」が導かれたとも言ってよかろう。

いま私は、「文学総略」篇を中心に上に見た論理を跡づけ、「質」の問題に近づきたく思う。（「文学総略」は、前述したように、「文学論略」を修改したものだが、議論の展開や論旨は同じである。但し、「総略」は表現がより簡潔となり、名文ではあっても「論略」に比べて、その分だけより難解ではある。）

「文学総略」篇は冒頭で、文学を「文」の法式《きまり》と定義し、「文」とは文字の竹簡や布帛《きれ》に記されたものとする。

文学なる者は、文字の竹帛に著《あら》はさるる有るを以て、故に之を文と謂ひ、其の法式を論じて之を文学と謂ふ。

章太炎は「文」を文飾《かざり》よりも、まず文字と捉えた。（もとより文飾の意味を排除はしないが…）だからこそ、文学とは「文」の学に他ならず、「小学」がその基礎学となりうるのである。これに続いて、彼は「文」の歴史的範疇を論じて、後漢の王充『論衡』、『文選』、清の阮元、同時代人たる魯迅に対して批判的検討を加えているが、(6)要するに、「文」概念の歪みを暴くことを意図したものであった。章太炎は言う。すなわち、後漢の時代では、未だいわゆる「文」と「筆」との区別は成立していない（有韻の文が「文」、無韻の文が「筆」）。王充の言う「文」とは「善《よ》く奏記を作《な》すを以て主と為」したものであり、有韻のものを指すとは限らず、上奏文など政事に関するものが主であった、と。これは『論衡』超奇篇にいう儒生、通人、文人、鴻儒のうち、文人を念頭においてのことだが、彼自身は鴻儒を最も高く評価した。けだし鴻儒が「能く精思して文を著はし、篇章を連結」するからである。鴻儒は章太炎における「文」の具体的形象であった。

ところが、と彼は続けて言う。晋代以降、「文」と「筆」という基準が成立し、「文」概念は変容するに至る。「文」とは有韻の、「筆」とは無韻のものを指し（『文心雕龍』総述篇）、『文選』もこれに準拠して「文」を採ろうとしたものの、「筆」に分類されるものをも収載したり、「文」でも文采斐然《レトリカル》たるもののみ採用して、基準の適用が厳密ではない、と。

また清の阮元は、駢文擁護の根拠に『易経』文言伝の文体を挙げ（「文言説」、『揅経室集』三、「文韻説」、『揅経室続集』参照）、「文」を耦儷の体とした。この孔子賛易の文体である駢文こそが「千古文章之祖」だと言うのであるが、これは易十翼の各文体の相違を無視し、「文言伝」のみを重視する誤りである。

或いは「文」を文飾あるもの、「辞」を単に伝達するだけのものとする概念もあるにはあるが（『論語』衛霊公篇）、両字の歴史的用法からして正しくない。

はたまた学説と文辞という基準を設け、「学説は以て人思を啓《ひら》き、文辞は以て人感を増す」と言う。(7) これは、文学を感性に関わるものと捉える立場で、「一往《あらまし》の見《かんがえ》」でしかなく、この区分は不十分である。例えば、歴史や社会誌の類でも奇怪な事を記せば「人感を増す」し、叙景賦など、人の哀楽の情に訴えないものも文学の中にはある、と。

上の如き諸説、前の昭明、後の阮氏は持論偏頗にして誠に辯ずるに足らず。最後の一説は、学説・文辞を以て対立せしむ。其の規摹、少しく広しと雖ども、其れ失《あやま》れり。祇《た》だ彣彰《あやあるもの》を以て文と為すのみにして、遂に文字を忘る。故に学説の彣《あや》あらざる者は、乃ち桿然として諸《こ》れを文辞の外に擯《しりぞ》く。（「文学総略」）

従来の「文」概念の歪みとは、要するに文字を忘れ、レトリカルなものしか評価しない点に求められる、と章太炎は批判するのである。確かに彼の観方からすれば、これは当然であって、別表の如く、彼の「文」の分類を見れば十分首肯できる。別表に依れば、章太炎は「文」を有句読文、無句読文に分け、有句読文に有韻の文と無韻の文を、無句読文に図書、表譜、簿録、算草を類別した。

【別表】『国粋学報』第二三期、「文学論略」所載。「文学総略」は、この表を削除

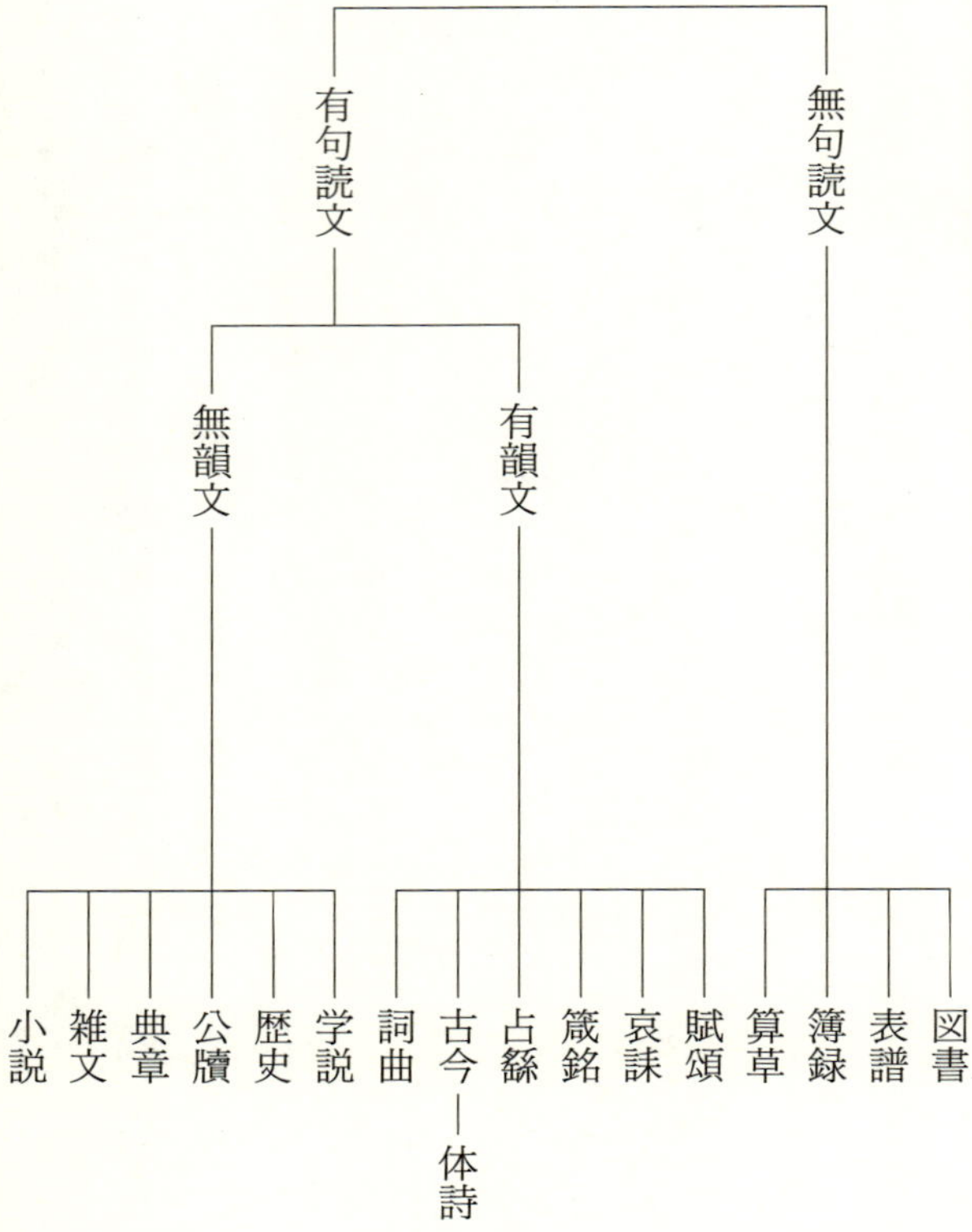

この分類で先ず気づくことは、文字で表記されたもの全体を「文」と把握していることであり、「文」の概念は実に広い。およそ中国古典の世界で「文学」という時、それは近代的なリテレチュア概念より広義であって、例えば、『論語』先進篇にいう「文学」を皇侃は「博学古文」と解し、邢昺は「文章博学」とする。また『荀子』大略篇でも、学問と文学とを互用している。明らかなように、「文学」は伝統的にもっぱら感性の事とはされていないのであり、『古文辞類纂』式の　名文集の分類を見ても、「文学」の範囲は広い。それ故、この意味で章太炎の分類を伝統的と断じても差支えはない。けれども、今は彼が無句読文、すなわち図書、表譜、簿録、算草といった無味乾燥、およそ言語のもつ喚情力を放棄した記号そのものをも包括させている点に着目しよう。ここにこそ章太炎の言語意識を見ることができるからである。

かように章太炎が、無句読文をも「文」とし、歴史上の「文」概念は文字のことを忘却していると批判するのは、ひとえに彼が文字と言語との質的差異を見出し、文字の特性を重視したからに他ならない。

余以《おも》ふに、書籍の名実を得るは、竹木に馮傅《より》て起つ。此れを以て見れば、言語と文字とは、功能《はたらき》斉《ひと》しからず。

（「文学総略」篇）

書籍がその名実を得たのは、木簡や竹簡に書くという事に由っている。とすると、文字と言語《パロール》とはそれぞれ機能が異なるのだ、と言うのである。

その例に章太炎は、『易経』、「繋辞伝」、『論語』という題名を構成している「経」、「伝」、「論」の三文字をとりあげ、その原義を検討する。「経」とは、絲を編み綴属したものというのが原義で、「経は常なり」とするのは、後世の儒者の訓詁でしかない。『易経』と題されているのは、竹簡を絲でつづりあわせて書物としたからだ。また「論」は古《いにし》えは「侖」に作り、竹簡を並べて冊《ほん》を成し、秩序あらしめるというのが原義で、「論は倫なり」とするのは後世の訓詁である……という風に。この手法は、明らかに伝統経学が与えてきたその聖性を否定し去り、歴史の地平に還元するものに他ならない。『易経』の「経」という字に付着した普遍的世界、「繫辞伝」、『論語』の「伝」や「論」の文字によって喚起される伝統的価値を、これは物質の次元、歴史的事実に還元させてしまっているのだから。

だがここでは、命名はその実質に由っているということ、文字と言語《パロール》とはその機能が違うという、この二つのことを押えておけばよい。「凡《およ》そ此れ皆な其の質に従ひて名を為し、文字を語言に別つ所以なり」。（章太炎は言語・言・語言をパロールの意味で用いていると考えられ、以下言語に統一する。）

文字と言語《パロール》との質的相違。ここに章太炎の立論は成立する。質的に違うからこそ、文字は重視されねばならず、従って「文《レター》」から「質」が帰結されることにもなる。

文字初めて興り、本《も》と以て声気に代《か》ふ。乃ち其の功用に言に勝《まさ》れる者有ればなり。言語は僅かに線を成すのみ。喩《たと》へば、空中に鳥迹、甫《はじ》めて見《あら》はれて、形已《すで》に逝けるが若《ごと》し。故に一事一義にして相ひ聯貫するを得る者は、言語之を司る。万類坌集するに及べば、棼として理《おさ》む可からず。言語の用に周《あま》ねからざる所有ればなり。是に於て之を文字に委ぬ。文字の用、以て面を成すに足ればなり。故に表譜図画の術興る。凡そ排比《なら》べ鋪張《つら》ねて口説す可からざる者は、文字之を司る。（「文学総略」篇）

ここに言う「言語」とは、「声気」、一回起的な音声を指す。ソシュールの用語を借りれば、パロールと言うことができても、ラングではなかろう。あるいは、文字言語に対する音声言語、視覚的能記《もじ》に対する聴覚的能記《おと》と言えようか。

引例では、言語《パロール》と文字が対立的に捉えられ、言語《パロール》の線的性格が指摘されている。すなわち、空に鳥の飛跡を見て発話した時、鳥そのものは飛び去っているが、鳥が飛んでいた事象と発話された意味とは時間的に連続している。発話は、時間の流れの中で一つの事象をのみ意味することができるが、事象の同時生起に対応することはできない。これに反して、文字は、平面に記すという特性により、事象を同時に意味化できる……。つまり、章太炎は言語《パロール》を時間的に一次元として、文字を空間的に二次元として捉えていると言える。

これは明らかにソシュールのいう言語の線的性質、すなわち、言語《ことば》は時間の継起の中で展開するという特性を捉えているのだが、ソシュールがあくまで音声言語を問題とするに対し、章太炎には、音声言語とは異質な能記たる文字こそが問題であった(8)。同時に起った現象の連関性や多様な事象の因果関係を、瞬時の下に了解せしめる文字の特性。これこそが、章太炎の「文」概念のコアなのであり、「質」を導きだすものに他ならない。

上の引例に続いて、章太炎は次のごとき結論を導いて言う。文字は本質的に言語《パロール》に代わるものだ。よって、文字には言語《パロール》とは異なる独自の作用がある。「其の用は、則ち独《ひと》り至れる有り」。ならば、無句読文の簿録とか図表とかも、やはり文字から成る以上、独自の作用をもっていよう。こうだからこそ、文学はこの事を忘れてはならず、単に「神旨《こころ》に興会する」からとして、それを秀れているとしてはならぬ、と。

章太炎が「文」の歴史的諸範疇を評して「遂に文字を忘る」と言ったのは、文字の上の特性を忘れ、レトリカルでありさえすれば、浮薄なものをも文学とするその弊を見てのことであった。浮薄なものの拒絶。ここに章太炎の世界を捉えるまなざしがある。

ところで、章太炎がかくも文字に固執するのは、漢字という視覚性、象徴性の強い文字言語に着目するからではあるまいか。「表譜図画の術興る」と引例中に述べることからも、漢字の視覚性の重視は窺えよう。

そこで今、しばらく漢字の視覚性について考えてみよう。小学は西洋の言語学とその前提が漢字の視覚性の一点で違う、ということについてである。一般的に言って、表音文字（音声言語）の世界では、音と意味との対応をその言語学的前提に据えるらしい。例えば、ソシュールの有名な「能記（聴覚映像）―所記（概念）」図式にしても、C・K・オグデンとI・A・リチャーズの「象徴―思想（概念）……指示物」の三元図式にしても、もしくはロマン・ヤコブソンであったところで、総じて音声と概念の対応を学問的対象とはしても、能記とか象徴とかが指示物と対応するか否かは問題外とされる。[9] 恐らく視覚的能記たる（表音）文字は、音を原則的に表記しているのみという前提が、これに関係するのであろう（現実には、表記された音と今日の発音とは対応してはいない。言うまでもなく、文字が固定的保守的で、音の歴史的変化に対応しきれないからである）。言ってみれば、その世界にあっては、文字は「記号の記号」（E・サピーア）でしかなく、まことに二次的対象といえる。けだし、言葉が事物の記号だとしたら、文字は又その言葉の記号であって、先ず書かれる前の言葉自体を検討すべきだからである。敢えて贅言すれば、Dogと発音する時、問題となるのは／dɔg／という音と、それによって喚起される「いぬ」という概念であって、現実の犬と呼ばれる動物とDogという記号との対応ではない。例えば、人が／dɔg／と発音して、聞き手がそれによって「いぬ」という概念を喚び起され、言わんとする所を知れば、コミュニケーションは成立し、でなければ失敗である。かように西欧の言語学は、音（聴覚映像）と意味（概念）との対応をその前提にし、記号と指示物との一致や能記と所記との自然的対応を問題外とするのである。[10]

ところが、漢字という表意文字の世界は、これとはいささか趣きが異なる。古来、漢字を「形」、「音」、「義」の三者で把握してきたのは常識だが、「小学」が「音」と「義」以外に「形」を言うのは、漢字という記号のもつ象徴性、図形性に関係する。「音」と「義」とは、ソシュールのいう聴覚映像と概念とに対応するが、「形」（字形）が「小学」に固有なのは、まさしく漢字の象徴性に負うていると考えられる。すなわち、「形」が指示する現実の対象を漢字が原理的には図形化しているということであり、このことは漢字という記号と対象との間に自然的な類縁性をみるということに他ならない。そして漢字が記号として象徴《シンボリック》的だということは、能記《もじ》と所記《いみ》との間に自然的関係があり[11]、しかも、名称はもの（対象）に由来すると考えさせるに至るだろう。つまり、ものと名称との対応をみる言語の実在論的理解に[12]、「小学」は容易にはまり込むし、そうした前提を持っているといえる（正名論を想起しよう）。

例えば小学は「山」という漢字で［shan］という音と「やま」の概念のみならず、にかたどった「山」の字形をも指示物との関係で問う、ということなのである。言うまでもなく、俗成り約定まった後に、形声文字の音符の如く、音を示す漢字ができはするが、本質的にはやはり音符の漢字とて表音ではない。例えば、「功」「攻」両字の場合、「工」が音符だが、「工」を［gong］と発音する社会的有契性ができてから、「工」が音符の役目を果すのであって、「工」そのものはアルファベットの如く音を指示しない。また、漢字の象徴性といっても、表音文字と原理上対比して言えることであって、漢字がいくら図形的だからと言っても、ただ眺めているだけで意味が理解できるわけではない。とうぜん漢字をその意味に理解する社会的有契性とその学習とが前提されているのであって、この点は、表音文字と全く同じである。漢字は文字であって、単なる象徴《シンボル》ではないのだから。

延々と「小学」の認識前提を論じてきたのは、「正名」論という規範主義に記号が関係する、と考えてのことだった。「小学」がものと記号との対応をも問い、その前提に据えるのは、漢字の象徴性という特性に負うていようが、この記号の特質は、文学を規範主義的に捉えるといったことにも根源的には関与しているのではないか、ということなのである（儒教の関与は、無論である）。

「小学」の前提は漢字の象徴性という特性に由り、このことが根源のところで「正名」論に関わっている。「文学説例」篇が「正名雑義」篇に転用されたという事実を想い起そう。文学の論が「正名」という規範主義的議論に転用できたのは何故か。感性の奔騰と日常の既成のものからの超脱を事とする文学が、規範主義に彩られている、この秘密はまさしく漢字の特性にあったのである。「正名」は本来ものと名称との一致を目ざすが、それは実在との対応（字形）を原理的に前提する漢字の象徴性あってのことだと言える。すなわち、意味―字形―象徴化された実在と遡及して、実在と名称、現実と表現との対応が問われることになるのである。例えば、この意味をどこまでレトリックとして（本来他の意味と実在を示す）他の漢字で表現できるのか、という風に。だから、そこには実在の言葉に対する規制がつねに作用する。要するに「正名」とは、本来イデアールな言語（ソシュール）をレアルなものと結合させる記号の実在論的理解に深く根ざすと考えられ、その意味でまことに実在論の王国に固有だと言えようか。

そして付言すれば、ここで「小学」の前提や「正名」という一般論にまで言及したのは、これが章太炎の「質」の内容やその文学論の規範主義的色彩に関係するからなのである。

さて上述のように、章太炎は音声言語に対立させて文字言語を捉え、多元的な意味伝達を可能にする漢字の視覚特性に着目したが、『国故論衡』「小学略説」篇や『章太炎的白話文』中の「中国文化的根源和近代学術的発達」（『教育今語雑誌』創刊号、一九一〇年原載）でも、漢字の「形」を表音文字に対立させ、そこに中国の特質を読みとっている。章太炎は言う。多様な方言の混在、広大な領土という条件のもと、漢字を表音文字にしてしまえば、コミュニケーションは成立しない。音が違っても、表意的な漢字の形の同一性が存在するからこそ、コミュニケーションは成立するのだ、と。（ただ、これは漢字を全廃して、万国新語の表音文字に改めるというパリ・アナーキストの所論に反対しての議論であって、紐文・韻文方案を提起して後の注音字母の基礎を築いたのは章太炎だ、ということを忘れてはならない。彼は、決して漢字の音標化にまで反対した固陋な国学者ではなかった（「駁中国改用万国新語説」、『民報』二一号、『国故論衡』「小学略説」篇、「正言論」篇など参照）。

文学が単に修辞を弄し、感情の揺曳に耽るのを章太炎が極力排したのも、この漢字の特性に着目してのことだと言えよう。だが、何故これほどまで文字に固執するのか。どうして無味乾燥な図表や簿録など、記号性の強いものまで文学の領域に包括したのか。彼が「小学」者であったからとか、異を好み、奇を衒ったから式の回答は説得的ではない。文字への執着という選択こそが、何よりも世界の捉え方を反映しているのであり、これの検討こそ、その答を導くに違いない。

とまれ、本論に戻ろう。章太炎は如上の議論をこう総括する。

> 文辞の表譜簿録に始まるを知らば、則ち修辞立誠　其の首《はじめ》なり。気も、徳も亦《ま》た末務なるのみ。（同上）

章太炎にすれば、いかにレトリカルな文辞でも、簿録のごとき即物的な記号と同根なのだから、文学の要諦は「辞を修めて誠を立つ」（『易』文言伝）ことにある、となる。彼に言わせれば、魏文帝の説く文気の論も（「典論」）、王充の言う文徳の説も（『論衡』佚文、書解両篇）、ともに二義的なことでしかないわけである。

ところで、この「修辞」と「立誠」とは表現者の態度として説かれており、前掲の「与鄧実書」に言う「文」と

「質」との調和に対応する。しかし、以上のコンテクストよりして、章太炎にとって「修辞」より「立誠」が問題なのは自明であろう。章太炎の文学論は、この「立誠」という態度、文字への留意を主張するために企てられてきたのだから。

くり返して言えば、章太炎が無句読文をも「文」として包括し、レトリカルな文辞も表譜・簿録と同根だと断じたのは、文字というものの特性を重視したからに他ならない。漢字という記号のもつ特性、これへの着目は、章太炎の文学論を容易に「正名」論に転用させた。それが可能なのは、もともと実在と名称との自然的契合を措定する表意文字の象徴性に負うからである。

かくして「正名」意識に彩られた章太炎の文学論は、「立誠」の態度を表現者に要請することになり、「文」から「質」がコロラリーとして導かれることになった。

二　「質」について

「立誠」とか「質」を文章表現の規範的態度として要請するのは、歴来の古文派に類する（ここで言う古文派は経学上のそれではなく、文学史上の駢文派などに対していう）。とはいっても、章太炎自身の文学史的規準（『国故論衡』「論式」篇参照）先秦や魏晋の文章を愛した事実（「太炎先生自述学術次第」など参照）などから、彼を古文派に分類し、だからこそ「質」を重視したのだとするのは短絡的である。いまだ「質」の概念が検討されていないからである。

さて、章太炎は文辞の根源には文字がある故に、「立誠」、すなわち「質」の態度が必要だと説いた。この「修辞立誠」の主張は早くからあり、「与王鶴鳴書」（一九〇六年。『国粋学報』一九一〇年一号掲載、『太炎文録』二）でも、「与鄧実書」（前掲）でも、或いは「与人論文書」（一九一〇年『学林』二原載、『太炎文録』二）でも重ねて強調されている。文学と「小学」との結合ということなら、引例のごとく、すでに「文学説例」篇（一九〇二年）が論じていた。その表現意識の一貫性に着目すべきである。

　この「立誠」が「小学」に関係しているのは、次の例からも窺うことができる。

> 小学既に廃れ、則ち単篇　摦落し、玄言　日に微かなり。故に儷語　華靡にして其の本を揣《はか》らずして、其の末を肇《はか》る。（「与鄧実書」、『国故論衡』「論式」篇）

ここでは、「小学」の衰微した結果、玄言が稀薄になり、華靡なる言語が隆盛すると捉えられている。これは「文」なるものが「小学」と背反する現状を認識しているのである。「文」と「質」とが対立概念であってみれば、「小学」は「質」、「立誠」に関わると考えられる。この前段で、章太炎は自ら「文」の本義と考えるものを提示し、この引用に続くのである。その前段では、こう言った。

> 以為へらく、文は名より生じ、名は形より生ず。形の限る所の者は分なり。名の稽《とど》まる所の者は理なり。分理明察す、之を文を知ると謂ふ。（「与鄧実書」、『国故論衡』「論式」篇）。

「文」は名から成立し、名は実在から生まれる。それ故実在のもつ限定性（「分」）と、言葉に定着しているその法則性（「理」）との明察こそ、「文」を知ることだ、と彼は言うのである。これが伝統的な理解の仕方と言い方であることは言うまでもない。が、ここにいう「文」がレトリカルで美学的な意味に限られていないのは、明らかであろう。対象世界の限定性と、その条理を定着させている言葉とを知る。換言すると、対象世界の認識と言葉との連関の上に、章太炎の言う「文」は成立しているのである。認識の厳密さに立った上でのレトリック。これが彼の表現意識であったし、「文」と「質」との調和に他ならなかった。この意味で、まことに言語《ことば》は世界に至る方法なのであった。

　また、こうも述べる。

　諸《もろ》もろの辞賦自《よ》り以外、華にして組《あや》に近ければ(13)、則ち質を滅ぼし、辯じて妄断すれば、則ち情《ありのまま》を失ふ。誠を立つることの斉《ただ》しき者より遠し。(「与人論文書」、『太炎文録』二)。

ここでは華美な言葉、妄断した弁論は、「質」を滅ぼし、「情」を失うものとされ、「立誠」と対立的に捉えられている。やはり「質」、「情」が重視され、妄断する、華美すぎる表現は「立誠」にあらずとされるのだから、事が認識の領域に関係していることは言うまでもない。

　夫れ文に代へ僿《うす》きを救ふは、忠を以てするに若《し》くなし。文辞を選録するは、諒《まこと》に急務には非ず。(「与鄧実書」)

文辞を弄することは急務ではなく、「僿《まことがない》」の事態の克服に「忠」を以てせよ、と章太炎は述べているが、この「忠」は勿論、忠義の意味ではない。『菿漢微言』(一九一五年)に依ると、「忠者《と》は、周《あま》ねく至るの謂なり。検《しらべ》諭《ただ》し観察し、必ず微にして以て密に、其の殊相を観、以て還中を得。斯れ忠為り」とある。要するに、問いただし個別の相を観察することである（『検論』「訂文」篇も参照せよ）。換言すれば、「忠」とは対象世界の具体的な認識方法と言ってよく、「立誠」という態度を肉化するものと考えられる。

以上、われわれは「文」と「質」とをめぐって検討を加えてきたわけだが、いわゆる「文」は無内容、遊戯的になりがちな故に、「質」を持たねばならず、しかもこの「質」とは、世界の正しい認識と表現とに支えられたものとされた。そして、章太炎のこの議論は、ひとえに彼が漢字という文字言語の象徴性に着目した点に成立したのである。それ故、彼の文学論は規範主義的な「正名」の意識に貫ぬかれ、「修辞立誠」が主張されたわけだけれども、ここに明らかに言語が思想の方法としてあるのに気づくだろう。

世界を認識し、思索し、表現する。章太炎にあっては、この事に言語が意識的に重要な役割を果している。すなわち、そこでは表現自体（「文」）がその内容（「質」）と緊密に結合している。よって、レトリックは実《レアル》の世界、厳密な認識との緊張関係の上に成立するのであった。言語は表現上のみならず、認識の点でも重視されるに至る。認識と表現、「立誠」と「修辞」。言語はその間にあって、単に道具として以上の意味を付与されていると言えるのである。「分理明察す、之を文を知ると謂ふ」、と章太炎は言った。かように世界の限定性とその条理を定着させている言語とは互いに関係づけられ、その明晰な把握が求められているのである。言語は、まさしく世界に接近する方法に他ならない。

文学と「小学」の一致とは、「文学説例」篇の目ざす所であって、前述した如く、これは文学と経学との幸福な調和を願った古文派に類する。章太炎は、「言の文なきは、行なはれて遠からず」（『左伝』襄公二五年）という文采《レトリック》承認の立場より、「文なる者は、道を貫ぬくの器なり」（唐、李漢「昌黎先生集序」）というような、文を「道」という規範の重要な道具として把握する立場に似ているのである。

けれども、そうした古文派が前提した「道」＝経学の世界は、時すでにその使命を全うしている。「道」は、日常の強制としての規範ではあっても、もはや活いきと世界に触れさせ、行動の原理となり、生の現実を蘇らせるものではなくなっていたのである。清末、経学は思想として終焉していた、と言えよう。

従って、章太炎においては、「道」は探求されるべきではあっても、自明の前提としてあるものではなかった。とすれば、文学と「小学」との一致とは、決して文学を経学に一致させるように、「小学」で文学を枠づける意味ではなく、上に見てきたように、まさしく世界の探求、意味の復権を目ざすものだと言ってよい。名と実の殽乱に秩序あらしめ、世界を意味として再び見出すのに、厳密な認識と方法としての言語が求められるのは、必至であろう。言語の反省こそは、まことに世界に至り、思想を自覚化する契機に他ならない（『斉物論釈』、『国故論衡』下巻などは、それこそまさに存在の探求、世界解釈の試みである！）

三　実証について

「文」は文字（漢字）を用いるが、漢字は実《レアル》の世界を形象化した言語記号に他ならない。それ故、文采《レトリック》は、この文字と実《レアル》の世界をふまえた上で施されねばならず、「立誠」がその前提条件である。これが前節で検討したことであった。そして、このことは表現以前に、文字を通して世界の認識が問われるということにつながる。何をいかに見、どう表現するか。文采《レトリック》は実《レアル》との関係で、どこまで可能か。こうした意識が文学に伴うのであってみれば、表現は認識に密接に結びついていると言え、表現の問題は認識の問題に変奏されることになる。

そこで本節では、章太炎の学問方法論の検討を通じて、対象認識の仕方に及び、その世界把握へと歩を一歩推しすすめたく思う。

まず学問方法論である。

『菿漢微言』（一九一五年）は、「学術は大小と無く、貴ぶ所は成条貫制に在り」と言う。論理の整合性、体系性こそ学問の要諦だとするわけだが、こうした近代性は、すでに「与王鶴鳴書」（前掲）でも見られる。

学なる者は名実を辨じ、情偽を知るに在り。致用と雖も尚ぶには足らず。無用と雖も卑しむるには足らざるなり。

学問とは、対象の名称と実質とを区別し、実情《ありのまま》と虚偽とを知ること、真理の探求である。だから学問は「実事求是」をこそ方法とすべく、社会的有用性とは本来無縁だ、と言うのである。この態度は、政治の奴婢として致用をたっとぶ公羊学のごとき伝統的儒学の態度とは全く対蹠的である。

例えば、清末公羊学派の康有為である。彼は、孔子を予言者的に解釈して変法運動の理論的根拠づけを企てたが、歴史的事実を問う限り、その解釈には問題が残る。章太炎よりすれば、孔子は歴史家ではあっても、予言者では決してない。康有為の主張が致用のための知的マヌーヴァではあっても、政治的要請から事実を歪曲することは許されないのである。章太炎は言う。

故に経を説く者の古《いにしえ》を存する所以は、是を以て今に適《かな》はしむるには非ず。先人の手澤　之を子孫に貽《おく》らば、汙垢儜劣なる者と雖も、猶ほ宝貴《たから》を見るがごとし。（「与人論樸学報書」、一九〇六年、『太炎文録』二）。

ここでは経学（或いは伝統学術）の存立根拠が問われ経学が古を存するわけは、民族の栄光を後世の人に知らせ、間接的に顕揚することにあって、歴史的事実を歪曲してまで今日的要請に応えるのは許されぬ、と述べられている。この論理は、「演説録」（一九〇六年）に言う歴史・典章制度を知らしめて、愛国を鼓吹するという主張と同じものだが、[14]歴史による愛国の鼓吹とは言っても、章太炎において、それは歴史記述の産物であって、目的ではないということに十分留意すべきであろう。

この「与人論樸学報書」は、ひき続き清末公羊学派の依拠した春秋三統・三世説、および孔子の予言者的解釈について批判を展開しているが、ここでは次の二点を確認すれば足りる。（1）その「実事求是」という方法。（2）学問の自立、すなわち政治よりの解放である。[補注2]章太炎は政治に携わったが、なおも学問の自立を説き、中国学術の伝統としての政治性を払拭しようとした。このことは、今日ですら、学問が政治神学の奴婢の地位にある事態に想い到れば、大いに評価してよい。

ところで、この「実事求是」とは、周知の通り、清朝考証学の方法なのであって、この限り、章太炎の方法は伝統的である。しかし、繰り返して言っておけば、その内実をこそ吟味せねばならない。

そこで、このために「徴信論」篇を検討しよう。これは執筆が一九〇一年だが、一九〇八年の『太炎集』、一九一〇年の雑誌『学林』の掲載を経て、現在は『太炎文録』に収められている（湯志鈞『章太炎年譜長編』上冊に依ると、文字の異同があるという。検討するのは『太炎文録』のもので、他は未見）。この論文は「信史」上下篇と同じく（一九一〇年、

『太炎文録』一〕、清末公羊学派や当時のいわゆる「社会学」的歴史観への反撃を試みたものだが、今われわれの関心をひくのは、その原理論ともいうべき証拠と記述についての論である。

諸学は期験に始まり、転《うた》た其の原を求めざる莫《な》し。視聴の至る能はざる所は、名理を以て之を刻《つく》す。独《ひと》り史志を治むる者のみ異と為す。始卒　期験の域を逾《こ》へずして名理は郤《しりぞ》く。（「徴信論」下篇）。

あらゆる学問は実証を基礎に、ものごとの原因、根拠を探る。そして知覚、経験が及ばなければ、推論の方法を用いるが、歴史学は終始実証の領域に自らを限定し、推論はしない、というのである。この実証主義的態度は、「徴信論」上篇でも推論の方法が習俗や歴史的事実に適用できるか否かをめぐって述べられている。すなわち、習俗はある点以上実証不可能という場合でも、比較類推の方法が許されるが、歴史的事実にはそれが許されない、と言うのである。

これは、詰まるところ学問の領域とその方法を論じているのであり、歴史学は実証重視の立場と評してよかろう。だが、こうした方法意識の根柢に潜むものは何なのか。いかなる人間観察が、この作法の裏付けにあるのか。そこで歴史は実証に尽きるということの命題を、（1）歴史記述、（2）人間的時間としての歴史の二点に絞って考えてみたい。

（1）歴史記述について

章太炎は言う。記録としての歴史は、時間的に今に近いから詳しく、遠いから略だ（『荀子』非相篇）、とは限らない。けだし、記録の詳略は、時間の遠近のみならず、記述者の問題にも関係しているからである。歴史の事柄には大小があり、大事件が瑣末なことに起因したり、或いはその逆もある。その場合、記録は当然史官の取捨選択をへているわけだが、史官はことさらそれを一々断ったりはしない。
また、歴史学は実証を尊ぶ。そこで二つの証拠が齟齬した時、原告側と被告側が提出した証拠のごとく、一方が実、他方が虚となる。しかし、諸子の書を例にとると明らかなように、諸子は互いに対抗していた関係上、競い勝ったことは記録しても、負ければ記録しないことがある。おまけに文献批判をやったとて、依然不明なことは多い。ならば、どうするか。歴史学とは、あたかも裁判官が原告と被告から聴いて判決を下し、疑わしき事は敢えて質《ただ》さないようなもので、記録が簡略であっても、妄りに改めてはならぬ、と。

これが章太炎の議論の概略である。彼が実証の方法を論じ、事実への密着を述べる場合、史料の質及び記録と記述者との関係を見据えているのに我々は気づくはずである。記録の背景に記述者を問うこと。記述者の属性から史料が盲信されるということはない。このことは記録の相対化や客観化につながるのである。経書だから、史書だから、荀子ゆえに、司馬遷ゆえに、この記載は正しい、とされることはないのである。経書であれ、諸子の書であれ、どれもが歴史の地平に一たん還元される（章太炎の六経皆史説）。その結果、伝統主義的世界の基盤は揺ぎ始めることになる。そうであれば章太炎の国粋主義を伝統の相対化と意義の再発見と特徴づけてもよさそうだが、これはさておき、彼が記録と記述者という視座を設定できたのは、人間的時間としての歴史に対する鋭い洞察があってのことだ、と前もって述べておきたい。

（2）人間的時間としての歴史　章太炎は言う。歴史自体の性格からして、すべてを記述し尽すことはできない。歴史には因果関係があるが、「縁」（関係性）がないと「因」は勝手に生ずることはできない（仏教の縁生説の援用）。「因」が一つだけとしても、その「縁」となるものは多いから、同因異果のばあいも、異因同果のばあいもある。要するに、同じ原因から同じ結果が生ずるとは限らない。原因→結果に至るプロセスに関与する事柄（縁）が複雑に絡んでいるからである。してみれば、歴史に類例をたてることは、原則的に不可能である、と。

章太炎は、歴史の多様性と人間行為の複雑性とから歴史の法則化を拒絶するわけである。歴史に類例を立てることについて、次のように述べる。

> 凡《およ》そ物は絓《か》かるを欲せず。絲　金柅に絓からば、則ち解けず。馬　曼荆に絓からば、則ち馳せず。夫れ言も則ち亦た絓かること有り。成型に絓かり、物曲を以て人事を視る。其の経世の風を去ること、亦た遠し。〔原注〕今世の社会学者は、此の病《けつてん》多し。（「徴信論」下篇）

一般的にいって、物というものは固定化を嫌う。絲が金属のとめ木にからむと解けないし、馬がイバラにからまれれば走れない。ちょうどそのように言葉が既成のパターンにからめとられれば、つまらぬ世間の細細したものを基準に人間の多様な事象を見てしまう。荘子のいう経世の風より遠いもので、今日の社会学者にはこの欠点がある、と言うのである。ステロタイプな思考が不毛であって、ものの固有さを見逃すのは、いぜん今日の現実でもあるが、章太炎の議論が言葉の類型化、歴史の法則化を斥けているのは明らかであろう。これは、彼が人間行為の多様性を捉え、個々のもつ意味を見出そうとするからに他ならない。この見方は、言わずもがな『斉物論釈』で展開してみせた多様なものの承認、多元的価値の主張と軌を一にしている。

こうした現象界を多様なままに承認し、個々のものの類型化を拒否する立場は、以下のような人間行為の相互連関性・歴史の重層的決定についてまで思索した。

夫れ挙措の異、利病の分は、譬《たと》へれば、奕棊の若《ごと》し。勝負なる者は、一区の勢には非ず。旁《かたわら》なるものに疏附牽掣せらるる者、其の子《こま》固《もと》より多し。史の記する所は一区に尽《つ》き、其の旁子は具《つぶ》さには見《しめ》さず。〔原注〕細砕冥昧の事、史官は固より悉《ことごと》くは知らず。之を知れるも、亦た具さに載《の》す可からず。（同上）

囲碁の勝負が、盤の一枡の勢で決まりはせず、旁らの駒にたすけられたり束縛せられたりする。歴史も同様に、人間行為の複雑に交錯したものである。ところが、記録としての歴史は一つの限られた時空間をしか記述せず、それと互いに連関する他の時空間の瑣細な事など書きはしない。歴史家はそうした事をすべて知っているわけでもないし、知っていたところで、記述しきれるものでもない、と章太炎は考えるのである。

人間行為の相互連関性と記述自体のもつ捨象性。言い換えれば、多様な人間的時間としての歴史と、記録された歴史との間には落差がある。ここにあるのは、歴史の重層性と歴史記述の限界性についての認識であり、この点まで思い至ればこそ、章太炎は言葉の類型化、歴史の類例化を排したのである。同じ原因から同じ結果が生ずるとは限らない。にもかかわらず、この現実をステロタイプな言葉で捉え、固有性を切り捨て、歴史に類例をたてようとする態度に、彼は批判を加えてきたが、それはこういうことだったのである。章太炎にとって、まさしく「史とは本と錯雑の書なり。事の因果は、亦た尽く随って定めらるるには非」ざるものであった。これは単なる歴史の相対化にとどまるものではなく、醒めた歴史意識とみてよい。

この類型化を拒否する視座は、民報の「社会通詮商兌」（一九〇七年、『民報』第一二号）にみられるジェンクス批判（トーテム社会→宗法社会→軍国社会という発展を説く歴史段階論に対する批判）、そして「信史」下篇（前掲）における器械の進化を基準にした「質→文」史観や石器→骨器→銅器→鉄器という社会学的段階論の批判を産むことになる。[15]

それならば、この類型化の拒否とは、歴史を多様性の名の下に不可知の霧の中に閉じこめるものなのか。章太炎の議論は歴史の不可知論なのか。否、否。太炎は類型が存在すること自体は承認する。例えば「徵信論」下篇で、歴史は反復類似があるからこそ「鑑《かがみ》」とされる。しかし、そうなり得る事例はわずかに三、四割でしかない、と言っているのである。だとすると、章太炎が問題とするのは、残りの六、七割の事象であり、類型化できぬ事象を強いて抽象しようとすることであった、と考えてよい。章太炎のまなざしが捉えたのは、人間の多様性、存在の固有さに他ならなかった。

以上われわれは、実証的態度、歴史記述、人間的時間としての歴史をめぐって検討を進めてきた。そこからいささかなりとも章太炎の世界把握に近づきたいと考えたからだ。

章太炎は人間的事象の多様性と固有性とを見てとることで、言葉のフェティシズムを斥け、類型化を排し、事実に即そうとした。「実事求是」、実証がその方法だが、これは資料の操作や歴史への還元による資料の相対化という技術論にとどまらず、ものの殊相を殊相として眺め、意味をつかもうとする、いわば哲学的認識が基底にあったと考えられる。極論すれば、個別を個別として意味化することが、その実証の目ざす所であったと言え、固有の生、人間の多様さを捉えたところに世界と向きあう章太炎の姿があったとしてよい。

小　結

われわれは、章太炎の表現意識や文学論を手掛りに、彼の中に占める言語の位置を探ろうとしてきた。言語は単に認識と思考の道具であるのみならず、まさに生のありかに他ならず、しかも章太炎が言語を思想の自覚的契機にしているると考えられたからである。そして、われわれがとり出した「文」学の太炎的意味とは、リテレチュアという近代的概念よりは広義ではあるが、「文」の伝統的範疇に沿うものであった。すなわち、小説や詩だけでなく、歴史や書簡などが伝統的に含まれたが、何よりもその特徴を示すのは、記号性の強い表譜や簿録などが「文」として包括されたことであった。

これは、章太炎が「文」を文飾の意味は含みつつも、何よりも文字として捉え、音声言語とは異なる漢字という文字言語の視覚特性に着目したことに関係する。だから、レトリカルにして質実な、「立誠」にして「修辞」という態度が要請され、つねに表現者の世界の捉え方、向きあい方までが問われるに至ることになった。(補注3) これが章太炎のいう「文質の調和」、「修辞立誠」の意味に他ならないが、この主張の根底にあったのは、多様な世界をありのままに捉えようとする態度であった。それは言語を通して、世界を多様な差異と見、固有な意味を発見することなのである。

章太炎の生きた時代は、一つの意味喪失の時代であった。伝統的儒教は精神の糧とはならず、いまだ新しき世界観も見出されていない。生も暗く、死もまた暗い。そんな時代に伝統中国は西欧を前に屈服し、欧化への遅々とした歩みを始める。古きものは否定され、弱きものは蹂躙される。それは遅れであり、適者生存の理に逆うものだからだ。文化においても、政治においても、事は同じい。すべては西に向って流れゆくのである。章太炎のいう多様性の承認、固有な意味の発見とは、この潮流に抗するものであり、この文脈の中でこそ捉えねばならぬ。国学しかり、被圧迫民族との連帯しかり、である。

とはいえ、章太炎が「文」をまず文字として捉えたことは、諸刃の剣でもあった。およそ文字の重視とは、「話す」行為よりも「書く」行為の重視であり、「話す」ことによる一義伝達よりも、「書く」ことによる多義の同時伝達の重視と言える。いってみれば、「話す」行為＝対話《ダイアローグ》による弁証法的展開よりも、「書く」行為＝独白の偏重である。(16) しかし、章太炎のは文字優位の承認でもあって、これはその金石学の成果よりも文献を重視するという態度や(『国故論衡』「理惑論」篇など参照)、己が著作を文苑に留めようとする願望に結びつく(「与鄧実書」)。しかし、いったん個人の次元を離れて、文化の問題としてこれを捉え直す時、総じて漢字文化への執着とは、一面において伝統への偏愛や、あの堅固な既成体制・知的特権層の固定化につながるのではあるまいか。時の潮流が中国を西へ西へと押し流す時、これは、初期国学運動における如きみずみずしい精神の運動性を喪失し、伝統という擬制に自らを収斂させてゆくのである(魯迅が五四期に書いた「随感録」には、当時の「国学」の有様が批判的に描かれている。『熱風』参照)。辛亥後の章柄麟の姿には、やはりこの憾みなしとはしない。

例えば章太炎の宿敵にしてアナーキスト呉敬恒は、辛亥前夜、章太炎を「専ら昔人の古訓詞格を求めて、文章の能事を尽くす」もの、「好古の陋儒」、「東方の古に泥むの徒」と嘲笑したが(『巴黎新世紀』第一一四号、本社広告原注)、呉が西欧志向の論敵であったという点を差し引いても、やはり章太炎における伝統の過剰は否めない事実に違いなかろう。だが、思想家としての影響力が民国期にもあった点に想い至れば、(17) その思想的構築の巨大さは推して知るべきである。そして、のり越えられた思想として眺めやるには、余りにも章太炎は問題を孕んでいると言えよう。

【注】

(1) 拙稿「章炳麟をよむ―ことば、そして世界―」(森三樹三郎博士頌寿記念『東洋学論集』所収、朋友書店、昭和五四年)

(2) 湯志鈞「从『訄書』修訂看太炎的思想演変」(『文物』一九七五年一一期)、「『訄書』修訂和尊法反儒」(『文物』一九七六年一期)、「辛亥革命前夕的章太炎」(『辛亥革命史叢刊』第二輯、一九八〇年)。唐文権「試論章太炎哲学思想的演変」(『哲学研究』一九八一年二期)。何成軒「論章太炎向唯心主義転変的原因」は、辛亥前夜ではなく、『民報』期の仏教的傾斜にその右傾化を求

めているが、議論はまったく教条主義的である（『哲学研究』一九八一年六期）。

（3）湯志鈞「辛亥革命前夕的章太炎」（前掲）参照。この点は文献探査で簡単にわかることだが、なぜか今まで言及されていなかった。最近湯氏は上記論文でここに言及し、太炎の学術への沈潜は、必ずしも政治的後退ではないと、かつての意見を変化させておられる。

（4）「致国粋学報社書」、一九〇九年一一月二日、湯志鈞編『章太炎政論選集』上冊所収、中華書局、一九七七年。

（5）一般的に言って、一九〇二年頃、章太炎はすでに変法派と訣別しているが、西洋の学問を受容しようとする点では積極的であり、「文学説例」もこの例に洩れない。ところが蘇報案での入獄以後、仏教に傾斜し西欧近代思想にも批判的となる。従って、「文学説例」（一九〇二年）と「文学略説」（一九〇六年）との間には確かに一つの溝があるものの、文学を文字との連関で把握する基本認識は、同じであって一貫している。その政治的立場や思想の表層の変動に惑わされてはならない。

（6）許寿裳『亡友魯迅印象記』（人民文学出版社、一九五三年）、橋本高勝「梁啓超の小説への道程」（『野草』二号）、高田淳「師道について」（『理想』一九七二年一月号）。これら、特に許氏によると、学説と文辞という図式を提出したのは、一九〇八年頃で魯迅となっているが、この図式に対する批判は、すでに一九〇六年「文学論略」篇に見える。ということは、許氏の記憶違いとか、既存のその図式に魯迅も影響されたと考えられる。

（7）注（6）参照。

（8）言語の線的性質については、ソシュール『一般言語学講義』（小林英夫訳、岩波書店）一〇一頁、Yuen Ren Chao, "Language and Symbolic Systems", p. 3, 邦訳ユアン・レン・チャオ『言語学入門』（岩波書店）四頁参照。またソシュールの学的対象が表音文字体系であること、および漢字のごとき表意文字との関係については同書、四〇、四二～四三頁参照。

（9）ソシュール前掲書、オグデン＝リチャーズ『意味の意味』（新泉社）、ロマン・ヤコブソン『一般言語学』、『音と意味についての六章』（ともに、みすず書房）、A・マルティネ『一般言語学要理』（岩波書店）など参照。ソシュールは言語記号の性質として、①線的性質、②能記（聴覚映像）と所記（概念）との間には自然的契合はなく、恣意的だという性質の二つを挙げている。ソシュール前掲書九六頁以下参照。

（10）注（9）参照。

（11）ソシュール前掲書九九頁参照。

(12) 後にも引用するが、例えば章太炎は言語を次のように理解する。「文生於名、名生于形、形之所限者分。名之所稽者理」（「与鄧実書」、傍点小林）ただ、言語の実在論的理解や正名論は、中国の論理学とも深く関わる難解な一つの問題であって、『墨子』経篇、経説篇や『荀子』正名篇など、再考すべきことが余りにも多すぎる。本論で述べたこととも併せて、もう一度考えたいと思う。

(13) 「組」を「あや」とする訓詁は『経籍纂詁』にもなく、極めて珍しい。ただ『尚書』禹貢「厥篚玄纁璣組」の馬融の伝に「組、文也」とある。やはりこれは、太炎の嗜好とでも言う他ない古雅なるものか。

(14) 「致梁啓超書」（『新民叢報』第一三号、一九〇二年）でも、同様の主旨が述べられている。「然所貴乎通史者、固有二方面。一方以発明社会政治進化衰微之原理為主、則于典志見之。一方以鼓舞民気啓導方来為主、則亦必于紀伝見之。」

(15) 「社会学」に対する態度は、一九〇二、〇三年ごろと『民報』期とではやはり異なる。一九〇二年に太炎は岸本能武太『社会学』を潤訳しているが、そこでは批判よりもむしろ紹介援用に努め、歴史進化の点を評価しているのである。湯志鈞「章太炎的《社会学》」（『歴史論叢』第一輯、一九八〇年）も参照。

(16) 独白とはいっても、仮想の読者は時空間を隔てて常に存在し、それと対話することで書かれているのは勿論である。例えば、司馬遷「太史公自序」を見れば、「書く」という行為の意味についての示唆がえられるように思う。とまれ、ここで言いたいのは、「話す」ことによる弁証法的展開と、仮想の読者との対話によりつつ「書く」その弁証法的展開とは異質なのではないか、ということである。

(17) 後藤延子「梁漱溟の仏教的人生論」（『荒木先生退休記念中国哲学史研究論集』所収）、同「惲代英の出発」（『信州大学人文科学論集』第七六集）参照。

（補注1） 姉崎正治『宗教学概論』、明治三三年原刊、昭和五七年国書刊行会復刻、『姉崎正治著作集』第六巻。姉崎正治との関係については、第二編第四章「章炳麟『訄書』と明治思潮―西洋近代思想との関連から―」、及び同第五章「章炳麟と姉崎正治―『訄書』より『斉物論釈』に至る思想的関係―」がより詳しいので、参照していただきたい。

（補注2） 学問の政治からの自立について、章炳麟は「代議然否論」後半に展開した「諦実之共和」体制構想において、教育が政治に隷属すべきではないことを説き、政府が管理する学問は腐敗し、健全な学問は民間にあったと言う（『章太炎全集』（四）三〇八頁、上海人民出版社、一九八五年。第一編第六章参照）。政治に隷属する学問とは、経世の学を指し、自由な学問を考証学などとする見方は一貫している。政治に隷属しない学問の重要性については、王国維も主張した（第三編第三章参照）。

（補注3）　章炳麟と言語表現の問題を、漢字圏の批評理論の中で捉えようとする挑戦的な労作がある。林少陽『「修辞」という思想—章炳麟と漢字圏の言語論的批評理論』（現代書館、二〇〇九年）は、「文」と「修辞」を手がかりに、漢字圏における批評意識の可能性を広いパースペクティブの中で考察している。

第二章　章炳麟の歴史叙述

問題の所在

清末は中華帝国の落日である。半植民地化の事態は、たんに清朝という一王朝に倒壊の道を歩ませたのみならず、二千年間つづいてきた専制君主制自体を瓦壊させた。この政治体制の動揺という事態、及び半植民地状態からの脱出という目標は、西洋近代文明との接触と相まって歴史への深刻な反省を促した。例えば梁啓超が二十四史は「二十四姓の家譜」でしかないと断じたのは、社会進化論の受容を背景に、専制君主制に對する批判と、民衆が歴史の主体だと認識し始めたことにもとづく。こうした発想と伝統史学に対する批判を見れば、清末は、歴史意識に亀裂が走り始めたことが分かる。

さて本章は、章炳麟（号　太炎）の歴史叙述をめぐって考察するものである。周知のように、章炳麟は当時「国学大師」とよばれた伝統学術の大家であり、また辛亥革命のイデオローグとして大きな役割をも果したが、一九〇二年頃、『中国通史』を著わそうという構想をもっていた。歴史を書こうとしたのは、近代国家建設に必要な愛国心の涵養という現実的な要請からだが、ここに見られる歴史叙述の様式と方法こそ、現実への主体的な係わりと伝統学術との接点を示していると考えられる。歴史の省察は、歴史叙述の前提である。それが生の現実への批判と未来に対する希望にねざす一方、文化的伝統が省察の形式や範疇などを規定するからである。とりわけ歴史叙述に濃厚な経世意識が求められた中国にあっては、このことは言うまでもない。ところが辛亥前、章炳麟が構想した『中国通史』は、旧史の叙述様式に基本的には沿いつつも、旧来のものとは違う。かといって西洋近代風の歴史叙述では、無論ない。章炳麟の歴史理解の方法や歴史事象に対する見方に独自なところがある。そこで、春秋左伝学や六経皆史説などを軸にした彼の学術は、歴史の見方、歴史研究の方法、それらの根本にある人間認識といかに係わっていたのか。本章は、これを検討しようというのである。

ただし、上のような問題意識に対して限定をしておこう。一つ目は、辛亥革命前の思想を中心に扱うことである。章炳麟の思想は、彼の政治活動と必ずしもパラレルではないが、政治活動との関連において、だいたい変法論、民族主義的革命論、そして伝統文化の強調といった特徴を類型として取り出すことはたやすいであろう。その場合、変法論と革命論の時期においては、伝統学術を基にして、西洋近代文明のインパクトの下に、それと対抗しつつも摂取を試みており、後の西洋近代文明への反発を強めた時期とはいささか異なる。章炳麟思想のもっとも瞠目すべき果実があったのも、この時期だからである。

二つ目は、その六経皆史説や春秋左伝学といった経学上の理解は、必要な限りで触れることとする。当面の検討課題が、歴史叙述の様式と方法、歴史に対する見方、及びそれらの根底にある人間認識との連関を知ることだからである。中でも人間認識との連関は、考察が欠かせない。というのは、歴史の省察は生の現実と深く関わっているからだ。人間に対するあらわな視線は、歴史叙述の様式や方法などに精錬される前の、生を理解する基礎的形式を示すのである。

要するに、本章は、章炳麟が辛亥前に構想した『中国通史』を主な手がかりにして、歴史叙述の様式と方法、歴史自体の考察、そしてその根底にある人間への視線の三点を考察することにしたい。

一　歴史叙述の視点

そもそも危機の時代における歴史の省察とは、己の生きる社会を時間の篩にかけた上で、現在を再吟味することである。これでよいのか。如何にするのか、と。仮にそうであるなら、そこには二つの与件が絡んでいるだろう。すなわち、歴史の省察自体に文化的伝統が投影されること、および吟味する者の生の現実全体が、その省察の根底となることである。(1)前者は歴史像の再構成に際して、カテゴリーの提供や反省の形式などを制約する条件となる。そして後者は、未来への希望に促されて、過去の拘束を突き破る原動力となる。先に歴史叙述の様式と方法が生の現実と伝統学術の接点になると言ったのは、この意味からであった。ならば、章炳麟において、歴史の省察に文化的伝統はどのような様相を示していたか。

先ず経世意識についてである。もともと中国の歴史意識は、強烈な倫理観と経世意識に貫かれている。(2)いうまでもなく「世衰道微、邪説暴行有作、……、孔子懼、作春秋」とか、「孔子成春秋、而乱臣賊子懼」(ともに『孟子』滕文公下)といったところに、歴史叙述の規範主義的態度と経世意識の原像を見ることができる。たしかに歴史を「直筆」して乱世を撥めようとするこのような態度は、現実へのあくなき関心と倫理的要請を物語るだろう。その意味で、歴史叙述とは、まことに主体的な要請に根ざすものであった。

清末の場合、清朝の腐敗、各地における反乱、そして西洋列強による半植民地状態は、人々に民族国家の建設を熱望させ、歴史への関心をこの政治目標に結びつけさせたが、ただし、従来とは違った条件が付け加わっている。

それは伝統史学に対する批判意識であり、社会進化論を始めとする西洋近代的観念を介在させていることである。西洋近代思想の洗礼を受けた意識は、伝統史学をソノママでは容認しないのである。

例えば伝統史学を批判して「史界革命」を唱えた梁啓超は、一九〇一年に「中国史叙論」、一九〇二年に「新史学」を著した。清末仏教史で忘れることのできない夏曾佑は、一九〇四年より『最新中学中国歴史教科書』(後に『中国古代史』と改題)を著し、また春秋左伝学を修めた劉師培は、一九〇五年より『中国歴史教科書』を出版し始めている。梁啓超は、二十四史はただ「二十四姓の家譜」にすぎず、本紀や列伝は集団の競争や進化を叙述せず、個人の「無数の墓志銘を合して成る者」でしかないと断じて、その弊害を挙げた(「新史学」)。また、劉師培は中国の史書について、その叙事は君臣に詳しいが、人民のことには粗略であり、事跡に詳しいが、典制には簡略だと批評した(『中国歴史教科書』)。ともに社会進化を強く意識して、伝統史学を批判した方法序説であり通史であって、もちろん、歴史こそ愛国心の培養基という経世意識を根底にもつ。

章炳麟もやはりこうした時代精神から自由ではないが、梁啓超のごとく二十四史は「二十四姓の家譜」といった単純な見方をしない。(3) 章炳麟は以下のように考えたのである。まず彼は、歴史とは国の命運を哀思反省して愛国心を涵養するものと捉えた。例えば『訄書』(一九〇四年、重訂本)哀焚書篇で、「今夫れ血気心知の類、惟だ人のみ能く合群す。群の大なる者は国家を建て種族を辨ずるに在り。其の條列の繫る所は言語歴史風俗と曰《い》う。三者一を喪《うしな》へば、其の萌植《そだ》たず」と言う。また「演説録」(一九〇六年)の、「国粋」をもちいて民族性を激動させ、愛国心を増進させるという主張は、周知のところである(「国粋」とは、語言文字、典章制度、人物事蹟を指す)。晩年になっても歴史を一姓の家譜と見る梁啓超を批判している。(4) 歴史は「人心之結晶体」であり、国家全体の変遷を知る参考史料と考えたからだ。(5) このように歴史をナショナリズムや政治と結びつけるこうした態度は、晩年にまで一貫していたのである。(6) やはり章炳麟においても、歴史の現実的役割は経世的なものであり、文化的伝統は息づいている。

では、歴史叙述の様式の上では、どうであろうか。西洋近代思想との接触は、伝統的な歴史叙述を変化させたのか。章炳麟が一九〇二年頃、中国通史を書こうとしていたことはすでに知られている（「致梁啓超書」、『訄書』哀清史篇付録の「中国通史略例」など参照）。(7) そこに西洋の文明史の視点が強く作用していること、(8) および歴史叙述の様式として、「紀」「伝」とともに「典」「志」が重視されたことに注意したい。「紀」「伝」は従来、皇帝とその臣下の記録であったが、章炳麟は「民気を鼓舞し方来を啓き導びく」もの、「典」「志」は「社会・政治の進化衰微の原理を発明」するものと考えたのである（「致梁啓超書」）。「典」「志」の様式に拠って社会進化の原理を知ろうというわけだが、視点が歴史のダイナミズムを皇帝から集団に移していることに気づくだろう。

言うまでもなくこうした「書」や「志」（章太炎のいう「典」「志」）は、『史記』以来、歴史叙述の一形式として採られてきたし、『通典』をはじめとするいわゆる政書類が古くよりある。この意味で、章炳麟の典章制度の重視は、伝統を受け継ぐ。

しかし従来、正史における歴史叙述の中心は「紀」「伝」の部分にあり、「書」「志」は二次的な地位であった。政書類もあくまで参考書の価値を越えるものではなかったのである。ところが、章炳麟が『通典』と『文献通考』に高い評価を与えたことからも分かるように、(9) 彼は叙述様式として「典」「志」をきわめて重視しているのである。ここに歴史叙述の視点の変化が窺える（次節）。

いま中国の史書（とくに漢以降）について、大まかに言うと、それは王朝交代の記録であり、歴史の動きを皇帝中心にして、それをとりまく個人に還元し、礼を基準に個人の行動を評価するのに力点を置いてきた。(10) ところが、典章制度の形で社会を捉えようとするのは、歴史の動きを、集団と制度、ものと人間の関数として見ることにつながる。章炳麟は、歴史が皇帝中心でないことは勿論、もはや個人の命運や春秋の義だけを顕わすものとは考えていないのである。

例えば、彼は『中国通史』の構想を「致梁啓超書」で、百巻、六、七十萬字になると言う（ただし、それは構想に終わった）。すなわち、『中国通史』は「表」「志」「記」「考紀」「別録」の体裁を採る[11]（『訄書』哀清史篇付録の「中国通史略例」では、「志」が「典」とされている）。十二ある「志」の一つ民宅志の割注に、従来の方輿志との違いとして、方輿志が単に沿革を略記するのに対して、それは「山川の防塞に因りて、以て社会風俗の殊異を明かす」ものとされる。明らかに風土と民俗との連関が意識されており、伝統的な地理沿革の記述にとどまらないのである。民俗への着目といえば、『訄書』訂礼俗篇（重訂本）を見ると、椅子、テーブル、ベッド、帽子、衣服、服飾、家屋など民俗的な項目について歴史的に吟味されている。「西方の衣履は至って牢堅なれば、質に近し」といった言葉に明らかな通り、西洋との比較の意識が根底となって、章炳麟は民俗に目を向けているのである。

また『訄書』尊史篇では、器物の製作に触れて言う。『世本』作篇に「牟夷作矢、揮作弓」とあるが、弓と矢の両者が合しなければ、器物としては結局役に立たない。合しないのは民が群することを知らぬからで、かくて羿がそれらを合して、道具として役立つように完成させたわけだ云々、と。そして、こうした「合群」（社会集団化）による協働の例が五つ挙げられて、「故に輓近視て以て一器一事と為す者も、皆数者相待ちて以て成る」と指摘された。人間と道具との関係が社会的協業の産物として強く意識されたからである。

また『中国通史』は、前述の通り、「表」「典（志）」「記」「考紀」「別録」からなる。「別録」は列伝、「考紀」は皇帝の本紀（ただし王莽と洪秀全も含む）、「典」と「表」は伝統的形式であるので、説明には及ばないが、「記」の体例が新しく設けられているのに気付く。それは「社会の興廃、国力の彊弱」に係わる「人事の紛紜」としたものを扱い、紀事本末体のごとく「一事に就きて以て始卒を詳びらかにす」るものだと言う。「記」には「党錮記」「革命記」など十種あるが、その中の「陸交記」「海交記」は、文字から推すに、陸上や海上による交流・交易に関するものに違いなく、「社会の興廃、国力の彊弱」の現れと考えられたのであろう。「党錮記」にしても、おそらく従来の党錮列伝などのように、個人に分解されて記述されるものではあるまい。仮に党錮でカテゴライズしても、個人に分解して記述するつもりなら、「別録」に含まれる「游侠別録」とか「会党別録」、「逸民別録」などと同様の伝統的な枠で処理したに相違ないからだ。とすれば、「記」の体例をことさら設けたのは、章炳麟が社会変動の要素として、個人や制度に分解し切れないもの（おそらくは集団）を捉えようとした結果だと考えられる。しかも「表」「典（志）」「記」という全体を見るための様式が通史の前半部分（考紀と別録は後半部分）に置かれているのである。旧史が皇帝の本紀から始まるのとは対照的である。世界を動かす中心についての見方が変化したのであろう。『中国通史』は結局、構想だけに終わったものの、「典」や「記」の様式は、個人を集団や制度の関数として捉えようとする意図があったと見られるのである。中国通史の試みは、西洋近代思想の刺激を受けて、その模倣ではなく、中国史の叙述様式も再考しようとするものだったと言えよう。

以上、章炳麟において文化的伝統は、歴史の経世的役割や叙述様式の上で影を落とすところはあったが、歴史叙述の試みは新しい視点に支えられていたのである。

二　歴史研究の方法

次に、章炳麟における歴史研究の方法とは、いかなるものであったか。彼は顧炎武や戴震を尊び、六経皆史説の立場に立ったが、歴史研究の方法は、西洋近代思想の刺激の下にどのように精錬されたのか。

かつて私は、章炳麟の学問方法論が小学を基礎としており、この言語に対する意識が、いかに彼の表現や学問方法論と相関するかを検討したことがある。[12] 表現と言語の関係を手がかりにして、章炳麟の生きる世界の捉え方に近づこうとしてのことであった。その際、彼の学問方法論としての「実事求是」についてこう論じた。すなわち、章炳麟は学問の要件として実証を求めた。それを基礎に物事の原因・根拠を探るためである。しかし、知覚や経験が及ばない場合、推論の方法を用いるが、歴史学に限っては、終始、実証の領域に自らを限定し、推論は用いない。そして仮に実証を尊ぶにしても、二つの証拠が齟齬した時、あたかも裁判官が原告と被告から聞いて判決を下し、疑わしきはただ敢えて質さないように、推測による妄断はしない、と言うのであった（「徴信論」下篇、「信史」上篇など参照）。

これは明らかに考証学的な史料操作の方法で、清代史学の「徴実を貴ぶ」といった伝統[13]を受け継いでいることは言うまでもない。ここではさらに（1）実証と推論に対する考え方、（2）実証に用いられた史料に対する見方、および（3）「典」「志」の様式を支える事類分類の考え方について検討したい。

（1）実証と推論に対する考え方

章炳麟は「徴信論」上篇で次のように論ずる（本篇は一九〇一年の作。ただし一九一〇年『学林』第二冊、一九一四年『雅言』第六期、『太炎文録』巻一収載）。人は古籍に記録されない疑わしいことを、推量して考えた場合、それが適当であれば、実質のある言とする。例えば『漢書』には、漢の高祖が平城で匈奴に苦しめられたが、陳平の秘計でその囲みを逃れることができた、とある（「高帝紀」）。陳平の秘計について、桓譚や應劭らは推測しているが（「高帝紀」注、『桓譚新論』）、それは「揣《はか》りて其の状を得」たものにすぎず、実質のある言ではない。議論として見ればともかく、歴史の記注としてなら誣いていることになる。なぜなら、「凡そ事に験を期するなく、推校して之を得る者、習俗と事状とは其の職を異にす」。実証がなく推考して得る場合、社会的習俗と一回起的な歴史的事象とでは、実証性の次元が違うというのである。そして両者における実証性の違いは、章炳麟によれば、習俗が、察しても見えず実証がないから推考してもよいのに反し、歴史的事象が、公私にわたる記録によって調査できること、及び何よりも歴史的事象が一回起的な個別の事態であって類型化できぬことにもとづく。歴史的事象の個別性は、「与簡竹居書」（一九〇九年）においても、「世に文質有り、事に緩急有り。古法以て今茲を概《はか》る可からず。今事も亦た以て古昔を推す可からず」と言われている（『太炎文録』巻二）。要するに、歴史的事象は一回起的で個別的であるがゆえに、歴史の実証には厳密さが求められたのである。

そこで、この実証に用いられる文献そのものに対する態度について触れたい。章炳麟が古文学派として、六経皆史説の立場に立つことは、周知のところである。(14) 章学誠によってはじめて定式化された六経皆史説は、大まかに言って、六経はみな夏、殷、周三代の史官によって記録された「先王之政典」であり、古来の前言往行の記録である。そこに記録された「典章法制」や「政教行事」、「人倫日用」などは、聖人が「事勢の自然」に応じて制定し、「道」はここに示されていると考えるものである。(15) 章炳麟は『国故論衡』明解詁下篇で、六経皆史説によって「其の行事を明らかにし、其の時制を識り、其の故言に通じ」ることができると言う。本篇は、『左伝』や『公羊伝』などにみえる禘祫、封域の数、納妃の礼、嬪御の数などをめぐる今古文の論争点を吟味するものだが、その著しい特徴は、古文の師説よりも確証ある文献を重視して、歴史主義的に見ようとする態度である。

章炳麟は言う。今文学には数家あるが、「一家の中、又自ら参錯を為し、古文も是に準ず。又古文の師の今文より後に出づる者、既に俗説に染り棄捐する能はず、或いは身自ら之に付会し、其の本真に違う。」今文のみならず古文の師でも、今文より後にでた者は、俗説に染まってそれに付会しており、本来の姿とは違う。賈逵はその例だが、「漢学に拘牽せらるる者は、魏晋の諸師（杜預など—筆者注）すら猶ほ異言を刊剟するの績有るを知ら」ない。つまるところ、確証ある文献を証拠にするのがよい、と。確証ある文献が重視された結果、章炳麟においては、必ずしも漢代の師説は尊重されず、かえって今文の伝・記やその師説でも古文と合致するものがある、と指摘されている。こうした文献の重視は、金文や甲骨など考古学的史料の排斥(16)（「信史」上篇、『国故論衡』理惑論など参照）につながる一面もあるが、実証を文献に厳密に限った結果と言える。

ただ文献による実証とはいっても、章炳麟においては、文献をまず物として捉える視点があってのことである。劉逢禄『左氏春秋考證』を反駁した『春秋左傳読叙録』を例にとると、『漢書』芸文志の「左氏伝三十巻」という記事について、劉逢禄は、『左氏春秋』は晏子、鐸氏、虞氏、呂氏の各春秋と名前が同じで「伝（傳）」の体裁ではないと主張した。ところが章炳麟は、概ね次のごとき手法に依って反駁している。「伝」には詩の毛伝、伏生尚書大伝、公羊伝など様々な体裁があり、裁辨をもっぱら貴ぶものだけが「伝」ではない。「伝（傳）」には伝（傳）記・伝（傳）注があり、その字は「専」に作るべきだ。その証拠は、魯論には「専（傳）不習乎」とあり、説文に「専六寸簿也」、「鄭玄論語序」に「春秋二尺四寸書之、孝経一尺二寸書之、論語八寸」とある。すなわち、六経の書は二尺四寸の簡に書いたから、釈経の書は『論語』『孝経』より短く、また四寸では小さすぎる故、おそらく六寸のものに書いたろう。また鄭注『尚書』の「三十字一簡」からすると、『尚書』は経なので、二尺四寸の簡に三十字書いたわけだが、『左伝』の「（南史氏……）執簡以往」（襄公二五年）の服虔注に「古文篆書、一簡八字」とある。「一簡八字」は、字数が『尚書』のほぼ四分の一で、簡の長さもちょうど六寸になる（つまり、南史氏は六寸の簡に歴史の記録をしたわけで、記事の書である『左伝』も六寸に違いないとの意）。さらに古えは書物に名づける場合、その実質にもとづいて名づけた。たとえば「経」は青糸で竹簡を縄貫した物の意味であり(17)、そうした物に「経」と付けたように、「専」は六寸の簿のことである（『説文』）。以上よりして、「傳（専）」は六寸の簿につけられた釈経の書のことで、いかに記事が多いからとて、『左傳（左専）』は釈経の書に他ならぬ云々、と。明らかに章炳麟は、文献が記録される物にまず着目して議論を組み立てており、経学的な立論だけではないと分かる。

　このように事象を歴史主義的に捉え、その個別性を文献によって厳密に再構成しようとした章炳麟からすれば、いかに経世のためとはいえ、「微言大義」を唱えて恣意的に事実を扱う今文学派は、学問として認められない。たとえば、宋翔鳳が『論語』に奇邪の説を付会するがごとき、章炳麟に言わすれば、「微言以て誣を致し、玄議以て惑を成す」ものに他ならず（「信史」上篇、「徴信論」下篇参照）、とうてい承服できるものではなかった。章炳麟は、旧来の古文学派としてのみならず、歴史の方法意識の上でも、今文学派とは、鋭く対立していたのである。

（2）史料の見方

古典の挙証や古人の権威をたっとぶ文化的風土においては、根拠とされた史料そのものの歴史的吟味は極めて重要であり、章炳麟は、文献そのものの史料性について注意している。それは章学誠を批判した個所である（「徴信論」上篇、「与人論国学書」参照）。すなわち唐人は、荘子の学は田子方に基づき、子夏に大本があるとしたが、章学誠はこれを『文史通義』経解上篇で踏襲し、荘子を子夏の門人とした。しかし、それは後世に訂したものによって昔のことを求めた誤りで、妄言が時間がたってしだいに「典要」となってしまった結果だ、と言う。文献が時間の風雪に耐えたことをもって、史料としての信憑性が生まれる危険性が指摘されているのである。

当時でも、史料の歴史的吟味を欠いた思考の現実が依然としてあった。例えば、譚嗣同（一八六五～九八）が荘子子夏門人説の立場にたって、荘子を孔子に結び付け、それによって専制君主制を批判したり（『仁学』第二九節）、駐英佛公使曾紀沢が、老子が西沙を越えていった時に、周の典章法度が西洋にもたらされたので、西洋の政教は中国に似るという説に賛同するなどである（『出使英法日記』光緒五年二月二三日の條）。章炳麟がさらにシャカの空の説は老荘によったわけではないとか、景教は天に事えたが、墨子に本づいていないとか批判するのは、事実を歴史的に把握しようとする以上、当然であった（「徴信論」上篇）。

（3）事類に分析すること

章炳麟は『中国通史』の構想において典章制度を重視したが、それは前述の通り、歴史叙述の視点を、君主中心から、人間と集団および事物との連関に移した結果であった。視点の転換において、史学の伝統的枠組に新たな意義が与えられたのである。例えば『訄書』哀清史篇付録の「中国通史略例」では、次のように言う。中国は秦漢以降、史籍が大変多いが、司馬遷の紀伝体、荀悦の編年体、袁樞の紀事本末体はどれも「皆具体の記述にして、抽象の原論」ではない。杜佑や馬端臨は「典章を綴列す」るから「是れ分析法に近」く、王船山は「造論最も雅馴にして、其の法も亦た演繹に近」い云々、と。そして「典」につけたコメントで言う。

西方の史を作すに、時代に分つこと多し。中国は則ち惟だ書志のみを貴しと為し、事類に分析して、時代を以て封畫せず。二者亦た互ひに経緯を為す。

西洋の歴史は、時代区分を用いることが多いが、中国は「書」や「志」といった制度の記録を貴んで事類に分析し、時代区分だけを用いることはなく、両者を互用する、というのである。章炳麟は明らかに、中国史学史を西洋風に具体と抽象、分析と演繹の枠組で整理したうえで、西洋の時代区分にたいして、『通典』や『文献通考』の事類分析を方法として比べているのである。

章炳麟によれば、時代区分と事類分析とは相補的である。前者が学校の教科に適しているのに反し、事類に分かって、「一事の文野、一物の進退をして皆比較」させようとすれば、事類分析のほかはない。それは「成学の討論の為に作」ったものなのである。つまり、事類分析の方法とは、時代を構成する個々の領域を共時的に展覧して、同異優劣を探ろうというものであった。文化を諸領域に分かって比べたら、社会進化の諸相が明らかになるばかりでなく、中華の精粋が分かる。愛国心の高揚を願う章炳麟にとって、それは必須の方法であった。もちろんこの様式の根底に、「名物」を列挙して同異・美悪などを展覧する類書を好む中国の伝統があり、それに新たな意義が付与されたことは言うまでもない。この事類分析の重視は、晩年まで一貫している。例えば晩年の講演「歴史之重要」（一九三三）の中で、歴史は米塩の帳簿の類なので歴史研究は無意味だとする俗論に反論している。「一国にも一国の産業有り。帳簿なくんば、則ち産業何に従《よ》りて稽攷《かんが》へんや」。[18] 事類に分析された「典（志）」など、帳簿の類いは国家の経済や財政を知るためというのである。事類分析の方法を生かした政治家として、曾国藩や左宗棠らを挙げている。[19] 最後に言えば、章炳麟は歴史叙述の上で経学の重要性を説く（「中国通史略例」、「歴史之重要」[20] など）。これは、その六経皆史説の立場や経学そのものの見方とも関連するので、別に検討されねばならない。

三　歴史とは何か

そもそも歴史叙述の様式や方法は、歴史とは何かという問いに深く根ざしている。私達が歴史と一般に呼んでいるものは、過去の出来事すべてではなく、歴史家によって選択され構成された記述である。その意味で、孔子が綱紀の紊乱を憂えて春秋に込めた褒貶の義とは、まさしく歴史の構成的性格に対する強烈な自覚といえる。つまり、規範主義的に歴史を叙述しようとする態度は、歴史とは何かという問いに対する一つの答には違いない。

では、章炳麟はいったい歴史をどのように見たのか。ここでは歴史を書かれたものという意味に限って検討したい。歴史について章炳麟は、「歴史は本来複雑であって、整理するのは容易ではない。まして況んや（中国では歴史叙述の）体裁が多いので、自然と分析は難しい」と言う（『章炳麟的白話文』第二章、一九一〇年、『教育今語雑誌』原載）。このように考えたのは、先ず章炳麟が類型化できない諸事象の固有性を見たからである。世界が錯綜をきわめているので、それを認識しようとすれば、困難さが増してくるのである。いったいに伝統社会が動揺すれば、従来なら再帰的に理解できた事象がもはや予測できない。明日は必ずしも今日のようになるとは思えないのである。事象の固有性の強調とは、こうした歴史的背景にも係わるだろうが、章炳麟の場合、事象理解の問題にまで考察が深められていた。事象が固有性をもちつつ錯綜していると言っても、単に事象は偶然の連続だと考えたのでないことは、事類分析の方法を重視したことからも分かるだろう。

そもそも歴史を理解するに当たって、何故そうなったかの原因をさぐる必要がある。歴史研究は事象の因果関係を求めるからだ。事象の原因と結果をさぐるに際し、章炳麟は「因果とは両端の議論でしかない」と断じ、その理由として次のように言う。

> 縁なくんば則ち因　独《ひと》り生ずる能はず。因は一と雖も、其の縁　衆多なり。故に同因にして異果なる者あり、異因にして同果なる者あり（「徴信論」下篇）。

事象の因果関係において、縁がないと因は勝手に生ずることはできない。因が一つとしても、その縁になるものは多いから、同因異果の場合も、異因同果の場合もある、というのである。章炳麟は仏教の縁生説を援用して、因果カテゴリーに加えて、縁のカテゴリーを用いて事象の錯綜性を説明しようとした。因果のカテゴリーだけでは事象は捉えきれないと考えたからだ。その具体例に、章炳麟は囲碁を挙げた。囲碁の「勝負なる者は一区の勢には非ざるなり。旁より疏附し牽掣せらるる者、其の子《こま》固より多し」。囲碁の勝負は一枡の勢いで決まらず、傍らの駒にたすけられたり牽制されたりする。「挙措の異、利病の分」ができるのは、あたかもそのようなものだと考えたのである。

さらに歴史が複雑だとの主張は、事象本来の固有性や錯綜性、因果関係を理解する困難さに加えて、彼は言語の問題も考慮した。彼は言語自体の形式性から、事象理解の困難さを考えた。章炳麟は言う。

凡そ物は絓《かか》るを欲せず。…（中略）…、夫れ言も則ち亦た絓ることあり。成型に絓り、物曲を以て人事を視る（「徴信論」下篇）。

なべて物というものは固定化を嫌うが、言葉も同様に既成のパターンに絡めとられれば、人はつまらぬ世間の細々としたものを基準に、人間の多様な事象を見てしまいがちだ、と言うのである。こうした言語の性格は「経世の風を去ること亦た遠」く、「今世の社会学者は、此の病《けつてん》」が多い、と（「徴信論」下篇）。言語が対象を分析しカテゴライズすることを根拠として、事象が類型的に把握されてしまうことが拒否されるから、歴史は複雑に錯綜した様相を深めてくるわけだ。この篇の前段に、『荘子』天道篇の「世之所貴道者、書也。書不過語。語之所貴者、意也。意有所随、不可以言伝也。而世因貴言伝書云々」が引用されているが、察するに、言語は認識の要件とされる以前に、存在の眞実を見失わせるものと捉えられているのである。こうした種々の認識に立って、章炳麟は歴史叙述の構成的性格を説く。

史の記する所は、一区に盡《つ》く。其の旁子は具《つぶ》さには見《しめ》さず。（「原注」細碎冥昧の事、史官固《もと》より悉《ことごと》くは知らず。之を知れるも、亦た具さには載《の》す可からず）。時既に久遠なれば、更に挙措の意、利病の勢を求めんと欲するは、猶ほ棋の一区を断じて以て奕の法を定めんとするがごとし（「徴信論」下篇）。

史官は、一つの限られた時空間しか記録しないし、細々としたことを、全て知っているとは限らず、知っていたところで記録しきれるものではない。故に時間がたてば、行為の意図や事柄の過程を解明しようとしても困難だと言うのである。章炳麟は明らかに歴史叙述の構成的性格を指摘しているのである。[21]

章炳麟は、事象本来の固有性や錯綜性、認識カテゴリーの問題、叙述の構成的性格に注意したので、当然事象の偶然性や個別性が強調される結果になる。彼は、歴史における類型的事象が存することを認めた上で、それはせいぜい三、四割でしかない、と言う（「徴信論」下篇）。六、七割の事象は類型化が難しいと見ているのである。従って、歴史段階論には、いたって冷淡な態度を取っている。

例えば章炳麟は「信史」下篇（一九一〇年）で、当時流行していた社会学の歴史段階論及び社会進化論者に対して、反論を加えている。すなわち、「文」と「質」の交替という見方を擁護する章炳麟は、諸子が辨麗に務めたのは「文」だが、漢になって「質」に返り、また魏晋になると「文」になったという事例を挙げ、「斯れ亦た文質往復するの数《ことわり》」だと言う。ここから明らかなのは、物質的な進歩や社会の発展段階には冷淡だということである。

そして「社会通詮商兌」（一九〇七年、『民報』第一二号）では、トーテム社会—宗法社会—軍国社会という社会進化論の段階論に反駁している。この論文は、厳復の『社会通詮』（E・ジェンクス、“History of Politics”の翻訳、一九〇四年）を批判したもので、論駁の矢は、厳復がジェンクスの段階論を用いて、中国は宗法社会と軍国社会を兼ねた段階にあり、章炳麟らの民族主義は宗法社会の産物だとした点に向けられている。章炳麟は、厳復の民族主義批判への反論の前提として、ジェンクスの宗法社会の概念に中国が当てはまらないことを指摘するが、そこで人間社会の法則の性格が説かれている。すなわち、ジェンクスがいう「条例」とは、西洋が渉歴した見聞から帰納したものでしかなく、本来人間的事象を扱う社会学と自然科学とは、領域が異なる。自然科学の知識は、どこでも通用するが、社会学の「条例」はそうではない。人間の心は複雑に展開し、人間的事象が多様だから、一方の見方にだけ依って一般化することはできない、と。要するに章炳麟は、人間的事象はあたかも自然が物理的斉一性を前提にするように、時空間を越えて斉一的に把握はできないと見ているのである。

人間的事象と自然とは、領域として本質的に異なる。この認識は、「四惑論」（一九〇八年、『民報』第二二号）にも窺うことができる。ただし、こうした立論自体は一般的にあるようで[22]、章炳麟固有のものとは思われない。しかし、彼の歴史をめぐる考察の緻密さや哲学的な深さが、中国の危機的状況の中でもたらされたことを思い至れば、それが光彩陸離たることは疑いない。

ただ、前述した典章制度の重視を想起すると、それによって章炳麟は社会進化の法則を捉えようというのであった。だとすると、上の歴史的事象の類型化や発展段階論に冷淡な態度とは、どのように係わるのか。

章炳麟が典章制度によって社会進化の法則を捉えようとしたのは、一九〇二、三年の頃、西洋に最も接近した時期である。「与呉君遂書」（一九〇二年七月二九日）などでは、コント、スペンサー、ギディングスといった社会進化論者に言及し、「管・荘・韓の三子は、皆深く進化の理を識る。是れ乃ち所謂良史なる者なり」とまで断ぜられる。中国評価の基準は社会進化に求められたのである。ところが、発展段階論に冷淡な態度の論文は、前引のごとく、大体『民報』期以降に属する。彼の思想が人間について哲学的に深まってきたからである。

もっとも章炳麟は、社会進化や法則自体を否定したのではない。このことは、晩年の論文に、『易経』を社会学の書と評価して、卦の構成から社会進化を説いていることからも分かる。(23) 要するに章炳麟は、社会進化論の受容が進むにつれて、社会進化に漸進や退化のあることが忘れられ、物質や利便さがドグマとして判断基準となった点を批判し、反発を強めていった、と思われるのである。

このように、章炳麟は歴史の法則性を明らかにしようとする一方、一治一乱史観や文質交代史観を擁護するなど、歴史理解の基本のところで、理解は複雑に揺れている。これは恐らく、彼が文明史を「典」「志」という伝統的様式に換骨奪胎させながら理解しようとしたこととも関連するに相違ない。彼の中で伝統と西洋とが文化的に軋轢を起こしているのであろう。

付言すると、本章では、歴史を人間的な出来事の意味として、彼がどう意識したか、という点については吟味しなかった。章炳麟は、周知のように、西洋の目的論的世界観の土壌で育ってきた進歩の意識や、古代に理想世界を仮設して現実を批判する儒教のいわゆる「復古主義」(清末では康有為の大同思想など)を批判する一方、「五無」や「倶分進化」を説いた。この点はその歴史主義との連関において、改めて検討すべき課題の一つであろう。

四　人間認識

以上、本章は章炳麟の歴史叙述の様式と方法をめぐつて検討を加えてきた。そこには新しい視点とともに、文化的伝統の濃厚な影が見られた。この両者の知的葛藤が彼の歴史理解に揺れを生んだ。しかし、どうであれ、叙述様式の選択も、民俗の視点も、歴史は錯雑しているとの認識も、はたまた歴史による愛国心の喚起も、畢竟、彼の生の意識に根ざしていることは間違いない。例えば彼が少年時代、外祖父朱有虔から「夷夏之防」を教えられ、また戴名世らの文字の獄に憤慨したといった体験が、論理化されて民族主義という重要な枠組となったように、である。

思うに人間認識とは、生を理解する基礎的形式である。今、章炳麟が説く歴史事象の一回起性や人間的事象の固有性の視点についていえば、それは何よりも彼の基本的な人間認識に負うていると考えられる。例えば「読仏典雑記」（『国粋学報』第三期、一九〇五年）は、「天下に純粋の自繇なく、亦た純粋の不自繇なし」と、自由について論じている。すなわち、次のように考えたのである。何人も飢えれば食い、疲れれば臥す。「物の理に迫らるれば、奈何すべく」もないからだ。この意味において、純粋の自由はないといえる。また道に灰を捨てると、條狼氏（道路役人）に遮られる。法律があって従わざるを得ないからだが、それでも人は不自由とは感じない。その意味で純粋の不自由はない。また奴隷でも自由を失うことはない。なぜなら奴隷は迫られてなるものだが、死をもってそれを拒めば、無理強いも何の役にも立たない。死ぬか強制に従うかは、その者の選択に任されているからだ。奴隷でも選択できるから自由といえるのだ、と。章炳麟は自由を生理的自然、社会規範、および実存的選択の三項との連関で考えたと言える。

そこで注意したいのは、実存的選択という点である。というのは、それが章炳麟の人間認識の原点を示していると思われるからだ。「敢死論附識」（『民報』第一一号、一九〇七年一月二五日）で章炳麟は、憤激して自殺するのは誠に無意味のように思われるが、天下はこうした人が増えて初めて事に臨んでも安心していられる。死の価値を打算するようでは、その時に臨んでも恐らく死ねまい、と言う。章炳麟の議論は、「敢死論」（病己撰）が、憤激自殺を匹夫のすることと否定したのとは対照的であり、いささか論調を異にする。陳天華が清国留学生取締規則事件をめぐる中国蔑視観に憤激して投身自殺をする（一九〇五年）など、当時、憤激自殺の風潮があり、それを是非する世評があった。自殺について章炳麟は、「四惑論」では、憤激自殺は革命計画の失敗や民徳の堕落を嘆いて死地に赴いたもので、決して一身の極楽に生まれんがためではない、と言う。この説き方は、憤激自殺するという個人の真情に先ず共感して、その実存的選択に目を向けたものだ。それは、社会に裨益するかどうかといった功利主義的な見方ではない。己が自らの行為を選択できることに自由の余地を見いだしているのである。

「定復仇之是非」（一九〇七年、『民報』第一六号）を見ても、この点は窺える。すなわち、人が復仇そのものを目的とする時、その潔白さは謀利より遙かにまさる。ある事に憤激して、こちらが相手の党とともに倒れようと願うのは純粋に潔白、わが党が勝ち相手の党が倒れるのを願うのは潔白と汚濁との混合、この勝敗以外に、わが党が何かを得、相手の党が失うのを願うのは汚濁の極だ、と述べられる。そしてこの段落の直後に、牛馬は人を殺しもするが、それは憤激に堪え切れなくなってであり、食べる利益のためではないとの具体例が挙げられている。章炳麟は潔白と謀利、つまり真情への忠実さと利益を謀ることとを対立的に捉え、利益を打算する功利主義的行為を否定している。真情に忠実な無垢な行為への共感が人間の実存的選択に注目させ、憤激自殺を評価させたのである。

こうした人間への眼差しが、より体系的かつ理論的に展開されたのが『国故論衡』の諸篇や『斉物論釈』（一九一〇年）であろう。『国故論衡』原道下篇を見ると、「道」は差別のないもので、差別のある「理」とは対照的だ、とされたうえで、こう説かれる。

今　慈恵廉愛なくんば、則ち民は虎狼為り。文学なくんば、則ち士は牛馬為り。虎狼の民・牛馬の士有りて、国治まると雖も、政理《おさ》まると雖も、其の民は人ならず。世の人有るは、固より国に先んず。

民には慈恵や廉愛が、士には文学が必要で、それがなければいかに政治が治まろうとも、そこの民は人とは言えない、と言うのである。章炳麟が政治以前に人間、しかもその情性の領域を重視しているのが分かる。また『荘子』斉物論に對する、「其の道は政俗を分異して、位を干《おか》さ令むることなきに在り」との評価（原道下篇）を見ても、情性の領域を押さえたうえで、政治と民俗を区別しているのが知れる。実存的選択といい、真情の重視といい、人間の情性の領域に注目すれば、それは当然個性的で類型化を拒むゆえに、存在の世界は多様とならざるを得まい。章炳麟が、人間的事象は自然とは本質が異なり、安易に類型化できぬものだとした根底には、上のような人間認識があり、それが『中国通史』の構想において、典章制度の形で民俗に注目させたと思われるのである。

小結

以上、辛亥前における章炳麟の歴史叙述をめぐつて検討してきた。章炳麟において文化的伝統は、歴史をナショナリズムの培養基と見、典章制度を重視するなど、歴史叙述の動機や様式のうえに影を落としていた。そして、伝統的な「典」「志」の形式は、西洋の文明史観に触発されて、歴史の動きを集団や物と人間との関数として理解する基礎となり、民俗の世界を捉えようとするなど、新しい視点に支えられていた。旧史のように皇帝中心に世界を見ようとはしなかったのである。また、彼は歴史的事象の個別性を歴史主義的に把握しようとした結果、「実事求是」の方法は、事類分析といった形でより細緻に精錬された。その一方で、文献をまず物として捉える新しい視点も備えることになった。さらに、章炳麟は歴史を本来錯綜していると考えたが、それは人間的事象を一回起的なものと見、その複雑性を認識の仕方や言語の問題、歴史の構成的性格といった諸点から理解しようとしたからである。

彼の歴史的事象の一回起性の見方は、人間存在の多様性を前提にしているが、それは類型化しにくい人間の情性の領域を重視した結果なのである。この情性の重視が、政治に収斂しきれない人間と民俗の世界を注視させることになったと考えられる。

要するに、事象の歴史主義的把握も「典（志）」という叙述様式も、章炳麟の人間に対する基本認識に深く係わっていたのである。

【注】

（1）G・ジンメル『歴史哲学の諸問題』、一九七七年、白水社刊。

（2）神田喜一郎「支那史学に現れたる倫理思想」、岩波講座『倫理学』第十冊、川勝義雄『中国人の歴史意識』、平凡社など参照。

（3）章炳麟の梁啓超の見方に対する批判は、例えば『章炳麟的白話文』、「歴史之重要」（一九三三年三月一五日、無錫国専における講演。『制言』第五五期、一九三九年原載。『章太炎演講集』所収、上海人民出版社、二〇一一年）など参照。

（4）前掲「歴史之重要」に「至於浅見之人、謂歴史比於家譜。漢書即劉氏之譜、唐書即李氏之譜。不看家譜、亦無大害。」と言う。また、「昔人読史、注意一代之興亡。今日情勢有異。目光亦須変換。当注意全国之興亡。此読史之要義也。」のように歴史は国家の趨勢や国情を知るのに必要だというわけである。歴史を国家政治を運営する参考史料と考えている。

（5）「歴史的価値」（一九二〇年一〇月三〇日、湖南教育界における講演）では、「各種科学是世界公共的、独歴史各国有各国的、引起愛国心、非歴史不可。…、人不読歴史、則無愛国心。且歴史記載得失成敗如棋譜一様。現今各督軍以至袁世凱、倶不懂歴史、故做事失敗。…、然則歴史是人心之結晶体」と言う。歴史によって愛国心を養うことから一歩踏み込んで、歴史に記録された成敗得失から人心の帰趨を知る「人心之結晶体」だと考えているのである（『大公報』（長沙）一九二〇年一一月一〇日原載。前掲『章太炎演講集』所収）。

（6）前掲『章炳麟的白話文』、『国故論衡』原経篇、「歴史之重要」など。

（7）唐文権・羅福恵『章太炎思想研究』第十章。杜蒸民「試論章太炎的史学思想及其成就」、『史学史研究』一九八三―四。李潤蒼

「章太炎的史学観点和方法」、『学術月刊』一九八四―八。他にも呉景賢「章太炎之民族主義史学」、『東方雑誌』四四―四、一九四八年。侯外廬『近代中国思想学説史』第一五章、生活書店刊など参照。

（8）例えば梁啓超「東籍月旦」（一九〇二年）には、田口卯吉著『支那開化小史』、白河次郎・国府種徳共著『支那文明史』、中西牛郎著『支那文明史論』などが挙げられ、章炳麟も『訄書』で白河・国府共著『支那文明史』や葛通古斯著『社会学』など日本書を引用している。本書第二編第三章参照。また、日本における文明史観の盛行については、小沢栄一「明治時代の歴史思想」（『日本における歴史思想の展開』、吉川弘文館）参照。

（9）「中国通史略例」、「与人論国学書」、『章太炎的白話文』、『史学略説』下など参照。

（10）宮崎市定「中国の歴史思想」、『講座哲学大系』四原載、人文書院刊。

（11）『訄書』哀清史篇　付中国通史略例　に付された体裁は以下の通りである。分類とその項目から歴史叙述の構想が窺える。

表：帝王表　方輿表　職官表　師相表　文儒表

典：種族典　民宅典　浚築典　工芸典　食貨典　文言典　宗教典　学術典　礼俗典　章服典　法令典　武備典

記：周服記　秦帝記　南冑記　唐藩記　党錮記　革命記　陸交記　海交記　胡寇記　光復記

考紀：秦始皇考紀　漢武帝考紀　王莽考紀　宋武帝考紀　唐大宗考紀　元大祖考紀　明大祖考紀　清三帝考紀　洪秀全考紀

別録：管商蕭葛別録、……、康有為別録、游俠別録　貨殖別録　刺客別録　会党別録　逸民別録　方技別録　疇人別録　叙録

（12）第二編第一章「章炳麟における表現の問題―方法としての言語」参照。

（13）金毓黻『中国史学史』、一九四四年刊、杜維運『清代史学与史家』、一九八八年、中華書局刊参照。

（14）『訄書』清儒篇、「与人論国学書」、『国故論衡』原経篇、『章炳麟的白話文』、創惣本『国学概論』、『経学略説』上、「歴史之重要」など。清儒篇では「六芸、史也」とか「人言六経皆史、未知古史皆経也」と言われる。ただし、章炳麟には章学誠に対する批判がある。

（15）内藤湖南「章学誠の史学」、『支那史学史』付録、島田虔次「六経皆史の説」、岩波講座『哲学』四など。

（16）考古学史料の排斥と言っても、考古学はあくまで経史の補助である限り承認されているが、その程度に違いがある。「中国通

史略例」はもっとも高く考古学的史料を評価するが、章炳麟には総じて反疑古の態度が強い。「論経史実録不應無故懐疑」、一九三五年創懇本『国学概論』付録参照。

(17)『国故論衡』文学総略篇に詳しい。

(18)前掲「歴史之重要」。

(19)「論読史之利益」、一九三五年六月、「章氏星期講演録」、『制言』第五二期、一九三九年。前掲『章太炎演講集』所収。曾国藩は『文献通考』を、左宗棠は『読史法輿紀要』を巧みに用いて国家政治を行ったと言うのである。他にも胡林翼は『資治通鑑』を用いた政治家であったとも言う。

(20)前掲「歴史之重要」「経与史関係至深。章実齋云六経皆史也。此言是也。」

(21)『検論』哀清史篇附近史商略に、「前代史書簡略、事或不彰。所以爾者、一家之業、本不与記注同規、」とある。

(22)K・ポパー『歴史主義の貧困』、中央公論社刊。

(23)前掲「歴史之重要」。

第三章　章炳麟にとって実証とは何か

問題の所在

中国思想において、合理主義を見究める上で、実証性がよく問題になる。とくに実事求是をたっとぶ考証学においてである。学問の確かさが文献を合理的に挙げているかどうかに求められてきたからである。この実事求是の態度は、J・ニーダムによると、卜占や予言といった非合理的なことや迷信などに対する批判的懐疑精神の極致という。[1] すなわち、科学の発展には、①経験的要素、②批判的懐疑精神、③数学的に言い表わされて実験で検証される仮説、の三条件が必要である。中国には、①と②は存在していたが、③が欠けていた。しかし、批判的懐疑精神は、人文学や文献批判の領域で生かされた、というのである。実事求是をたっとぶ考証学は、中国的合理主義の表われということになる。確かに実証性は合理的判断と批判的選択とに根ざすから、実証性―合理的判断―認識の客観性と結びつけて考えやすいが、事はそれほど単純ではない。実証性がそのまま認識の客観性を保証するとは限らないのである。考証学は致用の立場から離れて、対象を冷徹に理解しようとはするが、結果として文献実証的には「正しい」とされても、それが必ずしも対象の客観的認識とはならないからである。このことは、自然科学の対象や社会的事実に関する判断などにおいて露呈する。特に自然世界は、文献上いくら合理的に検証しても、文献の導く結論が「正しい」かどうかは分からないのである。いったい文献実証の精神が西洋近代的知識に出会って、いかに変容したのか。本章はこの問題を、章炳麟の場合において考察しようというのである。

周知のように、章炳麟は、近代中国における独創的な思想家であり、辛亥革命の精神的リーダであった。しかし、その一方で戴震―王念孫・王引之―兪樾とつづく皖派の考証学者でもあって、音韻学や諸子学の方面で勝れた業績をあげたし、(2) 西洋近代文明の流入に直面して、伝統思想を「国学」の形に組み替えようとしたことも言うに及ばない。彼は厳密な文献実証の態度を身につけた学者でありながら時代精神の旗手でもあり、そして西洋近代の実証主義思想の洗礼も受けた。西洋近代的知識は実証の仕方をいかに変容させたのか。変容した実証性とは、いかなる内実であったのか。この問題を考えるには、章炳麟は最適であろう。

一　早期における西洋近代的知識の性格

先ず章炳麟の文献実証と自然科学的知識の関係についてである。自然科学的知識はどのように用いられたのか。章炳麟の文献実証的態度を窺うには、早期の著作『膏蘭室札記』がよい。とくにその自然科学に触れた箇条が、中国の文献実証と西洋近代的知識との関係を示しているからである。『膏蘭室札記』四冊は、光緒十七、十八（一八九一、九二）年の頃の稿本である。当時、章炳麟は兪樾（一八二一〜一九〇七）が主宰する杭州の詁経精舎で学んでいたが、その時期の読書ノートである。ノートは考証学の方法によりながら、経義解釈、歴史、地理、天文暦法、典章制度など幅広い分野を扱っており、全四七四条のうち、経学関係約一九％、歴史関係約六％、諸子関係六六％、文学関係及びその他九％となっていて、諸子関係が圧倒的に多い。諸子関係の項目総計三一二条のうち、『管子』が三分の一強を占め、『墨子』『呂覧』『淮南子』『韓非子』と続く。『荘子』は、彼の後期思想では重要な意味をもつが、この時期では関係する論述は少ない。章炳麟の関心のありかが分かる。ただし、『膏蘭室札記』が早期の著作とはいっても、その視点が未熟だとして、後の著作で棄て去られたわけではない。例えば第二九三条「案往旧造説謂之五行」は『太炎文録』巻一「子思孟軻五行説」、第四〇二条「拱稽」は『太炎文録』巻一「説稽」に補訂され[3]、また第四四九条「儿夷同字説」は『訄書』訂文篇附正名雑義に、第四二六条「若菌」は「菌説」[4]に援用されている。

さて、第四一二条「歴物疏証」[5]は、『荘子』天下篇に見える「歴物十事」を考証したものである。「歴物十事」は、戦国期の名家恵施の十の論理命題である。恵施自身の論証がないので、これまで様々な解釈がなされてきた。例えば「歴物」について、唐の成玄英は「心を万物に游ばせ、歴覧してこれを辯ず」と注解したが、章炳麟はこうした解釈を訓詁によって否定し、ユークリッド幾何学によって注解するのである。章は言う。ユークリッドは、中国でいえば周代の末に生まれ、その『幾何原本』は後の学者に尊ばれたが、恵施と時代が相前後している。恵施を人は名家に分類するが、実は算術を説いていて、幾何学の理に暗合する、と。そして『礼記』郊特牲「然後簡其車賦而歴其卒伍」句の注「簡歴謂算具陳列之也」や『漢書』司馬相如伝「於是歴吉日以斎戒」句の張揖注「歴猶算也」などを根拠に、「歴物」は「算物」の意味だとして、論理命題を図形や空間などによって解釈するのである。章炳麟はこの解釈に自信があったらしく、「致譚仲修先生書」（光緒二二年七月十日）には、先頃『荘子』天下篇を覧《み》、恵施の諸々の弁論を得ましたが、その「歴物」の意を「算」と訓《よ》み、西洋の学問で傅会しました。これは旧来の説に比べて「簡明確鑿《かくじつ》」です、と書いている[6]。

例えば「歴物疏証（五）」「日方中方睨、物方生方死」を見てみよう。成玄英は、「睨、側視也。居西者呼為中、居東者呼為側、則無中側也」と、絶対的な「中」や「側」の位置は存在せず、位置関係で変わると空間的に解した。

また近代の胡適（一八九一〜一九六二）は、時間の本質から次のように解した。「久」（時間の総称）は本質的には無窮無極であって分割できないのに反し、実際の分割された時間は応用上の区別でしかなく、実有《じつざい》ではないことを論じている、と。(7) ところが章炳麟は『膏蘭室札記』では、次のように地球球体説に結びつけて注解したのである。赤道の直下では、太陽が中するが、太平洋では、太陽が西に傾く。東半球が昼だと、西半球は夜である。故に「日方中方睨」と言う。すると、朝菌や日及《ムクゲ》は、朝生まれて暮れに死ぬ短命のものだが、こちらでは生まれてあちらでは死んでいることになる。これが「物方生方死」の意味だ、と。章炳麟は恵施のアンチノミーを空間的に、それも合理主義的に解したのである。彼の解釈は成玄英のような、位置関係で呼称が変わるから、絶対的なものはないという形而上学風ではない。ここでは先ず、自然科学の知識が古典の論証に使われていることに留意したい。(8)

また第四一三条「附辯者与恵施相応光学三条」では、光学の知識が注解に用いられた。その「鏃矢之疾而有不行不止之時」句は、こう解釈する。行くと止まるとは相反していて、中立ということはありえないから、光学で解するのがよい。思うに、目はしばらく光点を留めていることができる。いったん光点がたちまち転じて既成のものになる場合、その既成のものを見ると、一つの大きな光圏ができて、質点（運動する物体をたんに質量をもつ点と見なすこと）が離移しても見えない。具体的に言うと、速度がきわめて速い砲弾を暗い空中に打ち上げると、たちまち電光を発して、砲弾が空中にあって不動の状態にあるかのように見える。これが「鏃矢之疾」の説である。砲弾や鏃矢は実際には動いているのに、人には不動のように見えるから、「不行不止」と言う、と。ここでも合理主義的に理解されている。

こうして章炳麟は、恵施のアンチノミーを総括して、次のように述べる。

此を観れば、名家の立説は析言破辞に尽きず、語の徴実す可きありて、晉人の談玄と迴《はる》かに異なるを知る。

名家の議論は詭弁に終わらず、合理的根拠をもつものがあり、晉人が好んだ老荘思想などに基づく議論とまったく違う、というのである。恵施の命題は、詭弁どころか、きわめて合理主義的に解されたわけで、自然科学の知識はその裏付けなのであった。自然科学的知識のこの種の運用法は、「歴物疏証」に限らない。章炳麟が強い関心を向けた『管子』などでも、同様である。

例えば第四三二条「昔黄帝至其常」は、『管子』五行篇「昔黄帝以其緩急作立五声、以政五鍾令其五鍾。一曰青鍾大音、二曰赤鍾重心、三曰黄鍾灑光、四曰景鍾昧其明、五曰黒鍾隠其常」の考証である。ここでも、黄帝が鍾を使う場合、律を用いており、その技術は今日いう声学・光学・電気学・化学・重学の起源だ、と論ずるのである。章炳麟は言う。「大音」とは、声学のことだ。「重心」とは、所謂物が立つ場合、必ず重心に立ち、物が動く場合、必ず重心線上で行くことである。この二字は、早くも西洋と名を同じくして、重学のことである。「灑光」とは、「灑」は「曬」と同じで、麗の声に従う。『漢書』中山靖王勝伝には「白日曬光」とあり、顔師古の注に「曬、（暴也）、舒也」とある。故に「灑光」とは「曬光」であり、光学を意味する。「昧其明」とは電気学のことである。電気は光を生み熱を生じ、光や熱は電気を生ずる。よって電気もまた光を発する。電気に本来の光のあることが「明」の意味である。もともと明るくても、これを見ると、半ばは暗く半ばは明るい。よって「昧其明」という。「隠其常」とは、『広雅』釈詁によれば「常、質也」であり、原質を意味する。原質が物の中に隠れて存在しているので、分化しないと、見ることは出来ないというのである。これは化学である。以上からして、古の聖人が制器用鍾する際、今の自然科学を用いているのである、と。訓詁の方法が中国古典と自然科学を結びつけたわけで、

『管子』は科学の記述とされたのである。

このように早期の章炳麟は、自然科学の知識を自然を知るためよりも、古典の論証として用いた。その態度には、古典を絶対とする精神世界が前提されているのであり、彼は古典に即して自然科学を見ていると言える。自然科学的知識は、古典の絶対性を補強する材料でしかない。このことを実証性の点から考えると、古典をたっとぶ精神世界の中で、せいぜい知識を操作して得られる判断の妥当性が探られ、実証されたということに他ならない。西洋近代的知識は、実証する操作の上では、何ら他の文献と変わらず、客観的対象と現実との分析を求めるものではない。西洋近代的な言葉を用いて古典を解したにすぎず、自然科学の対象認識ではないのである。彼の知識は、依然閉じられた世界に息づいている。

二　知識の質

章炳麟の西洋近代的知識は、早期では、主として自然科学領域であり、洋務運動期に翻訳された著作に由来している。自然科学的知識は、当時、西洋文明の核として理解されていた。例えば梁啓超『西学書目表』（一八九六年）は、西洋近代的知識を西学・西政・雑類の三門に分類し、「巻上　西学論書」には、算学・重学・電学・化学・声学・光学・汽学・天学・地学・全体学・動植物学・医学・図学の十三門が挙げられている。ここにいう西学とは、自然科学の知識を指す。事実、傅蘭雅《フライヤー》『格致略論』の「格致」概念には、天文学・地学・物理学・化学・光学・電気学・動物学・植物学・医学などが含まれ(9)、西学とは当時、自然科学そのものであった。勿論、自然科学以外にも、社会科学関係その他があった(10)。しかし当時では、まだ社会学・宗教学・哲学など、人文学領域には関心が向けられていない。こと人間や社会に関しては、まだ伝統的信念体系で十分だと考えられていたからである。中国的精神の世界に亀裂が走るには、日清戦争の敗北という歴史体験が必要であった。それ故、いくら『西学書目表』は日清戦争直後に出版されたとはいえ、それが載せる西学テクストは、上海製造局本や益智書会本・広学会本・同文館本・税務司本など、洋務運動期のものがほとんどである（歴史体験が精神を揺り動かすには、今しばらく時間がかかるのである）。章炳麟が『膏蘭室札記』でふまえた自然科学の知識も、この種のものである。繰り返すが、彼は自然科学の知識を伝統的信念体系を正当化するために用いたのである。

例えば前に触れた「菌説」（注(4)参照）は、論文冒頭「頃之《このごろ》礼敦根（英国人医師D・J・リード）著す所の『人与微生物争戦論』を得、乃《すなわ》ち其の言の虚ならざるを悟る」と言う。「其言」とは、『荘子』斉物論の「楽出虚、蒸成菌」句を指す。『人与微生物争戦論』は、一八九二年二月二六日上海文友輔仁会における講演記録で、J・フライヤー（江南製造局編訳処で編訳にあたる。漢名　傅蘭雅）が漢訳して『格致匯編』一八九二年春季号に掲載したものであり、『格致叢書』（一八九八年）「微生物理論」にも再録されている。章炳麟は出版早々の西洋近代的知識を援用してキリスト教を批判し、『荘子』を始めとする中国的精神の正しさを実証しようとしたのである。すなわち、人を「菌」と呼んだのは、人が精虫に始まるからだ。精虫が卵子と結合することで胚胎がおこるから、妊娠は精虫自身の蠱惑によるのであり、上帝が人を造ったのではない、と。その根拠が、『荘子』斉物論や『淮南子』墜形訓、そして「天地合気、万物自生、猶夫婦合気、子自生矣」（『論衡』自然篇）に示される伝統的自然観などであった。上帝造人説批判の「正しさ」は、自然科学的事実ではなく、中国的精神を根底にした文献実証の当否にかかっていたのである。

思うにこの種の実証は、中国古典をたっとぶ価値観を共有してこそ有効である。言ってみれば中国的精神世界を至上とするコミュニケーション回路がなければ意味をもたない。書き手も読者も、双方が『荘子』や『論衡』など古典の記載を事実として認める限りで、「正しい」と判断されるのである。「正しい」との判断は価値的判断に属し、その種の実証性は価値的だと言えよう。

ところが、中国が日清戦争に敗北し変法運動が挫折して以降、章炳麟の西洋近代的知識は、明治思潮と接することにより領域が拡がり、自然科学から哲学・宗教学・文学・言語学・社会学・歴史学・人類学などにまで及んだ。(11)その結果、知識の質が変化した。古典的精神世界を裏づけるための実証から、対象と客観的現実との関係自体を分析する方向に歩み出したのである。価値的判断から事実的判断へと思考法が変化し、知識の質も価値的なものから実質的なものをたっとぶ方向に移り始めたといえよう。それは一体どういうことなのか。

三　古典の挙証から事実の実証へ

章炳麟はすぐれた考証学者であり、またナショナリストとして政治運動に参加したから、従来、学術思想や政治思想に関する研究が多く、彼と西洋近代思想との関係には、ほとんど注意が向けられなかった。別のところで考察したように（注(11)参照）、彼は西洋近代思想を、『訄書』期（大体一九〇二年頃以降）において積極的に摂取したが、『民報』期（一九〇六年以降）では、政治・社会・哲学・宗教・言語など、広汎な領域にわたって西洋近代思想と対抗したので、西洋近代思想を受容したことは、それほど重視されなかったからである。しかし、彼の思想形成にとって、西洋近代的知識は知的触媒として不可欠であった。西洋近代思想が与えたこの影響は、知識と実証の問題でも見いだすことができる。実証の質が変化したことから分かるのである。従来、「箴新党論」（『民報』第一〇号、一九〇六年）はあまり注目されなかったが、本篇を例にこの問題を考えてみよう。

「箴新党論」は、いわゆる新党や新学生は形を変えた朋党だということを立証した論文である。新党とは、康有為や江標、熊希齢ら変法派の流れをくむ集団をさし、新学生とは、西洋式の学問を修めた留学生をさす。かれらは時流に乗って「新」というスローガンを掲げるが、行動様式は旧来の朋党と同じであり、「競名死利の心」をもつ点で共通し、政治の新しい担い手ではない、と章炳麟は批判した。つまり、新政（一九〇一年以降）の流れのなかで登場した政治主体の功利主義性を抉り出し、政治改革がおぼつかないことを暴露したのである。よく読むと、この論文がそれを立証する際の手法や発想が社会学的分析になっている。ものごとを通時的に跡づけるのではなく、共時的に類型化し、その特性や機能などを考察しているのである。彼において西洋近代的知識は、かつては自然科学の形で中国の精神世界を補強するために用いられたが、ここでは社会学的思考の形で活性化しているのである。その結果、実証の仕方が価値的判断より事実的判断に変化した。本稿は、この点に注目したい。そこで、まず①新党や新学生の功利主義思想を瞥見し、次いで②実証の仕方を検討してみよう。

（1）功利主義思想の批判　章炳麟によると、今日の新党は、その源流が「始めて甲午遼東の役（一八九四年）に作《おこ》」った。彼らは、烏合の衆である点及び遠略がなくて正鵠を失う点で古《いにしえ》の朋党とは違うが、「内心の流宕（放蕩で無拘束なこと）」や「利禄を渇慕する」点では同じだ、と言う。利禄追求について、こう述べる。

若し夫れ夸る者の権に死し、険《けわ》しきを行ひて幸ひを徼《もと》め、以て一官一秩を求むるは、則ち古よりこれ有り。

（昔から権勢を貪り栄誉を好む者は、『史記』伯夷伝に言うとおり、死んでもそれをやめないし、『中庸』に言うとおり、危険なことを行って幸運を願い、官秩をほしがるものである。このことは昔からあった。）

このような見方に立って章炳麟は、古の朋党と今の新党の同異を探り、後漢、唐・宋、明代の党人を個々に批評した。例えば漢代の甘陵・郭林宗、唐代の牛僧孺・李徳裕、宋代の程頤・蘇軾、明代の熊廷弼、東林党の汪文言、復社の張溥などである。功利主義思想は、章炳麟が革命派に転じた後できびしく批判するものである。政治改革の失敗は、中国官人の「富貴利禄」に熱中する心性が原因であって、[12] その道徳的退廃が行動を腐敗させ改革を失敗させると考えたからである。「彼二事（戊戌政変と庚子の変のこと）なる者は、革命に比して易《やす》きこと数倍なるも、道徳腐敗の故を以って猶ほ久しうす可からず」。[13] 革命の成功に功利主義思想の批判は欠かせなかったのである。「箴新党論」は、新党を「内心流宕」「渇慕利禄」の二点以外に、「危言激論」して自分を飾る、権勢を慕う、諂曲が多いなど、その特徴を列挙する。新学生は、新党とは学術や風采《ひとがら》の点で違い、彼らの建白にも実用的なところがあるが、その心術は昔と変わらず、「当塗《けんりょく》の順僕」であり、いずれ「流転して新党と為らざるはなし」。彼らの為すところは、「新党の変形」にすぎない、と批判する。政治行動の倫理性を問うたのである。その上でさらに新党であることを次のように実証している。注意したいのは、この実証の仕方である。

（2）実証の仕方

まず章炳麟は、新党の型をその特性に応じて五つに分類した。①古人に是非を求めて各方面に対策する（陳亮・馬端臨などの類）、②目録学や説部の諸書が得意で浅学なのに学者とされる（紀暁嵐・陳澧などの類）、③文章が巧みでアレコレと上奏する（欧陽脩・蘇軾などの類）、④諂いの内実は備わっているが、文飾で済《たす》ける（邵斉燾・洪亮吉などの類）、⑤貴游の出身で、惰性をもてあそび、学術は不十分（侯方域・龔自珍などの類）である。そして彼らは趨利（功利主義）の一点で共通し、彼らの（ア）策論は汗漫、（イ）記誦は雑博で訓詁ができない、（ウ）単篇の文章は儒墨の流を承けない、（エ）匿れた文采《レトリック》のある華辞は規範的なものではない、（オ）淫らな賦詠は政治問題と無関係、の諸点に問題がある、と評した。章炳麟が新党を類型化するのは、功利主義の実態を明白に伝えて、道徳主義的非難に終わらせないためである。類型化してそれぞれの徴標《メルクマール》を挙げれば、行動と心性は、一般化されて理解しやすい。

次に章炳麟は、新党と明末の朋党との異同を論じて、その社会的結合関係を分析した。この分析に注目したい。中国の社会的結合が見事に類型化されているからである。章は言う。彼らは①師生《してい》、②年誼、③姻戚、④同郷の四つの関係で結びつくが、盛んに維新を唱えるにもかかわらず、その結合の仕方は、きわめて古めかしい、と。①師生関係というのは、章炳麟によると、本来は学術上の授受をもとにするものであり、座主（科挙の試験官）との関係ではない。ところが近世以降、達官貴人を「師」と称し名声や権力に近づいた関係を指すことになった。②年誼関係とは、同年の科挙合格者が交際すること、③姻戚関係とは、貴人と婚姻関係を結ぶこと、④同郷関係とは、同郷の人間を寵用することを指す。新党という政治集団の結合関係を分析することは、結果的に中国社会の基本的性格をあぶり出すこととなった。例えば章は言う。人が自分の郷里を愛するのは、情として非難できない。督撫が専横で、時に暴政があるとき、同郷の京官が都察院に訴えてこれを審議してよい。この行為は制度のスキを補うものであって、急には廃止できない。とはいえ、彼らは（中国を侵略せんとする）「狄狢《いみんぞく》」を目前に見ても、国家の行方には無関心で泰然自若としているし、他省をバカにして、魚蛇狼虎以下だといつも考えている。同郷の一人が権力を握ると、同郷の者は彼に依存して栄え、彼が職を失うと、それに従って衰える、と。このように章炳麟は、結合関係の類型化によって、中国社会に根深いネポティズム（「親親」の倫理と行動）を抉り出したのである。

かつて彼の功利主義思想批判は、道徳主義的であった。例えば「駁康有為論革命書」（一九〇三年）では、「種々の誤りは、平素より高官厚禄の心性から作られているから、犬羊（満州族のこと）を同種族とみなし、辮髪を鴻宝と有難かるのである」と述べて、康有為の心性を道徳主義的に非難した。また「演説録」（一九〇六年）でも、「孔教の最大の汚点は、人を富貴利禄の思想から脱却させないことだ。……、今日革命を実行し民権を唱えようとしているのに、わずかの富貴利禄の心を混えるならば、微生物・黴菌のように全身を損なうだろう」と感情的に反撥した。ところが「箴新党論」は、これらとは一線を画す。功利主義思想批判を個人の性格や道徳的退廃に還元せずに、新しいはずの人間関係がネポティズムを培養基にしていることを指摘したのである。「親親」の倫理と行動は、中国社会の神聖な基礎である。自明であるから、ことさら取り上げたりはしない。それを章炳麟は社会学的に析出した。しかも彼には民族国家の視点があったので、ネポティズムの偏狭さが相対化できた。例えば言う。「今人の其の郷鄰を愛すること、諸《これ》を愛国に較べて甚だしと為す」と。中国人のネポティズムは、ナショナリズム以上に甚だしいというのである。これは民族国家の樹立にとって、看過できない事態である。ネポティズムの克服が革命の大きな課題となる所以である。ともあれ、師生・年誼・姻戚・同郷という結合関係を類型化したからこそ、伝統社会を構造的に相対化できたのであり、反功利主義の立場も説得性を増した。これを実証性としてみれば、ここでは対象の客観的事実が検証され、客観的事実として当否を判断するように思考が変わっている。もはや古典的精神世界における実証ではないといえる。

小　結

章炳麟において、実証の仕方は、青年期と『民報』期とでは、変化している。青年期の彼は、中国古典にある事柄を正当化するために、自然科学の知識を用いて、その真偽を導いた。そこでは文献上の事実に即した合理的判断が「正しさ」の根拠であった。しかし、その「正しさ」とは、言葉の世界における合理性に基づいたものであって、必ずしも客観的対象そのものに基づくものではない。ところが、『民報』期になると、対象の客観的事実を判断することが根拠となった。この変化に社会学をはじめとする西洋近代思想の関係することは明らかであろう。(14) この変化は開かれた世界のなかで獲得されたのであり、グローバルな知的環境あってこそ可能であったのである。章炳麟の思想形成に西洋近代的知識が知的触媒となって関与していたことを、忘れることはできまい。ただし、事実的判断にもとづく客観的認識がどこまで徹底できたか、とりわけ自然を対象とした場合はどうであったか。これはまた話が別である。

【注】

（1）J・ニーダム『中国の科学と文明』第三巻、第十四章「擬科学と懐疑論の伝統」四三五～四四〇頁、思索社、一九七五年。

（2）例えば『文始』九巻、『国故論衡』三巻、『小学答問』一巻、『新方言』十一巻、『斉物論釈』一巻、『荘子解詁』一巻、『管子餘義』一巻など。

（3）他にも第四四〇条「孝経本夏法説」は『太炎文録』巻一「孝経本夏法説」、第四五一条「大夫五祀三祀説」は『太炎文録』巻一「大夫五祀三祀辯」、第三九一条「或素或青夏造殷因」は同上「夏用青説」、第四四七条「賓柴」は『太炎文録』巻一「賓柴説」、第四〇六条「禽艾」は『太炎文録』巻一「禽艾説」、第三七三条「束矢」は『太炎文録』巻一「説束矢白矢」、第二四二条「諸布諸厳諸逐」は『太炎文録』巻一「諸布諸厳諸逐説」などに補訂されている。

（4）「儒術真論」附録、『清議報』第二八～三〇冊（二九は欠）、一八九九年。

（5）第四一二条の手稿には条目がないので、沈延国が補ったもの（沈延国「膏蘭室札記校点後記」、『章太炎全集』第一巻、上海人民出版社、一九八二年）。

（6）沈延国前掲論文所引。文中の「歴実訓算、傳以西学」句に続く「正如閉門造車、不得合徹」句は、『祖堂集』巻第二十「閉門造車、出門合轍」を踏まえるが、「合徹」は「合轍」の誤りではないのか。

（7）胡適『中国哲学史大綱』巻上、第四章、中華書局『胡適学術文集』上、一九九一年。

（8）『国故論衡』明見篇（一九一〇年）では、この命題を、時間とは人の造った範疇であって、実体ではないことの論弁だと注して、解釈が変化している。

（9）傅蘭雅《フライヤー》『格致略論』（一八九八年）の目次は、巻一「論万物之寛廣」「論星」「論太陽与行星彗星」「論地球為行星」「論太陰与日蝕月蝕」、巻二「論体質与攝力動力之例」、巻三「論地質土石鉱」、巻四「論土石」、巻五「論地面形勢」、巻六「論雪与冰及凍冰之理」「論光」「論電気与吸鉄気」、巻七「論空気」「論風」「論水」、巻八「論質物之原」、巻九「論質物学」、巻十「論動物学」、巻十一「論動物《ママ》学」、巻十二「論人類性情与源流」「論人之身体」「論人之霊性」である。

（10）質学会用時務報館本重校付刊。「巻中　西政論書」には、史志・官制・学制・法律・農政・鉱政・工政・商政・兵政・船政の十門、「巻下　雑類之書」には、游記・報章・格致・西人議論之書・無可帰類之書の五門が挙げられている

（11）第二編第四章「章炳麟『訄書』と明治思潮―西洋近代思想との関連から―」。同第五章「章炳麟と姉崎正治―『訄書』より『斉物論釈』に至る思想的関係―」。拙稿「章炳麟の哲学思想と明治の厭世観―中江兆民訳『道徳学大原論』を中心に―」（小林武・佐藤豊『清末功利思想と日本』第六章、研文出版、二〇〇六年）。

（12）「演説録」、『民報』第六号、一九〇六年。

（13）「革命之道徳」、『民報』第八号、一九〇六年。

（14）章炳麟は、F・H・ギディングス著、遠藤隆吉訳『社会学』（東京専門学校出版部、明治三三年）、H・スペンサー著、乗竹孝太郎訳述『社会学之原理』（経済雑誌社、明治一八年）、有賀長雄『社会学』（東洋館、明治一七年）、B・キッド著、角田柳作訳『社会之進化』（開拓社、明治三二年）などを読んでおり、また自ら岸本能武太『社会学』（明治三三年）を漢訳した（一九〇二年）。本書第二編第四章参照。

第四章　章炳麟『訄書』と明治思潮
――西洋近代思想との関連から――

問題の所在

清末の思想家は、たいてい日本書を通して西洋近代思想を吸収している。例えば王国維は、日本語以外に、英語を通して西洋の近代思想を吸収したが、その契機を作ったのは、日本書であった。[1]宋教仁『我之歴史』を見れば、当時の留学生の関心を寄せた日本書が一覧できる。[2]章炳麟も同様に、日本書から西洋近代思想を吸収した。これは彼の主著の一つである『訄書』に明らかに見てとれる。

章炳麟（号　太炎）は辛亥前、仏教思想を取り込んで「五無論」など異彩を放つ一連の論文を書き、また伝統学術を国学に組み替えて、西洋近代思想に対抗しようとした。しかし、彼の辛亥前の思想を西洋近代思想との関係で見ると、それを肯定的に受容した時期（以下、『訄書』期という）と、逆にそれに批判を強めた時期（以下、『民報』期という）とに分けられる。『訄書』は、西洋近代思想に肯定的であった時期の著作であり、西洋近代思想とその知見が巧みに章太炎の議論の中に織り込まれている。

ただ、『訄書』には二種のテクストがある。梁啓超題簽のいわゆる初刻本と一九〇四年日本東京翔鸞社から出版された重訂本とであり、[3]両テクスト間に西洋近代思想受容の点で明らかに相違がある。この点は周知の所だが、従来は、重訂本で章太炎はブルジョア民族民主革命の立場に転じたとか、西洋近代思想によって中国の封建主義を体系的に批判し資産階級民主革命の立場に立つといった表面的な指摘に止まる。(4)『訄書』はその古典的造詣の深さに注目されて、日本書や西洋近代思想にはあまり言及されないか、言及されるにしても、日本書の書誌的細部は勿論、(5)西洋近代思想の『訄書』に与えた影響が十分に考察されなかった。例えば当時、日本ではラクーペリの中国西方起源説が紹介されたが、ラクーペリ説は排満の論理に影響して微妙な陰翳を与えた（第四節）。また『民報』期における章太炎のショーペンハウエル哲学への興味は、自我の覚醒と国家との関係から、ショーペンハウエルやニーチェ、ハルトマンが明治青年の間に流行したこととも関係する（第二編第五章参照）。このように章太炎が受容した西洋近代思想は明治思潮の傾向に枠づけられていたにもかかわらず、日本書と西洋近代思想の問題が十分に考察されなかったのである。章太炎思想の陰翳やその形成過程を知る上でも、明治思潮との関係から照射する必要があろう。

本章は、次の四点を考察したい。すなわち、（1）『訄書』に見える日本書の書誌的事実を探って、章太炎思想が明治思潮の最新の知見を取り込んでいること、（2）西洋近代思想は『訄書』の理論構築にとって不可欠であり、中国を相対化して世界の諸事例の中で捉え直す知見を提供したこと、しかし（3）『訄書』における進化観念は、西洋近代的ではあっても、排満革命の政治目標のために、伝統的華夷観を相対化できなかったこと、そして（4）『訄書』は、日本書の紹介した中国西方起源説を排満の論拠の一つに用いて、華夷の階層化を絶対的なものにしたが、それは西洋に対して屈折した意識を暗に示していることである。本章は明治思潮の磁場を通して、『訄書』における西洋近代思想の淵源と性格を知ろうとするものである。これによって、彼の排満主義の陰翳と日本書の役割が窺えよう。

一　『訄書』と日本書

章太炎は、日本に三度来た。二度目の来日の折（一九〇二年二月～七月）、吸収した日本書の内容と分量は、それ以前を圧倒するほどに多い。『訄書』の内容から、それが分かる。

『訄書』は、章太炎が精力を傾けた著作の一つで、自らそれを「文実閎雅」だと自負したが、当時でも決して読みやすいものではなかった。(6) しかし本書は一九〇〇年に出版（いわゆる初刻本）、一九〇四年に重訂、さらに内容が増删されて『検論』（一九一四年）となった。その間、各テクストに修改が加えられ、(7) 彼の思想的変遷をその都度映し出すことになった。『訄書』は章太炎の思想の軌跡を知るには格好の資料なのである。

さて、『訄書』初刻本で直接に言及された日本人・日本書は、わずかに岡本監輔しかないが、重訂本になると、岡本以外に、姉崎正治・遠藤隆吉・桑木厳翼・白河次郎・戸水寛人・有賀長雄・武島又次郎・渋江保など、その数が増している。そして、このことからも窺えるように、明治思潮は当時の章太炎の思想的展開にとって重要な役割を果たし（第二、四節）、『訄書』に見える排満主義は西洋との関係において微妙な陰翳を帯びている（第三、四節）。そして、この陰翳を与えたのが日本書から得た中国西方起源説であった（第四節）。従って、重訂本に見える日本書の詳細を知る必要がある。それにまた徐復『訄書詳注』(8) は、音韻・訓詁に詳しく、『訄書』を読みやすくしてくれた不可欠の書であり、日本人の伝記もだいたい注記してはいるものの、引用された当該書の出版時期や出版社・篇目・頁数などについては注記がない。中国西方起源説を唱えたド・ラクーペリや西洋の人類学・宗教学関係には、注すらないのである。(9)

そこで先ず、以下に『訄書』重訂本所引の日本書の出典を一覧しよう。それを次節以下で検討して、『訄書』期における西洋近代思想の受容の仕方を考えてみよう（姉崎正治からの引用および出典未詳の二カ所は省略。[10]姉崎正治の著作は、『訄書』では八カ所にわたって引用され、『訄書』の重要な理論的根拠を提供したし、また『民報』期論文や『斉物論釈』にも影響を与えて重要な関係があるのだが、紙幅の都合上、別に考察したい（第二編第五章参照）。表中の＊は重訂本に新増された篇章。▲は初刻本に原有のもの）。

①訂孔第二＊開頭「遠藤隆吉曰、…（原注）遠藤氏『支那哲学史』」（『章太炎全集』（三）、一三四頁。以下、紙幅の都合で単に『全集』とのみ称す）——遠藤隆吉『支那哲学史』（金港堂、明治三三年）「第一篇古代哲学　甲　儒家　一　孔子　第四節結論」の節訳。

②訂孔第二＊「而以為在瑣格拉底、亜歴斯大徳間（原注）桑木厳翼説。」（『全集』（三）、一三五頁）——桑木厳翼「荀子の論理説」、『早稲田学報』十四、明治三一年。[11]

③訂孔第二＊「白河次郎曰、…、則又不如縦横家明言圧制也。」（『全集』（三）、一三五頁）——白河次郎・国府種徳合著『支那文明史』（博文館、明治三三年）、一〇〇～一〇六頁の節訳。

④原人第十六▲「岡本監輔曰、朝鮮者、韃靼之苗裔」（『全集』（三）、一六六頁——岡本監輔『万国史記』巻四「亜細亜諸国記」、明治一二年原刊、清光緒二一年刊）。

⑤序種姓上第十七＊「方夏之族、自科派利考見石刻、訂其出於加爾特亜、」（『全集』（三）、一七〇頁）——前掲白河・国府合著『支那文明史』（前掲）第三章をふまえる。「科派利」は、イギリスの歴史学者 A. E. J. B. Terrien de Lacouperie。

⑥序種姓上第十七＊「（原注）見葛通古斯『社会学』。」（『全集』（三）、一七一頁）――F. H. Giddings著、遠藤隆吉訳『社会学』、東京専門学校出版部、明治三三年。
⑦序種姓上第十七＊「然自皇世、民未知父、…、其名曰、託徳模。」（『全集』（三）、一七一頁）――F. H. Giddings、前掲書、「第二編第三章」の節訳。
⑧序種姓上第十七＊「故埃及人信蝙蝠、…、各従其性行者、」「若加倫民族、…、或鼬鼠、」「故排鳩亜尼民族、…、鰐族民也。」「有巴多拉西者、魚族民也。」「加倫民族、常以絜名其婦人、…、謂其自二卉生也。」（『全集』（三）、一七一頁）――有賀長雄『宗教進化論』（東洋館書林、明治一六年）、それぞれ三七〇、三七五、三七六～三七七、三九八頁の節訳。
⑨序種姓上第十七＊「薩爾宮者、神農也。…、此其徴也。」（『全集』（三）、一七三、七四頁）――前掲白河・国府合著『支那文明史』（前掲）、三二～三四、四六～四八、五三～五六、五九～六〇頁の節訳。
⑩序種姓上第十七＊「所謂技工兄弟者矣。（原注）社会学以技工兄弟別於天属兄弟。」（『全集』（三）、一七八頁）――「社会学」とはF. H. Giddings『社会学』（前掲）、「技工兄弟」の言葉は同書。[12]
⑪序種姓上第十七＊「則勝者常在督制系統、而敗者常在供給系統」（『全集』（三）、一七九頁）――岸本能武太『社会学』二三七～二三八頁の漢訳（大日本図書、明治三三年）。「督制系統」・「供給系統」の語は、有賀長雄『社会進化論』『族制進化論』の、the regulating system・the sustaining systemに対する和製漢語を使用。
⑫序種姓上第十七＊「（原注）戸水寛人『春秋時代楚国相続法』曰、…、三弟争立。」（『全集』（三）、一八〇頁）――同書（法理論叢第三篇、法理研究会、明治三一年）、二頁。
⑬族制第二十「（原注）『族制進化論』曰、世有不傳官位於子、…、故抜徳児曰、…、海衣説中部亜非利加之俗

亦然。」「侘斯侘士史載…、独財産傳之其子耳。」「印度之連波人、…、班古羅夫之書所載…、皆重甥之徵也。」（『全集』（三）、一九四頁）――有賀長雄『族制進化論』「第二部　族制発達篇　第二章　女系族譜法」（牧野書房、明治二三年）、九八～九九、一〇一～一〇二頁の節訳。

⑭族制第二十▲「（原注）瑞典人著『催眠術』言以電気使人熟睡、……、晩有『曼司莫立士姆』及『漢坡諾忒斯没』諸書」（『全集』（三）、三九頁）――スウェーデン精神学教授　フリドリック・ジョンスツロム著、渋江保訳述『催眠術』（博文館、明治二七年）。「曼司莫立士姆」は、F・A・メスメル（一七三三～一八一五）の唱えた「メスメリズム」。「漢坡諾忒斯没」はジェイムズ・ブレイドが造語した「ヒプノチズム（催眠術の意）」。[13]

⑮河図第二十三▲「（原注）『潮汐致日漸長論』曰、古月離地十二萬里、…」（『全集』（三）、三二頁）――英国羅亨利口訳『潮汐致日漸長論』、『格致叢書』「地学」所収（清、徐建寅編、光緒二七年刊）。この文章は章炳麟「東方格致（承前）」（『台湾日日新報』、明治三十二年四月十四日）に既出。

⑯訂文第二十五▲「吾聞斯賓塞爾之言曰、有語言、然後文字。」「奥大利亜与南亜非利加之野人、嘗亟涅其地、…、則西域字母根株於是矣。」「今英語最数、無慮六萬言、（原注）斯氏道当時語。」（『全集』（三）、四五頁）――曾廣銓採訳、章炳麟筆述『斯賓塞爾文集』巻一、『昌言報』第二冊、光緒二四（一八九八）年七月十一日号の節録。これと引用部分には文字の異同がある。

⑰訂文　附：正名雑義「案柏修門人種、…、故無夫婦妃耦之言、」（『全集』（三）、二一一頁）――スペンセル著、乗竹孝太郎訳述『社会学之原理』第一巻第三篇（経済雑誌社、明治一八年）、一〇三頁の漢訳。

⑱訂文　附：正名雑義「又加路脱称、達馬拉人、……、而不知其十也。」（『全集』（三）、二一二頁）――スペンセル著、乗竹訳述、前掲書、第一巻第一篇、二一四～二一五頁の漢訳。

⑲訂文　附：正名雑義「世言希臘文学、…、史詩功善而後有舞詩（原注）渋江保『希臘羅馬文学史』」（『全集』(三)、二二六頁）――渋江保[14]『希臘羅馬文学史』（博文館、明治二四年）、三一頁の漢訳。また「其所謂史詩者、…訿於街談巷語者也。」――同書十六、十七、二〇～二二頁の節訳。

⑳訂文　附：正名雑義「武島又次郎作『修辞学』曰、…、適示其言語匱乏耳。」「新造語者、…、何其陋也。」（『全集』(三)、二二七～二二八頁）――武島又次郎『修辞学』（博文館、明治三一年）、三〇～三五、三七～三九頁の節訳。

㉑訂文　附：正名雑義「（原注）美詩人普来烏徳氏、…、則外来語不得恣用、明矣。」（『全集』(三)、二二七頁）――武島、前掲書、三六頁の漢訳。「普来烏徳」は、ウィリアム・カレン・ブライアント。

㉒訂文　附：正名雑義「亜諾路得『評判論』曰、…、不在常談之有無也。」（『全集』(三)、二二九頁）――武島、前掲書、三二頁の漢訳。「亜諾路得」はマシュウ・アーノルド。

㉓平等難第二十八「俄羅斯人威斯特馬科『婚姻進化論』有此説、」（『全集』(三)、二三六頁）――ウェステルマルク著、藤井宇平訳『婚姻進化論』、哲学書院、明治二九年。

㉔通法第三十一＊「後王以皇室典範所録別於賦税也。」（『全集』(三)、二四二頁）――『皇室典範』・伊藤博文著『皇室典範義解』第八・九章、ともに明治二二年。

㉕原教下第四十八▲「（原注）今社会学家有言、上古信鬼緜日中視影始、…、必有一神我矣。」（『全集』(三)、二八六頁）――有賀長雄『宗教進化論』（前掲）第一部第二章第三節「幽顕二体ノ妄信ノ直接原因」、四二～四六頁の節訳。

上表から、章太炎が日本書を広汎に通読し、日本書を介して貪欲に西洋近代思想を吸収したことが窺えるだろう。④・⑭・⑮・⑯・㉕が初刻本の原有部分（▲）であり、⑬・⑰〜㉓は篇章としては初刻本原有だが、重訂本で増補された部分である。重訂本では、訂孔（①〜③）、序種姓上（⑤〜⑫）、通法（㉔）の諸篇（＊）が新増された。重訂本における日本書を介した西洋近代思想の知見は初刻本の五倍ほどになり、ここに省いた姉崎の著作を加えると、約七倍に増加している。初刻本では、岡本監輔『万国史記』とか洋務運動期の翻訳書くらいしか引用されないのに（④⑮など）、重訂本になると、明治三〇（一八九七）年前後に出た新刊書が多いと分かる。

このことは、清末における日本書受容と軌を一にしている。例えば梁啓超『西学書目表』（一八九六年）は、[15] 洋務運動期に翻訳された書籍の収載が圧倒的に多く、日本書と言えば、わずかに岡本監輔『万国史記』や岡千仞『米利堅志』に限られる。徐維則『東西学書録』（一八九九年）だと比較的増えてはいるが、[16] 多いとまでは言えない。例えば史志第一は、冒頭に岡本監輔『万国史記』を置き、全二十九部のうち、日本書は、高橋二郎『法蘭西志』など九部を占める。康有為『日本書目志』（一八九六年）は、書名からしてひろく日本書を採録するが、章太炎の引用書では、有賀長雄『宗教進化論』・『族制進化論』くらいしかない。重訂本が引用する姉崎正治『宗教学概論』や葛通古斯《ギディングス》『社会学』、白河次郎・国府種徳合著『支那文明史』、遠藤隆吉『支那哲学史』は（①③⑤⑥⑦⑨⑩）、きわめて斬新な見方に立つ著作であり、当時の新刊書であった。[17] 章太炎はそれらから必要な部分を節訳するか漢訳しているのである。重訂本は知識内容としても多彩なことが分かる。

こうした多彩さは、政治・思想・言語・民族・歴史などを幅広く論じた『訄書』自体の性格にもよる。『訄書』は議論が古典をふまえ文章も難解なので、西洋近代思想はそれほど目立たないが、引用された知識内容以外に、引用の長さといったその仕方にも注意すると、西洋近代思想のもつ理論的重要性が見えてくる。西洋近代思想なくして、『訄書』の議論は成立しないのである。この点は次節以下で検討する。一まず日本書との関係について触れておくと、章太炎は、上海で一八九七年創刊された『訳書公会報』の主筆となり、翌九八年にはスペンサー著、曾廣銓採訳『斯賓塞爾文集』を潤訳、一九〇二（明治三五）年には日本の岸本能武太著『社会学』を翻訳した。一九〇一〜〇二年頃、章太炎は外国書を潤訳するのみならず、精力的に日本書を読んでいたことは、呉君遂に対して「鄙人は亦た適《まさ》に『婚姻進化論』を読み、頗る感触有り」と書いていることからも分かる。[18] この『婚姻進化論』は早速、『訄書』平等難篇の増訂部分「澤女不駢適則不夫、山女不適駢則不養、」の原注（前表㉓）として引用されているのである。章太炎が日本書から西洋近代思想と知見を吸収したことは、この時期以後も続いており、出獄後、来日して宋教仁に日本出版の適当な哲学書を尋ねたりしている。[19]

そこで次に、『訄書』に明治思潮を介して西洋近代思想がどのように取り込まれたのかを検討しよう。

二　日本書引用の仕方

『訄書』の全体的内容については、先学の労作があり、[20] 初刻本と重訂本との間に西洋近代思想の受容において差があることは周知の所である。従来、重訂本に見える西洋近代思想については、資産階級革命の立場を表明し封建的な経学を批判するものとか、ラクーペリ説によって章太炎は民族の自尊心を貫いたとか、あるいは序種姓篇を例にとると、西学の影響があるものの、章太炎の意図はあくまで華夷弁別にあるといった指摘に止まる。[21] しかし、これでは章太炎思想に対して西洋近代思想の与えた微妙な陰翳が見えてこないし、章太炎の排満主義が純化してゆく過程も十分には検証できない。以下、この点に留意して考察しよう。

さて、前述の通り、重訂本所引の日本書は、初刻本に比べて大幅に増え、文明史観の立場や社会学・宗教学・修辞学の諸書を引くなど、内容が広汎で質的にも深まった。例えば文明史観は、社会進化の眼で中国史を書き直そうという章太炎の試みと関係があり、[22] 修辞学書や文学書は、章太炎が得意とする言語と表現の問題で扱われた。[23] 重訂本において西洋近代思想は、中国を世界の諸事例のなかで捉え直す働きをしたのである。

そこで日本書引用の仕方を見てみよう。前表からすると、文章をそのまま漢訳したものよりは、圧倒的に節訳が多い。ある部分を断片的に訳してその知識を用いるのである。前表から省いた姉崎正治の著作は、本章では検討しないが（第二編第五章参照）、引用回数が多く、また漢訳も長くて、断章取義的ではない。[24] 姉崎の影響は大きく、同じ日本書といっても、姉崎とそれ以外とでは、章太炎の関心の度合いが違うのである。とはいえ、やはり姉崎以外の日本書も、章太炎思想の枠組みに影響を与えた。

例えば『訄書』でもっとも長大な「訂文篇　附：正名雑義」では、西洋古代と中国における表現の共通性が渋江保『希臘羅馬文学史』の知見にもとづいて説かれた。渋江によると、韻文は散文に先立ち、散文では歴史が哲学より先だつ。この見方に章太炎も賛同して、韻文は史詩より先立ち、ついで楽詩、最後に舞詩となる。また、筆語は歴史・哲学より先立ち、演説が遅れると論じて、大史詩、裨詩、物語、歌曲、正史詩、半楽詩、牧歌、散行作話の八を挙げた（前表⑲）。西洋の事例を中国にも適用しようというのである。「之を吾が党に徴すれば、秩序も亦た同じい」として、章太炎は次のように言う。

> 蓋し古者　文字の未だ興らざるとき、口耳の伝、漸くすれば則ち忘失す。綴るに韵文を以てすれば、斯ち唫詠に便にして記憶し易し。意者《おもふ》に蒼・沮以前は、亦た直《た》だ史詩あるのみ。下　勲・華に及べば、簡篇已に具《そな》はる。

故に帝典は言　皆な韵有りと雖も、文句は参差して、其の修短を恣にし、詩と流れを殊にす。(25)

文字ができる以前は、韻文の形にして、吟詠に便利で記憶し易いようにした。蒼頡・沮誦より以前は、中国にも史詩しかなかったが、堯舜の頃になると書籍ができた。帝典は有韻だが、詩とは違う、と言うのである。つまり、西洋の事例が参照されているわけだが、春秋以降、史はみな韻せず、哲学や演説もこれから興り、名家の著作は演説の法程だといった風に、中国の古代文化は順次、この考え方に沿って整理されることになった。『訄書』期、中国は西洋の事例を手がかりに考えられていたのである。

ところが国学を唱えて以降、事情が変わる。西洋の事例にはまったく言及されないのである。例えば『国故論衡』文学総略篇は「文」「筆」など、韻文と散文の概念について議論をするが、渋江流の議論をしない。(26)また時代は下がるが、蘇州星期国学講習会での講演記録「諸子略説・下」では、名家の項で、荀子や恵施などを論理学として捉え直したが、「名家の著作は演説の法程」式の説明はないし、(27)「文学略説」で「周秦以来文章之盛衰」を論じても、西洋の事例を参照しようとはしないのである。(28)

こう見ると、『訄書』期における思想の傾向が分かるだろう。『訄書』では西洋の近代的学問が参照されて、中国はその枠組みの中で捉えられたから、民族文化の固有性が強調されてはいないのである。この中国を相対化しようとする態度は、文学に限らない。例えば序種姓上篇が引くトーテム概念は、ギディングス『社会学』にもとづき（前表⑦）、トーテムと原始民族の事例は、有賀長雄『宗教進化論』から得ている（前表⑧）。有賀長雄『宗教進化論』は、その『社会学』全三巻（他に『社会進化論』『族制進化論』がある）の一部を構成するもので、自由民権運動と結びついて明治期に社会学の名称で出版された初期の著作であり、スペンサー説に依拠する。またギディングスは明治日本でスペンサーに代わって流行し始めた新しい心理学的社会学である。(29) 章太炎が当時の通説や最新の知見を取り込んで議論をしていることが分かる。

話を戻すと、章太炎はトーテム事例を有賀『宗教進化論』の中より多く引用しているが、エジプト人（埃及人）、アラビア人（亜拉伯人）、ガレン人（加倫民族）、ダコタの婦人（達科佗婦人）、ビィチュアナ人（排鳩亜尼民族）、アラワック人（亜拉畫科民族）などの事例は、どれも同書の節訳である。この引用の後に、「中国雖文明、古者母系未廃、契之子姓自玄鳦名、…」と述べて、原始社会におけるトーテム事例と古代中国とを比べている。中国における母系制の存在が、世界の諸事例の中で検証されていて、その比較は、章太炎の議論に説得力を与えたのである。

排満の論理についても、日本書の影響は大きい。そもそもナショナリズムは「われわれ」の範囲を画定して「外国人」から差異化する、いわば「自己」の表象であり、政治的愛憎の境界を定めるものである。ところが、この序種姓上篇は中国西方起源説という新奇な理論に依拠して（前表③⑤⑨）、「中華」たる所以を西洋と同根である点に求めた。このことは、中華のアイデンティティを自己の歴史の中に求めた『民報』期とは大いに異なるので、中国西方起源説は『民報』期以降、否定されるに至った（第四節）。この理論は『訄書』期のナショナリズムに陰翳を与えるものだから、第三、四節で明治思潮とも比べつつ検討しよう。

とはいえ、民族文化の固有性が主張されないわけではない。渋江を引いて論じた後、武島又次郎『修辞学』の説（前表⑳）には反論している。武島説が古語の使用に冷淡で、中国の伝統的修辞法と異なるからである。すなわち、武島は「善良なる言語使用の三要件」として、現在使用されており、国民的でかつ著名な著作家などによって用いられた語について述べた後、これに反する「三個の罪過」を挙げ、その一として廃棄語・外来語・新造語の三者の使用を否定した。武島説は、廃棄語は久しく使用されず、その形や声音が次第に忘れられて使用の機会が減ったもの故、使うべきでないというもので、(30)議論は淡々としていて短く、語彙を機能主義的に捉えているにすぎない。ところが章太炎は、武島説に約一二〇〇字余りを費やして厳しく反論した。これは日本では可能であろうが、中国は日本とは事情が違う。武島の言うことは「尤も鄙浅」だ。中国では、廃棄語でも新語に用いることが可能だし、文辞に施かれることもあり、謡諺に行われたら、かえって達称となることもあるとして、『匡謬正俗』や『方言』から反証を数多く列挙し、廃棄語は、新語や外来語と同様、使うことができる、と批判したのである。

これをエスニシティの観点から見れば、章太炎は民族文化の固有性を打ち出していることになる。時代思潮が西洋近代思想に依りかかり、自らもそれに触発されてはいるものの、譲れない一線が言語の問題であったと見える。しかし、この種の反論があるとはいえ、『訄書』重訂本は、総じて西洋近代思想の枠組みに依拠して立論したのである。しかし、「中華」たる所以が西洋依存的で、自らの歴史の中に求められない点で問題を孕んでいた。

そこで次に、章太炎の排満主義を手がかりにして、『訄書』に見える西洋近代思想の問題をさらに考察してみよう。明治思潮との関係も見えてくる。

三　排満主義と進化論

西洋近代思想の枠組みに依拠して中国に普遍性を見いだそうとする態度は、章太炎の排満主義に微妙な翳りを刻んだ。普遍性とは、この場合、西洋の近代的学問に準拠して西洋との共通性を見いだすことであったから、エスニシティのありかを求める上で問題になった。すなわち、排満主義は、「中華」という自己を画定して他者と弁別し、中でも満州を異族として排斥することである。「中華」と満洲はどう違うのか。自らのエスニシティを探るとき、どこに境界線を引くのか。これが問題になる。章太炎は「中華」をどう画定するのか。新旧両『訄書』には西洋近代思想受容の上で相違があるから、画定の仕方を見るのに資するだろう。「中華」の画定を手がかりにすれば、重訂本が西洋近代思想を受容する仕方が分かるし、その排満主義の陰翳も見えてくる。そこでこの点を、先ず進化観念から考察したい。

　進化論の知識は、すでに「菌説」（一八九九年）などに見える。初刻本では、例えば原人篇「人の始めは、皆一尺の鱗なり。化に蚤晩ありて部族殊なり、性に文と獷とありて、戎と夏とは殊なる。」とか、族制篇「夫れ自然の洮汰と人為の洮汰とは、優者は必ず勝ち劣者は必ず敗る。」といったところに窺える。進化観念は、日本書に接する以前から存したわけである。周知のように、進化論的発想は章太炎に限らず、変法派にも共通する。康有為などが、夷狄も進化して「中華」になり得ると、進化を基準に満漢不分を説いたのに、[31]章太炎では、この進化論が反満感情と結びついた。

　今、『訄書』原人篇における進化観念と排満主義との関わりを見てみよう。本篇は初刻本と重訂本との間に増刪があるものの、大旨は変わらないので、両テクストにおける排満の論理が分かるからである。戎狄は進化するのか。章太炎は「民と獣との秩叙せられざるや、久し。」と繰り返し述べて、華夷を弁別した。原人篇にいう「人」とは、「華」のカテゴリに分類されるものを指し、単に人間存在一般を指すものではない。章太炎によれば、欧米は「徳慧術知」（孟子の言葉）を持つから海外の「中華」であり、アジアでは中国と日本が「礼義冠帯の族」である。朝鮮は箕子などと関係をもつ文教の国だし、衛蔵《チベット》・天毒《インド》・西域三十六国は皆なだいたい「順理之性」を持つので、中国に近いとされた。ところが北方の狄、東北の貉、南方の蛮・閩、西方の羌は、「其の化　皆な晩く、其の性　皆な獷《あら》ければ、…、之に華夏の名を予《あた》えてはならない。三苗の末裔にしても「尤も獷愚にして文理の條貫する」ことがない、とされた。玃狙《サル》は人間に進化したが、戎狄が「中華」に進化することはない。進化に早晩があり、本性に文明と野蛮があるからだ。戎狄は「狌狌」・「狒狒」などと比べられ、モンゴル族や満州族は、いくら礼教を習得して漢族に同化したところで、「虎にして之を冠し、猿狙にして之を衣る」ものと決めつけられた。章太炎が華夏と戎狄とを「一切は種類を以て断」じていることは、重訂本原人篇でも変わらない。例えば言う。

種性　文に非ざれば、九趠は人と曰はず。種性　文なれば、罪を以て辜磔せらると雖も、亦た人なり。(32)

章太炎は「文」を華夷の基準としたが、「文」とは、このように「種性」(民族の本性)の「文」であり、形而上的な規定に他ならない。この引用文の注に、『旧唐書』突厥伝「古先哲王、有教無類。突厥以命帰我、教以礼法、尽為農民。」を引き、章太炎は解して言う。突厥伝は、「類」を「種類」のこととしており、教えを奉じたら、「種類」というものは自ずから教化されると述べるが、「戎狄より進化すと雖も、部族は中国と固より殊」なるのだ、と。夷狄は、後天的な文化習得によって「人」に進化することはない。「種性」が「文」でないなら、どこまでも辺境の民は「人」にはなり得ない、と章太炎は考えたのである。社会進化の観念は、華夷弁別において無力であった。

このように原人篇は初刻本・重訂本ともに、満州族などを「種性」という絶対的で先験的な品位を基準にして「人」から区別した。重訂本新増の序種姓上篇では、民族の歴史的形成を説くにもかかわらず、淳維と姜戎は禹の諸侯でありながら竄れて異族になったから別だし、(33)満州族も時に乗じて僭盗したので、こちらに帰化するに及んでも、典常として認められない、と述べた。(34)以上のように、「種性」が問われて、社会進化や歴史的同化の事実は考慮されなかった。華夷の階層化はどこまでも政治的であって、学問的ではないことが分かる(次節)。

ところが一九〇一年の「正仇満論」[35]は、排満の論調が理性的であった。本論は梁啓超「中国積弱溯源論」[36]を批判したものだが、排満の根拠を「種性」ではなく、為政者としての職能に求めたのである。すなわち、今日の満人は「固より漢を制して足らざるも、漢を亡ぼして余り有」るし、官吏の溺職ぶりは政治も知らず農商も分からぬ有様だ。光緒帝は無能で、国是を定めて民生を厚くするとか、内政を修めて外侮を禦ぐといったことができぬ、と批判した。その一方で、漢人は銭謙益などのように、「稟禄を得て以て吾が室家妻子を全くす」ればよいと考え、独立不羈の主体として群することができない、とその主体性を批判した。職能や主体性を基準にした批判は、その客観的検証が可能であるが、「種性」によって華夷を分かつ批判は、形而上的であって経験的な検証ができない。この意味において、「正仇満論」は政治論として理性的といえよう。ところが、『訄書』が激越な言葉を駆使するのは、プロパガンダとして、伝統的華夷観の情緒的気分に寄りかかろうとするからに他ならない。

もともと近代ナショナリズムは、異族支配を倒して建国を目指すイデオロギーであり不断の抵抗運動であるから[37]、打倒対象を明確にしないと抵抗力が作用しない。満州族が打倒対象であるからこそ、排満主義は彼らを「虫獣」に等しきものと攻撃した。言語が政治の有効な道具という伝統をもつ中国では、『訄書』が煽情性を帯びるのは当然であった。

しかも章太炎は、国民国家を想定して「中華民国」という国号も考え、前漢（もしくは明朝）のサイズで領土を構想した[38]。もともと国民国家は one language, one nation, one state を理念的前提にしていて、中規模サイズの領土をもつと言われるが[39]、章太炎は伝統的な天下的世界そのままに、つまり多民族を容認しながら、漢族中心の国家を建設しようとしたのである。清末の民族問題は漢族との民族統合、とくに満州族の同化問題が主たる論点になったと言われるが[40]、重訂本序種姓上篇の立場も、やはり満州族の扱いに関心があった。章太炎は、中国が広大な領土と多数の民衆を抱えていたので、はじめより一族ではなかったが、伏羲以降、歴史的に異族を包容してきたと述べ、[41]多民族の歴史的同化の事実を承知した上で、満州族などを、この国家の nation とは見なさなかったのである。それは排満主義が旧領土を回復し、満州族から主権を奪い返す政治運動だからに他ならない。[42]章太炎からすれば、異族の同化を承認できるのは、主権が漢族側にある場合だけで、満州族の支配下では同化の歴史的事実を認めようとはしない。[43]『訄書』は、このように政治性を絡ませているのである。章太炎は、自らの民族主義は漢種から始めて群倫におよぶまで、その自衛を認めるものだと説くが、[44]ここに政治戦術と思想原理との矛盾が内包されていると言えよう。

要するに、異族支配という現実を前にして、社会進化の観念は、必ずしも周辺異民族が文明世界へ進む論理とはならず、伝統的華夷観を相対化できなかったのである。

四　『訄書』と中国西方起源説

ところがその一方で、『訄書』重訂本新増の序種姓上篇は、排満の論理としては、西洋に対して微妙に屈折した意識を持っている。それは日本書から得た中国西方起源説の扱い方に見られ（前表③⑤⑨）、中国のエスニシティを西洋と同根であることに求めた点で分かる。その屈折は、明治思潮との磁場のなかで考察してみると、一層明らかになる。序種姓上篇は漢族の出自と歴史的形成を扱い、重訂本では訂文篇に次いで長大である。章太炎は顧炎武の遺志をついで華夷の氏姓を明らかにすると言うが、議論の基礎は人類学などの知見、とくにラクーペリ（一八四五〜九四）の中国西方起源説である。見てみよう。

章太炎は地球上の五つの人種を挙げて、人種差の原因を地理環境、生殖、社会階級、号令契約の差異に求めた。「今の世界で種が同じものでも、古えは異なっていたかもしれぬし、種が異なっていても、古えは同じであったかもしれぬ」ので、種族の歴史的変遷を探るというのである。姓氏の「偽れる者を芟薙して」華夷を弁別するためである。「科派利《ラクーペリ》」の中国西方起源説は、そのために延々と引かれた。「方夏之族」はパミールを越えて来て、九黎・三苗とは伏羲の時から戦い始めたが、禹に至ってその志を得た。「之を六藝伝記に徴すれば、蓋し密合するに近し。」その後、人文が盛んになり、自ずから一族を形成して次第にカルデアから分岐した、と章太炎は言うのである。

ラクーペリの中国西方起源説は "Western Origin of the Early Chinese Civilization, 1894" で説かれたものであり、白河次郎・国府種徳合著『支那文明史』として一九〇〇年に紹介され、漢訳も一九〇三年に三種も出版された(45)。そればかりかラクーペリ説は、蔣観雲「中国人種考」(46)、公猛「浙江文明之概観」(47)、無朕「十九世紀時欧西之泰東思想」(48)、劉師培『攘書』華夏篇・「思祖国篇」・『中国民族志』第一章(49)、黄節『黄史』種源篇(50)などに援用され、宋教仁(51)、孫文(52)、日本では桑原隲蔵（後述）、狩野直喜『中国哲学史』なども言及している(53)。ラクーペリ説は、当時の日本や中国で流行した新説なのである。章太炎はそれを援用し、考証学者として逆にそれを補強したのである。

では、考証学者として補強するとはどういうことなのか。先ずラクーペリの説から見てみよう。ラクーペリは古代中国とカルデアとの共通性を、(1)学術および技術、(2)文字および文学、(3)制度、政治および宗教、(4)歴史上の伝説および伝奇の四点にわたって検証した。例えば(2)では易の八卦が楔形文字より来ると言い、(4)ではバビロニアのヅンギーが中国の蒼頡、サルゴンが神農、ナクフンテーが黄帝、という具合に類比したのである(54)。

次に章太炎の場合だが、彼もこの説に基づいて、「後薩爾宮《サルゴン》有尼科黄特《ナクフンテー》者、黄帝也。」「昆侖者、譯言華土也。故建国曰華。」という風に説いた。そして小学にもとづいて、次のように補強した。「薩爾宮者、神農也。」に対して、「古えは対音　正に合すればなり。」と注を加えた。原語に対応する漢語が古代では合っていた、というのである。また「宗国加爾特亜《カルデア》なる者は、蓋し古えの所謂葛天なり。」に対しては、その注に『呂氏春秋』古楽篇、古今人表、『御覧』七十八所引『遁甲開山図』を引いた後、「案ずるに大皞（伏羲）以降の君主はカルデアから来た者だが、その中の一人葛天氏のみその名を称し得たのは、上古の称号が斉一でなかったからだ。」と論じ、続けて言う。

加爾特亜なる者、爾・亜　皆な余音なり。中国語は之を簡去《けづ》りて、加特と曰ひ、亦た葛天と曰ふ。(55)

加爾特亜という場合、中国語では、爾・亜が余音なので、刪って加特とか葛天とした、というのである。葛天氏をカルデアとする根拠に、章太炎得意の小学の知識が援用されたわけだ。小学方面では、その成果が四、五年後に『国故論衡』（小学の巻）や『文始』などに結実するが、これを見れば小学の知識は政治論としても有効に使われているのが分かる。実際、この章太炎説が黄節『黄史』種源篇や劉師培「思祖国篇」などに引用されたことからも窺えるように、ラクーペリ説は、章太炎から知的権威を得ることになった。

思うに、中国カルデア起源説とは、漢族が西洋と同根であることを意味する。序種姓上篇は、ラクーペリ説が半分強の紙幅を占め、ラクーペリ説を補証した後に姓氏の弁別を論じている。当時の章太炎にとって、ラクーペリ説の重要性は、漢族が西洋によって存在価値を高められた点にある。すなわち、前出の「正仇満論」だと、排満の根拠として満州族の統治能力を問うていたが、この西洋との同根説は、「種性」の「文」なることを有無をいわさぬ形で提示したのである。このことの政治的意味は、明治の論調と比べると、いっそう明らかになる。

桑原隲蔵「支那の太古に関する東洋学者の所説に就き」は、ラクーペリ説を批判した。[56] 周以前に中国と中央アジアとの間に交通があり、中国とバビロンなどとの間の文化的類似が存するのは事実としても、それは即中国文明の西方伝来を証明せず、両者の生地の近接性や文化接触に由る、と桑原は考えたのである。そして西洋の東洋学者に「彼等は一種の人種的感情、若くは宗教的感情の存」するので、世界文化の濫觴を中東近辺に求めるが、「是豈に理の存する所ならんや」。桑原は西洋人の学説の背後に西洋中心主義を見出し、太古の歴史を探求する際、客観的妥当性を求めて反駁したわけである。ところが章太炎は、桑原とは違って、西洋中心主義を批判するどころか、逆に補強した。「考証学者」章太炎の政治性は明らかであろう。華夷を階層化するのに、優れた考証学者が古典を博引傍証して西洋との同根を傍証すれば、中国の知識世界において反証するのは難しく、華夷弁別の論理は勢い説得力を増す。ラクーペリ説は、華夷の階層化を強固にする上で、まことに格好の理論なのであった。「礼義冠帯の族」である中国は、「徳慧術知」の欧米と同根と言うのだから。ただし、エスニシティを確認する仕方としては、この説は不純である。「中華」たる所以を西洋との同根に求めたからだ。

もちろん、ナショナリスト章太炎が西洋中心主義に鈍感であるわけはない。『民報』期以降、ラクーペリ説に対する彼の見方が次第に変化していくのを見れば、このことが分かる。

『民報』期では、ラクーペリ説は『訄書』期に比べて、評価が後退し、そして最後には否定された。例えば「定復仇之是非」（一九〇七）は、漢族が坎米爾《パミール》高原より来たことは「特《た》だ冢書神話の微文を以て展転考索し比度して、これを得るのみ。而るに歴史に未だ嘗て其の明拠有らず。」と言い、[57]「排満平議」（一九〇八）は「漢族の波迷羅（原注。此れ大唐西域記の譯する所の字にして、今は則ち帕米爾に作る。）より来れることは、史籍の根拠無しと雖も、其の理は誣ひず。」と言う。[58] かつて序種姓上篇で「徴之六芸伝記、蓋近密合矣。」としたのより、評価が後退しているのが知れよう。また「教育的根本要従自国心発出来」（一九一〇）になると、紙幅を費やしてラクーペリ説は基準には出来ない、と反論した。無理に基準に取れば、事実の上で支離滅裂になり学理の上で誤謬が生まれて、事跡を捏造してしまうからだと言うのである。[59]『訄書』期に見られた付会が、否定されたのである。『検論』序種姓上（巻一）（一九一四）になると、西洋近代思想の知見は表面上、できる限り払拭された。例えばラクーペリ説は「徴之六芸伝記、非也。」と一蹴され、カルデアから来たにしても、「神農・黄帝より以来、其の冑には非ず。」と書き改められ、また黄帝は「尼科黄特」ではなく、印度・大夏・西域三十六国の間に起こるであろうとされた。[60]西洋近代思想に対する否定的態度は、ラクーペリ説に止まらず、西洋的語彙まで削除している。重訂本序種姓上篇で、原始社会の母系制とトーテムを論じた箇所（「然自皇世、民未知父、…、相与葆祠之。」）は、「其名曰託徳模。（原注）見葛通古斯『社会学』」と続いていたが、『検論』はこの部分を省いた。戸水寛人の説やギリシャ古史との付会なども刪除されるか、あるいは評価が顚倒し、「歴史民族」「社会」「技工兄弟」などの語彙も削除された。それは、章太炎の立場が「中華」である所以を自らの伝統の中に見いだし、国粋主義として純化させた結果である。重訂本の西洋近代思想への準拠は、その排満主義が他者依存的という点で、未完成であったことを示すだろう。

小　結

以上のように、『訄書』期、章太炎は西洋近代思想の枠組みに拠って中国を普遍的事例の中で見直そうとした。それは政治学や社会学などにとどまらず、心理学や修辞学・文学など、実に広汎な分野に及んだ。未開社会の世界的事例、文学表現の一般的事例などが参照されて、中国文化の固有性よりは普遍性が強調されたのである。それは日本書を介して明治思潮に枠づけられたものであるが、『訄書』のもつ知的関心の広汎さや古典的教養に根ざす議論の深さと結びついて、異彩を放つことになった。

しかし、その普遍性とは、西洋近代思想の枠組みに準じたものであるから、民族文化の固有性は副次的になってしまった。それにまた、章太炎は中国を普遍的事例の中で相対化しようとはしたものの、伝統的華夷観だけは難しかった。相対化できなかったのである。彼は早くから進化を説いたが、周辺諸民族に必ずしも社会進化を認めず、「種性」という先験的な民族性を基準に、華夷を弁別しようとした。排満革命を目指したからである。とくに満州族に対しては、歴史的同化の事実を認めず、原理として進化を考察することを避けた。この限り、エスニシティは、強く打ち出されていたのである。

ところが、その一方で、章太炎は華夷弁別の根拠をラクーペリ説に求めていた。中国が西洋と同根という仮説に依拠して、華夏の位階を絶対的に高めたのである。ラクーペリ説には、西洋中心主義の嫌いがあるにも拘わらず、である。このように『訄書』に見られる西洋近代思想は、一方で中国の普遍性を探る一助となりながら、他方では伝統的華夷観を相対化できず、逆に補強することとなった。しかし、ラクーペリ説は客観的妥当性のうえで疑念が残ったし、中国のエスニシティを確認する仕方としては西洋依存的であり、固有の伝統と歴史の中に求められなかった。それ故、『民報』期以降、弱められ、そして否定されるに至るのは、当然であった。

このように見ると、明治思潮と西洋近代思想は、『訄書』の理論構築において不可欠であり、中国をいわゆる普遍性の光のもとで捉え返す上で重要であったと言えよう。しかし、この普遍性の一点がエスニシティとして見れば問題を孕んでおり、『訄書』の排満主義に陰翳を与えるものなのであった。

［注］

（1）『静安文集』自序。王国維は、田岡嶺雲の文集（『嶺雲揺曳』『第二嶺雲揺曳』、ともに明治三二年刊）を通して、カントやショーペンハウエルに興味を抱いたと回想する。『嶺雲揺曳』と『第二嶺雲揺曳』は両者合わせると、一万部売れたベストセラーであった（『第二嶺雲揺曳』初版目次裏）。例えば「嗚呼新年」では、厭世的な人生観が荘子とショーペンハウエルに借りて論じられるなど（『嶺雲揺曳』）、嶺雲は物質文明の弊や人材の壅塞といった当時の問題を、東洋の古典と西洋近代思想にかりて説いたのである。田岡の王国維以外への影響は、注(48)参照。

（2）桃源三育乙種蕓学校本。文星書店刊、民国五一年。

（3）初刻本・重訂本の名称は、『章太炎全集』(三)（上海人民出版社、一九八四年）による。初刻本と重訂本の成立経緯については、湯志鈞「従『訄書』修訂看章太炎的思想演変」（『文物』、一九七五—一一）、同「『訄書』修訂和尊法反儒」（『文物』一九七六—一）、同『章太炎年譜長編』上冊、中華書局、一九七九年。朱維錚「『章太炎全集』(三)前言」（上海人民出版社、一九八四年）、同「『訄書』『検論』三種結集過程考実」（『復旦学報（社会科学版）』一九八三—一）参照。

（4）高田淳「戊戌・庚子前後の章炳麟の思想」（『章炳麟・章士釗・魯迅』、龍渓書舎、一九七四年）。湯志鈞前掲論文。李澤厚「章太炎剖析」（『歴史研究』、一九七八—三）。唐文権「読章太炎《訄書》」（『思想戦線』一九七五—四）。唐文権・羅福恵『章太炎思想研究』第二章（華中師範大学出版社、一九八六年）。姜義華「『訄書』簡論」（『坐旦学報（社会科学版）』一九八二—二）、同『章太炎思想研究』第四章（上海人民出版社、一九八五年）。

（5）高田前掲論文。徐復『訄書詳注』、上海古籍出版社、二〇〇〇年。

（6）「与鄧実書」、『国粋学報』巳酉一〇号、一九〇九年十一月二日。「国学講習会序」「而章氏之訄書、其価値与顧氏之書、可俟定論。而徒以其文艱深、驟難通暁、且大遠於応世俗学、故庚子此書出世以後、即海内通識之士又或表同情於章氏者、且艱於一読。」（『民報』七、一九〇六年）。

（7）初刻本から重訂本に書き換えられる際に、大きな改変を経た。『自定年譜』に言うように、一九〇一、〇二年頃に質的な発展があり、重訂本に見える日本書はそれを反映している。また重訂本は一九〇五年に初版重印され、〇六年に再版された。

（8）徐復前掲書。

（9）日本書の書誌的詳細の確認は、誤読を避けたり翻訳をオリジナルな論文と見誤らないためにも必要である。例えば徐復前掲書は、『訄書』原教上篇「堪徳」をA. Comteとするが（同書六七五頁）、カントの誤りである。章太炎はここでは姉崎「宗教なる概念の説明契機」（『哲学雑誌』一五六、一九〇〇年）を踏まえている。また注(48)も参照。

(10) 弭兵篇（初刻本・重訂本）引く岡本監輔。

(11) 桑木厳翼が初めて諸子を西洋近代思想と比較したもので、当論文は王国維によって「荀子之名学説」の名で漢訳された（『教育世界』七七、一九〇四年）。王国維と章炳麟の名学論については、第三編第三章「初期王国維と諸子学―鳥瞰する眼―」参照。

(12) 例えば同書、三三六・三三八・三三九頁。

(13) 梁啓超題簽原刊本も「以電気使人熟睡」となっているが、「電気」は「動物電気」の省略か（「鑷気」の誤り？）。メスメリズムは、人体に手を触れるなどして催眠させる手法が鑷気に似るので、当時「伝身鑷気」、「動物電気」と称された（「メスメリズムと催眠術」、『哲学会雑誌』四―六、一八九〇年）。『日本書目志』理学門第二動物学に鈴木万次郎訳『動物電気論、一名催眠』とあり、当時、心理学書が書名から誤解されて動物学の項に分類されたことが窺える。

(14) 本書は、康有為『日本書目志』文学門第十一に採録。渋江保については、徐復、前掲書にその伝記がなく、『大日本人物誌』（大正二年刊）や昭和の人名辞典類にも挙げられていないので、ここに掲げる。渋江保・一八五七～一九三〇。『経籍訪古志』などを表した幕末の儒医渋江抽斎の第七子。経学を嶋田篁村、海保竹逕、兼松石居らに、漢医方を多紀雲従に師事し、高等師範学校、共立学舎、慶応義塾に学ぶ。浜松師範学校教頭、愛知県中学校校長、静岡英学校教頭、京浜毎日新聞記者などを歴任。二五年ほどの間に一五〇部あまりも翻訳著作したと言う。晩年、周易の研究に従事。以上、森鷗外『渋江抽斎』、及び太田兼雄「羽化渋江保の著作」（『日本古書通信』二三三、昭和三三年）参照。

(15) 質学会用時務報館本重校付刊。

(16) 光緒二十五年三月局印本。

(17) 例えばギディングスの著作は、遠藤隆吉訳『社会学』の後、『社会学提要』（市川源三訳、普及社、明治三四年）、『社会学』（警醒社書店編輯部訳、元田作之進閲、警醒社、明治三九年）が出版されるなど、新しい心理学的社会学であった。『哲学雑誌』一八九号（一九〇二年）には、「ギッヂングス氏の通信として」コロンビア大学社会学課程が詳しく紹介され、ラクーペリもその死が、同誌九六号（一八九五年）に報ぜられた。また姉崎正治『宗教学概論』は、ショーペンハウエル哲学を理論的基礎にしており（同書一一～一二、六〇～六一頁など）、また遠藤隆吉『支那哲学史』も、思想と社会の連関に留意した斬新な著作であった。遠藤については、町田三郎「遠藤隆吉覚え書き」（『明治の漢学者たち』所収、研文出版、一九九八年）参照。遠藤の社会学については、注(29)参照。

(18)「致呉君遂書七」（湯志鈞編『章太炎年譜長編』上冊）、光緒二八（一九〇二）年四月二二日の条。また「致梁啓超書」に（一九〇二年七月）「酷暑無事、日読各種社会学書、」とある（『章太炎政論選集』上冊、中華書局）。『婚姻進化論』は五カ国語に翻訳されたが、出版当時、婚姻の正当な解釈は、「社会の道徳や国家の文明程度に関わる」ものと考えられていた（スペンサー『社会学之原理』下巻末広告、経済雑誌社、一八九二年）。

(19) 宋教仁『我之歴史』（前掲）、一九〇六年七月六日の条。

(20) 高田、前掲論文。姜、前掲論文。また徐復、前掲書参照。

(21) 姜、前掲論文。唐・羅、前掲書。高田、前掲論文参照。

(22) 第二編第二章「章炳麟の歴史叙述」参照。

(23) 第二編第一章「章炳麟における表現の問題—方法としての言語—」参照。

(24) 例えば「正名雑義」「姉崎正治曰、表象主義、…、即有病質馮之。」は、『宗教学概論』第四部第四章「病因論」の漢訳、通識篇に引く『宗教学概論』は、同書第一部第三章の漢訳である。漢訳がそれぞれ二三二字と二九一字と長く、また引用された知識も断片化されずに、そのまま論拠とされている。

(25) 重訂本、訂文篇「蓋古者文字未興、口耳之伝、漸則忘失、綴以韵文、斯便唫詠、而易記臆。意者蒼沮以前、亦直有史詩而已。下及勲華、簡篇已具。故帝典雖言皆有韵、而文句参差、恣其修短、与詩殊流矣。」

(26)『国故論衡』、一九一〇年。また本章注(23)参照。

(27)「諸子略説・下」、章氏国学講習会記録第九期、章氏国学講習会出版、民国二五年。

(28)「文学略説」、同右。

(29) 新明正道『社会学史概説』、一六三〜一六六頁、岩波書店。遠藤隆吉については、阿閉吉男・内藤莞爾共著『社会学史概説』、四二五〜四二六頁、勁草書房。

(30) 武島、前掲書、三五〜三六頁。

(31) 例えば「答南北美洲諸華僑論中国只可行立憲不可行革命書」、『不幸而言中不聴而国亡』所収、『康南海先生遺著遺刊』十六、宏業書局。

(32) 重訂本、原人篇「種性非文、九趠不曰人。種性文、雖以罪辜磔、亦人。」(『章太炎全集』(三) 一六八頁)。

(33) 序種姓上篇、『章太炎全集』(三)、一七二頁。

(34) 序種姓上篇、『章太炎全集』(三)、一七二頁。

(35) 『国民報』四、一九〇一年。

(36) 『清議報』七七～八四、一九〇一年。

(37) 福田歓一「民族問題の政治的文脈」、『民族とは何か』、岩波書店、一九八八年。

(38) 「中華民国解」、『民報』十五、一九〇七年(『章太炎全集』(四)、二五七頁。以下、『民報』原文と異同ないときは『章太炎全集』の頁)。

(39) 福田、前掲論文。

(40) 佐藤豊「清末における民族問題の一側面」、『愛知教育大学研究報告』四五、一九九六年。

(41) 序種姓上篇、『章太炎全集』(三)、一七二頁。

(42) 排満平議、『章太炎全集』(四)、二六八～二六九頁。

(43) 「中華民国解」(前掲)、『章太炎全集』(四)、二五五～二五六頁。当時の同化に対する見方は、佐藤、前掲論文参照。

(44) 「定復仇之是非」、『民報』一六、一九〇七年(『章太炎全集』(四)、「復仇是非論」と改称、二七五頁)。

(45) 『中国譯日本書綜合目録』(香港中文大学出版社、一九八〇年)によると、白河次郎・国府種徳合著、競化書局譯『支那文明史』(上海競化書局、一九〇三年)、白河次郎・国府種徳合著、東新譯社譯『中国文明発達史』(一九〇三年)、白河次郎・国府種徳合著、范迪吉等譯『帝国文明史』(上海会文学社、一九〇三年)である。

(46) 『新民叢報』三五、三七～四三、四六～四八、五三～六〇、一九〇三年八月～一九〇五年一月。

(47) 『浙江潮』一、一九〇三年。

(48) 『浙江潮』九、一九〇三年。ただし、これはすべて田岡嶺雲「十九世紀西洋に於ける東洋思想」(『東亜説林』二、明治二七年)を漢訳して、結論部分に訳者の意見を加えたものにすぎず、ラクーペリは田岡が言及したものである。

(49) 『攘書』、一九〇三年。「思祖国篇」は『警鐘日報』一九〇四年七月一五日～二〇日。『中国民族志』、一九〇五年。

(50)『国粋学報』第一年乙巳第一号、一九〇五年。
(51)『我之歴史』(前掲)。一九〇六年一二月二九日の条。宋教仁は、ラクーペリ説に対して懐疑的である。
(52)孫文『三民主義』第三講。『孫中山全集』第九巻、中華書局。
(53)『中国哲学史』第一章「中国民族の起源」。狩野は、ラクーペリ説を牽強付会の点もあるが、その着眼の奇警さと引用の該博さで大いに敬服するに足ると評している。狩野の京都大学における中国哲学史講義は一九〇六年に始まっており、『中国哲学史』はその講義録である(昭和二八年、岩波書店刊)。
(54)白河・国府、前掲書、二八～六八頁。
(55)序種姓上篇「御覧七十八引遁甲開山図、女媧氏没後有十五代、皆襲庖羲之号、其一曰葛天氏。案自大皞以下諸氏、皆加爾特亜君長東来者。而一代獨得其名、上古称号不斉之故。…、加爾特亜者、爾、亜皆余音、中国語簡去之、遂曰加特、亦曰葛天。」
(56)『国民之友』二八七、一八九六年。
(57)『民報』十六、一九〇七年(『章太炎全集』(四)、二七五頁)。
(58)『民報』二一、一九〇八年(『章太炎全集』(四)、二六三頁)。
(59)『教育今語雑誌』三、一九一〇年。
(60)『検論』、序種姓上、『章太炎全集』(三)、三六三頁。

第五章　章炳麟と姉崎正治

——『訄書』より『斉物論釈』に至る思想的関係——

問題の所在

章炳麟（号　太炎）は、仏教や道家思想にもとづく独創的な思想を展開し、国学を唱えて歴史と伝統を称揚した。章太炎は西洋近代思想から知的刺激を受けたが、その考証学の立場や文章の晦渋さに隠れて、それが表面には出ていない。しかも、仏教思想に接近して以降、彼が西洋近代思想と批判的に対決したこともあって、従来、研究はその伝統思想や革命思想に比重が置かれ、西洋近代思想との関係は十分に究明されなかった。

主著の一つである『訄書』重訂本（一九〇四年）は、西洋近代思想の影響が強いものだが、従来の研究では、このことは十分に明らかではなかった。(1) 私は前章で『訄書』に見える日本書の出典を精査し、ラクーペリの中国西方起源説を手がかりに、明治思潮とも比較して、章太炎と西洋近代思想との関連を考察した。(2) その際、章太炎と宗教学者姉崎正治との思想的関係については、紙数の関係から省いた。彼は姉崎と思想的関係がきわめて深いにもかかわらず、従来、全く注意されず、別に考察する必要があったからである。姉崎（一八七三～一九四九）は日本の宗教学の基礎を築いた学者であり、インド古代宗教を研究した。彼は『訄書』でよく引用されて、章太炎の議論の枠組みを提供したばかりか、『民報』期論文や『斉物論釈』（一九一〇年）においても影響を与えた（本章にいう『民報』期とは、一九〇六年～一一年までとする）。章太炎のいわゆる「仏声」は、西洋近代思想の批判的摂取をふまえるが、姉崎はこの点でも関連があるのである。両者の思想的関係は、十分考察に値する。

そこで本章は、(1)『訄書』に見られる姉崎正治の著作とその影響（第一、二節）、(2)明治三〇年代における姉崎正治の思想とショーペンハウエル哲学との関係（第三節）、(3)姉崎正治がショーペンハウエルなどを介して、『民報』期論文と『斉物論釈』に与えた影響（第四節）、の三点を検討する。これによって、辛亥前における章太炎と姉崎正治との思想的関係を明らかにし、明治思潮の側面から、章太炎思想の独自性および明治思潮との同時代性を考察したい。

一　『訄書』に見える姉崎正治の著作

姉崎正治（号　嘲風）は文才も豊かで、宗教研究のかたわら文芸評論も試み、明治三〇年代のロマンティックな個人主義的思潮の一翼を担った。その宗教研究と文芸批評の基礎となったのが、ショーペンハウエルやシェリングの形而上学である。また彼は早稲田大学教授岸本能武太と交遊があって、ともに丁酉懇話会（後に丁酉倫理会と改称）を組織している。丁酉懇話会は、一八九七年（丁酉の歳）に姉崎やクリスチャン横井時雄、哲学者大西祝ら五人が、宗教の違いを越えて、人格主義の立場から日清戦争後の精神方面を涵養しようとした運動体である。(3) 岸本能武太『社会学』を章太炎が漢訳したことは、(4) 周知のところである。章太炎は姉崎周辺の思潮と関係が深いと知れよう。

そこで先ず、『訄書』重訂本に見える姉崎の著述を確認したい。

（1）原学第一「希臘言、海中有都城曰韋蓋、…、而為波濤。（原注）『宗教学概論』」（『章太炎全集』（三）、一三三頁。上海人民出版社、一九八四年。以下、『章太炎全集』（三）の頁数のみ挙げる）―姉崎『宗教学概論』（一九〇〇年、東京専門学校出版部）、二五五頁の逐語訳。

（2）同上「惟印度亦曰、鴻水作、…。実曰『魚富蘭那』。」（一三三頁）―姉崎『上世印度宗教史』（一九〇〇年、博文館）、二二七～二二八頁の逐語訳。

（3）清儒第十二「（原注）『宗教学概論』曰、…、或説宇宙始終以定教旨。」（一五四頁）―『宗教学概論』、二一二～二一三頁の逐語訳。

（4）同上「詩若薄伽梵歌、書若富蘭那神話、…、惟楽猶傞馬、『（原注）吠陀歌詩。』、黒邪柔、『（原注）吠陀賛誦祝詞及諸密語、…、』矣。」（一五五頁）―前掲『上世印度宗教史』、一六・一七頁を節訳し、二二三・二四五頁などを踏まえる。

（5）通讖第十五「（原注）『宗教学概論』曰、熱情憧憬、…、畢竟出世。」（一六五頁）―『宗教学概論』、六五～六六頁の逐語訳。

（6）訂文第二十五　附正名雑義「姉崎正治曰、表象主義、…、即有病質馮之。」（二一三～二一四頁）―『宗教学概論』、四五七～四五八頁の逐語訳。

（7）原教上第四十七「観諸宣教師所疏録、…、与近世之神智学、」（二八三～二八五頁）―姉崎「宗教なる概念の説明契機」（『哲学雑誌』第一五六号原載、一九〇〇年、『宗教学概論』附録）の逐語訳。

（8）同上「与近世之神智学。（原注）美人奥爾廓徳倡神智会、…、実瑜伽之変形也。」（二八五頁）―前掲『上世印度宗教史』、二八六頁の逐語訳。

前表のように、『馗書』は八カ所にわたって、姉崎正治『宗教学概論』と同『上世印度宗教史』とをだいたい逐語訳するか、もしくは節訳して、その知識を援用している。姉崎の影響は、他の日本人の著作（注(2)参照）に比べて大きい。このことは、①引用箇所が多くてその逐語訳も長い、②姉崎から得た知識は断章取義的ではなく、基礎概念を借りて議論もした、③前表（7）のように、姉崎論文の約三分の一を全訳して、議論の枠組みを借りた（次節）、の諸点を見れば分かる。以下、検討してみよう。

(1)翻訳の仕方　『馗書』は、『上世印度宗教史』から古代インド宗教の知識（前表(2)(4)）以外に、心霊術とインド思想を結びつけた神知学（Theosophy）の知識も逐語訳した（前表(8)。次節参照）。姉崎の引用は、他の日本書に比べて、文章全体を逐語訳していることが多い。例えば、有賀長雄『宗教進化論』を引用する場合、『馗書』原教下篇では、その大意を三〇字余りに要約した漢訳でしかなく、序種姓上篇では、未開社会のトーテムの知識として断章取義的に引くだけである。[5] また章太炎が漢訳した岸本能武太『社会学』は逐語訳ではなく、原文の意味を簡潔に訳す。[6] ところが姉崎『宗教学概論』の場合、前表（5）では漢字にして約二九〇字余、前表（6）では約二六〇字が逐語訳された。こう見ると、姉崎著作の逐語訳は、『馗書』の引く日本書のなかでは目立つ。姉崎の所説をそのまま有力な論拠と見なしたということであろう。

(2)基礎概念の借用　前表（6）の訂文篇附正名雑義は、『馗書』のなかでもっとも長大な論文で、表現と文字の問題を扱う。言語と表現の問題は、章太炎の文学説例篇、[7]『国粋学報』文学論略篇、[8]『国故論衡』文学総略篇でも繰り返し論じられているから、その関心の所在が分かる。[9] この正名雑義の議論を支えているのは、「表象主義」という概念であり、漢語の引伸・仮借現象の説明原理として用いられたが、この概念は姉崎に由来するのである。

章太炎は言う。上世は言葉が少なかったので、文字がわずかでも事足りた（として、スペンサー『社会学之原理』から未開社会の事例を引いた後、(10)古代中国の場合に触れる)。古《いにし》え「人」「仁」「夷」は、旨義が同じで一字であった。互いに声訓が通じ、脂部と真部の転で仮借されたからだ。ところが、華夷が文化的に区分されるに至り、音と義とが分化して、それらの文字は「容《まさ》に通言して人と為す」ことが出来ず、違った意味で用いられることとなった。「夫れ語言と文字との繁簡は、社会の質と文とに従ふ」。とはいえ、物にすべてその名称を付けることはできないから、語言と文字とは必ずしも比例して増加せず、そこで引伸・仮借現象が起こった。人事や心理の場合は尚更で、本来実体がないから、他物の名に借りて表現せざるを得ないし、諸々の無形のものなら益々仮借して表象する他はない。これは「表象主義」と呼ばれる現象であり、人間にとって不可避の病理をもつ、と。(11)そして姉崎の言葉を二六〇字ほどに漢訳した後、「其推段借引伸之原、精矣。」と姉崎に高い評価を与えた。

姉崎はもともと「表象主義」を Symbolism の訳語として用い、表象主義をひろく人間の精神現象や社会現象に不可避に存するものと捉えた。(12)宗教の場合、宗教現象の根柢には「自己拡張の意志」(ショーペンハウエル)が潜むので、宗教は絶対的神格を相対的現象の中に見て表象せざるを得ない、と「表象主義」を解したのである。(13)ところが章太炎は「表象主義」を宗教のシンボル性ではなく、言語のシンボル性として解した。

言語は病なき能はず。然らば則ち文辞の愈《いよ》いよ工《たく》みなる者は、病も亦た愈いよ劇《はげ》し（『章太炎全集』(三)、二一四頁)。

言語は「表象主義」の病理をもつので、文辞がレトリカルであるほど、その病理も甚だしい、と言うのである。表象が多いと「代表《メタファ》」を巧妙とし、実質があってもレトリカルではない言葉を稚拙と見なす弊害がおこると考えたの

である。本来、「文」は「質」と調和せねばならぬから、この弊害を救うために、小学は重要なのだ、と章太炎は論じた。(14)

　このように「表象主義」という姉崎宗教学の概念は、引伸・仮借現象の説明原理となり、小学（伝統的語学）の存在意義を導くこととなったのである。章太炎が言語と表現の問題に強い関心をもち、正名雑義篇を熱く論じるとき、彼の議論にとって「表象主義」の概念は不可欠である。姉崎の影響は大きい。

二　『訄書』原教上篇と姉崎論文

　原教上篇は重訂本に新増されたものだが、『検論』の初稿となった、いわゆる北図本(15)では削られた。この篇は、従来、章太炎の文章として扱われてきたが、(16)実は姉崎「宗教なる概念の説明契機」の約三分の一の逐語訳なのである（前表（7））。(17)原教上篇の導言に「余聞姉崎生言教、斉物論而貴賤泯、信善哉。」とあるから、章太炎が姉崎の所説に賛同したことは分かるが、本文中に「姉崎正治曰」式に明言されないので、直後に続く「観諸宣教師所疏録、…」より以下、論文末尾の「与近世之神智学、（原注）美人奥爾廓徳《オルコット》倡神智会(18)、…、実瑜伽之変形也。」に至るまでが、姉崎論文の逐語訳だとは気づかない（後述）。しかも原教上篇末尾の結語にいう「吾故曰、冊罵法鬼神之容式、芴漠不思之観念、一切皆為宗教。無宗教意識者、非人也。」でさえ、実は姉崎の言葉の翻訳だから、この「吾」を章太炎と解するのは誤りも甚だしいことになる。姉崎論文の一部をほぼ全訳して『訄書』に載せたことは、逐語訳以上の大きな共感と言え、当時、章太炎が全面的に賛同していたことを物語る。

　ただ仔細に見ると、章太炎が賛同したのは、「物論を斉《ひと》しくして貴賤泯《ほろ》ぶ」という主旨である。(19)この姉崎論文は、

①宗教は人性にとって普遍的であり、宗教に高下の区別はないこと、②宗教の中心動力として存する自己保存の意志、の二点について論ずるが、姉崎自身の力点は後者にある。すなわち、「自己拡張の意欲」（ショーペンハウエル）が絶えず欲求の満足を願うが、果たせない結果、不満の解消を最終的には超越的存在に希求する。そこに宗教の原動力が存するのだ、と姉崎は宗教現象を説明したのである。

ところが、章太炎がだいたい逐語訳したのは、[20] 前者の、宗教には高下の区別はないという部分のほぼ全文である。「ほぼ」と言うのは、少し省略したからだ。それは章太炎が逐語訳した部分の中程に、姉崎原文では、「生活（自己保存と自己拡張）の意欲」が宗教意識の根底にあるので、人は超越的存在に対して畏怖心や尊敬の念をもって欲望の実現を交渉するという、ショーペンハウエル哲学をふまえた箇所である。[21] 章太炎はそこを訳さず、「天下凡従生而不毛者、…、而主必受其揣触也。」とまったく書き換えた。これは、当時、章太炎が「生活の意欲」という観念について理解が及ばなかったことを示すだろう。このことは、前表（5）通識篇原注に引く『宗教学概論』の箇所からも推測できる。通識篇は『訄書』初刻本独聖上篇の文章を用いているが、この原注部分は重訂本で新増された部分である。通識篇原注に引く「熱情憧憬、動生人最大之欲求。是欲求者、或因意識、或因半意識、而以支配写象。」「然則世界観之本於欲求者、無往而或異。」などは、ショーペンハウエル哲学が姉崎説に濃厚に反映した個所だが、章太炎は引用はするものの、『民報』期とは違って、内容について何ら関心を示していないのである。

そもそも清末では、王国維が早い時期にショーペンハウエルを紹介したものの（「叔本華之遺伝説」、一九〇四年など）、章太炎が重訂本を準備した一九〇一～〇三年段階であれば、清末精神じたいが厭世思想に関心がない（章太炎のショーペンハウエルへの関心は一九〇四、〇五年頃からで、仏教への接近と関係がある）。当時、章太炎の眼が、宗教の高下の有無に向かうのも不思議はない。「高下の殊《ちが》ひは、蓋《なん》ぞ量るに足らんや」。論文冒頭にいう「物論を斉しくして貴賤涙ぶ」とは、この意味に他ならない。もっとも、宗教に高下はないという見方は、「建立宗教論」（一九〇六年）でも説かれていて、彼の基本認識となった。[22]

以上から、姉崎の著作が重訂本の引く日本書の中でも、特別の位置を占めたことが窺えるであろう。ところが、姉崎と章太炎との思想的関係は、『民報』期でも続いていた。『民報』期、章太炎は仏教に根ざす独特の革命思想を展開し、仏教との関連から、ショーペンハウエルなどの西洋近代思想を批判的に摂取したが、その媒介項の一つとなったのが姉崎だと推定されるのである。そこで次に、明治三〇年代思潮と姉崎の思想を瞥見して、章太炎が接した日本の精神的状況に触れ、章太炎とショーペンハウエル哲学との関連を側面から照射しておきたい。

三　明治三〇年代思潮と姉崎正治

さて、姉崎正治が明治三〇年代思潮の一翼を担ったことは、前述した。姉崎には二つの顔があり、一つは宗教学者の、[23]もう一つは評論家の顔である。彼は当時、二つの分野においてともにショーペンハウエル哲学を立論の基礎とした。これは、当時の精神状況と姉崎個人の思想的立場とに関係する。

（１）明治三〇年代の精神状況

当時、日清戦争を境に膨張する日本への期待と進行する産業社会への不安とが綯い交ぜになっていた。明治三〇年代の青年は、ナポレオンやワシントンなど、英雄にあこがれる一方で、「懐疑、煩悩、苦悩、憂鬱」の主人公でもあった。[24]当時、国家主義以外に、個人主義や社会主義の思潮があり、インテリや青年の間では個人主義的思潮が支持された。[25]これには自我の問題が関係している。すなわち、明治前期の青年が政治的で、自我の確立を国家の独立と重ね合わせたのに反し、明治三〇年頃より、非政治的な発想をするいわゆる文学青年が現れ、国家と対立する地点に自我の確立を模索したことが、その精神的背景としてあるのである。[26] こうした精神状況について、石川啄木は、日清戦争後に生まれた、国家から距離を取る自己が「自己主張の強烈な欲求」と同時に、「内訌的、自滅的傾向」をあわせもち、理想喪失の状態におかれている、と「時代閉塞の現状」を指摘した。[27] たしかに、綱島梁川が霊と肉との矛盾に煩悶する「自我の立脚地」（綱島）を瞑想と見神実験のなかに求めたように、当時、青年の自我探求は非政治的であった。[28] ショーペンハウエルやニーチェなど厭世観の流行は、こうした非政治的な個人主義と関係があったわけである。[29] この種の閉塞感は、日本に限らず、西洋でも同様であった。一八九〇年代に近づくにつれ、社会秩序の混乱や経済的危機の中で、物質的進歩への信仰を疑う厭世観や反主知主義の風潮が広がったという。[30] しかし、章太炎の厭世観理解は、この種のものとは異質である（次節）。

（2）姉崎正治の思想的立場

姉崎正治は文芸評論家として、当時、ロマン主義的思潮のなかで独自の形而上学的神秘主義的立場から時代精神を牽引した。[31] 例えば「再び樗牛に与ふる書」では、ショーペンハウエルやニーチェ、ワグネルを併せて論じ、「ショペンハウエルの悲痛観と、ニーチェの意志尊厳とは、共にワグネルの『愛』に入りて、始めて総て真摯なる人を満足せしむるの福音となるを信ず。」（五月十五日付）と書いた。当時、ショーペンハウエル哲学は、彼の理論的立場の一つであった。

姉崎正治は宗教学でも、この理論的立場を採った。『宗教学概論』（前節）はきわめて体系的な著作であり、宗教心理学・宗教倫理学・宗教社会学・宗教病理学の四部門から成る。当時の宗教学概論が宗教病理を扱うことはなかったが、[32] 姉崎宗教学は宗教病理を扱うところに特徴があった。宗教病理とは、呪詛の慣行、色欲や食欲の亢進、[33] 断食苦行、色事禁断など、高等宗教を扱う従来の宗教学が迷信として斥けたものである。姉崎が宗教病理の研究に向かったのは、ショーペンハウエルのいう「生活の意欲」が宗教的意識を社会的に亢進させたり減退させたりする、と考えたからである。[34] 宗教の概念規定（前節）においてのみならず、学問体系の上でも、ショーペンハウエルは影響したのである。もちろん、それのインド古代思想研究への影響は、言うまでもない。[35]

姉崎正治は、哲学を東京大学で井上哲次郎とケーベルに学び、ドイツに留学して、ドイッセンにショーペンハウエル哲学と梵語を学んだ。[36] ショーペンハウエル研究は、井上哲次郎が仏教との関係から着手し、明治二〇年代後半に始まっていたし、[37] ケーベルもショーペンハウエル研究者であったから、姉崎がショーペンハウエルに興味を抱く知的環境は整っていた。しかし、姉崎の傾倒は、何よりも彼自身の内発的動機が関係した。彼は肉体と霊性との矛盾相剋[38]といった自らの内面的問題の解決をそこに求めたのである。だからこそ、時代精神を牽引する一翼を担えたわけだ（後にショーペンハウエルの意義は彼において変化し、宗教学方法論も変化するようである）。[39] しかし、姉崎正治の思想的変転はともかく、『訄書』当時、章太炎が関心を寄せたのは、姉崎の『宗教学概論』や彼のインド古代宗教の知識であった。さらに『民報』期、章太炎は仏教の関係からショーペンハウエルを論じた際にも、姉崎はその契機の一つになったと推定できる。そこで次に、章太炎のショーペンハウエル哲学に対する関心と姉崎への言及の形を見てみよう。

四　章太炎のショーペンハウエルへの関心と姉崎正治

章太炎の『民報』期論文には、仏教に依拠した哲学的な議論が多い。夢庵（武田範之）より「仏声をなすべからず」と批判されたことは、周知のところである。そこで先ず、章太炎におけるショーペンハウエルと仏教との関係を見てみよう。

「太炎先生自述学術次第」には、日本に行って、革命運動の雑務の合間に大蔵経を読み、「又取魏訳楞伽及密厳誦之、参以近代康徳《カント》、簫賓訶爾《ショーペンハウエル》之書、益信玄理無過楞伽瑜伽者。」とある。[40] 一九〇四、〇五年頃の仏教接近がショーペンハウエルへの関心を芽生えさせたと推測させる。例えば「読仏典雑記」（一九〇五年）は、森内政昌の所論を批判する形で自利性と社会性の関係を論じた。[41] そこで「同類意識」（F・H・ギディングス）や仏教の「我慢意識」が論じられたが、森内政昌論文がショーペンハウエルの「意識の滅却」にも言及したので、章太炎はショーペンハウエルへの関心をかきたてられた、と考えてもよいだろう。『訄書』にその種の関心がなかったことは、第二節に見た通りである。日本においてショーペンハウエルは、井上哲次郎によって紹介されたが、井上は彼を「東洋思想と西洋思想との相互交渉の地位に立つた者」と見て、「東洋思想を研究し、随喜していた哲学者」を紹介したかったと言い、当時、仏教をドイツ哲学と比較する研究もあった。[42] ショーペンハウエルを仏教に関連づける章太炎の見方は、明治のこの種の理解と重なるところがある。ショーペンハウエルは、以下の通り、章太炎がよく引用するカントなどとは違って、特別の意義を占めていたと考えられる。

例えば「倶分進化論」（一九〇六年）では、「索賓霍爾《ショーペンハウエル》は、…、『世界の成立は意欲の盲動に由り、知識　これが僕隷と為る』と以ふ。」と述べられ、「四惑論」（一九〇八年）では、「若し夫れ有機・無機の二界は、皆な意志の表彰たり。而して自らその本体に迷はば、則ち一切の煩悩は此より生ず。是の故に清涼を求むる者は、必ず意志を滅絶するに在り」と論じられた。「四惑論」のこの箇所は、人間は世界や社会、国家や他人のために生まれてきたのではないという、有名な所説の直後に続くものである。章太炎の強烈な個人の主張がショーペンハウエルを根拠にして、明治思潮と共振していたと知れよう（後述）。また「五無論」（一九〇七年）で章太炎は、ショーペンハウエルが意志の競争として例証したブルドッグ蟻のことに触れているが、[43] 当時におけるショーペンハウエル著作の翻訳状況からして、ブルドッグ蟻のことは、どうも松本文三郎『シオペンハワー哲学提要』から知ったと見える。[44] そうだとすれば、章太炎は実に丹念に日本書を通して研究していたと言えよう。『斉物論釈』で、「近世の達者は、簫賓問爾《ショーペンハウエル》に若《し》く無し。他《かれ》は説けり、…と。此の先在観念は即ち是れ法執なるを悟らず。其の荘生の見を去ること、倜乎として及ばざること遠し。」とか「簫賓問爾《ショーペンハウエル》、弭爾《ミル》は皆な因果の別相を精解せず。」と批判したが、[45] それなりの蓄積があったのである。これ以外、「無神論」「答鉄錚」「亜洲和親会規約」などにも、ショーペンハウエルへの言及がある。

厭世観ということでは、E・ハルトマン（一八四二〜一九〇六）も、ショーペンハウエルとの哲学的関連から章太炎は言及した。例えば「倶分進化論」には、「抑吾嘗読赫爾図門《ハルトマン》之宗教哲学矣。其説曰、…」とある。ハルトマンが明治三〇年代に流行したことは、その『宗教哲学』の翻訳出版や、『哲学雑誌』にのった関係論文の多さからも分かる。[46] ハルトマンは世界原理としての「無意識」を、ヘーゲルのロゴスとショーペンハウエルの意志との合一と考え、「無意識」が次第に止揚されてゆく世界過程の終局的泯滅を説いた。[47] ハルトマンへの言及は、ショーペンハウエルとの哲学的連関以外に、明治三〇年代における厭世観の流行も絡んでいたわけである。姉崎の当時の立場や、彼が『宗教哲学』を翻訳したことを見ると、[48] 章太炎が仏教との関連から、姉崎の著作を再読したと考えてよい。

例えば章太炎は、ショーペンハウエル哲学を概説して、「其の説は略《ほ》ぼ仏家に取れるも、亦た僧佉《サーンキヤ》論師と相近し。持論固より高きも、則ち又た証拠なきに苦しむ。」[49] と評したが、この点は、姉崎もすでに、ショーペンハウエルの主張がほとんど詩であって哲学ではないとか、[50] それが仏教やサーンキヤ学派に類似している、と『印度宗教史考』で指摘している。[51] 章太炎が本書を読んだことは、「人無我論」で「近世の黎斯迭韋《リスデヴィッツ》氏以為へらく、二者（無我と輪廻を指す——小林）互ひに触ると。故に羯磨の縁生を説きて以て調和の術と為さざるを得ず。姉崎正治も亦た其の説を宗とす。此れ実に解義に浅き者なり。」[52]、とリスデヴィッツと姉崎に批判を加えたことからも分かる。姉崎とリスデヴィッツが[53]「我」の本義を理解できず、実体的に羯磨（karma）を解して、輪廻の主体だと誤解したと言うのである。「黎斯迭韋氏《リスデヴィッツ》」とは、イギリスのインド宗教学者 Thomas William Rhys Davids（一八四三―一九二二）であり、姉崎はロンドン滞在中に彼の下で研究している。[54]こうした批判は、『訄書』には見られなかったものである（第一、二節参照）。姉崎の『印度宗教史考』を読んでいたことは、周作人の回想からも分かる。[55]

しかし、『民報』期における章太炎の基礎概念も、姉崎に由来することを見れば、姉崎の知的触発は一層強かったと分かる。周知のように、章太炎はこの時期、唯識学の立場に立って、その基礎概念である阿頼耶識を「原型観念」の言葉で説明した。例えば「建立宗教論」に「謂此概念法塵、非由彼外故生、由此阿頼耶識原型観念而生。」[56]とあるように、阿頼耶識と「原型観念」とを同一に解した。「原型観念」の語は、他にも多用されている。例えば『斉物論釈定本』に言う。

> 天籟中吹万する者は、蔵識に喩ふ。万は蔵識中の一切の種子に喩ふ。晩世或ひは原型観念と名づく（『全集』（六）、六五頁）。

これは、南郭子綦が「吾喪我」と言うのは、「滅尽定」（心作用が停止した瞑想段階）だという解釈に続く箇所であり、章太炎は、あらゆる違ったものを吹いて、それぞれに特有の音色を多様に出させる「天籟」を唯識学の「蔵識」だと解し、さらにそれを「原型観念」という西洋近代的概念で説明したのである。「原型観念」の語は、「詳彼意根、有人我法我二執。是即原型観念。」[57]といった具合に、『斉物論釈』では七回も使われている。「原型観念」は、唯識学の阿頼耶識・蔵識・種子といった観念に相当するものとして重視されたのである。

実はこの「原型観念」の語は、姉崎正治『上世印度宗教史』（前掲）に見える。[58]姉崎は「即根本なる阿黎耶識は一切法の所依にして、一切現象の種子即原型観念を含蓄せる執持（Adana）なり。即此等原型種子は意識（Manas）に依りて分別認識を呈し、…」（二六一頁）と述べ、すでに阿頼耶識と「原型観念」とを結びつけている。『上世印度宗教史』は、『訄書』がよく引用した書籍である（第一節）。「原型」（「元型」）の言葉は、当時、プラトンのイデアの訳語とか、[59]「Rudiment　元形、基本、起端」の意味のように用いられた。[60]井上円了などは阿頼耶識をライプニッツの「元子」に付会しており、[61]「原型観念」の語は、現在までのところ、姉崎同書以外に見いだすことは出来ないが、その検討は今後にまつとして、章太炎が姉崎から阿頼耶識を「原型観念」の語で理解する啓発を得たとは推定できる。章太炎は『訄書』において、姉崎から「表象主義」の基礎概念を借りて議論したが、『民報』期でも、「原型観念」という重要な基礎概念を借りていたのである。以上のように、姉崎の知的触発は、『訄書』以降も存していた。

最後に、章太炎思想におけるショーペンハウエル哲学の性格について少し触れておく。章太炎は仏教を政治主体の確立という政治的文脈の中で捉えた。例えば「建立宗教論」（一九〇六年）が唯識学に依拠して、一己の我に執着する諸説を誤りだと論証してゆくのは、自分を犠牲にして革命に従事できる信念を創ろうとしてのことであった。[62]「答夢庵」（一九〇八年）も、仏教を主張する理由として、「特に芳烈の気風を発揚して、仏教を好む者に去就にこだわらず、死生を斉しく見るようにさせるため」だ、と明言している。[63]要するに、章太炎は仏教の菩薩行によって殺身成仁できる政治主体の確立を目指したわけだが、[64]当時、ショーペンハウエルの道徳論を「惻隠の心」と「万物一体の思想」（ともに中江兆民の訳語）とに結びつけて理解したのは、中江兆民訳『道徳学大原論』であり、章太炎は本書に言及している。[65]「惻隠の心」と「万物一体の思想」とは、章太炎の菩薩行としての革命実践を西洋近代哲学の方から根拠づけるものなのであった（注(64)参照）。中江兆民重訳の本書は、章太炎がショーペンハウエルに接近するもう一つの契機と見える。

とまれ、話を戻せば、章太炎のショーペンハウエル理解は、明治思潮のように、国家から離れた地点において非政治的自我を模索する主張では全くなく、きわめて政治的であった。だからこそ、『訄書』期とは違って、章太炎は姉崎を批判できたのである。清末において、明治思潮のように、非政治的自我が抱える問題の解決をショーペンハウエルのなかに見いだしたのは、政治から距離を取った若き王国維なのであった。(66)

小結

章太炎が姉崎正治から知的に触発されたことは、『訄書』期のみならず、『民報』期でも続いた。『訄書』では姉崎から「表象主義」の概念を借り、『民報』期では「原型観念」の概念を借りて、章太炎は重要な議論を展開した。その上、『訄書』原教上篇は、ほとんどが姉崎論文の逐語訳であった。『民報』期のいわゆる「仏声」にしても、ショーペンハウエルなどの厭世観を批判的基礎としている点で、姉崎正治と関係があったのである。

もっとも、章太炎は姉崎から啓発されたとはいえ、厭世観にしても、『斉物論釈』など、唯識学との連関で独自に理解しており、姉崎に必ずしも追随的ではない。というのは、『民報』期以降、章太炎が伝統的な知を国学として再編し、仏教思想をも加えて、西洋近代思想と対決したからである。また、仏教やショーペンハウエルを、政治的主体の構築という政治主義的な文脈で理解したからでもある。厭世観の援用は、明治思潮との同時代性を窺わせるが、明治思潮とは違って、章太炎がそれを政治的に理解した点に、章太炎固有の強い思想性を見いだすことが出来よう。彼の哲学思想は、内容的に明治思潮との関連からも、あらためて考察されねばなるまい。

［注］

（1）高田淳「戊戌・庚子前後の章炳麟の思想」（『章炳麟・章士釗・魯迅』、龍渓書舎、一九七四年）。湯志鈞「从『訄書』修訂看太炎的思想演変」（『文物』、一九七五—一）、同「『訄書』修訂和尊法反儒」（『文物』一九七六—一）、同『章太炎年譜長編』上冊（中華書局、一九七九年）。姜義華「『訄書』簡論」（『坐且学報（社会科学版）』、一九八二—二）、同『章太炎思想研究』第四章（上海人民出版社、一九八五年）。唐文権・羅福恵『章太炎思想研究』第二、六章（華中師範大学出版社、一九八六年）など。

（2）第二編第四章「章炳麟『訄書』と明治思潮—西洋近代思想との関連から—」参照。

（3）姉崎正治「丁酉会創立の思出」（『新版わが生涯』、東大出版会、一九七四年）。

（4）上海、広智書局刊、一九〇二年。

（5）原教下編、『章太炎全集』（三）二八六頁、上海人民出版社、一九八四年。序種姓上篇、同書、一七一頁。文中における章太炎の引用は、特記しない限りこの『章太炎全集』（三）にもとづく。また第二編第四章参照。

（6）具体例を挙げると、岸本能武太『社会学』（大日本図書、一九〇〇年）「第一章第五節　人為進化之動物」の「人と下等動物と相異なる点は、那辺に在りて存するや。今日に於ては両者の相違は、予が茲に喋々するを要せずして、一目瞭然たるが如しと雖も、遠く太古蒙昧の世に溯りて、当時に於ける人類の状態を研究すれば、太古に溯る程、彼等の状態は下等動物の状態と相接近して殆ど区別に苦しむが如くなりしならん。」に対して、章太炎訳『社会学』は「人与各種動物之異点、此視而可知望而可識者也。雖然、遠溯太古而尋其人類之状態、則与各種動物之状態、殆無区別。」とある。岸本の冗長な文章を逐語訳せずに、章太炎は簡潔に翻訳する。

（7）『新民叢報』五・九・一五号、一九〇二年。

（8）『国粋学報』、二―九・一〇・一一号、一九〇六年。

（9）第二編第一章「章炳麟における表現の問題—方法としての言語—」参照。

（10）前掲『章太炎全集』（三）二二一〜二二二頁。

（11）前掲『章太炎全集』（三）二二三〜二二四頁。

（12）姉崎、前掲書三八三、四五六〜四五八頁など。

（13）姉崎、前掲書六〇〜六二、九一頁など。

(14) 前掲『章太炎全集』(三)二一四頁。また「文益離質、則表象益多、而病亦益篤。」「表象既多、鄙倍斯甚。」「去昏就明、亦尚訓説求是而已。」(二一五頁) とも述べる。「文」と「質」の議論は第二編第一章参照。
(15) 一九一〇～一九一三年に修改。朱維錚「前言」、前掲『章太炎全集』(三)。
(16) 高田淳、前掲論文。湯志鈞、前掲書。姜義華、前掲論文・前掲書。唐文権・羅福恵、前掲書第六章。
(17) 本論文は『哲学雑誌』原載だが、『宗教学概論』附録の形で五五三～五七二頁に収載され、章太炎はその内、五五八～五六四頁を翻訳した。徐復『訄書詳註』(上海古籍出版社、二〇〇〇年) には、この指摘がない。
(18) Olcott, Henry Steel (一八三二～一九〇七)
(19) 「斉物論」の読み方として従来二通りあるが、原教上篇の内容からして「物論を斉しくす」と読む。徐復、前掲書も同じ。
(20) 章太炎は、姉崎論文で意味不明の箇所を、「故南洋之佗歩与其脱披、断。」(前掲『章太炎全集』(三) 二八三頁) のように、訳さなかったり、誤訳した (「於利海諾夫与非洲之加邁倫《カメルン》人也、…」、二八四頁。「利海諾夫」は、未開社会の報告者であるA・ライヘノフを未開民族と誤解)。
(21) 「余輩のいふ所は此にて十分なり。…、其憧憬渇望を実現するに努むる機能を具へざるはなし」(姉崎「宗教なる概念の説明契機」)。
(22) 「建立宗教論」、『章太炎全集』(四)、四〇八頁、上海人民出版社一九八五年。
(23) 姉崎の宗教学史上の位置については、増谷文雄「姉崎正治の業績」、小口偉一「宗教学五十年の歩み―東京大学宗教学講座創設五十年を記念して―」、ともに『宗教研究』第一四七号、昭和三一年。増谷は姉崎の業績を①宗教学の骨格形成、②印度学・仏教学研究、③日本宗教史・比較宗教と三つに区分して批評している。
(24) 橋川文三「高山樗牛」、『日本の思想家』所収、朝日新聞社、一九六三年。
(25) 高坂正顕『明治思想史』、洋洋社、一九五五年。また丸山政男「明治国家の思想」、『日本社会の史的究明』所収、岩波書店、一九四九年。
(26) 内田義彦「知識青年の諸類型」、『日本資本主義の思想像』所収、岩波書店、一九六七年。
(27) 石川啄木「時代閉塞の現状」(一九一〇年稿)(『石川啄木全集』第四巻、筑摩書房、一九八〇年)。
(28) 綱島梁川『自省録』(一八九七年の手記)「我を神の中に没してはじめて我を得る也。…、兎に角神より出でざる忠君愛国は其意義貧其の根拠弱といはざるを得ず。」（『日本哲学思想全書』二、平凡社）。

(29) 例えば森鷗外は『月草叙』で、当時、ニーチェとハルトマンはショーペンハウエルの後継であり、ニーチェは天才は何をしてもかまわないもの、ハルトマンは人類の知識が十分発達した後、世界は自滅するという主張だ、と述べている（『鷗外全集』第二三巻、岩波書店）。

(30) S・ヒューズ『意識と社会―ヨーロッパ社会思想1890～1930』第二章、みすず書房、一九七〇年。

(31) 杉崎俊夫「姉崎嘲風ノート」（『高山樗牛・斉藤野の人・姉崎嘲風・登張竹風』解説、筑摩書房、一九七〇年）。

(32) 柳川啓一「『宗教学概論』成立前後」（前掲『新版わが生涯』所収）。姉崎は宗教病理を、「病的宗教」（一八九六年）、「精霊教」「中奥の民間信仰」（一八九七年）、「宗教病理学の樹立と病態宗教の概論」「聖典偽作の宗教病態」（一八九八年）などの中でも論じている。

(33) ギリシャのバッコス祭り、西洋の謝肉祭、印度女神崇拝派の神聖な儀式などに見られるという。前掲『宗教学概論』、四一六～四二四頁。

(34) 前掲『宗教学概論』第四部「宗教病理学」、四三七、四五二頁など。

(35) 『印度宗教史考』（金港堂、一八九八年）、一八三～一八四、二六九～二七四、二八五～二九〇頁など。

(36) 前掲『新版わが生涯』、八二～八六頁。

(37) 『井上哲次郎自伝』、四一～四三頁（冨山房、一九七三年）。茅野良男「日本におけるショーペンハウアー」、『ショーペンハウアー全集』別巻、白水社、一九七五年。

(38) 杉崎、前掲論文。

(39) 柳川、前掲論文。

(40) 『太炎先生自定年譜』所収、龍門書店、一九六五年。

(41) 「読仏典雑記」（『国粋学報』一―三）の言及する森内政昌の議論は、「認識と実践、実践観念と理想観念」（井上哲次郎編『哲学叢書』第一巻第三集八三四～八三五頁、一九〇一年）に見える。

(42) 井上、前掲書、四二～四三頁。近角常観「独逸哲学と仏教との比較」（『哲学雑誌』一四〇～一四五、一八九九、一九〇〇年）、姉崎『印度宗教史論』は、仏教を厭世観と結びつけている（二六九頁）。ショーペンハウエルと仏教との関連は、渡辺ドロテア

「仏徒ショーペンハウアー」、『時間と人間』所収、中央公論社、一九七九年。
(43) 前掲『章太炎全集』(四)、四三六頁。
(44) ブルドッグ蟻の話は、松本文三郎『シオペンハワー哲学提要』、二九二頁（哲学館教育学部講義録）に見える。また『意志と表象としての世界』であれば、第二七節に見える（白水社版『ショーペンハウアー全集』第二巻）。松本同書は、姉崎正治訳『意志と現識としての世界』三巻（一九一〇～一一年）が出る以前の、概説書であった。ちなみに王国維は、ショーペンハウエル同書を英訳本から読んだ（「叔本華与尼采」、『教育世界』八四、八五号、一九〇四年）。
(45) 『斉物論釈定本』、『章太炎全集』(六) 一一六頁（前の引用）、一一四頁（後の引用）。上海人民出版社、一九八六年。
(46) 高山林次郎「ハルトマン氏の厭世主義」（『哲学雑誌』三八、一八九〇年、すべて『哲学雑誌』なので、以下雑誌名は省略）、村上専精「ハルトマン氏宗教哲学論ニ就テ」（八五、一八九四年）、高山「ハルトマンの美学及其批評」（一三二～一三六、一八九八年）、小田切良太郎「ハルトマンのショーペンハウエルに対する関係」（一四三、一八九九年）、藤井「ハルトマン氏の自律及び他律論」（一六一、一六四、一九〇〇年）、深田康算「ハルトマンの無意識哲学」（二一五、二一七、一九〇五年）など。
(47) 桑木厳翼「ハルトマンの哲学史上の位置」、『哲学雑誌』一一二、一八九六年。
(48) 姉崎正治訳『宗教哲学』、博文館、一八九八年。
(49) 「倶分進化論」、前掲『章太炎全集』(四)、三八六頁。
(50) 姉崎「再び樗牛に与ふる書」、一九〇二年。
(51) 前掲「印度宗教史考」、一八三～一八四、二六九～二七一頁など。
(52) 前掲『章太炎全集』(四)、四二七頁。章太炎の反論は四二八頁に続く。
(53) 姉崎とリスデヴッツの解釈は、前掲『印度宗教史考』、二二六～二二九、二三五～二三六頁など参照。
(54) 前掲『新版わが生涯』、九〇頁。リスデヴィッツの影響は、増谷前掲論文参照。
(55) 周作人『知堂回憶録』「八三　鄔波尼沙陀」に、一九〇八年のこととして、龔未生がドイツの印度学者ドイッセン『ヴェーダンタ哲学論』の英訳本と日本人の『印度宗教史略』を持って来て、ドイッセンの著作の翻訳を太炎先生が依頼していると伝えた、とある（『周作人自編文集』所収、河北教育出版社版、二〇〇二年）。『印度宗教史略』は、姉崎の『印度宗教史考』であろうし、章太炎がヴェーダンタにまで関心を拡げていたことが窺える。

(56)「建立宗教論」、前掲『章太炎全集』(四)、四〇九〜四一〇頁。

(57)前掲『章太炎全集』(六)、七九頁。

(58)西順蔵・近藤邦康編訳「建立宗教論」の訳注の指摘が早い(『章炳麟集』一九三頁、岩波文庫)。

(59)朝永三十郎『哲学辞典』(一九〇五年、宝文館)「原型。…、『イデア』は個々物の最根本の儀型なり。」とあるが、『哲学大辞典』(一九〇九〜二六年、同文館)に、この語彙はない。

(60)『哲学字彙』、東京大学三学部印行、明治一四年。

(61)井上円了『東洋心理学』(哲学館第八学年正科講義録、刊年不明)。

(62)「故大乗有断法執、而不尽断我執。以度脱衆生之念、即我執中一事。特不執一己為我、而以衆生為我。」(前掲『章太炎全集』(四)、四一五頁)。

(63)湯志鈞編『章太炎政論選集』上冊、三九六頁、中華書局。

(64)拙稿「章炳麟における〈我〉の意識—清末の任俠(IV)—」、『京都産業大学論集』二四—一、一九九四年。

(65)ショーペンハウエル著ビュールドー訳中江篤介重訳『道徳学大原論』(一八九四年、一二三館原刊)、三二六〜三二八、三三〇頁など(『中江兆民全集』九、岩波書店)。章太炎の本書への言及は、「答鉄錚」(『民報』一四、一九〇七年)、「亜洲和親会規約」(一九〇七年)に見える。

(66)例えば王国維「紅楼夢評論」は、ショーペンハウエルの芸術観に触発されて、カタルシスとしての美学的価値を『紅楼夢』のなかに見い出したものである(『静安文集』)。第三編第三章「初期王国維と諸子学—鳥瞰する眼—」参照。

補論　清末の「自主」と明治思想
――その言語的考察――

問題の所在

清末の思想家章炳麟（号　太炎）は、「四惑論」（一九〇八）のなかで「自主」の思想を説いた。「自主」とは、人は本源的に自らを主宰することができ、社会の扶助や公理を理由にしても妨げられない人の根本的なあり方を指し、章太炎の思想的核心である。別稿で私は、「自主」観念を『斉物論釈』に見える「内聖外王」思想、及びショーペンハウアー倫理説の二点から考察し、「自主」観念が①たんに個人主義的なものというより、西洋近代哲学にいう共同感情に類した、内発的な共感（章太炎は「隠愛の念」「悲性」などと呼んだ）とロマン的自我観を根柢にもつこと、②「内聖外王」思想に発展することを指摘した。(1) その際、「自主」という言葉が“liberty”や“freedom”の語感をもつことやこの言葉の出典を瞥見はしたが、詳しくは検討しなかった。

本章はそれを承けて、「自主」という言葉を歴史的に考察し、清末の「自主」を明治のそれと比較して、「自主」観念の性格、およびそれの日中間における同異を見定めようとする。この作業を通して、章太炎の「自主」観念が、近代的性格とともに、いわゆる東洋的自由の色彩を併せもつことを知りたいのである。ただ、章太炎の「自主」観念は、社会から干渉されない個人の強調であると同時に、共感や責任といった精神的態度をも説いていて、個人と社会（公共性）の問題や中国近代的エートスのあり方に関わっているから、別に十分な検討が必要である。本章は、そのための予備的考察なのである。

そこで本章は、(1)中国における「自主」という言葉の来歴をさぐり、(2)清末における「自主」観念の受容を検討して、(3)それを明治期における「自主」理解と比較することとする。

一　「自主」という言葉

「自主」という言葉の来歴と性格を考察するにあたって、まず章太炎の「自主」観念について整理しておく。「自主」の思想は、周知のように、「四惑論」（『民報』二二号、一九〇八年）に説かれた。「四惑」というのは、当時支配的であった公理・進化・惟物・自然の四つの観念を指し、章太炎はそれが迷いだと主張するのだが、「自主」は公理批判の中で説かれた。章に言わせると、個人が社会と相互扶助しなかったり隠遁したり、あるいは自殺するのは公理に背くと公理論者が批判するのは、間違いなのである。というのは、人間は本来、国家や社会、他人のために生まれてきたのではない、と彼は考えたからだ。この有名な議論の中で、彼は「若其以世界為本根、以陵藉個人之自主、其束縛人、亦与言天理者相若」と述べた。この「自主」という言葉が、その「人本独生、非為他生」という人間観のキイワードであることは、彼の主著『斉物論釈』に至って「内聖外王」の概念にまで展開したことを想えば[2]、言うまでもないだろう。『斉物論釈』で「人各おの自主するを、これ王と謂ふ」（第七章）と言われるように、「自主」は「外王」の本質とされた。たしかに「四惑論」では「自由」の語も"liberty"として使われたが、否定的色彩が伴うようである。例えばプルードンの説を引いて「此以互相牽掣為自由。其説暗昧難知矣」とか、あるいはプルードンの説はヘーゲルに基づくとして、ヘーゲルは「故持論至極、必将尊奨強権、名為使人自由、其実一切不得自由」とされるのである。同じ"liberty"といっても、「自主」と「自由」とは章太炎においては区別され、「自主」には肯定的で積極的な意味が込められたが、西洋近代的な「自由」には否定的であったと見える。別稿では、「自主」の語が"liberty"や"freedom"の語感をもち、この種の用法が新しいことを示唆しておいた(3)。ここではあらためて「自主」という言葉の来歴から検討しよう。

「自主」という言葉は、古くより一般的な意味で用いられていた。例えば『史記』封禅書に「方士興す所の祠は、各おの自主す。其の人終はれば則ち已む。祠官は主とせず。」（方士が興した祠はそれぞれが祭主となり、その人が死ねば祭りをしない。祠官は祭主にはならない）とある。「自主」は、自ら主宰するくらいの意味であり、特別な意味として熟語化していない。あるいはまた『礼記』雑記下の例である。姑姉妹で子供がなくてその夫が死んだ時、夫の親族に兄弟がいない場合、喪主をどうするかについて論じた箇所で、「或曰、主之而附於夫之党」句に対して、鄭玄は「妻の党、自らこれに主とするは非なり云々」（「妻之党自主之、非也」）という注をつけた。妻の親族が喪主になるが、廟に祭るときは、夫の親族に祔祭するという説に対して、鄭玄は、妻の親族が自ら喪主になるのは間違いだと言うのである。やはりここでも「自主」の言葉は自ら主宰するといった一般的意味で用いられている。

時代は下がって、宋の林希逸『荘子口義』などでも同じである。『荘子』斉物論篇「百骸九竅六蔵、賅而存焉。吾誰与為親。…、如求得其情与不得、無益損乎其真」句に対する、林希逸の注釈の中に「自主」の言葉がある。宇宙に「真宰」があるかどうかについて、荘子が身体器官で例証する文脈にそれが見えるのである。すなわち、言う。人が一身に持っている器官は、誰が主宰するというのでもない。手が病気でつらいときは、手が身体の仇讐となっている。頭が痒ければ、手で掻くが、その時は手が頭に役せられている。遠くを見て歩いていく時は、足が目に役せられている。そのように相互作用をしていて、何が貴いとか賤しいとかは言えない。とはいえ、仮に役するものを「君」と言い、役せられるものを「臣」と言うなら、手は時として足を用いたり、足が時として手を用いたりするので、(斉物論で)「遞相為君臣」と言われるわけだ。しかし結局、人の器官を主宰するものについて定名が得られないなら、心が身体の主人ということになるが、心が「君」なのかというと、「又た以て自主する能はず」(「其以心為君乎、又不能以自主」)。すると、主とするものは物を造るものとなり、「造物」するものが「真君」ということになる。故に(斉物論で)「其有真君存焉」と言われるのだ云々、と。[4]「自主」という言葉は、心が器官を主宰するという意味で用いられているのである。

以上から、「自主」は自ら主宰するという一般的意味で使われてきたと言えるだろう。熟語化して特別なニュアンスをもたないからこそ、『佩文韵府』には「自主」の語が見えないと考えられる。また清末にできた新語辞典『新爾雅』(一九〇三)に、「自由」の語はあっても、「自主」という言葉がないのは、清末でも「自主」が“liberty”の意味で「自由」の語ほどまだ普及していなかったからかもしれない。[5]要するに、「自主」にもともと“liberty”に相当する意味はなかったのである。

二　「自主」と“liberty”

ところがこの「自主」という言葉は、一九世紀になると、“liberty”“freedom”の語感をもつようになった。西洋近代の政治思想が紹介されて、“liberty”“freedom”“independence”の訳語とされたからである。

「自主」の用例で早いものは、アメリカ人宣教師裨治文《ブリッジマン》撰述『聯邦志略』(辛酉之歳重刻自叙、一八六一年)に見える。ブリッジマン（一八〇一～六一）は、アメリカ公理会の最初の宣教師として一八三〇年に来華し、一八三二年に『澳門月報』（"The Chinese Repository"）を創刊している。同書のアメリカの独立を述べた「民脱英軛」の一節に、「乾隆四十一年七月初四日自主立国」とあり、一七七六年のアメリカ独立を指して「自主」の語が用いられている。そして同書が言及する独立宣言の文言にも、次のように用いられた。

　蓋し以《おも》ふに、人は生まれて造を受け、同《とも》に一定の理を得《う》。己れは棄つるを得ず、人は奪うを得ず。乃ち自然にして然り、以て生命を保し、及び自主自立する者なり。苟くも此の理を全とうせんと欲すれば、則ち当に政を立てて以て民の志に従ふべし。(6)

人には奪うべからざる自然権があり、人は独立し自立する存在だという近代的観念を指して、「自主」の語が当てられたのである。他の箇所でも、ブリッジマンは、黒人の解放奴隷を指して「其間黒人之自主者、一万七千四百六十」（「禄邦《ルイジアナ》」の項）「其間自主者、九百三十」（「密邦《ミシシッピ》」の項）などと述べ、権力から干渉されない、解放されて独立したという意味で用いた。

しかし、人間に平等に天賦され、何人も奪うことのできない自然権という発想は、中国の伝統的政治思想にはないから、この西洋の近代的観念が理解されるには、今しばらく時間がかかった。日清戦争における敗北が亡国の危機感を生んで、国家の独立という政治意識を刺激し、愛国心と「国民」形成の課題が浮上した。ここに至って初めてこの近代的観念が受容され始めたのである。

例えば厳復は、「論中国教化之退」（『国聞報』、一八九八年五月二八日）で、(7)「自主」の語を西洋の法律にみえる公理に結びつけて、「吾これを西人に聞く。曰く、人人皆な自主の権有り。此れ彼の律法の公理なり」と言っている。周知のように、厳復はイギリスに二年あまり留学して、“liberty”の社会を自ら体験していたから、「自主」の実感はあったに相違ない。ただし、彼は「自主の権」は中国人にもあると皮肉な口吻で文章を続けている。中国では、学問するのもしないのも自由で、国家は強制しない。富むのも貧しくなるのも自由で、国家は関与しない。移動も自由で、その結果困ることになっても国家は無関係だ、と言うのである。ここにいう「自主の権」とは、いわゆる東洋的自由を指していて、好き勝手とか政府の無干渉といった意味で用いられている。彼の「自主」理解はともかく、日清戦争の後、この言葉が西洋近代社会の法的権利を指すものとして、新しい語感を持ち始めたことが分かるだろう。

といっても、当時「自主」の語が必ずしも普及していたわけではない。例えば譚嗣同『仁学』（一八九九）は、『荘子』の「在宥」を「自由」に結びつけ、「自主」の語を用いていない。すなわち、言う。在宥篇の「聞在宥天下、不聞治天下」句で、「治」とは国家が存在する意味、「在宥」とは国家が存在しない意味だ。「在宥」とは、「自由」の転音であろう。誰もが「自由」だということは、必らず国家が存在しない時だということである。国家がなければ、領域が教化され、戦争がやみ、猜疑することがなくなり、権謀が行われなくなって、彼とか我とかといった人を隔てる区別が亡んで、平等が出現する、と。(8) 譚嗣同は「自由」の観念を無干渉と理解して伝統的な「在宥」と接合し、肯定的に評価したのである。“liberty”の訳語は「自由」とされて、「自主」の語ではなかったと知れる。

「自主」の語が“liberty”の訳語としてより普及するのは、清朝を革命する根拠と近代国家の「国民」としてのあり方が問われて以降と見える。国家の独立、政治主体の自立、自然権などは、いずれも“independence” “liberty” に関わるのである。“liberty” の観念は、もはや「在宥」という伝統的観念には盛りきれず、かといって「自由」という漢語にはマイナスの語感が伴うから（後述）、「自主」の語が用いられたのかと思われる。

しかし、この点は再考することにして、ひとまず留日学生が最も早くに出した『訳書彙編』（第一期、一九〇〇年一二月六日）を見てみよう。例えば訳載された孟徳斯鳩《モンテスキュー》『万法精理』に、「英国人民は、其の自主之権を鞏固にせんと欲するに因りて、遂に其の王室の権力を褫《う》奪《ば》う。英人の自主之権に劬労尽瘁する所以の者は、誠に万已むを得ざるの理存すること有るが故なり」（巻二第四章）とある。「自主」は自由権の意味で用いられている。また同書に訳載された盧騒《ルソー》『民約論』にも、次のようにある。

> 蓋し自ら能くこれを知れば、則ち他人の干渉を受けずして、随在《いずこ》にても以て自給す可し。然る後事物の軽重、行為の取捨は、胥《み》な給《たすけ》を人に仰がず。一に己の為さんと欲する所に聴《したが》ふ。所謂自主自由の権は、皆な我固有の者なり。（第一編第二章「社会之原起」）[9]

ここでは人に固有の権＝自然権として、「自由」と並列して「自主」の語が用いられているのである。とはいえ『訳書彙編』に訳載された他書には、「自由権」「人生自由之権」（鳥谷部銑太郎『政治学提綱』の漢訳）「自由平等之大義」（酒井雄三郎『十九世紀欧洲政治史論』の漢訳）のように、「自由」の語が用いられていた。当時、中国の知識人が読んだ日本書自体がすでに「自主」の語に代えて「自由」の語を用いていた事情が絡んでいるが、いずれにせよ、「自主」の語に “liberty” “freedom” といった新しい語感が生まれたのである。

では、「自主」の語は、どのように用いられたのか。例えば梁啓超『自由書』「破壊主義」（『清議報』三〇、一八九九年一〇月一五日）には、「惟今世紀、地球万国、国国自主、人人独立」とあって、国家の独立を「自主」の語で表している。またスマイルズ著中村正直訳『西国立志編』をやや詳しく紹介した同書「自助論」（二八号、一八九九年九月二五日）にも、その「緒論」を漢訳して「国所以有自主之権者、由於人民有自主之権。人民所以有自主之権者、由於其有自主之志行」とある（「総論」）。「自主之権」は自由権、「自主之志行」は自立の気質《エートス》を指し、中村の訳語（「自主の権」、「自主の志行」）をそのまま踏襲している。中村と同様、「自主」をエートスとして理解した点（後述）は目をひくが、『自由書』に多用されるのは、その書名からも察せられるように、「自由」の語である。例えば「自由自在」（「自由祖国之祖」）「民権自由之理」（「地球第一守旧党」）「放棄自由之罪」（「放棄自由之罪」）「自由権」（「国権与民権」、「論強権」）「自由平等」（「論強権」、「豪傑之公脳」）「自由教育」（「精神教育者自由教育」）「民権自由之声」（「伝播文明三利器」）といった具合である。「自由」の語は、西洋近代の法的権利や自由主義思想を表わしたのである。梁啓超の『自由書』には、「自主」と「自由」とが併用されているものの、“liberty”の訳語が「自由」に落ち着きつつあることが窺える。「自由」の語が優勢な明治後半期の日本書を、梁啓超がよく読んでいたことと関係するのであろう。

　厳復も、「自由」と「自主」の語をともに用いている。「自由」の語は、例えば「論世変之亟」（一八九五年二月四、五日、『直報』）に、「彼西人之言曰、唯天生天民、各具賦畀。得自由者、乃為全受。故人人各得自由、国国各得自由。第務令毋相侵損而已」とある。西洋では、誰もが自由であり、またどの国も自由であって、ただ互いに侵害させないようにしているというわけで、「自由」は西洋近代の“liberty”を意味する。その一方で、「夫自由一言、真中国歴古聖賢之所深畏、而従未嘗立以為教者也」と述べ、「自由」と中国の倫理との違いを危惧する。「自由」という漢語のもつ「好き勝手」「（上の）言うことを聞かない」といった語感が嫌われたのであろう。「自由」という漢語に対する見方は、厳復に限らず他にも見える（後述）。

とはいえ、また「自主」の語も“liberty”を指す言葉として使われた。その「主客平議」（『大公報』、一九〇二年六月二六～二八日）は、「自主の権」を西洋近代の平等と結びつけた。すなわち、「自由」とは、自分が天賦の能力を尽くせることなのであり、権力者に従うことではない。故に「自由」を言うのなら「平等」を明らかにしないといけない。「平等」であって初めて「自主の権」があるのである。「自主の権」を合して集団のことを治める場合を「民主」と謂うのだ、と述べている。[10]「自主」が平等と関連づけられて、民主政治の基礎と考えられたのである。

『群己権界論』（一九〇三）になると、当然のことながら、より明確に「自主」と近代的自由との思想的連関が述べられている。『群己権界論』は、J. S. Mill, “On Liberty”, 1859 の翻訳である。日本では、中村正直が『自由之理』の題名で一八七一年に翻訳し、「自由」の語を用いたが、厳復は「自由」の漢語がもつ語感を嫌ってか、『群己権界論』と意訳した。その「訳凡例」に、彼は、“liberty”は“freedom”と同義であり、障碍のないことだと定義した。漢語の「自由」は、つねに放誕・恣睢・忌憚なしという悪い意味を含むが、その原義は外物に拘束されないことであり、価値中立的な言葉であったが、俗用されて悪い意味をもつに至った、と指摘する。俗用による誤解を避けるために、厳復はことさら「自由」ではなく「自繇」の語を用いて、次のように「自繇」を「自主」に結びつけた。すなわち、「一切が自主によらねば、自繇はなく、束縛されているのである。…、進化は程度が高くなるほど、自繇自主できることが、いよいよ多くなる」と。[11] 自分が他から干渉されずに処理できる範囲が自由であり、その処理できる範囲が拡がるほど進化しているというわけで、明らかに西洋近代の、なかでも功利主義思想の文脈で用いられている。[12] また「擬上皇帝書」では、「中国自主之権」（『国聞報』、一八九八年一月二七日～二月四日）とあり、独立の法的権利の意味にも使われている。

以上よりして、「自主」は単に自らが主体的に処理するという一般的意味から離れて、近代国家の“independence”や個人の“liberty”を成立させる、制約されないあり方を意味するに至ったことが分かる。日清戦争以降、亡国の危機感が国家の独立や個人の自立を意識させ、「自主」に新しい語感が生まれたのである。西洋近代において「自由」の語義として、他からの干渉を受けないで自分が処理できること、および個人を個人たらしめる内面的自在さとか自己支配という二つの方向が含まれると言われるが、[13]清末では、前者の理解、それもエートスとしてよりも自由権といった法制的理解が多いようである。[14]ただ、章太炎の「自主」の観念は、エートスとしての性格を帯びているので、これは別に検討したい。ともあれ、清末、梁啓超や留学生は日本書を読んだが、「自主」の新しい語感は、明治日本で早くも生まれていた。いったい明治思想は「自主」の語をどのように用いたのか。

三　明治思想の中の「自主」

日本で、「自主」という語の最も早く見えるものは、福沢諭吉『西洋事情初編』（一八六六）である。その巻之一「政治」の項で、ヨーロッパの政治原理の一つとして「自主任意」が挙げられ「上下貴賤が各〻其所を得て、毫も他人の自由を妨げずして、天稟の才力を伸べしむるを趣旨とす」と解説する。その末尾に「自主任意」及び「自由」の語は、英語の「フリードム」「リベルチ」の訳語だが、適当な訳字がないのでこの言葉を当てたまでで、「我儘放盪にて国法を恐れずとの義には非ず」と注している。[15]「フリードム」「リベルチ」の原意が「自由」という漢語のもつ語感とズレていることに注意を促したのである。福沢は「自主自由の通義」（巻之一「人生の通義及びその職分」）とか「国民の自主自由」（巻之二「国法及び風俗」）といった使い方もするが、「自主」よりは「自由」の語の方が多く用いられている。

そして僅かに遅れて、「自主」の語は加藤弘之『立憲政体略』（一八六八）に見える。[16] 本書は、日本で最初に立憲政体を紹介したもので、立憲政体とは、君主制を基礎にした「上下同治」と民主制（「万民共治」）で憲法を立てる政体を指すが、「自主」の語は、立憲二政体の「国民公私二権」を説明した「私権」の項に表れる。「私権」とは、「私身ニ関係スル所ノ権利」であり、「所謂任意自在ノ権」を指す。その「第二自身自主ノ権利」の条に、「叨《みだり》ニ逮捕セラレ獄ニ繋カルヽ等ノコトナキヲ得ルノ権利ナリ」とある。他の条では、「行事自在ノ権利」「思言書自在ノ権利」「信法自在ノ権利」のように「自在」の語を用いているが、「自主」と「自在」はともに他から干渉されず、自分で処理できるといった意味である。注意すべきは、「自主」の語が内面的な自由自在というより、実際の行動面において、自分が威権から干渉されないという意味で用いられている。つまり、「自主」は自由権の一つとして、自分が身体的に他人より制約を受けない根拠と考えられたのである。加藤が「隣草」（一八六一）からほど遠くない時期に書いた草稿「自主の権・君臣尊卑」には、オランダ語の「フレイヘイド」は「自由自在」と訳せるが、最近アメリカ人の訳著に「自主」という語があり、この語は「実に原語の意味を能く汲ミ《ママ》取りたる訳字と思われて云々」と述べている。[17] 加藤はおそらくブリッジマンの書を読み、『立憲政体略』に「自主」の訳語を当てたのかと思われる。

また『真政大意』（一八七〇）は、『立憲政体略』を補足するもので、立憲政治を施行する方法を論じた書であるが、そこにも、人の天性として「不羈自立ヲ欲スル情」と「不羈自立ノ権」の二つを挙げている。[18] これらの書は人が自ら幸福になる基礎であると同時に、他人のそれも尊重せねばならないから、政府の急務は、臣民が権利と義務をそれぞれ行うようにし、また臣民の生命や権利、私有の保護をすることにあると言うのだが、本書には「不羈自立」の語はあっても「自主」の語は用いられていない。そして『国体新論』（一八七三、七四）に至ると、「自由権」として「己レガ身体ヲ自由ニ使用スベキ権利」「己ガ所有ヲ自由ニ処分スベキ権利」（第六章）といったように「自由」の語が用いられていて、[19]「自主」は見あたらない。『国体新論』は、加藤がまだ天賦人権説の立場に立っていた頃の著作だが、「自主」は早くも「自由」にとって代わられている。『国法汎論』の抄訳草稿である「自由之権」（一八七一～七五）でも、すでに「自由」の語が用いられて、「自主」の語は使われなくなっているのである。[20]

また、『立憲政体略』と同じ頃に出来たものに、西周『万国公法』（一八六八）がある。[21]本書は、西がライデン大学に留学したとき、シモン・フィッセリングから講授されたVolkenregtを、帰国後に翻訳したものだが、本書でも「建僨自主ノ国」（一・二）「特立自主ノ権」（一・三）などと、「自主」の語が国家の独立自主権を指すものとして用いられている。そして第二巻には、「人身上自主ノ諸権」として、他国に対して①平等の権利、②国内の利害を自在に処置できる権利、③交際する権利、の三つが自然権に由来するものとして挙げられた。「自主」は公法上の権利として他から干渉されない範囲を指すと考えられた点は、当時の共通認識であった。

「自主」を自分が他から干渉されない根拠とする見方は、小野梓（一八五二～八六）『国法汎論』（一八八二）にも窺える。[22]小野は、周知のように、大隈重信とともに立憲改進党を結成し、また東京専門学校（早稲田大学）を創設したり東洋館書店（現、冨山房）を設立するなど、広汎な分野で活躍した思想家である。『国法汎論』は、ベンサム流の代議政体論と小野独自の君民共治論とからなるが、その第八章～第十一章「民人の自主を論ず（一）～（四）」（第九、十章は「人民」と倒置されている―小林）は、近代社会の自由について論じたものである。小野によると、「自主」にはさまざまな定義があるが、要するに「吾人の自ら安じて其事を事とし、他人に濫《みだ》りに之に干渉するを受けざるの謂《いみ》」だと言う。つまり、身体の安全、みだりに拘束されない根拠なのである。「自主」は「自由民の最も忽略に付す」べきものではないとして、小野はその内容を論じていくわけだが、「本身の自主」と密接に関連するものとして、①交通（移動）、②言論、③集会、④出版、⑤行動、⑥信仰、⑦財産保有、⑧誓願、⑨結社、の諸自由が挙げられ、⑩政事の公開と⑪法治がそれを支えているとされた。財産の取得や保有、その殖産は「自主」を保証する基礎だと説かれ、「自主」は、近代市民社会の制度的基礎となる私権として高らかに謳われたのである。

こうした実定法的な私権の根元に考えられたのが自然権であったが、「自主」はこの意味でも用いられた。神田孝平訳「性法略」（一八七〇）の第一四編「契約ヨリ生スル人身上ノ権ヲ論ズ」第一条に「各人身上自主ノ権アリ」とある。「性法」とは、Natuurregt 自然法の意味で、儒教の「性」概念を訳語にあてており、「天然ノ本文」（津田真道の訳語）などと並んで、自然権の最初の理解である。ただ、神田は「自在ノ権」の語を多用し、「自主ノ権」の語は、「事物ヲ処置スル権ヲ随意ニ他人ニ付与スル」ことだとされる。[23] 中江兆民『民約訳解』巻之一（一八八二）[24]「第二章家族」に、「蓋し自主の権は、天の人に与へた所以なり」とあり、「自主の権」を人が成長して世間の経験を積むと、身に便すべきものは皆な自ら選んでとるようになることだと説明している。それは「既に自主たれば、父の尊と雖も、得て制する」ことができない基本的生存権なのである。人である道は、自らその生を図る事がもっとも大切で、まさに努むべき急務は、己のためにすることであって、人のためにすることではない、と考えられたからだ。「自主」は、法制以前の自然権としても理解されていた。

しかし、以上のような法的概念以外に、「自主」はエートスを表す際にも用いられた。例えばS・スマイルズ著中村正直訳『西国立志編』（一八七一）である。[25] 本書は Samuel Smiles “Self Help”, 1867 の翻訳で、福沢諭吉『西洋事情』、内田正雄『輿地誌略』と並んで三大ベストセラーとなった。原書の “Self Help” は、一九世紀自由主義の信条を日常倫理として具体的に述べたものであって、デモクラシー即ナショナリズムの基礎に「自助」のエートスを据えている。吉野作造は福沢諭吉が明治青年に智の世界を見せたのに対して、中村の『西国立志編』は「将に徳の世界を見せた」と評した。(26)『西国立志編』「緒論」に、「論に曰く、国に自主の権ある所以の者は、人民に自主の権あるによる。人民に自主の権ある所以の者は、その自主の志行あるによる」とあるのがそれである。スマイルスは、次のように個人の自立したエートスこそ国家独立の基礎と見たのである。

　　邦国に自主自立の権あることなれども、その自主の基礎は、人民の性行の上に在るなり。しかしてこの人民の性行は、実に衆志を合わせ、保全を謀り、邦国百事をして上進せしむるの担保なり。（一・四）

他にも本書では、「自主の国」「人民自主の理」といった言葉も見えるが、「自主自立の志」「自主の気象」のように、制度を根柢で支える精神的態度を具体的に表す言葉としても用いられたのである。これは丁度、福沢諭吉が説いた、あの「文明化」された人間のエートスと同質と言え、「古を信じ古を慕ふて毫も自己の工夫を交へず、所謂精神の奴隷（メンタルスレーヴ）」だと批判された儒教を信奉する人間の対極にある。

　こう見てくると、「自主」の語は、一八六〇〜八〇年代に個人の法的権利や国家の独立、自然権といった制度的概念として、あるいはそれを支える内面的エートスとして理解されたことが分かる。しかし“liberty”の訳語として、「自主」以外に「自在」「自由」の語もあったから、J・C・ヘボン『和英・英和語林集成（第三版）』（一八八六）には、“liberty: jiyu; jizai; jisyu”とあり、また「自主」に対して、“jishu; Being one's own master; free; independent”とされたわけだ。(27)最終的には“liberty”の訳語として「自由」が定着するに至ったようである。(28)

小結

以上、「自主」の語は、"liberty" "freedom" "independence" の訳語として、日本では明治の前半期、中国では日清戦争後に多く用いられた。現実の政治社会の変動と対応して、一般的意味に加えて新しい語感が生まれたのである。ただ訳語としては、「自主」と「自由」は併用されたが、日本ではやがて「自主」に代わって「自由」が定着した。一方、中国は日本書を参考にした結果、「自主」と「自由」とがともに用いられたものの、「自由」という漢語が本来もつ語感が払拭できなかった。例えば孫文は『三民主義』の中で「我々には自由が多すぎ、集団がなく、抵抗力もないので、一片の散沙になった」（「民権主義」）と言う。その自由とは鼓腹撃壌歌に示される、いわゆる東洋的自由である。それを評して孫文は言う。「この自由の歌から見ると、中国は古代より自由の名称はないが、確かに自由の実質があり、しかもそれを十分に極めたので、もっと欲しいと求めなくなったと分かるだろう」、と。(29)「自由」という漢語には、「好き勝手」「（上の）言うことを聞かない」といった負の語感が強かったわけで、古来、皇帝の集権体制であったことも関わっているのかも知れない。が、それはともかく、「自主」は、国家の独立、自由権といった法制的概念から、新しい社会に生きる個人のエートスまで幅広く意味したが、清末の場合は、西洋近代的法制としての理解が強いようである。

章太炎の「自主」の思想をこの思想的背景においてみれば、そのユニークさが分かるだろう。彼は、一方で "liberty" を意識しつつも、他方で個人を強調して公理の強制を拒否し、西洋近代の "liberty" をスンナリとは認めなかったし、隠遁や自殺も許されるとした。個人の強調は、個人と社会との関係（公共性）を問うことであり、隠遁や内発的な共感の議論は、新しい社会に生きる精神—倫理的態度に関わるから、「自主」の思想は、実は公共性やエートスの問題でもあったわけだ。しかも、孫文が否定的に捉えた東洋的自由が念頭に置かれている。(30) そもそも公共性やエートスの問題は実に大きな課題だが、上のようであるなら、改めて考察せねばなるまい。従来、章太炎が個人を強調したことをもって、「自主」の思想は西洋の個人主義に類すると評せられたが、(31) 西洋近代の個人主義として割り切れるほど単純ではないと分かるだろう。本論は、上の課題を考えるための小さな予備的考察にすぎない。

【注】

(1) 拙稿「章炳麟の反功利主義思想と明治の厭世観」（小林武・佐藤豊共著『清末功利思想と日本』第六章、研文出版、二〇一一年）。拙著『章炳麟と明治思潮—もう一つの近代—』第二、第三章、研文出版、二〇〇六年。

(2) 前掲拙著『章炳麟と明治思潮—もう一つの近代—』。

(3) 注(1)参照。

(4) 宋、林希逸『南華真経口義』、厳霊峯編輯、無求備斎『荘子集成初編』（七）所収。

(5) 『新爾雅』、上海、明権社。

(6) 馬邦禆治文撰述、大日本箕作阮甫訓点『聯邦志略』上巻、江左老皂館蔵梓。同志社大学図書館蔵。

(7) 『国聞報』、一八九八年五月二八日。本論文は未署名であるが、王栻主編『厳復集　第二冊　詩文（下）』（中華書局、一九八六年）の附録として収載され、編者によって厳復の著作と推定されているので（四三三〜四三九頁）、それに従う。

(8) 『仁学』第四七節「荘曰、聞在宥天下、不聞治天下。治者、有国之義也。在宥者、無国之義也。曰在宥、蓋自由之転音、旨哉言乎。人人能自由、是必為無国之民。無国則畛域化、戦争息、猜疑絶、権謀棄、彼我亡、平等出」。

(9) 『訳書彙編』、中国史学叢書所収、学生書局、民国五五年。この文章は、戎雅屈婁騒《ジャン・ジャック・ルソー》著、原田潜訳『民約論覆議』（春陽堂、明治一六年）「而シテ自カラ保存スルノ用ハ他人ニ関セスシテ自カラ奉仕スルニ如クハナシ故ニ人若成長シテ事物ヲ辨識スルニ至レバ人生ノ本性ニ基ツキ軽重事物取捨行為一切他人ノ処置ッヲ仰カスシテ自己ニ因ルモノハ所謂自主自由ノ権ヲ固有スルヲ以テナリ」（第一編第二章「社会ノ起原」）を漢訳したもの。

(10) 厳復「主客平議」「自由者、各尽其天賦之能事、而自承之功過者也。雖然彼設等差而以逮相尊者、其自由必不全。故言自由、則不可以不明平等。平等而後有自主之権。合自主之権、於以治一群之事者、謂之民主」。『厳復合集』第一巻所収、財団法人辜公亮文教基金会、一九九八年。本論文、「論世変之亟」（前出）及び「擬上皇帝書」（後出）は、いずれも『厳復合集』第一巻所収。

(11) 「一切不由自主、則無自繇、而皆束縛。独人道介於天物之間、有自繇亦有束縛。治化天演、程度愈高、其所得以自繇自主之事愈衆」。厳復は、「繇」字には、虚ではなく実の語感があるとして、「由」字を用いなかった（「訳凡例」）。前掲『厳復合集』第一巻。

(12) 佐藤豊「厳復と功利主義」、同「再論『厳復と功利主義』」（『愛知教育大学研究報告（人文・社会科学編）』第五〇号、五四号、二〇〇一年、二〇〇五年）によると、功利主義といっても、厳復は、中国には国家の自由が必要だと考え、個人の自由や権利の認識が稀薄であった。

(13) アイザイア・バーリン「二つの自由概念」、『歴史の必然性』所収、みすず書房、昭和四一年。バーリンは、権力や権威から干渉されない自由の範囲を問う「消極的」自由と自己支配や絶対的なものに同一化することを自由とみなす「積極的」自由の二つを論じた。ミルのような功利主義的自由は、前者に属する。

(14) 自由権の法制的理解といっても、民衆一人一人の自由ではなくて、総体としての全体、国家の自由のニュアンスが強い。溝口雄三「中国の民権思想」、『シリーズ世界史への問い(10)　国家と革命』所収、岩波書店、一九九一年。

(15) 『福沢諭吉全集』第一巻所収、岩波書店、昭和三三年。

(16) 『立憲政体略』、『明治文化全集』(三)所収、日本評論社、一九六七年。

(17) 『加藤弘之文書』第一巻、三六頁、同朋舎出版、一九九〇年。

(18) 『真政大意』、『明治文化全集』(二)所収。

(19) 『国体新論』、『明治文学全集』三「明治啓蒙思想集」所収、筑摩書房、昭和四二年。

(20) 前掲『加藤弘之文書』第一巻、一一四〜一一五頁。

(21) 『西周全集』第二巻所収、宗高書房、昭和三七年。

(22)『小野梓全集』第一巻、早稲田大学、昭和五三年。
(23)前掲『西周全集』第二巻所収。「性法」は、ライデン大学におけるフィッセリングの講義筆記を西が「性法口訣」と題して翻訳したが、未刊行のまま事変の中でその草稿を失われたので、神田は本書が世に伝わらなくなるのを懼れ、代わって翻訳したという。
(24)『中江兆民全集』一所収、岩波書店、一九八三年。『民約訳解』巻之一・巻之二は、ルソー原著の第二巻第六章までを漢語訳して、兆民が「解」を付したものである。本書は、『民約通義』として一部改訳されて中国に紹介された。一八九八年初刻『日本書目志』末尾広告に大同訳書局各種書目の中にあり、翌一八九九年春には、上海訳書局から出版されている。
(25)『西国立志編』、講談社学術文庫版、一九八一年。
(26)松沢弘陽「西洋経験と啓蒙思想の形成」、『近代日本の形成と西洋経験』第四章、岩波書店、一九九三年。また、吉野作造の評は、藤村作編『日本文学大辞典』（新潮社、一九三六年）「西国立志編」の項参照。
(27)『改正増補和英・英和語林集成』、講談社学術文庫、昭和五五年。
(28)穂積陳重『法窓夜話』「五八　自由」の項、岩波文庫。
(29)孫文『三民主義』「民権主義」第二講「至中国的学生、而竟忘却了。日出而作、日入而息、鑿井而飲、耕田而食、帝力何有於我哉。這個先民的自由歌、却是大可怪的事。由這個自由歌看起来、便知中国自古以来、雖無自由之名、而確有自由之実、且極其十分、不必再去多求了。」『孫中山選集』下、中華書局、六八八頁。一九七三年。
(30)第一編第六章「章炳麟の体制構想」参照。
(31)趙紀彬「章太炎哲学思想評述」第八節、『趙紀彬文集』(2)、一九八五年。（本論文は、一九四二年、侯外廬編『中国近世思想学説史』第一六章「反映十九世紀末葉社会全貌底太炎哲学思想」として収載）。近藤邦康「章炳麟における革命思想の形成」一〇〇～一〇四頁、『中国近代思想史研究』所収、勁草書房、一九八一年。山田慶児『中国革命』解説、筑摩書房、一九七〇年。唐文権・羅福恵『章太炎思想研究』一八九～一九二頁、華中師範大学出版社、一九八六年など。

第三編　清末の諸子学と異文化受容

第一章　清末の諸子学

――座標としての伝統学術――

問題の所在

清末、中国は、西洋近代文明の洗礼を受けたとき、伝統的な信念体系や行動規範など、その精神世界を動揺させた。経学の失墜はその一端を物語る。しかし、中国の場合、伝統思想がたんに動揺して解体に向かったというわけではない。伝統思想は西洋近代思想を受容する準拠枠となり、そこにおいて異文化と伝統との攪拌が生まれた。ただし、攪拌といっても概念上の軋轢や反発を伴わない、たんなる混淆ではない。中国の伝統思想は、一つひとつ西洋的概念を自らのものに比擬して吟味を加えるところがあった。これは異文化受容と伝統思想とのあり方として注目すべきことである。

かつてカール・レーヴィットは、自らの東北大学等における日本経験を踏まえて、異文化受容の問題について述べた。すなわち、日本近代の問題は日本的感性とヨーロッパ的概念が架橋されることなく混在し、さしたる思想的軋轢も起こさなかった。あたかも二階建ての家に住んでいて、二階では西洋の学問が並べられ、階下では日本的に感じたりしていて往来する梯子がない。それは異文化を自国の文化に一々対比して吟味しなかったからだ、と言うのである。(1)西洋的観念の受容に文化の身体性が対応していないということであろうが、レーヴィットは日本文化における文化の座標軸を問うたと言えよう。日本近代のこうしたあり方に比して、中国には異文化受容に際して、異質な概念を構造化してゆく文化の枠組があったのではないか。それに伝統思想が大きな役割を果たしたのではないか。本章は、この点について考察したい。

特に本章の狙いは、清末の諸子学が、西洋近代思想を受容する際の準拠枠を提供したことを明らかにして、清末における伝統学術の思想的役割を考察することである。それには、二つの理由がある。一つ目は、諸子の豊かな思想内容がどのように機能したかが知りたいのである。二つ目は、清末諸子学と異文化受容に関わる考察が少ないからである。すなわち、こういうことである。①先秦の諸子は、その思想内容の豊かさや多様性から、清末、西洋近代思想に匹敵すると考えられた。例えば墨子の技術論や宗教観、孟子の民本主義、老荘思想の個人主義や自然観等々である。諸子の思想は、かくて西洋近代思想を受容する準拠枠となったのである。しかし、このことは、諸子の思想内容が多様であったからばかりではない。何よりも、伝統思想が営々ときずきあげてきた学術の様式がそこに作用したからこそであろう。つまり、伝統学術が西洋的概念を自国のものと一々突きあわせて吟味し、それらを構造化してゆく強固な文化の座標軸として作用したからではないのか。ところが伝統学術という時、従来、その思想内容の古さから否定的に見られて、西洋近代的概念の移植にばかり関心が向けられてきた。当然、諸子学と異文化受容の関わりに目の向けられることは少なく、中でも伝統学術の性格や機能はあまり注目されなかった。しかし、諸子学が受け皿になったことを考察すれば、異質な概念をいかに理解し、あるいは何故理解できなかったのか、といったことが明らかになり、伝統学術の機能や伝統思想が再生する構造を考える示唆が得られるだろう。

そして②康有為や譚嗣同、あるいは章炳麟など個々の思想家における諸子学の重要性は知られてはいるのだが、清末諸子学全体の考察は今なお乏しい。しかも、清末は伝統学術史の末期、西洋近代文明に触れて伝統の再評価が始まる時期なのである。康有為の孔子教、章炳麟の国学などがその動きだが、思想史的関心からいっても、学術史的課題からしても、清末諸子学はそのものとして検討が求められているのである。

以上の狙いから、本章はまず第一節で清朝諸子学の性格を見、次に第二節で魏源の老子解釈を例にして、清末諸子学への転換を考察する。そして第三節で伝統学術の性格を見、第四節で諸子学が西洋近代思想を受容する準拠枠を提供したことを検討したい。

一　清朝の諸子学

清末諸子学の性格を明らかにするために、まず清朝諸子学について瞥見しておく。

周知のように、中国哲学史は、一面、古典研究史でもあったから（狩野直喜）、儒教の一尊以降でも、諸子の研究されることは、勿論あった。老子、荘子は言うまでもなく、孟子などもそこにあげてよいだろう。しかし、諸子論が経学から独立して、独自の価値と領域をもつとの学問的前提に立つものを諸子学とすれば、それは清朝、わけても汪中（一七四四〜九四）にその胎動を見なければなるまい。ところが、この清朝諸子学についての研究は、従来、経学や儒教思想の研究に主たる問題関心が向かったからか、決して多いとは言えない。

総論風の早いものとしては、例えば梁啓超「論中国学術思想変遷之大勢」（一九〇四年）がある。[1] 梁啓超は、一国の学術思想はあたかも人の精神のごときもので、文化の程度は学術思想に求められる（「総論」）として、伝統学術の変遷を取り上げた。すなわち、胚胎時代（春秋以前）、全盛時代（春秋末〜戦国）、儒学統一時代（両漢）、老学時代（魏秦）、仏学時代（南北朝〜唐）、儒仏混合時代（宋元明）、衰落時代（清）の七つに分けて、諸子百家を全盛時代の思想とした。梁は、中国が西洋近代文明と接触する中で新しい文化が創造されるとする進歩主義的観点から、[2]清朝を伝統学術の衰落時代と見た。そして、先秦諸子論のところでは風土と文化を関係づけて論じ、[3]諸子学を生んだ清朝については、それを順治・康熙期（一六四四～一七二二）、雍正・乾隆・嘉慶期（一七二三～一八二〇）、道光・咸豊・同治期（一八二一～七四）、光緒期（一八七五～）の四期に分け、光緒期には孟子と荀子の比較、孔子、老子、墨子の比較が論題になったと指摘したものの、[4]その内容には触れなかった。清朝諸子学は、衰落時代の学問ということになる。

そして次に、章炳麟「諸子学略説」（一九〇六）がある。[5]これは、先秦諸子概論としては早期のもので、明確な視点に貫かれている。すなわち章炳麟は、伝統学術が儒教の権威を借りたり、権威を犯さないという権威主義的性格をもつのに反し、先秦諸子は思想的に独立していると考えたが、[6]この論文は清朝諸子学について論及しない。また、彼の『訄書』清儒篇（一九〇四）は、モダンな色彩をもつ清朝学術史として早いものだが、もっぱら清朝経学を扱って諸子学を論じない。新しい哲学史として影響を与えた胡適『中国哲学史大綱（巻上）』（一九一九）でも、先秦諸子は論じても、清朝諸子学には触れない。

それが梁啓超『中国近三百年学術史』（一九二四）になると、第四節「清代学術変遷与政治的影響（下）」で、光緒期以降の盛行した学術として、金石学、元史、西北地理学と並べて諸子学を挙げている。しかし、それらは前代の考証学が研究し残した局部的なものだと言うにとどまる。第一四節「清代学者整理旧学之総成績（二）」では、清朝学術の一成果として子書の校勘・箋釈関係の書誌を列挙するが、清朝諸子学の思想的位置については、詳しくはない。二〇世紀になされた研究にしても、まことに乏しいと言わざるをえない。[7]

そこで大体の傾向を摑むために、便宜的に厳霊峯編『周秦漢魏諸子知見書目』巻一～六（正中書局）[8]所載の（主として先秦）諸子学関係の著作を図表にしよう。図表Ⅰ、Ⅲは、清朝経学の展開に沿いながら、順治・雍正期、乾隆・嘉慶期、道光期以降のほぼ九〇年ずつの三期に分けたものである。図表Ⅱ、Ⅳは、清末の傾向を知るために、道光期以降をさらに、道光・咸豊期、同治・光緒期の前半、光緒期の後半（便宜的に日清戦争を境とする）に三分したものである（次頁の図表Ⅰ～Ⅳ参照）。

さて、諸子学、とくに道家以外の諸子についての研究が道光・咸豊期（一八二一～五〇、五一～六一）以降に盛んになったことは、図表Ⅰを見ればすぐに分かる。すなわち、道光期以降はそれ以前の二期よりも一・三培ほども増えているのである。これ以外にも、次のことが言えるだろう。

（1）道家が諸子関係著作全体の五割強を占め、乾隆・嘉慶期以前が、その六割以上である（図表Ⅰ）。

（2）道家研究は、清朝を通じて恒常的に続いており、各期間においてそれほど量的な変化はない（図表Ⅰ）。

（3）道家以外の諸子研究は、大体、道光・咸豊期以降がその全体の五割以上を占める（図表Ⅰ）。それを細かく見ると、同治・光緒期が多く、とくに日清戦争以後が多い（図表Ⅱ）。

（4）道家と道家以外の諸子の割合は、清朝全体ではほぼ半々だが、道家以外の諸子は増加傾向にある（図表Ⅰ）。道光期以降になると、道家以外の諸子の割合が六割近くなる（図表Ⅱ）。

（5）道家・雑家・兵家以外の諸子研究では、墨子、荀子、管子の順に多い（墨子や管子などには、社会的行動、宗教、技術、論理学、国家経営などについて関心が向けられたと考えられる。図表Ⅲ）。

（6）墨子研究は道光期以降が六割以上を占め、なかでも光緒後半期以降がその六割近くを占め、清朝全体で見れば、約四割近くを占める（図表Ⅳ）。

ただし、（1）（2）については補足がいる。清朝の考証学者が老荘の校勘、箋釈に対して冷淡であったことだ。例

図 表 類

【図表Ⅰ】「清朝各期における道家と道家以外の諸子学著作の点数」

	順治・雍正期	乾隆・嘉慶期	道光期以降	諸子学著作の各期間の合計
	1644〜1735	1736〜1820	1821〜1911	
道家の合計	173（39.14%）	116（26.24%）	153（34.61%）	**442**（100%）［53.57%］
道家以外の諸子の合計	58（15.14%）	107（27.93%）	218（56.91%）	**383**（100%）［46.42%］
総　数	**231**［28.0%］	**223**［27.03%］	**371**［44.96%］	**825**［100%］
列子を除く道家の小計	166（40.19%）	104（25.18%）	143（34.62%）	413（100%）［93.42%］
道家・雑家の小計	45（18.59%）	57（23.55%）	140（57.85%）	242（100%）

【図表Ⅱ】「道光期以降における諸子学著作の点数」

	道光・咸豊期	同治・光緒前半	光緒後半	諸子学著作の各期間の合計
	1821〜1861	1862〜1893	1894〜1911	
道家の合計	48（31.37%）	54（35.29%）	51（33.33%）	**153**（100%）［41.23%］
道家以外の諸子の合計	41（18.80%）	78（35.77%）	99（45.41%）	218（100%）［58.76%］
総　数	**89**［23.98%］	**132**［35.57%］	**150**［40.43%］	**371**［100%］
列子を除く道家の小計	47（32.86%）	50（34.96%）	46（32.16%）	143（100%）
道家・雑家以外の小計	27（19.28%）	43（30.71%）	70（50.0%）	140（100%）

図表Ⅰ、Ⅱから各期間における道家と道家以外の諸子に対する関心の推移が分かる。

＊【図表Ⅰ、Ⅱ】の、「諸子学著作の各期間の合計」欄で、［　　］で表された数値は、諸子学の著作総数に対する道家と道家以外の諸子学著作の割合を示す。諸子学著作の中で、道家に対する関心の程度が分かる。

＊【図表Ⅰ、Ⅱ、Ⅲ、Ⅳ】の諸子の各欄で、（　　）に表された数値は、各期間全体における、その諸子学著作を100%とした場合の割合を示す。各期間における関心の推移が分かる。

＊【図表Ⅲ、Ⅳ】から、列子は老荘に比してほとんど顧みられなかったことが分かる。

＊孟子は、宋代に「十三経」の中に入って以降、「経」であって「子」ではなくなったので、厳霊峰編『周秦漢魏諸子知見書目』に孟子の項目はない。

【図表Ⅲ】「清朝各期における諸子学の著作点数」

	順治・雍正期 1644～1735	乾隆・嘉慶期 1736～1820	道光期以降 1821～1911	諸子の各期間の合計
荘子	102（46.15%）	49（22.17%）	70（31.67%）	221（100%）
老子	64（33.33%）	55（28.64%）	73（38.02%）	192（100%）
列子	7（24.13%）	12（41.37%）	10（34.48%）	29（100%）
墨子	3（5.08%）	15（25.42%）	41（69.49%）	59（100%）
孫子	28（53.84%）	7（13.46%）	17（32.69%）	52（100%）
荀子	5（10.20%）	16（32.65%）	28（57.14%）	49（100%）
管子	4（ 8.51%）	11（23.40%）	32（68.08%）	47（100%）
韓非子	5（14.28%）	8（22.85%）	22（62.85%）	35（100%）
呂氏春秋	5（12.82%）	12（30.76%）	22（56.41%）	39（100%）
淮南子	8（ 7.34%）	38（37.25%）	56（54.90%）	102（100%）

【図表Ⅳ】「道光期以降における諸子学の著作点数」

	道光・咸豊期 1821～1861	同治・光緒前半 1862～1893	光緒後半 1894～1911	諸子の各期間の合計
荘子	24（34.28%）	24（34.28%）	22（31.42%）	70（100%）
老子	23（31.50%）	26（35.61%）	24（32.87%）	73（100%）
列子	1（10.0 %）	4（49.0 %）	5（50.0 %）	10（100%）
墨子	4（ 9.75%）	13（31.70%）	24（58.53%）	41（100%）
孫子	5（29.41%）	2（11.76%）	10（58.82%）	17（100%）
荀子	8（28.57%）	9（32.14%）	11（39.28%）	28（100%）
管子	4（12.50%）	15（46.87%）	13（40.62%）	32（100%）
韓非子	6（27.27%）	4（18.18%）	12（54.54%）	22（100%）
呂氏春秋	8（36.36%）	6（27.27%）	8（36.36%）	22（100%）
淮南子	6（10.71%）	29（51.78%）	21（37.50%）	56（100%）

えば盧文弨『羣書拾補』には老荘はない。王念孫『読書雑誌餘編』には、老子が四条、荘子が三五条という少なさで、王氏が『淮南子』について九〇〇条余りも考証したのと比べたら、いかに冷淡であったかが分かる。また校本として見るべきものは、老子には畢沅『老子道徳経考異』二巻ができたものの、荘子には明、世徳堂校本以外にはなかったし、箋釈としては、清末になって郭慶藩『荘子集釈』、王先謙『荘子集解』ができたくらいである。考証学の老荘に対する関心の薄さが窺えよう。

上のように理解したうえで、学術史を見てゆくと、大体、清朝諸子学には二つの流れが看取できる。一つは考証学的な校勘・箋釈類であって、清朝前・中期に多い。もう一つは諸子の思想研究であって、諸子学が盛行した後期に顕著である。

例えば、校勘・箋釈類には、畢沅『墨子注』一六巻（一七八三）、謝墉『荀子箋釈』二〇巻（一七八六）、盧文弨『群書拾補』初編三九巻（一七八七）、『呂氏春秋』二六巻畢沅経訓堂校本（一七八八）、『晏子春秋』七巻孫星衍校本（一七八八）、『淮南子』二一巻荘逵吉校本（一七八八）、張恵言『墨子経説解』二巻（一七九二）、郝懿行『山海経箋疏』一八巻（一八〇九）、洪頤煊『管子義証』八巻（一八三一）、汪中『述学』六巻（一八一五）、顧広圻『韓非子識誤』三巻（一八一六）、『韓非子』二〇巻呉鼒校本（一八一八）、郝懿行『荀子補注』二巻（一八二四）、王念孫『読書雑志』八二巻餘編二巻、蒋光煦『斠補隅録』（一八五一）、兪樾『諸子平議』三五巻（一八七〇）、王先謙『荀子集解』二〇巻（一八九一）、孫詒譲『墨子閒詁』一五巻（一八九四）、『札迻』一二巻（一八九四）とか、公孫龍子、鬼谷子、尹文子、慎子、商子をはじめとする諸子の校刻類、そして『百子全書』（一八七五）、『二十二子』（光緒年間）といった諸子合刻類が挙げられる。思想研究には、以下に触れる康有為、譚嗣同、章炳麟の著作などがある。

ところで無論、清初に諸子学が皆無であったわけではない。王船山（一六一九～九二）の『老子術』一巻（一六五五）、『荘子解』三三巻（一六六九）、『荘子通』一巻（一六六九）、『呂覧釈』（一六五五年以前）や、傅山（一六〇七～八四）の「読老子」一巻（『霜紅龕集』巻二三、所収）、「荘子解」（同上、巻三二、巻三四、所収）、「墨子大取篇釈」（同上、巻三五、所収）などの著作を見ても分かるように、諸子学は彼らの思想において独自の位置を占めていた。(9) しかし、順治・雍正期にはまだ宋明学の余燼が残っていたし、乾隆・嘉慶期は考証学が盛んで、諸子学は蓼蓼たるものであった。諸子学の盛行は道光（一八二一～五〇）期以降をまつが、この趨勢をたんに諸子学が経学から自立して独自の領域をもったからとか、考証学が対象領域を拡大した結果とかの理由だけで捉えてはなるまい。何よりも諸子学盛行の背景にあった、緻密な文献考証だけではもはや士人の精神が満足しない、という社会意識の変化に注意すべきなのである。

この意識変化の兆しは、次の汪中の言葉に見ることができる。

若し夫れ兼愛は、特だ墨の一端なり。然れども其の所謂兼とは、国家其の封守を慎みて其の隣の人民と畜産とを虐《そこ》なふことなきを欲するなり。……、彼れ且つ兼愛を以て天下の人子為るものに教へ、以て其の親に孝たら使む。而るに之を父を無《な》みすと謂ふ。斯れ已《はなは》だ過《あやま》てり。（「墨子序」、一七八〇年、『述学』巻三）。

兼愛の考え方は墨子思想の一端だが、それは侵略しないことと孝の勧めだと汪中は評価し、孟子の墨子批判、すなわち家族規範を破壊するものというは不当だ、と言うのである。墨子以外にも、汪中は荀子の学を「孔氏より出で、尤も諸経に功あり」と、孔子の正伝として復権させた（「荀卿子通論」、『述学』巻四）。その見方は世の常識とは違ったので、汪中は当時「名教の罪人」と非難されたが、彼の諸子評価は、儒教に対する懐疑に根ざすだろう。今まで儒教的信条に生きてきた士人が、日常の現実と儒教との違和感に気づいて、新たな信条体系を模索し始めたのである。

その動きは、やがて訓詁的手法の枠を突き破り、解釈そのものの意義を問うことになる。我々はこのラディカルな形を、清末の公羊学派に見ることができるし、章炳麟においても、儒家と諸子との対等性が導かれているのである。汪中の懐疑は、この精神史の胎動と見ることができよう。

そして、道光期以降における諸子学の盛行には、士人の意識変化以外に、歴史の大きなうねりと社会の不安という背景があった。アヘン戦争、太平天国の乱、辺境の反乱など、内憂外患が相次いで起こったのである。かくて道光期以降、経学は訓詁よりも「微言大義」に傾き始めたが、諸子学も政治には禁欲的な考証学的態度から思想研究の方向に転回した。とくにこの傾向が、咸豊・同治期（一八五一〜六一、六二〜七四）以降に著しいことは、図表Ⅰ・Ⅱを見ても明らかであろう。道家以外の諸子学が増加しているのである。古典の技術的解釈から、思想が現実と対話し始めたと言える。

とはいえ勿論、清末諸子学には、依然として考証学の流れがあり、学術の客観的性格は持続している。兪樾『諸子平議』、孫詒譲『墨子閒詁』、同『札迻』、王先謙『荀子集解』、同『荘子集解』、郭慶藩『荘子集解』、王先慎『韓非子集解』（一八九六）、劉師培の一連の諸子・秦漢古籍の拾補、斠補類、章炳麟『荘子解詁』（一九〇九）などがそれである。今日、『荀子集解』や『墨子閒詁』が諸子研究の基本図書なのを見ても分かるように、清末の考証的諸子学は水準が高いのである。しかしその一方で、章炳麟『訄書』（一九〇〇）、『国故論衡』（一九一〇）、『斉物論釈』（一九一〇）とか、康有為『孔子改制考』（一八九七）、同『孟子微』（一九〇二）、譚嗣同『仁学』（一八九六）など、諸子を抜きにしては語れない思想的著述が書かれた。梁啓超に言わせると、清末の三、四〇年間は、考証学がかなり発展したと同時に、西洋近代思想の吸収に精力が注がれた結果、「混雑」と「膚浅」という欠点も生まれた、ということになるけれども…。(10)

そこで清末の思想家において、諸子がどのような位置を占めたのか、見てみよう。例えば、公羊学派の康有為である。その『孔子改制考』は変法運動を理論的に正当化するために、孔子を百世を救う「制法の教主」だとして、次のように説いた。すなわち、春秋戦国時代は創教の諸子が輩出したが、孔子は「諸子の卓《すぐ》れたるもの」であり（「周末諸子並起創教考」第二）、乱世を撥《おさ》めて民主的な太平世にしようとした「制法の教主」だ（「孔子改制法尭舜文王考」第十二）。孔子が「改制の教主」であることは、先秦の人は皆知っていたが、劉歆が孔子の聖性を奪って以降、孔子はただの先師と見做されてしまった（「六経皆孔子改制所作考」第十）。今や「一統閉関の時」ではなく「列国競争の世」であるから、改制立度できる「制法の教主」が必要だ、と。孔子は、康有為の理論にとって欠くべからざるものであった。

梁啓超にしても、同様である。例えば彼の「読孟子界説」（一八九九年、『清議報』第二一、二二号）は、公羊学の立場に立ってこう言う。孔子の学は、孟子と荀子とに受け継がれた（「界説」一）。孟子は、六経のなかでも『春秋』を学んで大同説を伝え、荀子は小康、乱世の学を伝えた（「界説」三、四、九）。大同説は民本主義でもあって、「泰西諸国の今日の政は、殆ど之に庶近《ちか》」い（「界説」六）。孟子の井田説は、富の平均的分配を説いたものだし（「界説」八）、性善説は太平世における人のあり方を言ったものだ、と（「界説」九）。梁啓超は、孟子と大同説に西洋近代の政治思想を重ねて見ているのである。西洋近代思想の受容にあたって、伝統思想、なかでも諸子が大きな役割を果たしたことが分かる。

また譚嗣同『仁学』であると、経学以外に、孟子、荘子、墨子などを初めとする諸書に通じていなければならないと述べたし（「界説」二五）、墨子が、任侠以外に、格致の学をも兼備するとして高く評価されたことは、周知のところである。

そして最後に、考証学派の章炳麟である。その『訄書』初刻本は、[11]「尊荀第一」に始まり、「儒墨第二」、「儒道第三」、「儒法第四」、「儒俠第五」、「儒兵第六」と続く。「儒墨」以下の諸篇は、儒家と諸子とを比較考察したものであり、尊荀篇は、自らの思想が拠って立つ荀子を、当時彼が共鳴していた変法運動の理論と調和させたものである。またその「菌説」なども、同様の荀子観に立って次のように言う。今、合群して決死の覚悟で他国の侮りを防がなければならない。合群して果敢に行動できるのは、それが必ず民族への愛に根ざし、民族への愛は必ず「知分」（社会秩序の明確化）に基づくからだ、と。[12] 荀子は「群」（社会）を人の本性と見、「群」には「分」（社会的区別）を明確に設定する必要を説いたが、[13] 章炳麟は、民族主義を核に社会を統合して近代国家を建設しようと考えたので、彼にとって荀子の合群明分説は不可欠な理論であった。そして、その『国故論衡』下巻全九篇は、伝統文化と西洋近代文明の受容のあり方、「道」、斉民と政治、言葉と認識、人間の本性などを主題にして、老子、荘子、墨子、荀子などの諸子や仏教の唯識学、因明学を使いながら自在に論じたものである。[14] また、『斉物論釈』にしても、『荘子』斉物論篇に対する注解の体裁をとった思想の書である。『国故論衡』『斉物論釈』が後に「空前的著作」と激賞されたことも、言うには及ぶまい。[15]

清末において、諸子学がいかに大きな役割を果たしたかは、以上の例からも窺うことができるだろう。

二　考証から思想研究へ
―魏源『老子本義』を手がかりに

前節で、清朝諸子学には二つの流れがあり、道光期以降の校勘・箋釈を主とした考証学的研究から思想研究に比重が移ったことを考察した。本節では、魏源『老子本義』を手がかりにして、この点を検討しよう。

魏源（一七九四～一八五七）は、劉逢禄に学んだ常州学派の一人であり、経世致用を旨とする公羊学の立場に拠った。彼が漕運や塩政などの政策家でもあったこと、またその『海国図志』が幕末の日本に大きな影響を与えたことなどは、周知のところであろう。彼には、『書古微』、『詩古微』といった経学の著作以外に、諸子学の著作があり、[1]『老子本義』はその中の一種である。本書を手がかりとするのは、ふつう老子は、専制政治のイデオロギーとされる側面をもつので、魏源が老子をいかに解釈したかは、清朝諸子学の展開を見るには都合がよいからである。

さて、魏源『老子本義』は、諸子学が考証学的態度から思想的な方向に転回した地点に位置している。[2]このことはテクストの分章問題からも窺える。意味の理解が分章の仕方で違ってくるからである。魏源は、老子テクストの河上公本（八一章）、王弼本（七九章）、厳遵『道徳指帰』（七二章）、傅奕本（八一章）、開元御注本などを批判し（「論老子四」）、元、呉澄本（六八章）を基本テクストとした。通行本が河上公本（八一章）を採ることからすれば、このことは魏源が伝統的解釈と違った見方であるのを暗に示すだろう。老子はもともとその自然哲学、政治論、人性論と多様な側面をもつ。魏源もその歴史観や自然観など哲学的思索を老子に得ているが、[3]ここでは魏源の経世致用の立場が明確にあらわれる政治論に限って検討したい。

先ず、分章の問題から始める。河上公本第六七章から第六九章を例に、魏源がいかに理解したのかを見てみよう。

A「天下皆謂我道大似不肖、…、久矣其細也夫」（河上公本第六七章、魏源本では第五七章。六七、五七は各テクストの章数を示す。以下同じ）

B「吾有三宝、持而宝之、一日慈、二日倹、三日不敢為天下先、…天将救之、以慈衛之」（河上公本六七、魏源本五八）

C「善為士者不武、善戦者不怒、…是謂配天古之極」（河上公本六八、魏源本五八）

D「用兵有言、吾不敢為主而為客、…無敵幾亡吾宝、故抗兵相加、哀者勝矣」（河上公本六九、魏源本五八）

現在、通行の河上公本は、AとBを併せて第六七章とし、Cを第六八章、Dを第六九章とする。ところが、魏源はAを河上公本にいう第六六章と合併させて第五七章とし、B、C、Dを併せて第五八章とするのである（こうした分合により、魏源本は章数が少ない）。まず魏源本は、通行本と分章が違っていることが分かるだろう。以下、文中には魏源本の章数を引用する。

魏源はこう分章したうえで、次の意味に解釈する。すなわち、言う。「道」は虚無がその本体であり、慈、倹、謙退はその作用だ。この慈と反対のものが「兵」（軍事）である。いま天下は剛強に努めているが、この弊害を救おうとして、老子は慈、倹、謙退の三宝を説いた。しかし、天下はそれを実際的ではないと考えるだろうから、C、Dの兵法の喩えを借りたのだ。思うに、慈だと必ず控え目にしようとし、敢えて先になろうとはしない。こうしたあり方は、兵家の柔退を知る戦術に似ている。だから老子は兵法の喩えを借りたわけで、老子は「明道救時」の書である。それを単に兵家の書と見て分章するのは間違いだ、と。魏源は、Bの慈、倹、謙退の態度を君主のあり方と見、C、Dをその比喩としたのである。分章が解釈に係わっていることが分かる。

次に、魏源解釈の性格についてである。古来、老子には刑名家流、荘子流、黄老思想、あるいは道教風、仏教風と様々な解釈があったが、(4) 魏源は老子を儒教的に、あるいは仏教的に解釈するのは間違いだと批判し（「論老子四」）、また荘子と併せて老荘思想として解することにも反対した。(5) 魏源は老子から、その「清浄慈祥」の思想を採り、法家的な「深刻堅忍」の部分を棄てて（「論老子四」）、彼のいう黄老思想の立場に立とうとしたのである（「論老子二」など）。(6) 彼は老子に哲学、処世、政治の三つの性格があるのを認めた上で、(7) その政治性を評価し直そうとしたわけだ。

事実、魏源は「聖人は経世の書なるも、老子は救世の書なり」と言った。というのは、当時、醸成されつつあった危機を儒教だけでは打開できないと判断したからである。魏源によれば、危機は平和な時代に生まれる。「荒とは、乱の萌しなり。乱は乱に生ぜずして、太康の時に生まる」。危機は、①君主と臣下の貪欲さ、②政令の繁雑さ、③財貨の乏しさ、④人材の怪妄とか意欲、⑤社会風俗の軽薄さや無気力ぶり、⑥辺境の騒乱状態の六つ（「六荒」）だという（『黙觚・下』治篇十二）。『老子本義』と関連させて言えば、君主のあり方が危機なのである。

例えば第五章「天地不仁、以万物為芻狗、聖人不仁、以百姓為芻狗、……、不如守中、谷神不死、……、用之不勤」を、[8] 魏源は次のように君主批判と解釈した。すなわち、「聖人」とは「当世之君」を指す。老子は、自分の「道」が実現できず、また君主が民衆をあたかも草芥のように見做して棄てて顧みない有り様を憫えて、隠遁しょうと思ったのだ、と。

伝統的注解を見てみよう。例えば晋、王弼は、天地は自然に任せて、無為であり意識的な造作をしない。聖人も天地とその徳を合しているので、老子は天地と聖人をともに「不仁」といったのだ、と注した。ところが魏源は、こうした諸家の注を踏まえたうえで、[9] それらとは違って、文字通り、聖人＝当世の君が民衆に対して不仁だ、と解釈した。つまり、魏源は、儒教の言う仁恩の徳がないから聖人は「不仁」で善くないのだと解して、王弼のように「不仁」を儒教的な仁恩がないから善いという意味には解さなかったのである。

また第六一章「勇於敢則殺、勇於不敢則活、……、民不畏死、……、希有不傷其手矣」に対しても、[10] 同様に、「勇於敢則殺」句を厳刑主義への批判と解した。すなわち、（河上公本にいう次章と併せて）法網が厳しくなると、それに掛かる者が多くなり、かえって死を畏れない者が増すから、刑罰は慎重にすべきだと老子は戒めた、と解したのである。これは、個人が果敢にものごとをやり過ぎるときは危険だといった式の注解とは異なるのである。彼は、

『黙觚・下』治篇三で、人情の自然を無視した法律の厳しさを批判しているから、[11]老子はこうした魏源の問題意識を古典として根拠づけるものであったと言える。

そして、第三四章「侯王得一以為天下貞」句も君主批判と解した。[12]すなわち、王侯が「沖虚不盈之徳」を体得すれば、自ずから謙譲になるので「天下貞」（天下の規範）となる。「蓋し所謂侯王なる者は、亦た人、之を見て侯王と為すのみ。若し其の極致を推さば、則ち衆賤を積みて貴を成す」（いわゆる王侯は、人がそのように見做すからこそ支配者なのであり、究極のところ、身分的には低い民衆を積みあげて、その貴い地位が成立するのである。本来的に貴いわけではない）と注したのである。これは魏源の民本主義的君主観に基づくが、それは「天子とは、衆人が積みあがって成った者だ。だから人を侮《あなど》り慢《おご》る者は、天を侮り慢ることになる。……故に天子は、自分を民衆の中の一人と見做すことこそ、天下を（君主一人の占有物ではなく）人々の公有と見做すことになるのだ」という見方である。[13]

従って、魏源は歴史の前進を認める立場であるにも拘わらず、[14]老子の復古主義を次のように解して、復古性を問題にすることはなかった。例えば「無為」の解釈の仕方について、魏源は言う。無為にも、それぞれの時代に合った無為があるはずだ。乳飲み子は知識も開かれていないので、叱って禁ずることは無用である。これが太古の無為。子供は成長しても天真さが失われておらず機心が芽生えていない。これが中古の無為。過ちがあると次第にそれらを悟らせ、無理やり拘束して決裂させることはしない。これが末世の無為、と。「時同じからざれば、無為も亦た同じからず」（「論老子二」）。魏源は、老子の概念を歴史的に相対化し、時代との係わりの中で理解していたのである。こうした歴史主義的解釈では、老子の「無為」や「清静」といった概念は、自在に時代の中で膨らみをもつことができ、その立場と矛盾しなくなるのは、当然である。

魏源の老子理解は、このように時代の閉塞感を背景に、君主に寡欲や寛容などの道徳を求めて、老子に自らの立場を投影させたものであった。荘存与や劉逢禄ら、常州学派には老子の注釈はない。老子を黄老思想として解する魏源の立場は、当時では多くはないのである。本書が清朝諸子学の転轍点に位置することは、明らかであろう。

三　伝統学術の性格

そこで、伝統学術の性格について少し考えたい。今、かりに伝統学術の性格を「思想性」と「学術性」の二つで考えてみよう。「思想性」とは、強い社会的関心をもって古典の現代的意義を追及する態度とし、「学術性」とは、古典を歴史的に正しく理解するために文献考証を厳密に行う態度としておこう。前掲した康有為や譚嗣同、章炳麟などの著作は、諸子理解の上では、魏源同様、強烈な社会的関心に支えられていて、純然たる考証学風のものでないし、また辛亥後、展開してくる価値中立的な研究という性格が強いわけでもない。それは言うなれば、「思想性」と「学術性」の微妙な均衡に支えられたものと言える。このことは、魏源が『老子本義』という古典注解の体裁に借りて、自説を表現したことを想起すればよい。中国では、古典と無縁のところで思想が展開してきたわけではないのである。[1] この事実は、「思想性」と「学術性」とが相補的な関係にあることを示唆してくれるだろう。

この相補的関係を、章炳麟は「諸子学略説」（前掲）で次のように述べた。

> 蓋し中国の学説は、其の病《けつてん》多く汗漫に在り。…、放言高論を欲すと雖も、猶ほ孔氏に凝《さまた》ぐるなきを以て宗と為し、強ひて相ひ援引し、妄りに皮傅を為す。

伝統学術の欠点は、その取留めのない散漫さにあり、とくに漢代以降、孔子の聖性を犯さないことを原則にして、孔子の権威によって自説を正当化したり、またそれにこじつけをしてきた、と言うのである。そして、彼はさらに儒家のあり方を、非政治的で学問実証を任務とする「経師」と政治に関与する「儒生」の二つに分類した上で、先秦の諸子や「経師」を評価した。諸子は思想が独立していて牽強付会をしないし、「経師」は求是を事として権勢に迎合しない、と考えたのである。「経師」と「儒生」とは、秦漢以降の、伝統学術を事とした伝統的知識階層（いわゆる士人階層）の二様のあり方であって、それぞれ学者と政治家という別個の生き方なのではない。いずれにせよ、章炳麟は伝統学術を「思想性」と「学術性」の二極で理解していたのである。

たしかに、孔子が弟子に詩経などの習得を勧めたことからしても、儒教は古典主義的だと言えるし、また本来、社会的関心も強い。しかもこの二千年間、伝統学術は「禄利之路」として伝統的知識階層の身分的基礎となったから、[2]伝統学術を章炳麟のように捉えることは可能である。

思うに、伝統学術の核は経学（儒教経典の解釈学）にある。それは、権威をもった「経」に対して、「伝」、「箋」、「記」といった名で注解を施す過程の中から形成されてきた。テクスト、字句異同、訓詁などについて、諸家の説をふまえて討議し、そこから「経」の本意を見いだそうとしたわけである。注疏の形式を見ても分かるように、経学は討議の性格が強い。とはいっても、今文学のように現実政治への関心が強かったり、古文学のようにより学問的であったりはしたが、「思想性」と「学術性」が截然と分化していたわけではない。伝統学術は、この二つの性格が相補的に作用し、個々の著作においては、いずれかに比重がおかれていたのである。章炳麟の言う「儒生」と「経師」という士人の二様態は、ほぼそれに対応している。「儒生」はより「思想性」に傾き、「経師」はより「学術性」に傾くのである。

中国哲学者重沢俊郎氏は、経学こそ中国社会と伝統文化の本質だとし、「経」の成立条件を社会における古典意識の発生と士人階級（伝統的知識階層）の成立に求めた。[3]「経」は、①個人の修養処世論、②自由な批判を拒否する不可侵性、③閉鎖性、④創造的解釈性をもつ。経学とは、「経」に対する創造的解釈学だと規定したのである。そこでは氏の進歩史観にもとづいて、経学が思想の発展をやめたもの、精神の停滞と捉えられて専制イデオロギーと見なされた。たしかに革命のあと王朝体制は起り、伝統は再生されてきた。しかし、批判主義が不断に形成されてきたのも反面の事実であり、しかも批判主義の根源は伝統思想とその様式にあった。前述した魏源に見られたように、批判はいつも古典の権威を借りる形を採ってきたのである。ということは、いわゆる「創造的解釈」が両刃の剣だったということを意味する。「経」の聖性を犯さないという保守主義と、「経」の自在な解釈から生まれる批判主義とは、ともに「経」というペルソナをもっている。言いかえると、伝統学術には、この相反する性格が共存していたのである。「経」は、時には桎梏として作用し、時には革命として作用した。従って、伝統学術は、伝統故に即保守的とはならず、また、革命的批判は外来思想を必ずしも借りる必要はなくなる。中国において、この伝統学術の両義性《アンビギュオス》こそが、伝統を再生産させる文化的装置であった。伝統の自己革新と再生産は、「思想性」と「学術性」との間に、「あいまい《アンビギュオス》」にして且つ緊張した関係が構造化されていたからこそ可能ではなかったろうか。

だとすると、先の魏源の例からも明らかなように、清末の諸子学が思想的である（「思想性」）と同時に、古典注解の体裁を取って、学術が培ってきた討議する性格（「学術性」）を併せもったことは言うまでもない。この二つの性格の緊張が、西洋近代文明との接触の際に作用した、と考えられるのである。すなわち、先秦諸子はもともと社会的関心が強く、政治原理、宗教や国家経営、技術論、自然観など、広汎な知の領域を議論した。清末、中国が西洋近代文明と接触して国家の存亡や文化の危機がもたらされた時、伝統学術は当然、その「思想性」から現実に関与しようとした。また西洋近代思想が自然観や宗教論、政治学や経済学をもつ以上、西洋近代思想に直面して、伝統学術がいきおい先秦諸子にまでさかのぼり、その思索の幅を広げることも当然であった。伝統学術のもつ学術的に討議する性格は、異文化を一々、自国の文化に比擬しようとしたのである。宇宙論から人性論に至る、体系的で広範な思想内容をもつ中国思想としては、脱衣するように観念の世界を異質なものに安直に置き換えるわけにはゆかなかったわけだ。諸子学が西洋近代思想を受容する準拠枠を提供できたのは、以上のことに関わると考えられるのである。

今、伝統学術が異文化受容の枠組みを提供したというのは、中国文化の性格を知るためである。或いは、次の問いがあるかもしれない。受容の枠組みと言うが、それは付会ではないのか、と。答えよう。付会の場合は、異文化の新しい概念（仮にBとする）を自国文化の概念（仮にAとする）に対比してAとBを同視するが、一方、受容の枠組みと言う場合は、BとAを対比してその同異をはかる。BとAの微妙なズレなどを確認するのである、と。

そこで次に、諸子学が異文化受容の枠組みになったことを具体的に検討しよう。

四　異文化受容の枠組み

さて、ここでは諸子学がその思想の多様な内容から、西洋近代思想を受容する準拠枠になった諸相を考察しよう。ただし、西洋近代的概念の理解の当否については、問題にしないことにする。準拠枠になったこと自体が大きな検討課題だからである。

まず、清末公羊学派の譚嗣同である。彼は、荘子の「在宥」が西洋近代の「自由」の観念に相当するとして言う。

> 荘曰く、天下を在宥するを聞くも、天下を治むるを開かず、と。治とは、有国の義なり。□□□曰く、在宥と曰へるは蓋し自由の転音ならん、と。旨きかな言へるは。人人能く自由なるは是れ必ず無国の民為り。無国なれば、則ち畛域化し、戦争息《や》み、猜忌絶たれ、権謀棄てられ、彼我亡び、平等出づ。
> （『仁学』第四七節。□□□は、『譚嗣同全集』増訂本による）

「在宥」とは、国家がなくなり、誰もが自由で世の中が平和である。そして、猜疑心や策謀もなくなり、人と我との区別も滅んで平等が出現する状態だ、というのである。譚嗣同は『荘子』在宥篇「聞在宥天下、不聞治天下也」句を注釈して、上のように「在宥」の音を「自由」の転音だとした。この注釈の仕方は、音を媒介に本義を異にする両者を結合させたもので、訓詁学の常套手段であるが、それにしても荘子の「在宥」と西洋近代の「自由」を対応させるのは、あまりにも無理がある。自由の質が荘子と西洋近代とでは違うことを無視しているからだ。しかし、自由、平等、平和などの概念が荘子を準拠枠にして理解されたことは分かる。中国にとっての文化的妥当性が検証されたと言えよう。

次に、古文学派の劉師培を見てみよう。その『中国民約精義』（一九〇四）は老子を以下のように論じた[1]。劉師培は言う。世間では老子が愚民を説いたとして批判する。しかし『老子』第四九章「成人無常心、以百姓心為心」は、『孟子』梁恵王・下「楽民之楽、憂民之憂」などと同じ意味だろう。『老子』第二三章「飄風不終朝、驟雨不終日」は、富貴無常の喩えだ、と。そして、次のように述べた。

> 富貴は常なし。故に君位は定めなし。民約論は強は真の権に非ずと謂ふ。老子は、君は真の貴には非ずと言ふ。

既に君は真の貴には非ざるを知る、故に其の君徳は必ず卑下を以て基と為すと言ふ。(巻一)

富貴ははかないものだから、君主の位も安定したものではない。民約論は、強権は真の強さではなく虚名だと言い(巻一第三章)[2]、老子は、君主は真の貴い存在ではないと言う。老子はこのことを知っていたからこそ、君主の道徳が卑下謙譲を基本とすると説いたのだ、と劉師培は解したのである。『中国民約精義』は、ルソー民約論を君主権の抑制、君主の義務、立君の原義、人民の革命権などから理解し、老子は賢君謙譲の道徳を主張した点で民約の思想に近く、愚民を説いた専制主義思想ではない、とされた。この見方は、老子を愚民を説いたとする通説とは違う。老子の項以外でも、劉師培は孟子には議院選挙の旨があり、管子にはモンテスキューの立法政治の精義があるという風に述べたが[3]、ここでは劉師培の内容理解が妥当かどうかではなく、先ず社会契約論が老子を通して理解されたことに注意したい。

また伝統哲学の範疇についても、劉師培は当時のモダンな思想の影響のもとに検討した[4]。例えば『理学字義通釈』(一九〇五)において、伝統的な「理」概念について諸例とその訓詁をふまえて、次のように言う。

理とは、即ち比較分析に由りて後、見《あら》はるる者なり。而して比較分析の能は、又た即ち心に在るの理なり。…、物に在り、心に在るを、総べて名づけて理と曰ふ。

劉師培は、「理」とは、比較分析によって顕われてくる対象世界の法則及び心に内在する比較分析の能力を指す総称だと言うのである。伝統的概念が一々西洋近代哲学の篩にかけられているのが分かる。

以上のように、西洋近代思想を一つひとつ、自国の思想や観念に比擬することは、清末の知識人には広汎にみられたことで、もっぱら伝統学術を治めた士人に限らなかった。例えば厳復は、イギリスに三年間留学した近代的知識人である。その彼においても、上と同様の精神のあり方を見いだすことができる。

清末、進化論の紹介で一世を風靡したその『天演論』（一八九七）に言う。天は、人間にもその他の生物にも特別の配慮をしない。狼は害を与え、鹿は害を被る。狼は残虐、鹿は善良なので、鹿を助けるのは仁、狼を助けるのは暴だとするのは、人間の基準にもとづくに過ぎない。狼が鹿を害するのは造化の自然だ（下篇、「論五　天刑」）、と。このハクスレー原文の意訳に対して、[5] 厳復は次のような案語をつけた。すなわち、これは『周易』繋辞上伝にいう（自然は）「鼓万物、而不与聖人同憂」とか、『老子』第五章「天地不仁」などと同じ意味だ。老子のいう「不仁」とは、儒家のいう仁・不仁の範囲以上のもので、儒家的な仁の意味で論じてはならぬ、と。この種の、伝統思想と西洋近代的観念とを対比させる議論は、その『老子道徳経評点』（一九〇五）においても展開され、老子はモンテスキューの民主の趣旨があるとか、ダーウィン進化論に似ているとか説かれた。[6]

このようにもっぱら伝統的教養をもつ士人に限らず、西洋体験をもつ知識人においても、やはり同様の思考方法が存したのである。そして、この種の思考方法は西洋近代思想と類似したものを付会するという境域を超えて、概念や方法自体を吟味する方法にまで展開してゆく。しかし、それは中国と西洋との間に文化的差異の存することを気づかせたが、前に引いた解釈の手続きを介することで、易々と差異を飛び越えさせることもあった。例えば前に引いた譚嗣同がその例である。

要するに、以上のように古典解釈学の様式に借りて、西洋近代的概念が吟味され、伝統的観念が対比され検討された。これは学術的に討議するという伝統学術の性格が文化構造として作用したからだろう。その結果、一方では、伝統学術は異文化受容の枠組みとなり、他方では、思考の技法として無意識裡に生き残ることになる。

最後に、こうした思考方法が中華意識の表れで、何でも中国にルーツがあるとする付会論なのかどうかについて検討しよう。その場合、清末人が伝統と異文化との間に、同異を検証しようとしたかどうかが問題になる。なぜなら、冒頭に引用したK・レーヴィットは「ヨーロッパ的な概念―例えば〈意志〉とか〈自由〉とか〈精神〉とか―を、自分たち自身の生活・思惟・言語にあってそれらと対比し、ないしはそれらと食い違うものと」(7)区別し比較することこそ重要だと言ったが、このことは付会論との相違を考える際に参考になるだろう。

例えば、梁啓超「論中国学術思想変遷之大勢」(前掲)は、考証学の「実事求是」の態度が西洋近代の科学精神に類すると見た。梁啓超は言う。ヨーロッパの近代文明は進歩を原動力にするが、そこにはベーコンの帰納論理学が大きく寄与している。明末の詭弁や空想を一掃したのは、顧炎武、黄梨洲、顔元らの実証的で実用的な学問であったが、「その時代は倍根《ベーコン》と同じで、その学統や組織の変更も亦たすこぶる似ている」。考証学は、①懐疑精神をもち、既成の学説に盲従しなかった。④比較法を用いて多くの異説を挙げ、正確な判断を下した。③前人の仕事を後人が受けついで完成させた。②一つの学問には一貫した条理を追及し、必ず根拠を求めた。考証学は、西洋の科学精神が拠って立つこの四つの性格と「分業の組織」をもっていたので、「その精神は科学に近い」、と。そして、続けて次のように判断した。中国の場合、実証精神は瑣々たる文献考証にしか用いられず、その作用が狭かった。その歴史的原因としては、「民性の遺伝」と「時主の操縦」によるところが大きく、すべてが諸儒の責任だとは考えられない、と。梁啓超は考証学を科学精神に対比し、中国の場合、実証精神の適用範囲が文献考証に限られた、とその同異を検討しているのである。中国的な実証の性格が洗い出されたのである。

章炳麟にしても同様で、例えば『訄書』清儒篇では、『周易』とピュタゴラスを対比した。ピュタゴラスは、万物は数理を模倣し、それには有限無限、奇数偶数といった相補的な十の性質があると考え、「(章炳麟) 案ずるに、是の説の所謂十性、其の八は皆な周易中の恒義なり、惟だ直線曲線、平方直角の二性のみ易に明文なし云々」、と論じた。彼は数を万物の根本原理と説くピュタゴラスに、陰陽の二元と六四のパターンで自然と人間を捉えようとする『周易』の数理性を重ねたのであろう。私はこの種の比擬を、ピュタゴラスと『周易』の単なる付会とするよりも、そこに伝統学術のもつ学術的討議という性格が作用した結果だと考えたい。というのは、次に引く付会論の例などとは違って、伝統的なものと西洋的なものとの同異を検証しているからである。

そこで付会論である。曾紀沢が妹婿の陳松生に対して、中国と西洋について語った条りを想起したい。松生が、西人の政教で周礼と合致しているものは多いが、おそらく周の柱下史であった老子が西沙の彼方に行ったとき、周の典章制度が伝わったためであろうと述べたのに対し、曾紀沢はそれに賛意を表して、「今日の泰西(ヨーロッパ)を観れば、以て上古の中華を知る可し。今日の中華を観れば、亦た以て後世の泰西、必ず巧を廃して拙に務め、勢を廃して樸に務むるの一日有るを知る可し」と言っている。[8] これは老子化胡説を用いて、西洋近代文明の起源を中国に求めた付会論であり、中体西用の論理によって西洋近代文明を受容しようとしたものである。また洋務派の張自牧などは、キリスト教は墨子に仏教やイスラム教を加えたもので、ともに一源に出ずとか、ヨーロッパの天文・暦算が中国の蓋天・宣夜説に基づき、ヨーロッパの幾何学は中国の借根方(代数学)を訳して東来の法としたものだとか言っている。[9] こうした発想が中華意識の表れである一方、西洋近代文明を受容するための論理であったことは、周知のところである。しかし、中体西用論のそうした歴史的意義を脇に置いておけば、この種の付会論の問題点は、中国と異文化との異同の吟味において、それらはあまりに即自的であり、同異が検証されていないことだ。梁啓超や章炳麟の前例とは、異なるのである。

たしかに二〇世紀初めでも付会論があった。梁啓超や章炳麟でも、付会論的思考が皆無だったとは言えない。しかし、同異を検証しようとする思考は、無知によって何でも付会する態度と同じだとは言えまい。言語学者のE・サピアによれば、新しい文化の体験には言語資料の増大が必要となるが、たいていこれまでの語彙や意味が比喩的に拡大されるという。(10)言語は、一つの文化の蓄積された経験のカタログであり、そう易々と新しい語彙に代置するわけにはゆかないからである。つまり、異文化受容には言語一般の性格が関係するということである。しかも中国の場合、さらに儒教を核にした規範的言語観をもち、体系化された観念世界を築きあげてきたから、伝統的な語彙や意味を比喩的に拡大使用するのは当然と考えられる。その上、中国には古典解釈学の様式とその思考方法が備わっていた。清末、伝統学術が異文化受容の枠組として作用したのは、上のような文化的条件に関係していたからこそである。それを単に付会論とかエスノセントリスムとして済ましてしまえば、近代化に直面した伝統思想のダイナミズム、すなわち異文化を拒絶したり、あるいはそれを受容する時、デフォルメしようとする構造的な力が見えてこないのである。

小　結

以上、清末の諸子学は、一方で箋釈や校勘として大成しながら、他方、思想的にも機能した。その場合、「思想性」と「学術性」という二つの性格をもつ伝統学術が相補的に、きわどく且つ曖昧に作用した結果である。このことは、伝統学術が支配階層である士人にとって、今日の我々がいう「教養」として以上に社会的身分の文化的基礎であったことが関係している。伝統学術は何よりも社会的身分の証であったからだ。中国社会において伝統学術は思考のメカニズムとして身体化されていたのである。だからこそ伝統学術（なかでも諸子学）が精神の奥深いところで、西洋近代思想を受容する際の座標軸となったわけだ。それは清末において文化の様式として、思想的役割を担ったと言ってよい。

いったいに、清末において伝統思想を歴史的に位置づける場合、中国の伝統思想のもつ桎梏にばかり目を奪われて、伝統のもつ功罪両用の作用を忘れてはなるまい。伝統思想において制縛と批判の二つの力がバイメタルに構造化されていたところに、伝統思想が再生できた秘密がある。また伝統思想のきわどい両義性を活性化しているのが（魏源の例からも分かるように）古典解釈学なのであった。とすれば、伝統思想の内容はいうまでもなく、その様式やきわどさを歴史の中で再考することが、まず必要かと思われる。

かりに本章の考察のようだとすれば、受容された西洋近代的概念は、伝統思想によっていったいどのようにデフォルメされたのか。いかなる文化的誤解がそこで生まれたのか。言い換えると、新しい文化の体験を伝統的観念がどのように咀嚼し肉化していったのか（これは次章「清末の老子論―解釈とその様式の問題―」で考察しよう）。あるいは、この過程の中で伝統的概念がどのように批判的に融合、もしくは批判されたのか等（伝統学術の性格に対する批判的作業については、第三編第三章「初期王国維と諸子学―鳥瞰する眼―」で検討する）。こうしたことが検討されねばなるまい。

〔注〕

問題の所在

（1）Ｋ・レーヴィット著「日本の読者に与える跋」（柴田治三郎訳『ヨーロッパのニヒリズム』付録、筑摩書房、昭和四九年）。異文化受容の問題は、他にも丸山真男『日本の思想』岩波新書、四～九頁、一一～一六頁など参照。

第一節

（1）『新民叢報』五三～五五、五八号。『飲冰室文集』七所収。
（2）例えば、南北二つの文明の接触によって戦国時代における学術思想の全盛が生まれ、インド文明と接触して隋唐の中世学術思想の光明が放たれた、と梁啓超は見た。また彼は現代を西洋近代文明と中華文明の「結婚之時代」と見たので、清朝は学術の衰落時代とした（「総論」）。
（3）例えば、北派は実際的、秩序重視、政法を明らかにする、経験主義、保守的など、南派は虚想的、平等重視、哲理を明らかにする、革新主義、批判的などとされたが、この文化の性格は、南方は気候が温暖で土地が豊か、生活が容易であり、北方は苦寒で土地が瘠せ生活が困難であるという地理的条件から説明された。
（4）前掲書、「近世之学術（起明亡以迄今日）」第三節。
（5）『国粋学報』第二年八、九号。
（6）この論文は劉歆『七略』の諸子出于王官説にたつが、その歴史的根拠に欠けることを、胡適「諸子不出于王官説」（一九一七年、『胡適文存』一所収）が批判している。当時、胡適論文が与えた衝撃性からすると、章炳麟の諸子論がこの頃依然としてもっていた影響力が伺える（顧頡剛「古史辨第四冊序」、民国二二年参照。『古史辨』第四冊、上海古籍出版社、一九八二年所収）。
（7）侯外廬『中国近代思想学説史』第九章（生活書店、民国三六年）、同『中国早期啓蒙思想史』第一二章（人民出版社、一九五八年）、盧仁竜「清代諸子学史述略」（『社会科学輯刊』一九九一―三）、羅検秋「从魏源《老子本義》看清代学術的転変」（『近代史研究』一九九五―一）など。
（8）本書は、清末に限って言えば、不完全なところが見受けられる。例えば墨子の研究書目に章炳麟「原名」を採りながら、荘子の研究書目では章炳麟『斉物論釈』（一九一〇）、管子の研究書目では章炳麟「読管子書後」（一八九七）が抜けているし、『実学報』所載の章炳麟「儒道」、「儒法」（一八九七）や『国粋学報』所載の「諸子学略説」（一九〇六）、あるいは梁啓超「老孔墨以後学派概説」（一九二〇）などの諸子学関係論文が漏れている。
（9）前掲侯外廬『中国近代思想学説史』第五章、前掲同『中国早期啓蒙思想史』第六章。
（10）前掲『中国近三百年学術史』、「第四節、清代学術変遷与政治之影響（下）」。
（11）『訄書』には、篇目の増删や字句の異同など、テクスト上の問題があるが、章炳麟の思想展開を示している。尊荀篇は、初刻本にしかない。湯志鈞説に言う木刻本、手校本、重印本、手改本が、それぞれ『章太炎全集』に言う初刻本、初刻補佚本、手改本に相当する。テクスト上の問題点は『章太炎全集』第三巻「前言」参照（上海人民出版社、一九八三年）。

(12)『清議報』二八～三〇、一八九九年。

(13) 王制篇や富国篇など参照。

(14)『国故論衡』は、上巻小学一一篇、中巻文学七篇、下巻九篇の構成である。上巻は「二十三部音準」、「古音娘日二紐帰泥説」といった小学史に残る代表的論文を収め、また「語言縁起説」は音と意味の本源的関係を論じた言語論である。そして下巻は原学、原儒、原道上・中・下三篇、原名、明見、辨性上下二篇から成る。

(15) 胡適は『中国哲学史大綱（巻上）』の序で、原名、明見の二篇及び『斉物論釈』を「空前的著作」と褒め、『五十年来中国之文学』では、『国故論衡』や『斉物論釈』がこの二千年間において「著作」と称するにたる七、八部の書と絶賛した。

第二節

(1) 諸子学（孟子、董仲舒を除く）の著作には、他にも「曾子発微」、『子思子章句』、『孫子集注』、『墨子注』、『呉子注』、『説苑注』、『六韜注』などがあったが、『老子本義』と「曾子発微」以外は佚している。

(2) 厳霊峯編『無求備斉老子集成』続編、芸文印書館所収。本書の成書年代には諸説がある。一八二五～三九年修訂完稿の説は、前掲羅検秋「从魏源《老子本義》看清代学術的転変」。王家倹『魏源年譜』（中央研究院近代史研究所専刊、一九六七年）は、一八四〇（道光二〇）年説。黄麗鏞編『魏源年譜』（湖南人民出版社、一九八五年）、及び同「魏源《老子本義》成書年代質疑」（『中華文史論叢』、一九八〇－四所載、未見）は、一八二〇（嘉慶二五）年かそれ以前とする説。厳霊峯編『周秦漢魏諸子知見書目』（前掲）は一八四〇（道光二〇）年以前に序文が出来た、とする。

(3) 李漢武『魏源伝』、一三六～一五四頁、湖南大学出版社、一九八八年。

(4) 武内義雄『老子の研究』、「老荘思想」（『武内義雄全集』第五巻、角川書店、昭和五三年）、「老子と荘子」（同、第六巻）など。

(5)「荘周無欲矣、而不知其用之柔也。列子致柔矣、而不知無之不離乎有也。故荘列離用以為体、而体非其体」（「論老子一」）。「論老子三」では、荘子を「放曠之学」として、列禦寇の「虚無之学」、楊朱の「為我之学」と並べて老子後学と見たが、魏晋時代に荘子が尊ばれた結果、「王綱解紐、而萬事瓦裂」と荘子を批判した。

（6）また魏源『黙觚・下』治篇三には、「兼黄、老、申、韓之所長而去其所短、斯治国之庖丁乎」とある（『魏源集』所収、中華書局、一九七六年）。
（7）「蓋老子之書、上之可以明道、中之可以治身、推之可以治人」（第五一章注）、「老子著書、明道救時」（第五八章注）など。
（8）魏源は、河上公本の第五、六章を合わせて第五章とした。
（9）第五章では元、呉澄『道徳経註』のみを引用するが、本書は、呉澄以外に、宋、呂恵卿『道徳真経伝』、宋、蘇轍『老子解』、宋、李嘉謀『道徳真経義解』も頻用する。
（10）魏源は、河上公本の第七三、七四章を合わせて第六一章とした。
（11）前掲『黙觚・下』治篇三「強人之所不能、法必不立。禁人之所必犯、法必不行」。
（12）魏源は、河上公本の第三九、四〇章を合わせて第三四章とした。
（13）前掲『黙觚・下』治篇三「天子者、衆人所積而成、而侮慢人者、非侮慢天乎。人聚則強、人散則尫、人静則昌、人訟則荒、人背則亡。故天子自視為衆人中之一人。斯視天下為天下之天下」。
（14）例えば、『老子本義』「論老子二」「気化遞嬗、如寒暑然。太古之不能不唐虞三代、唐虞三代之不能不後世、一家高曾祖父、子姓有不能同、故忠質文皆遞以救弊、而弊極則将復返其初」。『黙觚・下』治篇五「故気化無一息不変者也。其不変者道而已。勢則日変而不可復者也。…古乃有古。執古以縄今、是為誣今。執今以律古、是為誣古」など。

第三節

（1）狩野直喜『中国哲学史』一〇頁、岩波書店、一九五三年。
（2）湯浅幸孫「『読書人』身分の『教養』と『倫理』―中国文化の統一性の基礎―」、『哲学研究』四六九号、昭和三五年。M・ウェーバー、木全徳雄訳『儒教と道教』一八七、二〇一～〇四、二〇七頁、創文社。
（3）重沢俊郎「経学の本質」、『原始儒家思想と経学』所収一九四～九五頁、二〇二頁、二〇五～〇八頁、二一二～一三頁、岩波書店、昭和二四年。

第四節

（1）本書は社会契約の思想を中国古典に探ろうとして、経書や先秦諸子から、柳宗元、張載をへて、近代の龔自珍、戴望まで六二人（もしくは書籍）を検討したものである。『劉申叔先生遺書』一所収、華世出版社。

（2）劉師培は、楊廷棟訳『盧騒民約論』（上海作新社、一九〇三年）をテクストにした。『盧騒民約論』は、原田潜訳『民約論覆議』（明治一六年、春陽堂）の重訳である。

（3）前掲書、孟子、管子の項。

（4）『理学字義通釈』（一九〇五年）、『劉申叔先生遺書』（一）所収。

（5）『天演論』は、T. H. Huxley, "Evolution and Ethics and Other Essaysを、信、達、雅の三基準によって翻訳したものだが、厳復は典雅さを訳文に求めたので、字句が原文通りでなかったり、伝統的修辞学によって付加したりした意訳である。

（6）厳霊峯編『無求備斎老子集成』初編所収、芸文印書館。『老子』第五章を進化論と結びつける見方は、辛亥以降も、プラグマティスト胡適などに影響した（例えば「先秦諸子進化論」、一九一七年、『中国哲学史大綱（巻上）』、一九一九年）。第三編第二章「清末の老子論―解釈とその様式の問題」。

（7）K・レーヴィット前掲書、一一七～一八頁。

（8）曾紀沢『使西日記』、光緒五年二月二三日の条、湖南人民出版社、一九八一年。

（9）『瀛海論』、一八八四年頃、『小方壺斎輿地叢鈔』一一帙の七。

（10）E・サピア「言語」（平林幹郎訳『言語・文化・パースナリティ　―サピア言語文化論集―』五頁、北星堂書店）。

第二章　清末の老子論
――解釈とその様式の問題――

問題の所在

清末、中国と西洋との出会いは、思想において、両者の反発と牽引、軋轢と融合の様相を呈した。二つの強固な文化体系が接触した結果である。この清末思想に対しては、西洋近代思想の移植の過程を探るといった問題視角とは別に、そこにおける伝統思想の構造的関連が検討されねばなるまい。民権や進化といった西洋近代的観念がいかに移植されたかとは別に、伝統思想がどのようにして西洋近代思想を変容させたか、という問題視角も求められるのである。その場合、伝統思想の内容以外に、伝統思想が営々と形成してきた学術の様式に着目する必要がある。西洋近代思想を受容するうえで、それが重要な役割を果たしたからである。

さて、本章の狙いは、清末老子論の考察を通して、転換期において、伝統学術の性格と様式がどのように作用したのか、を検討することにある。というのは、こうである。伝統思想と西洋近代思想との軋轢や融合という問題を考えるには、自然観をとってても社会像をとっても、根本的な点で西洋近代的な見方と対立する老子がよいからである。現に、老子は、近代化をめざす立場からは拒絶されたが、その一方で、社会的には肯定された。しかも、同一人がその知的生涯の前と後とで、老子解釈を異にしている場合もあった。にも拘わらず、そうした解釈は社会的に認知されたのである。もともと老子は、解釈学のプリズムを通して、時代に応じてさまざまな顔に屈折し、それぞれ社会的に認知されてきた。しかし、それにしても清末、どのように老子が解釈されることによって、上記の事態が起こったのか。伝統学術の様式は、そこにおいて如何に関与していたのか。この問題視角は、たんに清末における老子解釈を明らかにするという以上に、異文化に接した際の、伝統学術の思想的役割を明らかにするはずである。また相反する老子解釈が社会的に認知されたことは、解釈者と読者の双方が相互主観的基準を共有していて、その解釈を妥当と見なしたからであろう。この問題は、伝統的知識階層（いわゆる読書人階層）の知の形態である伝統学術の性格を示唆してくれるだろう。以上のように考えて、老子解釈を手がかりに伝統学術の性格と様式について考察しようというのである。従って、拙論での老子の諸解釈は、問題の所在を顕らかにするためであるから、必ずしも網羅的ではないし、また伝統的解釈との関係も、考察に必要な限りである。このことを、あらかじめ断っておきたい。

以上の意図から、本章は、まず老子が、伝統中国の精神形態や政治構造に結びつけられて、西洋近代を承認する立場から否定的に扱われたことを見（第一節）、次いで老子が西洋近代を克服するものとして肯定的に評価されたことを見る（第二節）。そして最後に、老子の相反する解釈が社会的に受容されたことから、伝統学術の二つの性格と解釈の様式を考察することにする（第三節）。

一　老子解釈の諸相（Ⅰ）

さて、清末の老子解釈に入る前に、行論の展開上、清末諸子学と伝統学術について少し触れたい。

前章で検討したとおり、清末諸子学には、以下の歴史的役割があった。[1] すなわち、諸子学は、道光期以降、経学の附庸の地位から脱して独自の領域をもち始めたが、これに対応して諸子の校勘・箋釈といった考証学的研究に代って思想研究が増えてきた。諸子が、技術や宗教、論理学など、経学では扱い切れない領域と方法を持つからであった。このことから諸子学は、西洋近代思想を一々、諸子と比較し吟味することによって、西洋近代思想を受容する準拠枠を提供することになった。諸子学は、あたかも文化の座標軸のごとき役割を演じたのである。

次に、伝統学術についてである。清末は、伝統学術史の終末期であると同時に、モダンな学術史の胎動期でもある。例えば蔡元培『中国倫理学史』（一九一〇年）は、「緒論」で「倫理学与修身書之別」を提示するなど、道徳実践の基準を対象認識の領域に持ち込まないことを説く。[2] 知行合一を宗旨としてきた伝統から、学問が自立し始めたことが分かる。この方向は、やがて胡適『中国哲学史大綱（巻上）』（一九一九年）などに顕在化することになるが、[3] 清末は、伝統学術が西洋近代思想に直面して、その基本的性格を顕在化させる時期なのである。伝統学術の性格は、第三節で検討されるので、以上のことに留意しておきたい。

さて古来、老子は、黄老思想風、荘子風、刑名家風、道教風、あるいは仏教風という具合に、多様に解釈されてきた。[4] 老子の本体論、政治論、処世論のどこに力点を置き、無欲、無知、無為といった観念をいかに理解するかで、老子は多彩な顔をもってきたわけである。しかし、どう解釈するにせよ、以下のとおり、老子は西洋近代思想とは異質である。事実、清末において老子は否定されたのである。ところが同時に、老子は再解釈され肯定的に評価もされた。しかも、それは必ずしも政治的保守主義の立場からなされたわけではないのである。それにまた、章炳麟や梁啓超などは、時代の進展に応じて、それぞれ自らの老子解釈を変えているが、その解釈変更が批判されたわけでもない。[5] このように老子解釈は、学術上の問題のみならず、時代精神を反映した思想の問題にも係わるのである。

いま老子の反近代性について見てみよう。西洋近代は、市民社会とその理念、すなわち、自由、平等の精神や進歩への信仰などで特徴づけられる。例えばヘーゲルは、晩年の著作『法の哲学』において、全編の白眉といわれる市民社会論を展開した。ヘーゲルによれば、市民社会は欲求の体系、すなわち、「個々人の労働によって、また他のすべての人々の労働と欲求の満足とによって、欲求を媒介し、個々人を満足させる」ものである（§一八八）。[6]市民社会は、「私人」（アトム的個人）が自己の欲求を充足させるために、他人の労働や技能などを借り、またその反面、自分も労働を提供することで他人の欲求を充足させるという経済的相互性に依存している、と言うのである。今、欲求について見れば、ヘーゲルは、人間の欲求を動物の欲求と区別して、欲求を多様な側面から分析した。すなわち、社会的欲求であるとか（§一九〇）、欲求充足は無限の欲求を生むとか（§一八五）、欲求は「放埒な享楽と悲惨な貧困」を生む（§一八五、一九五）などと指摘した。しかし、社会的欲求自体は、自然的欲求から解放される契機をもつ故に、人間の普遍性を実証するものだと考え（§一九〇、一九四）、また労働を欲求充足の手段と見た（§一九六）。要するに、欲求や労働は、人間にとって肯定的に承認されているのである。こうした欲望観や労働観は、西洋近代の自明の前提と言えよう。

ところが老子は、例えば第三章「是以聖人之治、……、常使民無知無欲、使夫智者不敢為也」で、民衆の無知・無欲を前提にした政治を説くし、第一九章「絶聖棄智、…、見素抱樸、少私寡欲」では、聖徳や知識を棄て欲望も棄てて素朴さを身につけよ、と言う。反近代性が著しいのである。老子と西洋近代との対立項は、欲望以外にも、復古と進歩、小共同体と市民社会、直観の重視と分析の重視、知識の否定とその肯定など、容易に見いだせる。老子のごとき、非西洋的な知の形態のもつ特性は、西洋近代と対峙したとき、初めて顕在化するのである。もはや前近代社会において儒家、道家、法家といった文化の根柢を同じくする伝統思想が人間や政治をどう見るかではなく、中国思想そのものが問われたからだ。中国が、西洋を目標にして近代化を推進するとすれば、当然、老子は否定されよう。道家思想が中国文化の背骨の一つであってみれば、尚更のことだ。ところが、別稿のとおり[7]、老荘研究の論著の割合は、清末、西洋との接触が増し近代化が進んでも、減ってはいない。老子は、一概に拒絶されなかったと見える。

さて、清末の老子論には、清朝諸子学の流れを受けて、考証学的研究と思想研究とがあった（第二編第一章第一節）。前者には、兪樾「老子平議」一巻、易順鼎「読老札記」二巻、補遺一巻、孫詒譲「老子札迻」、譚献「読老子」、陶鴻慶「読老札記」、劉師培「老子斠補」一巻、同「老子韻表」一巻などがあげられる。そして後者には、魏源『老子本義』をはじめとして、章炳麟『国故論衡』など一連のものがあった。そして後者の思想研究は、否定的理解と、肯定的理解とに分けられる。否定的理解では、近代化をめざす立場から、老子の前近代性が批判され、肯定的理解は、大体、老子の形而上性に着眼して、その反近代性（あるいは非近代性）を逆に評価した。くり返して言うが、こうした理解は、解釈者の政治的社会的立場とは、必ずしも相関していない。政治的保守主義が即老子擁護とは限らないのである。このことに留意しつつ、検討を始める。

まず否定的理解の例として、公羊学派の康有為を挙げよう。周知のように、彼は専制政治を立憲君主制に改革しようとし、また資本主義的経済体制を構想した[8]。彼の「自由」や「権利」といった観念に対する理解は、革命派とは違っていたが[9]、西洋の近代社会が念頭にあったことは事実だから[10]、その限りで中国の伝統社会とその思想が吟味されたと言ってよい。

康有為は言う。道家の在宥・無為の思想は託古だし、黄帝も託古であって[11]、彼らは創教改制しょうとした。老子には、著書した老子、孔子が問礼した老子、荘子が称賛した老子と三人いて、著書した老子は、孔子後学の太史儋であろう（汪中説の立場を採る）[12]。また老子後学は二派に別れ、清虚を重んずる荘子・列子のグループと、権術重視の申不害・韓非子とに分かれた等々[13]。しかし本章では、こうした理解とは別に、近代性との関係で、老子の政治性や愚民観の評価が問題になる。例えば、老子の政治性について康有為は言う。

老子曰く、天地は仁ならず、万物を以て芻狗と為す。聖人は仁ならず。百姓を以て芻狗と為す、と。孔子は仁を以て道と為す。故に人に忍びざるの政あり。孟子之を伝ふ。…（中略）…、老子は不仁を以て道と為す。故に人に忍ぶるの心を以て人に忍ぶるの政を行う。韓非之を伝ふ。故に刑名法術を以て督責鉗制す。中国は二千年　其の酷毒を受く。（『孟子微』巻一）

康有為によれば、孔子が仁の立場から情深い政治を説いたのに対して、老子はその第五章に言うように不仁の立場から、残忍な政治を主張した。韓非子が老子を受け継ぎ、法家的政策を実行したので、中国はこの二千年間、その害毒を受けてきた、と言うのである。専制政治を（儒教との連関では捉えずに）韓非子に基づくとして、老子にその淵源を求めた。この認識はここに限らず、康有為に一貫している[14]。そして愚民観については、老子の愚民策が国を滅ぼすと断じたり（「公民自治篇」、一九〇二年）、『老子』第六五章（「古之善為道者、非以明民、特以愚之」）を根拠に、老子は「真に天下の罪人」だと難じた（『南海康先生口説』「諸子二」）。また人心風俗の壊乱や社会統合の困難さについても、老子にその責を帰した（同上）。この種の議論が、改革運動を理論的に正当化するための一環であったことは言うまでもない。康有為からすると、老子は克服すべき前近代的障害以外の何物でもなかった。

次に、同じ公羊学派の譚嗣同である。彼は西洋近代の進歩観念を、『大学』の「日新」という言葉で理解して高く評価したので（『仁学』第一八節）、老子を「烏《いづ》くんぞ知らんや、李耳なる者出でて、静を言ひて動を戒め、柔を言ひて剛を毀つを」、と批判した（第一九節）。老子の「柔」や「静」の主張が、人間本来の行動性や剛直さを抑圧した結果、進取の気象が衰えたと見たのである。また譚嗣同は、老子の寡欲倹約思想を批判した。

　李耳の術の中国を乱すや、柔・静は其れ知り易し。若し夫れ力は、以て地球含生の類を殺し尽くし、天地鬼神の、不仁に淪陥するを胥《たす》くるに足るも、卒に一人として能く少しも其の非を知る者なきは、則ち倹と曰ふ。（第二〇節）。

老子の「柔」や「静」の主張が中国を乱したことは見易いが、その倹約思想は、地上の生物を滅ぼし尽くし、天地鬼神を不仁に陥れるほどなのに、一人としてその犯罪性が分らぬ、と言うのである。彼は、「奢」を志向すれば貧富の問題の生まれることを承知の上で（第二二節）、機械工業や開鉱など、資本主義の興隆を説いたから（第二一～二三節）、明確に欲求の抑制を言う老子が批判の標的になったのである。

梁啓超の場合も同様である。「説動」（一八九八年）では、老子が西洋の（動）の原理に背く「静」や「柔」を説いたと批判し、「中国積弱溯源論」（一九〇〇年）では、中国人の①奴性、②愚昧、③為我、④好偽、⑤怯懦、⑥無動という性格が中国弱体化の一因で、老子は⑥無動を説き、「安静」、「持重」、「老成」などの消極性を植えつけた、と論じた（第二節「積弱之源於風俗者」）。梁啓超は当時、進化（あるいは進歩）、文明、競争といった社会進化論的な見方を信奉していたので、老子には否定的であった。彼の後の老子評価（次節参照）とは違うのである。

古文学派の章炳麟にしても、はじめは老子に対して批判的であった。当時、彼が政治に関与して社会進化論を支持し、社会を変革する勇猛果敢な主体を模索していたからである。[15] 例えば『訄書』儒道篇（一九〇〇年）では、道家は儒家に相違するとして、老子の「清静」さよりも、まずその「陰鷙」さを挙げるべきだとした。また、老子は柱下史で故事を多く知っており、『金版』、『六弢』の趣旨を要約して著作し、後世の陰謀家の法となったと評した。そして「諸子学略説」（一九〇六年）では、老子の怯懦な心と権謀術数の関係を論じた。すなわち、老子は、利害を怵《おそ》れて心が怯懦になった故に、「事事卑弱を以て自らを持」した。老子は帝王になろうとしないばかりか、第四二章「人之所教、我亦教之…」から分かるように、あえて教主にもなろうとしなかった。心が怯懦でこの任務に堪えられないのを知っていたからだ。心が怯懦な人は、力で取れないので、知略を用いることになり、かくて当然、権謀術数が多くなった云々、と。章炳麟は、老子の陰険さや権謀術数に着目して、荘子と区別したわけであるが、[16] これは、彼の後の評価と異なる（次節参照）。

古文学派の劉師培も、アナーキストになる以前は、否定的であった。すなわち、老子の形而上的な高遠さは政治を軽視するもので、亡国の原因だとか、[17] 老子の「貴柔」の説は、不撓不屈の主体を育成しないと説いた。[18]

否定的な彼の老子観は報刊類にも見える。例えば、老子は「素朴」を説いて人に労働を憎ませ、「静」や「柔」を主張することで進取の気象を殺いだとか（申蘇「論中国民気衰弱之由」、『東方雑誌』一九〇五年九月二三日）、中国人の特徴である尚古主義と利己主義は、儒教以外に、素朴や倹約を説いた老子にも関係がある（「質文篇」、『警鐘日報』社説一九〇四年五月一日）、といった具合にである。

以上のように、近代化をめざして近代国家を建設しようとすれば、その政治的立場のいかんを問わず、老子は伝統中国の精神様態や政治構造と結びつけられて、その前近代的な象徴となった。そこには「進んだ西洋近代―遅れた伝統」の見方が作用していたのである。老子は、いうなれば西洋近代の陰画であった。

二　老子解釈の諸相（II）

ところで前述した西洋近代観から時間的に少し遅れて、西洋近代の弊害を知って、それを克服しようとする見方が生まれた。例えば革命派の朱執信は、近代社会における競争の放任と私有財産制が貧富の問題を生んだので、社会革命が必要になったと論じた。(1) またアナーキストの劉師培は、西洋文明を採用すれば、①法治では、富民に有利だし、②議会制では、官吏の専制や地方自治における富民の支配を生む。③実業振興では、貧富の対立が生じ、④陸軍の拡充では、軍備が強化されて民衆に不利だ、と主張した。(2) すでに西洋近代は、経済制度や政治体制の上で、十全のものとは見られてはいないのである。

そして、辛亥以降になると、明らかに西洋への夢は潰える。例えば、かつて社会進化論によって改革を主張した梁啓超は言う。階級闘争や軍国主義などは、ダーウィニズム、功利主義、そしてM・シュティルナーなどの自己本位説の流行に遠因があり、西洋は科学を過信して心の自由を失い、悲観の気分に蔽われている、と。(3) 政治や経済のみならず、思想までもが相対化され始めたのである。

老子の肯定的解釈は、このような西洋観の深化とともに展開した。すなわち、近代の物質文明の不完全さに対して、老子の精神性を高く評価するのである。日本でも、老荘思想は明治二、三〇年代に、反物質文明の思想として流行したが、(4) 中国の場合、日本とは違って体系的解釈が施されて、老子を断片的に用いなかった点で異なる。

まず厳復について見てみよう。その『老子道徳経評点』（一九〇五年）は、老子を黄老思想と解した上で、(5) 老子はダーウィン、スペンサー、モンテスキューと会通する点がある、と説いた。(6) 古典を近代的に解釈するのは、厳復に限らない。例えば梁啓超『子墨子学説』は、墨子が社会契約論に類すると説いたし[7]、劉師培『中国民約精義』は、社会契約の思想を中国古典に探って、経書、先秦諸子から、清末の戴望まで検討しているのである[8]。

さて、厳復は、『老子』第三七章の眉批に言う。モンテスキューは、専制国家では刑法、君主制国家では礼法、民主制国家では道徳をそれぞれ用いると指摘したが、老子は、中国に民主制が求められず、また君主に道徳政治も期待できなかったので、太古の世にそれを仮託したのだ、と。そして、こう続ける。

蓋し太古は、君　甚しくは尊とからず、民　甚しくは賤しからず。事　民主の本と近しと為す。此れ下篇八〇章に小国寡民の説のある所以なり。……、是くの如きの世は、正に孟徳斯鳩『法意』篇中に指して民主と為す所の真相なり。(第三七章眉批)。

太古の世は、君主も位がそれほど貴くはないし、臣下もそれほど賤しくはないので、民主制の根本に近い。だから小国寡民が説かれたのだ、と厳復は言うのである。つまり彼は、小国寡民の実現不可能なのを知ったうえで(第八〇章眉批)、老子の「道徳」の主張をモンテスキューの説と接合させ、老子は民主制を太古に仮託して中国の専制主義を批判した、と解したのである[9]。

また厳復は、質→文、純→雑と展開するのが自然の勢いで、太古淳樸の世に帰れないことを認めた上で、老子の無知寡欲説は、知識の過信や欲望の肥大を戒め鎮めようとしたものだとか(第一九章眉批)、老子は文明の過剰を素朴さによって鎮めようとしたので、ルソーの説に類する、などと評した(第三七章眉批)。老子は民主制や文明の解毒剤と再解釈されて、伝統中国と西洋近代の両者に対する批判となったのである。

同様のベクトルをもった議論に、老子＝アナーキスト論がある。清末、古代の専制政体は実質が無政府と同じであったという見方が通行していたが、老子がその主唱者というわけである。すなわち、劉師培と何震は言う。「道家の、老荘の諸子の若《ごと》きものは、則ち又た一切の人治を廃滅して、一《もっ》ぱら天行の自然に任ぜんと欲す」。道家はあらゆる人為的な支配を棄てさり、自然のままに任せようとした。それで制度や諸規則は、無用のものと棄てさってしまった。彼らは「非干渉を主張する者」だ、と。(10) 老子の自由放任の政治論は、専制主義や近代市民社会の弊害とは無縁のものと見做されたのである。

時代は下がるが、呉虞「儒家大同之義本於老子説」（『新青年』三―五、一九一七年）なども同じである。当時、康有為は『礼記』礼運篇の大同説を根拠に、儒教が共和制に合致すると主張したが、呉虞はこれを批判したのである。例えば『老子』第一七章「太上不知有之、…」は、三皇五帝の世では、道徳が自然に行なわれていたが、三王にまで至ると、自然の道徳が衰えて仁が行われ、五覇に至ると、刑罰が用いられるようになったことへの批判であり、また第一八章「大道廃、有仁義」では、小康の世を譏っているといった具合である。さらに呉虞は、『礼記』の成立を検討して、儒家の大同説が老子に基づくことを論証しようとした。老子は、儒家批判の点から反封建的な顔をもつことになったのである。以上の例から、老子擁護は政治的保守主義の立場からなされたとは限らないことが分かるだろう。

次に章炳麟である。かつて彼は、前述したように、老子の陰険さを批判して荘子と区別したが（第一節注(16)）、辛亥前夜、老子を荘子と同列に置いた。老子評価が逆転したのである（前節参照）。『国故論衡』原道上篇（一九一〇年）に言う。(11) 老子が権謀術数を言ったのは、それによって前王の隠匿を探って記録し、皆にそれを知らせて、権謀術数を敗ろうとしたからだ。ところが古代では、簡札は重くて遠くまで普及せず、その隙を数名の姦人がついて曲解したので、老子は専制の理論となった、と。

また第六五章「古之善為道者」の愚民説について章炳麟は言う。

「之を愚にす」とは、何をか道《い》ふや。其の之を明らかにするを以て、所以に之を愚にす。今是れ駔儈は、則ち人を欺罔す。然れども敢えて其の類を欺罔せず。交《こも》ごも其の術を知ればなり。……、是れを以て知んぬ、民の詐りを去るは、民をして戸ごとに詐りを知ら使むるに在るを。（『国故論衡』原道上篇）

老子の「愚之」とは、君主の愚民策を明らかにするために、愚かにしようとしたものだ。それは、あたかも人を欺く悪賢い仲買人が手の内を知っているから、互いに欺けないようなものに似て、老子の本意はそこにある、と言うのである。また第一九章「絶聖棄智」についても、事がいまだ起こつておらず、物がいまだ見えていないのに、「小慧」によってひそかに思量してはならぬことを言う、と解した。老子の文献学的な解釈というより、自己の議論に引き寄せた、言わば老子の深読みと言える。「論仏法与宗教、哲学以及現実之関係」（一九一一年）になると、(12)老荘は、印度の文殊や普賢、維摩詰などと同じように、『大乗入楞伽経』の所謂「菩提一闡提」だ、「老荘第一の高見は、…、先ず名言を破」そうとしたことだと、やはり老子を荘子に並べて、その哲学性によって高く評価したのである。おそらく章炳麟は、西洋文化の流入に伴って低下する伝統文化の地位に対して危機感を抱き、老荘を一括して評価するために、老子の前近代性よりもその哲学性を高く評価したのであろう。章炳麟はこの頃、伝統思想を総じて評価しようとしている。こうした姿勢の変化は、孔子や宋明理学に対する彼の評価などにも窺うことができる。

仏教風の解釈には、楊文会『道徳経発隠』などもあるが、次節で触れるので、梁啓超『老子哲学』（一九二一年）

を最後に検討したい。[13] 本書は、本体論、名相論、作用論の三節に分かって、老子を仏教、とくに『大乗起信論』に即して解釈したものだが、「第二名相論」に言う。第一章「道可道、非常道」は『老子』全体の綱領で、『大乗起信論』の「体」(本体)、「相」(特質)、「用」(功能)の三つを提起する。冒頭の四句「道可道、…」は本体のことを言う。第五、六句「無、名天地之始、有、名万物之母」は、やむを得ず「名」を立てるとすれば「無」字で天地の始を名づけ、「有」字で万物の母を名づけよう、という意味であり、上句は『大乗起信論』の「心真如門」、下句は「心生滅門」に他ならぬ云々、と。梁啓超は、楊文会と同じく『大乗起信論』を踏まえるにしても、楊とは異なるし、第五、六句の句読なども違うのである(次節参照)。

かつて梁啓超は、老子に中国積弱の一因を求めたが(前節参照)、この『老子哲学』では、老子の反近代性こそ近代社会の病理を癒すものと読み替えられた。[14] 要約すれば、こうである。第七章「是以聖人後其身而身先、…」は、老子の「無私主義」を示し、「人に(所有)の観念を打破せしめんと」するものだ。ダーウィニズムは、社会思想の中核となった結果、この度の世界大戦の一因となるなど、幾多の流弊を生んだ。近年の中国における争権奪利の状態も、『天演論』の影響である。また老子の愚民説の本意は、分別心から生まれる智恵が弊害のみ多いので、それを除こうとしたところにある。今日、文明が進んで知覚上の刺激が増し、神経が病的になりつつあるが、老子第一二、四八章などは、この種の病態を予防しようとしたのだ云々、と(以上、「第三作用論」)。

この梁啓超の老子再評価は、彼が伝統文化に回帰しようとしていた時期にあたるからだが(本節注(3))、それはともかく、このように西洋近代の弊害が、論者の政治的立場を越えて学ばれたとき、老子は反近代的な生の哲学と評されることになるのである。

さて、以上の老子の肯定的評価には、一つの共通点がある。それは老子の形而上性に力点を置き、その反近代性を前面に掲げて、近代の病根を癒すものと主張することである。大雑把にいうと、否定的評価の場合は、「進んだ西洋—遅れた伝統」の枠組で理解され、老子は前近代的な象徴であったのに、肯定的評価の場合は、「精神的なもの—物質的なもの」の枠組に拠っているのである。(15) 要するに、老子の再評価は、①西洋近代文化の理解が進んで近代社会の病理が明かになったこと、②西洋近代文化の受容が深まって、伝統が相対的にその地位を低下させたことへの反動や文化的危機感に関係があるだろう。

三　解釈の様式

前節で見たように、老子には否定的評価と肯定的評価とがほぼ同時に共存し、章炳麟や梁啓超などは、それぞれ知的生涯の前期と後期とで、解釈を一八〇度変えており、それこそ所謂「我操我矛以伐我」であった。にも拘わらず、こうした相反する解釈がなぜ社会的に認知されたのか。これは文化として大きな問題である。というのは、たまたま彼らが文化的権威なので社会的に認知されたのではあるまい。そこには何よりもまず伝統学術という仕組みが構造的に作用していたからではないのか。すなわち、解釈者と読者双方が、古典理解についての相互主観的基準を共有し、その基準に照らして、彼らの解釈を妥当と見做したからではないだろうか（ここにいう相互主観的基準とは、具体的には伝統学術を指す）。仮にそうだとすれば、伝統学術が古典を再意義付けする文化的機制として重要な役割を果したことになる。伝統的知識階層（いわゆる読書人階層）は、ひとしく伝統学術を教養として持ち、それをもとに官職と社会的威光を獲得してきた。彼らにその身分的統一性を与えてきたのは、古典的教養であった。(1) これは、伝統学術が社会的基盤をもつということを意味する。古典的教養の核が学術にあった以上、伝統的知識階層に伝統学術が相互主観的基準として作用したのは、当然ではないか。本節では、伝統学術が営営と形成してきた解釈学を手がかりに、上述の問題を検討する。

そこでまず訓詁学の様式についてである。例えば孫詒譲『老子札迻』は、(2)第四五章「大成若缺、其用不弊、…、大直若屈、大巧若拙、大辯若訥」にこう注する。

案ずるに韓詩外伝九引く老子は、「屈」亦た「詘」に作る。傅本と正に同じい。「大巧若拙」の句は、「大辯若訥」の下に在り。下に又た「其用不屈」の四字有り。上文の「其用不弊」、「其用不窮」の二句を以て之に例すれば、則ち有る者是《ぜ》なり。韓の拠る所の者は、猶ほ是れ先秦西漢の古本のごとし。故に独り完備す。魏晋以後の本は、皆な此の句を挩す。

孫詒譲は言う。『韓詩外伝』九引用の老子は、「大直若屈」句の「屈」字を、傅奕本と同じく「詘」に作る。「大巧若拙」句は、「大辯若訥」句の下にあって、さらにその下に「其用不屈」の四字がある。上文の「其用不弊」、「其用不窮」両句の例からすれば、この四字のあるのがよい。これらからして、『韓詩外伝』引用の老子は、どうも先秦西漢の古いテクストのようだ云々、と。句倒とテクストの問題を扱っているのである。『老子札迻』は、以下の引用例のように、訓詁を基礎に新しい老子の意義を派生させようとはせず、考証学の伝統を遵守している。以上から明かな通り、まず訓詁学の様式が解釈の基礎である。この点をしっかり確認しておきたい。

次に、解釈の様式的基礎についてである。例えば楊文会『道徳経発隠』(一九〇三年)は、第一、六、五〇章を華厳教学を用いて解釈したもので、(3)老子の本文を、経学のように字句ごとに注釈する体裁をとる。第一章「道可道、非常道、名可名、非常名」句について、楊文会は次のように解した。始めの四句十二文字は、『大乗起信論』にいう「離言真如」、すなわち、全てを絶対一で無差別平等とみる「心真如」の妙を顕わしている。…（中略）…、「無名、天地之始」句は、無でありながら忽ち有で、有は即ち非有である。有が非有であれば、始も亦た無始だ、という意味である。「有名、万物之母」句は、名が有って本体が無いから、それは「無名」から起こる。その起は即ち無起でもある。一体誰がその母胎（根源）と為るのか。天地万物は、その本体が空寂なのだ。故に「常無、欲以観其妙」句は、「無名」の句を受けたものである。…（中略）…、世を度《こ》えることと、世を経《おさ》めることに違いはない。これが道徳経の本旨であって、一見、対立するものがソノママ一体不二の関係にあるという理事無礙法界の思想と言ってよい、と。

楊文会はこのように老子を度世即経世之書と見たのだが、前出の梁啓超『老子哲学』も、やはり第一章を『大乗起信論』を用いて解していた。例えば「無名天地之始、有名万物之母」句で、梁啓超は「無」字、「有」字の後に句読を入れたので、「無、名天地之始、有、名万物之母」と読んだ。ところが、楊文会は「名」字の後に句読を入れて、「無名、天地之始、有名、万物之母」と読んだ。また「常無欲…、常有欲…」句だと、両人ともに「無」字、「有」字の後に入れた。句読の入れ方で、古来、ここには解釈が様々あるが[4]、同じ仏教的解釈にしても、微妙な相違が生まれるのは、上の例からも推察できるように、句読や訓詁などの様式的基礎があってのことなのである。

例えば王念孫「淮南内篇雑志」は、淮南子を九〇〇条余り校勘したが、テクスト上の誤りを招いた原因について、約六五条述べている。すなわち、字形、錯簡、衍字衍文、字倒句倒などのテクスト上の問題以外に、句読、仮借などの訓詁上の問題を挙げるのである（『読書雑志』九之二十二）。また王引之『経義述聞』（巻三二、通説下）も、テクストの問題以外に、仮借、実詞と虚詞など、テクスト解釈の困難さについて一二条にわたって論じている。確かに伝統学術は、内容理解の基礎として、厳密な客観的妥当性を求めていたわけだが、それは見方を変えると、解釈は、仮借や句読といった訓詁レベルから生まれるということを意味するだろう。つまり、こうした様式的に要求された考証学的な手続きを満たすかぎり、仏教的解釈が老子の思想そのものとは到底思えないにも拘わらず、奇妙とはされないわけだ。解釈学の様式と方法とが、新しい意味を生むと言える。楊文会や梁啓超の解釈は、何よりも読者がある基準に基づいて、その解釈を妥当と見なしたから受け入れられたわけだ。これは、解釈者と読者双方に、それを妥当と見做す基準が共有されていたからこそ可能なのである。

そこで解釈者と読者の双方（読書人階層）が共有していた相互主観的基準、言いかえれば、伝統学術の性格が問題となる。伝統学術というと、すぐ経学とか、あるいはその文献実証性を想起するかもしれないが、本節の検討からも明らかなように、経学即思想とか、学問即実証的と考えてはいけない。思うに、伝統学術には二つの性格があった（前章）。一つは、考証学のように、古典を真正に理解したい、そのためにテクストを訓詁学などを用いて復元し、可能なかぎり歴史的に再構成しようとする態度である。それは伝統学術のもつ真理性の追求と言え、学術的討議の形を採る。前章では、この性格を「学術性」と呼んだ。すると、「学術性」が社会的に妥当と見做される水準は、実証性にある。もう一つは、公羊学のように、強い社会的関心をもって、古典の新たな現代的意義を追求する態度である。これは、社会的関心を学問の主体的動機に据えるから、この性格を「思想性」と呼んだが（前章）、思想性が社会的に妥当と見做される水準は、実践性にある。(5) 思想性の追求だからといって、この様式性が損なわれることがないのは、後に引く例からも明らかである。章炳麟などは、儒学の担い手として、実事求是を旨とする経師と経世致用を旨とする儒生の両者を挙げているが（「諸子学略説」）、それらがこの二つの性格（「学術性」と「実践性」）に対応するだろう。

以上のように考えると、孫詒譲は、老子の歴史的復元をめざして学術性を問い、楊文会や梁啓超は、老子の現代的意義を追求して思想性を問うたと言える。それぞれが伝統的知識階層から迎えられたのは、孫詒譲は実証性を基準に、楊や梁は実践性を基準にして妥当と見做されたからである。しかし、いずれを基準にするのであれ、両性格が古典解釈の様式に準じていたからこそ可能であったろう。してみれば、解釈の様式は伝統学術がその両性格を統一する基礎と考えられるのである。

また章炳麟や梁啓超が、それぞれ知的生涯の前と後とで、相反する解釈をしているのに、それらが奇妙ともされずに、いずれも社会的に認知を受けたのは、二つの妥当性の基準が相補的に作用した結果だと考えられる（後述）。

ここで再び、解釈の様式的基礎に話を戻す。『老子』第五章「天地不仁、以万物為芻狗、聖人不仁、以百姓為芻狗」句を例にすると、厳復は、「天演開宗の語なり。此の四語は、達爾文の新理を括り尽くす。至れるかな、王輔嗣」と批評した（前掲書）。厳復は、冒頭の四句がダーウィン進化論の趣旨と重なり、王弼がそれを展開させたと見たのである。王弼は、「天地は自然に任せて、無為であり意識的な造作をしない。万物は、自ら治理《おさ》めるので、「不仁」なのだ。「仁」とは、必ず意識的に万物を造化して育てるから、恵みがあり作為的なのだ。意識的に造化して育てれば、物はその本真を失う云々」と注解したが、厳復は、天の意志を認めない点を進化論と結びつけたのである。彼は、王弼注を使い、眉批に自らの注解を入れたから、古典解釈の様式としては弱い。しかし、新義を展開させるにあたって、その様式を使用せざるを得なかった点をここでは注意したい。

事実、夏曾佑は、厳復の解釈の新奇さを弁護して、ほぼ次のように言う。人の知恵と天の時とが、あい乗じて優れた学説が生まれる。それは、その生きた時代の問題に「観感」して沈思積験するからで、老子もスペンサーも、ともに同種の問題を抱えた時代に生き、それぞれ学説を説いた。厳復とて同様で、大きな転換期に生きている。彼の、スペンサー流の新解は、時代への「観感」の点で伝統的な諸解釈に勝る、と（『老子道徳経評点』序）。夏曾佑は、厳復解釈の新奇さが、訓詁などの様式的基礎の点で弱く、真理性追求の点では劣ることを知りつつ、伝統学術のもう一つの性格である思想性で補おうとしたのだ、と見てよい。二つの性格は相補的なことが分かる。

また胡適「先秦諸子進化論」は、第五章「天地不仁…」句に対して、王弼注がもっともよく出来ていて、西洋近世の物競天択、適者生存の学説に一番近い。ただし、老子にはそのような本義はないのかもしれぬ、と述べた[6]。彼は、自然に造物主はいないという老子の所説を、迷信を打破した自然進化論だと評価したのである。彼は『中国哲学史大綱（巻上）』（前掲）になると、「天地不仁」句の「仁」字には①慈愛と②人の両義があって、この句は②の意味であり、自然と人間は同じ性質ではないという含義があるようだ、と訓詁を加えて所説を補強した（第三篇「老子」）。いずれにせよ、厳復の進化論に付会する解釈は、当時、受け容れられていたことが窺える。

厳復に見られたような様式的基礎の弱さは、他にも見いだすことができる。例えば康有為『孟子微』（巻一）は、『孟子』公孫丑上「孟子曰人皆有不忍人之心、先王有不忍人之心、斯有不忍人之政矣」句に対して、次のように注する。「人に忍びざるの心は、仁なり、電なり、以太《エーテル》なり。人人皆な之を有す」。人に忍びない心は、仁であり、電であり、エーテルである。誰もがこれをもっている。故に人の性は皆な善だと謂う。この人に忍びざるの心がある以上、これを外に発したら、人に忍びざるの政となるのである。……故に一切の仁政は、すべて不忍の心から生まれて萬化の海となり、一切の根となり、一切の源となるのが分かる云々、と。康有為は、訓詁の様式を採りながら、「不忍人之心」を、伝統的な「仁」の意味から「電」や「以太」という西洋新来の意味へと転義させ、さらにそれが仁政の基礎だとして、「一切根」の言葉に見られるがごとき、雄大な仏教的存在論にまで結びつけたのである。厳復にしても康有為にしても、訓詁などの様式的基礎（学術性）が弱いものの、社会的関心の強烈な思想性が基準となって、社会的に妥当と見做されて認知されたことは、明らかであろう。

しかし、解釈の様式的基礎の弱さとは、見方を変えれば、訓詁などを通して新義を生むことに他ならない。例えば章炳麟『菿漢微言』（一九一五年、『章氏叢書』所収）は、『老子』第一五章末尾の「保此道者、不欲盈、夫唯不盈、故能蔽不新成」句に対して言う。

皆な涅槃の義なり。盈とは贏なり。蔽とは畢なり。不盈とは、所謂無餘依にして能く畢《お》はるなり。不新成とは、所謂我が生　已《すで》に盡きて、後有《ごう》を受けざるなり。

この句の「盈」は贏、みちるの意味、「蔽」は畢、おわるの意味だから、「不盈」とは、煩悩は断じたものの、身体がなお残っている状態の無餘依涅槃で終わること、「不新成」とは、この生がなくなっても、輪廻して迷いの生を受けることがないこと、と章炳麟は解した。つまり、老子が涅槃の義を説いていることになる。

『老子』第一五章「能蔽不新成」句は、諸本に異同が多く、様々な解釈が可能である。例えば、河上公注は、「蔽」を「光栄を匿す」こと、「新成」を「功名を貴とぶ」ことと解し、また王弼は、「蔽」に「覆蓋也」と注した。また章炳麟と同じ古文学派の劉師培は、「蔽」を「敝」の仮借とする兪樾の説がよく、『老子』第二二章「敝則新」句と『文子』十守篇からして、「蔽」は損弊、「成」は廉成、「新」は新鮮、「能蔽」の「能」は寧のことで、この句は、むしろ損弊するとも、清新廉成を欲しないことを意味する、と解した。[7] 仏教的解釈の例では、明、釈徳清『老子道徳経解』を挙げよう。釈徳清は「敝」を「物之旧者謂之敝」と解し、この句を次のように注した。すなわち、旧い物は時間に耐え、新成の物は、一時は鮮明でも、まもなく損壊される。有道者のみ己の分に安んじて止まり、足ることを知る。それ故、有道者には、世人の好む「新成」の名利がないとはいえ、もとより現成の物があるので、常常それを持して失わないという意味だ、と。(8)

ところが章炳麟の解釈は、これらとは違う。何故だろうか。彼が煩悩を断ち輪廻転生しない方向で「不新生」を解釈できたのは、「蔽」字を「おおう」、「やぶれる」、「ふるい」といった方向の意味で解さず、「蔽、畢也」の訓詁に基づいてである。しかし、この訓詁は『経籍纂詁』などにも見られず、一般的とは言えないが、おそらく彼は、蔽―畢の旁転関係（蔽は上古韻が入声、月韻で、畢は入声、質韻）を用いて、(9)声近義通からこの訓詁を導いたのであろう。章炳麟は、「因声求義」を宗旨とする皖派小学の大家なのである。訓詁が巧みに用いられて、転義の重要な条件となり、訓詁を通して仏教的新義が生まれていることが分かるだろう。

訓詁によって新義を生む方法は、章炳麟ばかりではない。モダンな胡適「先秦諸子進化論」（前掲）にさえ見いだせる。胡適は、『荘子』至楽篇「種有幾、得水則為𢇁」句の「幾」字が種子、原子の意味で、近頃いう「精子」germであることを、『易経』、『経典釈文』、『説文解字』、そして徽州の俗言を用いて導いているのである。まことに訓詁や句読などは、学術性の基礎であると同時に、テクストから新義を引き出して、それを逆に古典で根拠づける方法なのである。

しかし思うに、解釈が様式的条件を満たし、思想的な新解が成ったとしても、伝統学術が真理性の追求（学術性）を事とするだけなら、実証性の水準にもとづいて判断され、この新解は社会的に妥当と見做されることはあるまい。もう一つの性格、思想性があったればこそで、それの社会的関心の強さ（実践性）の水準にもとづいて、妥当かどうかが判断されたのである。例えば考証学者章炳麟の『斉物論釈』が、きわめて思想的であるにもかかわらず、「空前的著作」（胡適）と絶賛されたのは、思想の迫力と学識の広さが絶妙に調和していたからであろう（第二節注

(11)）。伝統学術においては、学術性と思想性の両者が相補的に作用し、古典から絶えず新しい意味が読み取られ、時代の現実に働きかけてきたからである。だとすれば、解釈とは、テクストと解釈者との対話であり、そこに生の状況が強く刻印されているものと言えないだろうか。

以上のようにみてくると、伝統的知識階層が古典的教養としてもっていた伝統学術は、①相互主観的基準として作用したこと、②学術性と思想性との緊張した両極があり相補的に作用したこと、そして③その解釈学の様式は、新義を生む基礎であったことが分かる。こうした条件があったからこそ、清末、相反する老子解釈でも社会的に受容され妥当と見做されたのだ、と考えられる。

小　結

老子という最も中国的な思想が、西洋文化に出会ったとき、いかに解釈されたか。この検討を通して、清末における伝統学術の性格と様式の問題を考察した。本章の検討のように、老子は、その無為や無知、寡欲の主張ゆえに、近代化をめざす立場からは、前近代的とされたが、また近代社会の病理が明かになったとき、老子はその形而上性が再評価され、文明の解毒剤とされた。要するに、これは老子の思想体系の一面が着目され、解釈によって展開された結果であり、老子に対する相反する評価も、解釈学があってこそ可能であった。老子という古典は、それを通して自己革新を遂げたわけである。老子が伝統思想の残骸であるどころか、かえって反近代の思想として復権できたのは、古典解釈学の様式と方法が文化的に強固であるからこそであった。このことに注目したい。上で考察したように、古典解釈学は単に学問的で客観的な解釈をするばかりではなく、実践性という社会に関与する性格をも併せもち、それらはバイメタルのように相補的に働く。しかも、古典解釈学は読書人によって支えられてきたのである。彼らは解釈者として発信するのみならず、受信者として妥当と見做したり見做さなかったりした。古典解釈学は伝統を再生産してゆくのである。それは新来の異質なものを中国的なものと対応させ、中国的なものに変換する。その結果、異質なものは中国的に理解されて、変容もしくは拒否されることになる。この通りだとすれば、清末における伝統学術は、たんに文化と言ってすますより、きわめて思想的にして、かつ社会的な役割を担っていたと言う方がよいのではなかろうか。

［注］

第一節

（1）第三編第一章「清末の諸子学―座標としての伝統学術―」参照。

（2）『中国倫理学史』は、老子を例にすれば、小伝、学説之淵源、学説之趨向、道、徳、道徳論之欠点、因果之倒置、斉善悪、無為之政治、法術之起原の各項目を立て、「結論」において、老子の学説には偏激が多いので、思想界に刺激を与えて、後の思想を先導した。しかし、進化の理と相反するので、普通の健全な社会では行われなかった云々、との穏当な理解を示している（台湾商務印書館、民国六〇年版）。

（3）『中国哲学史大綱』は、蔡元培がその特徴として、証明の方法、要領を得る手段、対象を見る平等な目、系統的研究の四点を挙げた如く、モダンな研究態度を志向している（『胡適学術文集』上冊所収、中華書局、一九九一年）。例えば「第一篇導言」の「哲学史」の項目では、哲学史の目的を①思想の変遷を明らかにする、②変遷の原因を求める、③三つの基準にしたがって学説を客観的に評価する、と定める。また「史料的審定」、「審定史料之法」、「整理史料之法」の項目は、西洋哲学史と清朝考証学の総合といった趣を呈している。そして本書の影響力は、一九三〇年までに一五回版を重ねていることからも窺える。

（4）武内義雄『老子の研究』、「老荘思想」（『武内義雄全集』第五所収巻、角川書店、昭和五一年）、木村英一『老子の新研究』、創文社、昭和三四年など参照。

（5）例えば胡適『中国哲学史大綱（巻上）』民国八年再版自序は、王念孫、王引之、兪樾、孫詒譲とともに、章炳麟に謝辞を献じたし、彼の「諸子不出于王官論」（一九一七年、『胡適文存』一）は、章炳麟批判でもあった。章炳麟は、辛亥後も学術の大家として遇せられていたのである。また「諸子不出于王官論」の衝撃性と、それが諸子研究の転轍点となったこと、および梁啓超の老子成書年代研究の革新性については、顧頡剛「古史辨第四冊序」（民国二二年。『古史辨』第四冊所収、上海古籍出版社、一九八二年）参照。

（6）引用は、藤野渉、赤沢正敏訳『法の哲学』（中央公論社、昭和四二年）による。また金子武蔵『ヘーゲルの国家観』、四〇七―一五頁、四一七―二三頁（岩波書店、昭和一九年）参照。

（7）第三編第一章の注(1)の図表Ⅰ、Ⅱ、Ⅲ、Ⅳ参照。

（8）康有為は、例えば「上清帝第二書」（一八九五年）で、「夫富国之法有六、曰鈔法、曰鉄路、曰機器輪舟、曰開鉱、曰鋳銀、曰郵政」と近代化を構想したし、また「物質救国論」（一九〇五年）では、「以吾遍游欧、美十余国、深観細察、校量中西之得失、以為救国至急之方者、則惟在物質一事而已、…（中略）…、以吾考之、則吾所敢為救国之急薬、惟有工芸、汽電、炮艦与兵而已」（「中国救急之方在興物質」節）、と言う（以上すべて『康有為政論集』上冊所収、中華書局、一九八一年）。

（9）例えば、『礼記』礼運篇の経文「故聖人耐以天下為一家」句より「舎礼何以治之哉」句までに対して、『礼運注』（一説に、一八九七年頃）には、「如使一人独生、則聴其自由可也、然人非独生、礼為衆設、若聴一人之自由、必侵犯衆人之権限、不可行也、故不能不治之以節、飾之以文」とあるように、康有為は自由を秩序維持と対立するものとして捉えた（『康南海先生遺著遺刊』九所収、宏業書局）。また民権の内容も、彼の「公民自治」が郷紳を基礎にしていたことからも分かるように（「公民自治篇」）、社会階層として限定的なものである。

（10）例えば、『孟子微』（一九〇一年）巻一に、「故独立自由之風、平等自主之義、立憲民主之法、孔子懐之待之平世、而未能遽為乱世発也、以乱世民智未開、必当代君主治之、家長育之、否則団体不固、民生難成」とあるように、西洋的観念は受容されている（台湾商務印書館、民国五七年版）。ただし、それは当時の中国においては、そのままでは受容できず、大同社会をまって実現される、との留保条件が付いている。

（11）『孔子改制考』（一八九八年）巻四「凡言黄帝、皆老氏所託古者」（『呂氏春秋』去私篇などに対する按語）、「此老荘之託古、以申其在有無為之宗旨」（『荘子』天運篇に対する按語）。（台湾商務印書館、民国五七年版）。

(12)『万木草堂口説』「学術源流五」、「諸子二」参照。(一九八八年、中筆書局版)。本書は、康有為が一八九一～九七年に、広州の万木草堂において講義したものを受講生が筆記したもので、現在、二種の伝抄本があり整理された。一九八五年中山大学出版社版は、『南海康先生口説』と称するが、本書と同様、中山図書館蔵本が底本である。
(13)『万木草堂口説』「学術源流二」、「学術源流七」参照。「諸子二」では、これら以外に、縦欲を重視する楊朱、万物斉同を主とする田駢・慎到、養魄を主とする関尹・尹文を挙げる。また『孔子改制考』巻六「老子後学考」では、戦国期から東漢まで九九名が挙げられて、刑名家、酷吏、道教の張角、張陵なども含まれる。
(14)『孔子改制考』巻五「秦始愚民、韓非以老学行之」(『史記』李斯列伝に対する按語)など。
(15) 拙稿「章炳麟における(我)の意識―清末の任俠(Ⅳ)―」、『京都産業大学論集』、二四―一、一九九四年。
(16)「諸子学略説」「其述似与老子相同、其説及与老子絶異」。
(17)「国学発微」第二二葉(一九〇五年、『国粋学報』原載、『劉申叔先生遺書』一所収、華世出版社)。
(18)『中国倫理学教科書』第一冊、第三〇課(一九〇五年、『劉申叔先生遺書』四所収)。

第二節

(1)「論社会革命当与政治革命并行」第一、二節、『民報』五号、一九〇六年。
(2) 劉師培・何震合撰「論種族革命与無政府革命之得失」、『天義報』六、七号、一九〇七年九月一、一五日。また劉師培「論新政為病民之根」(同上、八・九・一〇合刊号)にも、同様の議論がある(『辛亥革命前十年間時論選集』第二巻下冊所収、三聯書店)。
(3)『欧遊心影録節録』(一九二〇年)、上篇第五～九節(『飲冰室専集』二三)。本書に見られる西洋体験が契機となって、梁啓超の思想が転変したという(丁文江・趙豊田編『梁啓超年譜長編』、八九五頁、上海人民出版社、一九八三年)。
(4) 山田洸「近代日本と老荘思想」、『共立国際文化』三―二、一九九三年。
(5) 本書は、厳復が熊季廉のために説いたもので、晋、王弼注を使って、眉批に自在に厳復の注を加える(厳霊峰編『無求備斎老子集成』続編所収、芸文印書館。以下、『老子集成』と略記)。黄老思想の見方は、第三、一〇章眉批参照。
(6) 例えば、第五、二九、三〇、三一、三七章眉批参照。

（7）『子墨子学説』第四章参照（一九〇四年、『飲冰室専集』三七所収）。

（8）一九〇四年、『劉申叔先生遺書』一所収。

（9）第四六章「天下有道、…、禍莫大於不知足、咎莫大於欲得」に対しては、モンテスキュー『法意』に照らして「純是民主主義」だと論じ、第五七章「以正治国、…、以無事取天下」に対しては、「取天下者、民主之政也」と注釈した。

（10）「論種族革命与無政府革命之得失」（本節注（2））参照。

（11）胡適は「諸子不出于王官論」（前掲）で、『国故論衡』の諸子論は、その精緻さと僻戻さが「諸子学略説」以上だと批判した。彼は、章炳麟が伝統的な諸子出于王官説を継承したこと以外に、そこに見られる老子解釈の恣意性（第二節参照）などを僻戻としたのであろう。しかし、『中国哲学史大綱（巻上）』「第一篇導言」は、『国故論衡』の原名、明見両篇や『斉物論釈』を、両書が訓詁・校勘の諸子学から、条理を見いだす諸子学にまで発展させたとして、「空前的著作」と激賞し、その精到さは章炳麟に仏学、心理学、純粋哲学などがあったからこそだとした。胡適はそこに、学術性と思想性の幸福な結合を見たわけだが、伝統学術がそのような性格をもつものと、当時の知識人から理解されていたことが分かる（第三節参照）。

（12）『中国哲学』六、二九九～三一〇頁、一九八一年。本論文は、その手稿が京都大学人文科学研究所に蔵されており、一九一一年に日本の沙門を対象にした講演の草稿だと推定されている。太炎の後期思想を知る好個の資料である。出版の経緯については、謝櫻寧『章太炎年譜摭遺』六四頁参照（中国社会科学出版社、一九八七年）。

（13）『老子哲学』、『哲学』一、二原載、一九二一年。また『老孔墨子以後学派概観』附録（一九二〇年、『飲冰室専集』二所収。台湾中華書局、民国六一年）では、老子を、道理の点で「近唯心」、作用の点で「任自然」であり、墨子や孔子と並ぶ古代学術の淵源だと見た。

（14）梁啓超は、例えば、欲望によって煩悩が生じると、「把精神弄得很昏乱、還能够替世界上做事嗎、所以老子〈少私寡欲〉的教訓、不当専従消極方面看他、還要従積極方面看他」とし、「老子的大功徳、是在替中国創出一種有統系的哲学」（第三作用論）などという。

（15）ここで「〈精神的なもの―物質的なもの〉の枠組」と言う場合、必ずしも「〈精神的なもの＝中国―物質的なもの＝西洋〉」を指していない。老子評価の基準に、その哲学性や反文明性がもちだされたというまでである。例えば厳復は、老子の再解釈によって伝統中国と西洋近代とを批判しているが、老子の反文明性がその一つの批判基準になっているし、伝統中国が精神的なものとして全肯定されたわけでもない。老子の哲学性を評価したからといって、一概にその思想家が「〈精神的なもの＝中国―物質的なもの、非精神的なもの＝西洋〉」と見做したとは言えないのである。

第三節

（1）例えば、M・ウェーバー、木全徳雄訳『儒教と道教』、一八七頁、二〇一～二〇四頁、二〇七頁（創文社、昭和四六年）。湯浅幸孫「『読書人』身分の『教養』と『倫理』―中国文化の統一性の基礎―」、哲学研究四六九号、昭和三五年。
（2）『老子集成』続編、『孫籀廎先生集』三、芸文印書館、所収。
（3）『老子集成』続編、『楊仁山居士遺著』、河洛図書出版社、所収。
（4）馬叙倫『老子覈詁』（太平書局版、三二頁）、木村、前掲書、二七八～八六頁。
（5）議論の妥当性の水準については、J・ハバーマス『コミュニケーション的行為の理論』上、第一章第一節付論「議論の理論」（未来社、一九八九年）参照。但し、ハバーマスは、直接、拙稿の問題を論じているのではない。また第三編第一章「清末の諸子学―座標としての伝統学術―」第三節参照。
（6）一九一七年。科学、三―一原載（前掲『胡通学術文集』上冊、所収）。
（7）劉師培『老子斠補』（『劉申叔先生遺書』二、所収）。
（8）『老子集成』初編、所収。
（9）曹先擢『通假字例釈』、一九一～九二頁、河南人民出版社、一九八五年。

第三章　初期王国維と諸子学

——鳥瞰する眼——

問題の所在

王国維（一八七七～一九二七）は、周知のように歴史学の泰斗であり、日本とも関係が深い。王国維は一九〇〇年に初めて日本にやって来たが、辛亥革命後は、羅振玉とともに再来日して研究した。彼の歴史学上の業績が辛亥後に多く生まれたことも、贅言を要すまい。辛亥前、彼は哲学や文学を志した。この西洋哲学の志向は、中国にいわゆる純正哲学があるかどうかの検証を伴ったが、その根底には精神の彷徨、いわゆる「人生の煩悶」が関わっていた。ただ、この「人生の煩悶」は、王国維個人のというより、明治後期の日本青年の精神状況と共通するところがある。国家から離れた地点に自我の確立を求め、文学や学問に独自の領域を見出そうとした明治三〇年代の思潮がそれである。[1] だから、辛亥前における王国維（ここでは仮に初期王国維と呼ぶ）の哲学思想を理解するには、西洋近代思想、中国の伝統思想、および日本明治三〇年代の思潮が鍵となる。

しかし、清末思想史における初期王国維研究は、従来、それほど多いとはいえない。彼の「紅楼夢評論」や『人間詞話』は別にして、思想としての王国維は、研究の主流ではなかった。王国維の初期の論文はカントやショーペンハウエル、ニーチェの影響が著しく、彼は西洋近代哲学の紹介者であったが、そうした西洋哲学への傾倒は、かえって彼を当時の時代精神から遠ざけた。戊戌から辛亥にかけては、清朝の改革から清朝の打倒へと、時論が急激に転換する時期にあたり、王国維の哲学志向や非政治性は、時代から孤立していた。これまでの中国近代思想研究は革命思想の検証を旨としてきたので、王国維を疎んじてきたわけだ。王国維は古代史学の業績から論じられることが多く、王国維の思想研究は、最近に属するのである。

さて本章は、辛亥前の王国維の諸子論について考察するものである。清末、諸子は西洋近代思想の刺激を受けて再評価されたが、当時、諸子は、中国思想が西洋近代思想を受容してゆく中で自らを再生させる媒介であった。(2)蔡元培は清末から辛亥後にかけての中国哲学を回顧して、中国近代の哲学を西洋近代哲学の紹介と受容、および中国古代哲学の整理に分けているが、(3)諸子は西洋思想理解の枠組を提供するなど、重要な作用を果たしたのである。このような諸子を辛亥前の王国維はどう見たのか。彼の諸子論は西洋近代哲学といかに関係したのか。清末の諸子学は西洋近代思想との接点となったから、これは興味のあるところである。また中国思想は、基本的性格として学術性と実践性（とくに政治性）を併せ持つが、(4)王国維諸子論に見られる学術性は、清末においていかなる歴史的意味をもつのか。王国維は辛亥前、仕事の関係から日本書を多く翻訳したが、その西洋近代思想の受容はまず日本を介してであった。(5)彼の諸子論を、明治思想の側面からも照射して、清末におけるその位置と射程とを考えることとする。

一　王国維と清末の諸子学

清末諸子学の復興は、近代化の波の中で伝統思想を再評価する動きと関わりがある。諸子学は道光期（一八二一～五〇）以降、経学の付庸の地位から脱して盛んになった。乾隆・嘉慶期（一七三六～九五・九六～一八二〇）では、経学を諸子によって補証する方向であったのに、道光期以降は、諸子の思想内容重視へと方向を転じたのである。[1] その結果、諸子学は二千年近い儒教一尊の地位を動揺させ、儒教の封建性を露呈させることとなった。諸子学の復興とは、儒教以外の伝統思想の再発見であり、梁啓超の言葉を借りれば、「思想解放一大関鍵」であった。ただし、伝統思想の再発見といっても、必ずしも西洋近代思想の排斥を意味せず、初めはむしろ西洋近代思想に類似したものを諸子の中に探す形をとった。例えば、兪樾「墨子閒詁序」に言う。

　近世西学の中、光学重学は、或ひは皆な墨子より出づと言ふ。然らば則ち其の備梯備突備穴の諸法は、或ひは即ち泰西機器の権輿《めばえ》ならんか。[2]

西洋近代の光学や力学が仮に墨子から出たとするのなら、墨子の備梯、備突、備穴の諸法は、西洋の器械の始まりであろうか、と言うのである。こうした諸子と西洋近代文明との類比は、実は器械などに限らない。譚嗣同は墨子の「兼愛」をキリスト教の博愛、荘子の「在宥」を西洋近代思想の自由と類比したし、劉師培は孟子に議院選挙の趣旨、管子にモンテスキューの立法政治の精義を見出した。[3] 新たに受容した西洋的観念を一つひとつ伝統的観念に比擬したわけである。清末諸子学は、上例のように、先ず西洋近代思想を受容する準拠枠として機能した。[4] そこに付会が伴っていたとしても、中国思想を相対化し始めた点で、辛亥後、胡適『中国哲学史大綱（巻上）』（一九一九年）などが古籍を新しい方法で整理してゆく原点になったと言えよう。

　さて、辛亥前の王国維にも諸子論があり、清末諸子学の流れの中で無視することはできない。当時、彼はカントやショーペンハウエル、ニーチェなど、西洋近代哲学を学ぼうとしていた。清末、西洋近代思想の紹介者として、厳復や李煜瀛（『新世紀』を創刊）などがいたが、彼らが紹介したのは主に英仏の政治・社会思想であった。一方、王国維はドイツの、いわゆる純正哲学を研究したが、彼の非政治性や学術至上主義のために、その諸子論は政治思想を軸にした清末思想史の中で、正当な位置を得られなかった。しかし、それは清末においてどのような意味をもったのか。清末が中国思想の相対化と自己再編の時期であったのを見れば、一考に値しよう。

周知のように、王国維は一八九四年、郷試に失敗したあと、一八九八年、上海時務報館の書記をし、羅振玉（一八六六～一九四〇）が興した上海東文学社に入って日本語と英語を学んだ。その頃、東文学社の教官藤田剣峯（一八六九～一九二七）や田岡嶺雲（一八七〇～一九一二）から大きな影響を受けた。[5] 羅振玉が一九〇一年創刊した『教育世界』誌上に、日本書から実に多くの翻訳をした。[6] 王国維の諸子論は、この『教育世界』誌に載ったもので、西洋哲学を基準に、中国哲学の可能性を探る知的努力の一環であった。例えば「哲学弁惑」は、哲学は中国固有の学であり、中国哲学に通じるために西洋哲学も研究すべきだと説いた。[7] 王国維によれば、哲学とは理性の要求であり人と禽獣とを分かつもので、天下万世の真理を追究するものである。[8] 哲学が普遍性をもつ分、自らが拠って立つ中国哲学の性格を見極める必要が生じた。「論性」をはじめとする彼の一連の中国哲学関係の論稿は、その作業であった。

そこで以下に、王国維の中国哲学関係の論文を掲げる。[9]

【一九〇四年】	『教育世界』の号数	＊は『静安文集』収載 ＊＊は『静安文集続編』収載
1　孔子之美育主義	六九	署名
2　就倫理学上之二元論	七〇～七二	署名　＊

3	国朝漢学派戴阮二家之哲学説（後に修訂して「論性」と改題）	七六	署名	＊
4	荀子之名学説	七七	無署名	
5	管子之倫理学説	八〇	無署名	
6	孔子之学説	八一～八三、八六～八九	無署名	
7	釈理	八二、八三、八六	署名	＊
	【一九〇五年】			
8	周秦諸子之名学	九八、一〇〇	署名	
9	子思之学説	一〇四	無署名	
10	孟子之学説	一〇四	無署名	
11	荀子之学説	一〇四	無署名	
	【一九〇六年】			
12	墨子之学説	一二一	無署名	
13	老子之学説	一二三	無署名	
14	原命	一二七	署名	＊＊
15	孟子之倫理思想一斑	一三〇	無署名	
16	列子之学説	一三一、一三二	無署名	
17	周濂渓之哲学説	一三三	無署名	

【一九〇七年】

18	日本陽明派之哲学史	一四八～一六二	無署名	
19	書辜氏湯生英訳中庸後	一六〇、一六二	署名	＊＊
20	孔子之学説	一六一～一六五	無署名	

これらのうち、4は桑木厳翼「荀子の論理学」（『早稲田学報』一四、一八九八年）の中文訳、5は高橋正雄の中文訳、6は蟹江義丸「孔子研究」の中文訳、18は井上哲次郎の中文訳とすでに『教育世界』誌に明記されている。また9・10・11は遠藤隆吉『支那哲学史』（金港堂、一九〇〇年）、20は松村正一「孔子之学説」（『東洋哲学』八編九～一二号、一九〇一年）が種本と指摘されている。[10] 無署名論文は、最近たしかに王国維の佚文とされがちであったが、王国維の（訳稿ではなく）論文だと即断できない反面、すべて種本があるとか他の訳者の手になるとも断定できない。

例えば無署名の13「老子之学説」である。その「第一章　伝及著書」冒頭は、清中期の揚州学派汪中の「老子考異」（『述学』巻四）を引く。汪中（一七四四～九四）は、清朝考証学のなかで荀子を復権させ（「荀卿子通論」、『述学』巻四）、老子を伝記的に検討し（「老子考異」）、清末に脚光を浴びる墨子にもいち早く注目した（「墨子序」「墨子後序」、『述学』巻三）。梁啓超は、汪中による諸子学復興の歴史的意義を高く評価したが、[11] 当時、汪中は翁方綱（一七三三～一八一八）より、墨子復権を理由に、「名教之罪人」と断罪された（『復初斎文集』巻十五「書墨子」）。汪中は儒教の異端なのであった。彼の「老子考異」は、『道徳経』の著者の老子を周太史儋として、孔子が礼を問うた老子や、楊朱が師事した老子と区別した論文である。清末、汪中は康有為や章炳麟などに引用されるなど、[12] 清末の伝統学術の中でそれなりの位置をしめていたが、[13] 当時の日本の中国哲学史研究において正当に評価されていたとは必ずしも言えない。

例えば萩原西疇『諸子大意』（益友社、一八九三年）、牧野謙次郎『周秦諸子』（漢文書院、一八九四〜九五年）、松本文三郎『支那哲学史』（東京専門学校出版部、一八九八年）、遠藤隆吉『支那哲学史』（前掲）、藤田豊八『支那倫理史』（哲学館第一二学年度高等教育科講義録、一九〇〇年）、中内義一『支那哲学史』（博文館、一九〇三年）、高瀬武次郎『支那哲学史』（文盛堂、一九一〇年）、宇野哲人『東洋哲学大綱』（国学院大学出版部、一九一一年）など、中国哲学関係書の老子関連章は、汪中に言及しない。島田鈞一「周代諸子略」（一八九九年、哲学館第一一学年度宗教学科講義録）は、某説として引くものの、逆に批判している。日本で当時、汪中説はまだポピュラリティを持っていなかったのである。ところが、無署名論文「老子之学説」は汪中「老子考異」のほぼ全文を引用し、阮元の説が想像の域を出ないのに、汪中説は事実に基づく、と高い評価を与えている。王国維と署名された「屈子文学之精神」(14)は、汪中説を引いて老子は楚の人で、孔子より後で、孔子が問礼した老耼とは別人であると注記し、同じく王国維署名の「書辜氏湯生英訳中庸後」でも汪中老子説に言及する。(15)「自序」（『教育世界』一四八、一九〇七年）さえも、末尾に汪中の言葉を引いている。要するに、王国維は汪中を高く評価していたわけであるから、「老子之学説」は、王国維の手になる可能性がある。ただ、無署名論文16「列子之学説」などが、厭世思想や懐疑論など列子の思想内容を詳しく分析しているのに反し、「老子之学説」はその第一章「伝及其著書」に詳しく汪中を引いたのに比して、第二章「形而上学」、第三章「倫理政治論」がいたって素っ気なく、そこから以上の推定を補強することは難しい。しばらく可能性としてとどめておく。

ところが無署名の12「墨子之学説」は違う。「老子之学説」と同じく、第一章　伝及其著書」で汪中「墨子序」を半分以上、「墨子後序」をほぼ全文近く引用し、清、孫星衍の説と対校したうえで、「其考墨子之生世、可謂最詳核者矣。」とか、「其言是也」、「善夫、江都汪氏之言曰…」、「可謂知言者矣」と絶賛して、当時の日本の墨子研究が、汪中に余り注目していないのと対照的である。(16) それればかりかその第四章「名学＝概念論＝推理論」では、その引用文と解説文とが署名論文8「周秦諸子之名学」と同じか、ほとんど同じなのである。「墨子之学説」は、王国維の論文と見てよいだろう。

以上から、本章は、王国維の諸子論として上表の諸子関係論文の中で1「孔子之美育主義」、8「周秦諸子之名学」、12「墨子之学説」を考察の対象とし、関係論稿でも、他の無署名のものは一まず今後の検討に待ちたい。

二　王国維と中国思想の相対化

（1）王国維の方法—鳥瞰する眼

王国維は西洋近代文明との出会いを、あたかも第二の仏教との邂逅のようだと述べた。(1) 彼によると、中国思想は固有の発達を遂げた後に、外部世界の影響を受け始めた。先秦期は、中国思想の能動時代であるが、漢以降は儒教が支配した結果、創造的な思想はなく、六朝〜唐にかけて、中国固有の思想がインド思想と出会い、中国思想は受動の時代に入った。ついで宋儒が仏教と儒教とを調和し、清朝は思想の停滞期であったが、西洋近代文明と接触した、というのである。王は中国思想史を、中国とインド、西洋との文明接触として捉え、清末を大きな転換期だと見たのである。この認識は当然、自国文化の相対化を迫ることになった。

周知のように、彼は政治から離れた地点にたって、いわゆる純正哲学を志向し、(2) 学術の独立性を主張するとともに政治主義を批判した。例えば「論近年之学術界」では、二〇世紀初頭、中国に受容されたルソーは政治主義的であり、中国のルソー主義者は情意的で自然主義に無知だと批判した。西洋近代思想の刺激のもとに伝統思想を作り変えようとした康有為や譚嗣同に対しても、その学問上の事業が政治上の企図とともに失敗せざるをえないと論評し、「学術の発達を欲するのなら、必らず学術を目的として、手段と見なしてはならない」と主張した。(3) その非政治性とともに時代の主流から離れた地点にいることが窺える。

王国維の純正哲学志向は、中国哲学の扱いに見られる。彼は、中国哲学の関心が性・理・命にあったと言う。(4) その「論性」「釈理」「原命」三篇は、中西の哲学を比較した論考である。三篇ともに共通する方法態度は、思索あるいは議論が一般的に成立する際の前提条件に注意していることである。例えば「原命」は、六割以上が「定業論」と自由意志論についての一般的考察である。そして、西洋哲学自体の考察に紙幅が多く割かれていることである。これは中国的思考としては異例のことで、彼自身の問題意識が濃厚に反映している。

先ず「論性」（原題「就倫理学上之二元論」）であるが、(5) これは、伝統的カテゴリである人性を論じて中国哲学の特性を探ったものだが、「性」概念の定義以前に、認識問題から始めている。すなわち、「性」は本来、知識の外に超えたものだから、経験より推論する他はないが、経験的事例に立って論ずる限り、矛盾は生じない。しかし、それは「性」の本然ではない。いったん経験的事例にもとづいて体系的に説明しようとすると、二元論に陥らざるを得ない。善悪のいずれか一方の事実から他方を説明しきれないからだ。古今の「性」論が相矛盾するのは、経験上の事実に即した必然的結果だ、(6) と言うのである。そして論文末尾で、自分は後人にいたずらにこうした無益の議論を繰り返させないために書いた、と言う。伝統的人性論（善悪二元論）が認識論的に矛盾を生んで、議論が空転する陥穽を指摘したのである。

次に「釈理」である。この場合は、「理」とは、わが心が分析する作用および分析できる物を指す、という規定から始める。そして、中国の「理」字は Ratio, Raison, Reason に意味が近く、理性と理由の両義を持つと述べた後で、広義と狭義に分けて分析している。

　これを章炳麟（一八六九～一九三六）の議論の仕方と比べれば、王国維の純正哲学志向は明らかとなる。章炳麟は、周知のように、革命思想家でありながら国学大師と呼ばれ、学術性にも富んでいた。彼は『国故論衡』（一九一〇年）で、伝統的な五つの人性論を唯識学の立場にたって検討した。その弁性篇は、仏教にいう「万物皆な自性なし」から書き始められ、「自性」を変壊できないものの意味だと注記する。その後、人が本来無形なのに有形を見るのは、志《こころ》と形とが互いに連関するからだ。縁生説を主張するものは、仮設してそれを「性」とする、と議論を展開させてゆく。[7]「自性」は定義されているが、それは拠って立つ唯識学の規定であって、諸々の議論が成立する一般的前提ではない。またその『国故論衡』明見篇は、哲学の可能性をやはり唯識学の立場にたって、伝統思想の中に探ったものである。論文冒頭、章炳麟は、哲学に相当する諸子九流の「道」や宋儒の「道学」という言葉には問題点があり、「哲学」の語は雅馴ではないので、「見」という典言を与えるのがよいと述べた上で、荀子、荘子、恵施を手がかりにして、認識や世界の始原、論理など、哲学問題を順次検討している。[8]明見篇が問題にしたのは思想内容であって、諸々の議論が成立する一般的な前提条件ではない。

　ところが、王国維の場合は、自説の主張以前に、議論を成立させる一般的条件を考えたのである。相対立するいずれの立場であれ、立論とその根拠は、それぞれ経験的には成立するから、それを知らぬことで引き起こされる混乱を避けるためである。この種の思考は学術的であり西洋哲学風なのだが、いわば上空飛翔して鳥瞰するものであって、中国思想の伝統からすれば、現実との緊張を欠き実践性に乏しいものと見なされやすい。

（2）中国思想の相対化

こうした王国維の立場は、西洋近代思想との対比の中で中国思想の形を探らずにはおかないが、西洋近代思想の刺激を受けて中国思想を相対化する流れは、すでに王国維以前に始まっていた。

清末、アヘン戦争以降、西洋近代思想の流入は加速した。特に日清戦争での敗北を契機にして、文化的社会的領域における西洋近代思想の受容は著しかった。厳復『天演論』の流行は、その現れである。西洋近代思想は康有為や梁啓超、章炳麟など指導的な伝統的知識人にも受容されて、中国の伝統思想を西洋近代思想に比擬する形で相対化させることになった。例えば章炳麟『訄書』は難解であるにもかかわらず、よく読まれたものだが[9]、その清儒篇は、ピュタゴラス派の主張する、奇数偶数・有限無限・一多など相対立する一〇の性質のうち、八つを周易はすでに指摘していると述べる。また『訄書』哀清史篇附録「中国通史略例」は、伝統的な歴史記述の様式である紀伝体・編年体・紀事本末体の三つは「皆具体之記述、非抽象之原論」であり、杜佑や馬端臨の類書の方法は「分析法に近い」と評した。具体・抽象・記述・原論・分析法といった西洋的観念の光が当てられて、伝統史学が相対化されているのである。しかし、章炳麟がいかに学術性に富むにせよ、学問全体として実践（とくに政治）性がないわけではない。彼は当時、革命家でもあった。しかし思うに、学術性と実践性の緊張が中国思想のダイナミズムを生んできたのであってみれば[10]、章炳麟のように（程度は差があれ）学術性と実践性を併せ持つ形が普通であって、王国維のような方法態度は、清末では特異と言う他ない（次節）。時流から孤立するのは、当然であった。

ともあれ、王国維は次のように中国思想を相対化した。王国維は言う。言語は国民の思想を代表するものであり、思想の精粗広狭は言語の精粗広狭と関連する。それ故、言語によって国民の思想が分かる。仏典翻訳のとき、周秦時代の言語の不足に気づかれたが、西洋書籍の翻訳では、近世の言語の不足が問題となる。中国と西洋との間には、言語に精粗広狭の違いのみならず、国民性の特徴の違いがある、と。そして、その見方から中国思想と西洋近代思想とは、次のように対比された。[11]（表中の＊、＊＊、＊＊＊の説明は注（11）参照）

中国思想	西洋近代思想
実際的（とくに北方の思想で著しい　＊）	思弁的
通俗的	科学的
実践重視。理論的方面では具体的知識で満足（実際の要求がないと分類しない）	抽象と分類、綜括と分析に秀でる
論理学の不在、文法の不在	論理的で厳密
無の哲学、不立文字（「言語之不足用」）	言語（観念）の豊富さ
道徳哲学と政治哲学しかない　＊＊	
古典が繁散であって体系性がない　＊＊＊	体系的

中国思想の相対化は、儒教が士人の精神世界を支配してきた以上、儒教の聖性を剝ぐことに繋がる（聖性とは、ここでは儒教が当然とする前提のことであり、士人が自明として問わなかった性格を言う。それは、倫理と政治、学術の三位一体構造である）。しかし、王国維においては、それによって中国哲学が不要となるわけでも、あるいは西洋哲学より劣るとされたわけでもなかった。彼は、中国哲学と西洋哲学との関係はあたかも儒家と諸子との関係に似て、中国哲学を完全に知ろうとすれば、西洋哲学を研究せねばならぬ、と論じている。(12) また、後の「国学叢刊序」でも、「学に中西はなく」、広狭疎密の違いでしかないからだ、と学術の普遍性を説いた。(13)

このように、王国維は中国思想を学術として相対化した。相対化によって中国思想の基本的性格を浮かび上がらせたが、王国維の知的営為は思想の肉体性を喪ってやがて挫折することになる。(14) とはいえ学術を「禄利之路」としてきた中国思想は、自らを一たん相対化させる必要があり、学術を実践（とくに政治）から断絶させねばなるまい。知が頽廃して政治の奴婢に堕落しないためである。こうだとすると、王国維の知的営為の意義が見えてくるだろう。そこで次節で、彼の諸子論を検討して、清末思想の中に置いてみよう。

三　王国維諸子論の射程

（1）王国維の諸子論　諸子は清末において西洋近代思想受容の枠組を提供し、中国思想が自らを再編してゆく媒介であった（前述）。先秦諸子について、梁啓超「論中国学術思想変遷之大勢」（一九〇四年）は、その時代を中国思想の全盛期とし、章炳麟「諸子学略説」（一九〇六年）は、諸子の思想の独立性を評価した。王国維は、諸子が学説を創造し、「道徳、政治、文学において燦然と万丈の光焔を放った」と見た（「論近年之学術界」）。彼は、「孔子之美育主義」や「周秦諸子之名学」・「墨子之学説」以外では、「論性」「釈理」「原命」三篇などで諸子を考察した。三篇は「理」や「命」などをめぐって、先秦諸子では、孔子・孟子・管子・告子・申子・韓非子・老子・墨子などを検討したが、中国哲学史的な考察というより哲学的議論に傾いて、彼の主体的関心が濃厚に反映している。

例えば「孔子之美育主義」は、王国維の主体的関心が強く出たものである。彼は言う。中国文化が実用に偏り、学問や物事では有用性しか見ないので、中国人は審美の趣に欠けている。ところが孔子の審美論は不明だが、孔子が美育を行い詩や音楽を重んじたばかりか、天然の美を楽しむことを実行した。賤儒とは違う、と。この美育の必要性を説くのに、王国維はショーペンハウエルの厭世観を用いて、その『意志及観念之世界』の英訳本から引用した(1)。人には「生活之欲」があるが、それは空乏感から起こり、人は希望や恐怖、苦や楽などから逃れられない。美の「境界」は人を利害感情から解放して無欲にするというのである。孔子が、王の主体的関心、すなわち「生活之欲」に縛られて苦しむ人間観に強く引きつけられて理解されたことが分かる。

「原命」は、西洋哲学にいう「定命論（Fatalism）」と「定業論（Determinism）」を基準にして、(2)中国哲学における「命」の諸説を考察している。中国哲学の「命」説を検討した後、カントやショーペンハウエルなど、西洋近代哲学における「定業論」と意志の自由の問題をかなり長く論じている。王国維によると、墨子以外はみな「定命論」である。孟子は「定命論」であるが、その意志自由論の立場は「求之有道、得之有命」（尽心上）、「聖人之于天道也、命也、有性焉、君子弗謂命也」（尽心下）から窺える。後者の意味は明らかに「非定業論」である。宋儒に至るまで、みな孟子の「非定業論」の思想を承けている。中国哲学を通観すると、一人として「定業論」を持するものはなく、意志の自由を説く者にもよく出会うとは限らない。中国には「定命論」と「非定命論」(3)の思想しかない、(4)と言うのである。

また「論性」では、孟子や荀子など、中国の性説の論理的矛盾が指摘された。孟子は「欲」について「養心莫善于寡欲」と言うが、「欲」の来源を哲学体系として説明できていない。(5)荀子は性悪説の立場に立って、「礼義法度、是生于聖人之偽、」などと言い、聖人（礼義の制作者）を人と原理的に区別している。聖人が出て礼義を興し、そこで始めて人は善になると言うが、最初の聖人は何に基づいて善を体得したのか、(6)と。性一元論の論理的矛盾が衝かれるのである。他の先秦諸子では、告子の性論は孔子の「性相近」説にもとづき、老荘は性善、申子や韓非子は性悪を主とする、といった具合に述べられている。

また「墨子之学説」（前節）は、第一章「伝及其著書」に詳しく汪中を引くが、墨子は孔子の弟子であって、孔子に比べてより功利主義的だと主張し、自説が汪中や孫星衍とは違うと言う。第二章「形而上学＝天与鬼」では、墨子は道徳政治の点で孔子と同じだが、道徳政治の原理を天意に求めたところが違い、その明鬼説も道徳政治の立場から生まれ、形而上学の原理ではないとする。第三章「倫理学＝愛与利」では、墨家の「愛」は儒家の「仁」とそれほど異ならず、「利」概念もその道徳政治の根本主義であり、節葬は功利主義的で、孔子が人情から立論するのとは違うという。第四章「名学＝概念論＝推理論」は、前節にすでに触れたように「周秦諸子之名学」と、ほぼ同文である。

諸子が儒家と同等に扱われて儒教の聖性が奪われたことは、以上の三篇から分かる。また墨子論では、墨子の政治観には触れず、当時の研究でそれほど注意されなかった論理思想について論じ、汪中に異説を立てている。王国維の諸子論の性格は、論理学方面で際立つ。諸子が西洋哲学との接点であり、論理学が思索の方法かつ弁論の術であったから当然だが、何よりも当時の中国哲学史は倫理思想を軸に見るのが一般的であったから、論理学方面への着目は目立つ。章炳麟などは中国思想の再読を通して西洋近代思想と対抗しようとして、実に政治（思想）的だったから、王国維の諸子に対する見方は、独自のものであったと言えよう。

（2）王国維名学論の位置

王の名学論には、彼の訳稿と推定される無署名の「荀子之名学説」（前掲）以外に、署名された「周秦諸子之名学」（一九〇五年）がある。彼は中国思想を西洋近代思想と対質させたとき、中国に論理学が不在と見たから（前節）、論理の体系を過去に探ることは必至であった。「周秦諸子之名学」は、その試みなのである。

さて、清末における西洋論理学紹介ということでは、例えばW. S. Jevons著・艾約瑟（J. Edkins）訳『辯学啓蒙』（一八八六年）、J. S. Mill著・厳復訳『穆勒名学』（一九〇二年）、中江篤介著・陳鵬訳『理学鉤玄』（一九〇二年）、高山林次郎著・汪栄宝訳「論理学」（一九〇二年）[7]、馬君武著「論理学之重要及其効用」（一九〇三年）[8]、冨山房編著・范迪吉等訳『論理学問答』（一九〇三年）、耶方斯《ジェヴォンズ》著・王国維訳『辯学』（一九〇七年）[9]、W. S. Jevons著・厳復訳『名学浅説』（一九〇九年）などがある。

また中国論理学関係の論文としては、梁啓超「墨子之論理学」（一九〇四年）[10]、劉師培「荀子名学発微」（一九〇七年）[11]、章炳麟「原名」（一九〇九年）[12]などが挙げられる。王国維論文は、この西洋近代思想の刺激を受けて伝統学術を再評価する流れの中にある。当時は革命運動と政治論争（例えば『民報』と『新民叢報』）時代であって、純粋の学術研究は、指導的知識人の主たる関心ごとではなかった。梁啓超や章炳麟、劉師培はいずれも政治運動に関係したし、章や劉の論文が掲載された『国粋学報』（一九〇五年二月創刊）にしても「愛国保種、存学救世」を旨とする政治意識をもっていた。王国維の論文は時期的には早いものだが、その非政治性によって時代思潮の主流から離れていたのである。それ故、王国維の名学論は、清末における西洋論理学受容史の中では言及されなかった。[13]

しかし、中国哲学の中に論理学を探る方向は、日本では王国維が接した日本明治三〇年代に見られる。桑木厳翼「古代支那論理思想の発達の概説」（『哲学雑誌』一六三、一六四、一九〇〇年）や西脇玉峯「先秦に於ける論理思想の発展」（『東洋哲学』三、五、一九〇二年）などは、その一例である。中国哲学の中に論理思想を見出そうとする試みは、論理学研究が明治二〇、三〇年代に盛んになり始めたことの一環だが、それほど多くはないようである。[14]

（3）王国維名学論とその射程

「周秦諸子之名学」（一九〇五年）は、墨子と荀子の論理学を検討している。学問の発達は論争から始まると見、墨子と荀子が論理を組織化したと考えたからだ。王国維は論理学の発達を学問と論争のダイナミズムに求めたので、焚書坑儒で学問の道が途絶し、武帝が諸子百家を斥けて儒教一尊にした結果、中国の名学は発達を止めた、と見た。[15] 彼は、墨子では経上・経下両篇の「定義（Definition）」を論じた部分、大取・小取両篇の「推理之謬妄（Fallacy of Reasoning）」を論じた部分、荀子の「概念（Conception）」を論じた部分を論理学として検討し、これらはアリストテレスに比すべくもないが、中国古典の貴重な一部であり、名学史上の興味ある事実だと言う。

しばらく議論を見てみよう。彼はいう。墨子の名学は経上下・経説上下・大取・小取の六篇で展開されたが、経上と小取の両篇のみ解することができる。しかし、経上篇は「定義」を下しただけで、定義の法則は論じていない。小取篇は「推理之真妄」を列挙し、「謬妄之種類」を述べてはいるが、「推理之法則」は論じていないとして、四つの推論式を挙げ、[16] 謬妄の種類を述べる。例えば小取篇「獲、人也。愛獲、愛人也。…、此乃是而然者也。」の次の句「獲之視、[17] 人也。獲事其親、非事人也。其弟美人也。愛弟、非愛美人也。」を引いて、前者が「言辞曖昧之謬妄（Fallacy of Equivocation）」、後者が「偶然性之謬妄（Fallacy of Accident）」だと注して、分析してゆくのである。このようにして、墨子の定義論や推理論は遍ねくないし、精詳でもなく、事実を細かく列挙してはいるものの、「抽象之法則」を発見できていない。名学上の位置は、ゼノンに近い、[18] と結論付ける。

今、王国維論文を西脇玉峯「先秦に於ける論理思想の発展」（前掲）と桑木厳翼「古代支那論理思想発達の概説」（前掲）とに対比してみよう。王国維論文の特徴が分かるだろう。

まず西脇論文だが、中国思想は実用的で、言論の術をたっとばず、論理思想は杜撰粗雑だとした上で、名家、墨家、法家を論じた。公孫龍と尹文子には一種の概念論と命題論とがあるが幼稚であり、その推理法則は漠然としている。『墨子』非命・大取・小取の三篇は、精確な推理法則を持つ。『韓非子』難篇の四つは、（形式的にはともかく）実質的に三段論法に適合している、というのである。西脇論文は荀子を論じていないし、墨子の分析も簡単であって、分析の深さや論文のまとまりの点で、王国維論文とは大いに異なる。

次に桑木の場合は、非組織的論理思想と組織的論理思想とに分け、前者に孔子・孟子・老子・荘子・詭弁派を、後者に墨子と荀子とを挙げた。『墨子』経篇は定義の類聚集であり、大取篇は組織的論理学を説かない。小取篇は推理の法則は論じないが、推理の真妄（謬妄の種類）は論じており、論理学として最も精緻だと桑木は評した。例えば「『或也者不尽也』―或然性即ち蓋然的 Wahrscheinlichkeit: Problematisches の義、『仮者今不然也』―仮説的 Hypothetisches の義」という具合に、『墨子』の各語句を逐条、規範の意味や例証、直接推理や類比推論のように西洋論理学に比定していった。そして墨子は推論を説くが、その組織性はきわめて不完全だ、と結論付けた。王国維も桑木厳翼もともに小取篇を扱い、墨子は非体系的な推論の論理学と見る点で共通し、西洋論理学と対質させる態度も共通する。両者の相違は、荀子について見出すことができる。

さて王国維は、荀子が中国の名学を発達させたと言い、その正名篇は、推理論を発展させられなかったが、概念論は精確で空前絶後の作だと絶賛した。(19) 桑木は荀子をソクラテス・プラトン・ヘーゲル・ロッツェらに比べたのに、王はアリストテレスに比肩するものとして、正名論を次のように分析した。「后王之成名、刑名从商、爵名从周、文名从礼、…」句は、言語は社会的性格をもち指示物と必然的関係がないこと（F. de Saussure の言葉を借りれば、言語記号の恣意性のこと）を述べたもの、「散名」「性」「情」「慮」等を論じた個所は、今日の西洋の心理学や倫理学と合致し、「然則何縁而以同異、曰縁天官、…」句以下の部分は認識論だ、と解した。とくに「心有徵知、徵知、則縁耳而知声可也、…」句の個所に対してショーペンハウエルを引き、荀子を次のように称賛した。荀子の論理学的価値は高い。西洋では、古代からカントに至るまで、みな直観（Perception）はただ感性（Sensibility）の作用に過ぎず、悟性（Understanding）の作用はないと考えたが、ショーペンハウエルは直観の中に叡智の性質があることを証明した（「充足理由律」の論文第二一章）。ショーペンハウエルは、荀子の本節の脚注である、(20) と。

桑木厳翼もやはり王国維と同じく、荀子は概念論が主で、認識論に及ぶとした。正名篇「異形離心、交喩異物、…、此所存有名也」句は概念の目的を述べた個所という風に、概念の起源、概念の規範と順次句解した。王と桑木とともに「単名」「兼名」「共名」「別名」を論じて、それほどの違いはない。しかし、桑木は、王国維とは違ってショーペンハウエルを根拠に荀子を評価することはない。桑木には『ニーチェ氏倫理説一斑』（一九〇一年）の著書があり、ショーペンハウエルに言及していて無知ではないにもかかわらず、である。ショーペンハウエルを引くのは、王国維独自の見方、いや、嗜好と言えようか。

　要するに、王国維は哲学の普遍性を前提にして、諸子のなかに哲学の方法を探求したのであった。その営為は、清末では異彩を放つと言えよう。哲学するという行為が、王国維の場合、きわめて自国の哲学に対して超然としており、外から見ていたからだ。しかし、中国思想の基本的性格からすれば、こうした鳥瞰的な外在的分析は、実践性が希薄となる。この点を、同じ頃に言語と論理について思索した章炳麟と比べてみよう。

『国故論衡』原名篇は、仏教の阿頼耶《アラヤ》識縁起説と因明学とを基礎にしながら、荀子や墨子を駆使して「名《ことば》」の問題を論じたものである。章炳麟は言う。民が文字を察する所以は、万物に「散名」（一般名詞）があるからで、「散名」の考察が重要だ。名家はその弁論が放紛とし、尹文子はもっとも欠点があるので、「名」の考察は儒墨に求める他ない。墨経上下と『荀子』正名篇とは、名家と違って弁論の根柢を極めた[21]、と。そこで章炳麟は「散名」を考察して、「名之所以成」「其所以存長」「所以為辯」の三つを論じた。彼は後述のように伝統思想を駆使しながら、「名」の哲学を自ら構築しようとしたのであり、『荀子』や『墨子』の語句が西洋論理学の何に該当するかが問題ではなかった。

　例えば「名」の生成（認識）について、章炳麟は唯識説を借りて言う。「名」は「受」（感覚）に始まり、「想」（表象）に中し、「思」（章の説では、連想に近いもの）に終わる。『荀子』正名篇「縁天官、凡同類同情者、其天官之意物也、…」は、「想」が「受」にしたがい、「名」が「想」に役せられることを言う。正名篇「心有徴知、徴知則縁耳而知声、可也、…、然而徴知、必将待天官之当簿其類、然後可也」句において、『荀子』の「当簿」は五官に接する意味であり、唯識説の「受」に当たり、『荀子』の「徴知」は唯識説の「想」に当たる。一たび接し一たび伝わることが「縁」である。四縁の一である増上縁は、『荀子』のいう「縁耳而知声、縁目知形」だ。以上が「名之所以成」である。そして「名」ができると、胸中に久しく蔵せられて渝《か》わらないが、それを浮屠では「法」と言い、墨経では「知而不以五路、説在久」（下篇）「智者若瘧病之之於瘧也、…」（説下、「之之於」は原文）と述べる、と。章炳麟は「名」の形成と持続について、『墨子』・『荀子』・唯識説に借りて、このように論じているのである。また「辯」（論理）についても同様である。すなわち、概念と分類を『荀子』と『墨子』にもとづいて論じた後、推理式を墨経上や因明学にもとづいて考え(22)、そして、「辯」の方法として因明学の三支比量、西洋論理学の三段論法、墨経の三者を比較した。この一端からも窺われるように、章炳麟は伝統哲学を用いて、自ら認識論と論理学とを作ろうと試みたのである。

こうした試みの成否は、まず墨経や『荀子』など、拠って立つ伝統哲学自体の内容理解に関わる。読みづらいテクストの妥当な読解が、因明学や西洋論理学と対質する前提条件なのである。胡適は後に、章炳麟が墨経上篇「故、所得而後成也。」経説篇「故。小故、有之不必然、無之必不然、体也、若有端。大故、有之必無然、若見之成見也。」を挙げて、『墨子』にも三支（三段論法）があったとすることを、牽強付会を免れないと批判した(23)。読解の困難さを示す一例である。章炳麟の伝統哲学に根ざす試みは、安易に西洋哲学に拠らない分、二重の困難が伴っている。それは伝統哲学の読解と哲学するという行為自体の困難さである。しかし当時、章炳麟は西洋近代思想への対抗意識を強めていたから(24)、王国維のように外在的に自国の哲学を鳥瞰せずに、伝統哲学と格闘する途を選んだ。章炳麟を批判した胡適自身、章炳麟の『国故論衡』や『斉物論釈』を、中国二千年間において「著作」と称するに足る七、八部の書の一と激賞した。[25]『国故論衡』などが学術性と実践性との知的緊張に漲っていたからである。学術の冷徹な眼よりも、伝統学術をふまえたスリリングな読解が腐敗した現実に切り込む、その知の果敢さを、胡適は中国思想の精華と見做していたからに相違ない。

ところが王国維の場合、上述のように古代論理思想の読解を通して中国哲学を再構築しようというのではなかった。彼からすれば、学問は普遍的であったので、中西が同じ地平に捉えられることになり、西洋への対抗などは政治的に映ったろう。しかし古来、中華帝国は政治（官僚制）と学術とが緊密に結びつき、学術がいわゆる「禄利之路」（班固）となってきたのである。清末、変法運動の失敗は、士人の富貴利禄根性と知の頽廃を明るみに出したが、それを攻撃した章炳麟自身が学者でありながら革命運動に関与した。どこまでも知の政治性の伝統は、強固と言えよう。章炳麟のみならず歴史上の批判者が問うたのは、権力の公共性や知の原理性であった。言ってみれば、それは士人と権力との距離でしかなく、学問の自立性ではなかった。こうしてみると、中国における学術と政治との密着は、原理的に省察されねばならず、知の世界が自立するためには、学術が政治から一たん切断される必要があろう。王国維の諸子論は、清末思潮から孤立していたが、知の政治性から離れていた分、異彩を放つ。このように見たとき、その学術性の歴史的射程が浮かび上がることになる。

小結

王国維は、鳥瞰する眼として中国哲学を捉えた。学問は政治の奴婢ではない、との考えからである（「論近年之学術界」)。そこでは中西の哲学ばかりではなく、諸子も儒家と同列に置かれた。その諸子論は哲学史的再構成というより、哲学的関心が強い。そして、カントやショーペンハウエルが参照され、諸子は「理」や「命」といった哲学的主題以外に、論理学方面でも検討された。当時の日本や中国では、中国論理学への関心はまだ低かったから、その試みは早いと言える。

しかも王国維は、意識して鳥瞰する眼となった。政治から学術が自立するためである。中国では古来、学術が政治と結びつき、知は実践との微妙な均衡のもとに展開してきた。ところが清末、植民地化の現実は、儒教の支配的地位を揺がせ、中国思想全般が西洋近代思想の光にさらされることになった。中国思想が相対化され始めたわけだが、伝統的な知のあり方にも批判の眼が向けられた。章炳麟は変法運動挫折の経験から、士人の知的頽廃をその富貴利禄根性に見出したが、それは知と権力との結合を抉ったものである。歴史的に見ると、王国維の学術自立の主張にも、同様の意図がある。王国維の試みが挫折に終わったのは、知の政治性の伝統が厚すぎたからだが、彼の自我の問題にも関わると思われる。ここに言う自我の問題とは、「人生の煩悶」のことである。

王国維は、人生に煩悶し哲学を志向したのである。「人生の煩悶」は、青年王国維個人の問題であると同時に、時代の風潮でもあった。中国では、革命運動に関与するのに主体(自我)の確立が叫ばれたし[1]、明治三〇年代の日本の青年は、国家から離れた地点に自我の確立を求めた。王国維が接した明治三〇年代の思潮は、この趨勢を反映している。ある社会思想史家は、明治期の自我意識を「政治青年」と「文学青年」の二類型で捉えた[2]。ただし、自我確立の問題にしても、国家主義の強まる日本と植民地からの脱出を試みる中国とでは、問題の方向がまるで違う。政治から逃走したい日本と政治への関与を説く中国と、正反対なのである。王国維の自我の問題については、ここで論じないが、彼は哲学、文学、そして実証史学へと、煩悶のうちに転じていった。彼は政治の季節に政治から逃走し、慰藉を求めて彷徨していたのである。知の政治性という伝統を切断しようとしても、彷徨する自我にとって伝統は余りに厚いと言える。清朝の遺老として伝統に回帰したのは、まことに歴史の皮肉であった。

［注］

問題の所在

（1）拙著『章炳麟と明治思潮―もう一つの近代』第二章、研文出版、二〇〇六年。
（2）第三編第一章「清末の諸子学―座標としての伝統学術―」、第二章「清末の老子論―解釈とその様式の問題―」参照。
（3）蔡元培「五十年来中国之哲学」、『蔡元培先生全集』、民国一二年。
（4）第三編第一章参照。
（5）例えば王国維「自序」（『教育世界』一四八、一九〇七年）によると、田岡の文集（『嶺雲揺曳』など）によってカントやショーペンハウエルに関心をもったという。

第一節

（1）第三編第一章参照。
（2）光緒二十一（一八九五）年夏序。小柳司気太「墨子解題」（一九一一年）は、経上篇には数学、経下篇には光学があると例示する。胡適『中国哲学史大綱（巻上）』（一九一九年）も、墨辯六篇には、算学・力学・幾何学・光学・心理学などが含まれているという（第八篇第三章）。
（3）譚嗣同『仁学』界説・第四七節。劉師培『中国民約精義』孟子、管子の項。
（4）第三編第二章参照。
（5）田岡の具体的影響は、須川照一「静安文集解題（2）」、『中国近代思想史研究会会報』一〇、一九六〇年参照。他に銭鷗「羅振玉・王国維と明治日本学界との出会い―『農学報』・東文学社時代をめぐって」、『中国文学報』五五、一九〇七年。
（6）『中国近代期刊篇目匯録（2）』第二巻（上）、上海人民出版社、一九七九年。須川照一「『上海時代』の藤田剣峯・王国維雑

記」、『東方学』六六、一九八三年。銭鷗「青年時代の王国維と明治学術文化―『教育世界』雑誌をめぐって」、『日本中国学会報』四八、一九九六年など。

(7)『教育世界』五五、一九〇三年。

(8)「哲学弁惑」「苟研究哲学、則必博稽衆説、而唯真理之是從。」「其所以異于禽獣者、則豈不以理性乎哉。宇宙之変化、人事之錯綜、日夜相迫于前、而要求吾人之解釈。不得其解、則心不寧。叔本華謂人為形而上学之動物、洵不誣也。哲学実対此要求、而与吾人以解釈。」

(9)この表には、姚淦・王燕編『王国維文集』(全四巻、中国文史出版社、一九九七年)および陳鴻祥『王国維年譜』(斉魯書社、一九九一年)において、王国維のものと推定された無署名論稿が含まれている。無署名論稿の扱いで、両書には推定の違いがある。かりに王国維のものであるにせよ、論文と言うより日本書の訳稿のものが含まれているので、その区別がまず求められよう。

(10)前掲銭鷗論文(注(6))。

(11)『清代学術概論』十六、「故汪中之荀子卿子通論・墨子序・墨子後序、孫星衍之墨子序、我輩今日読之、誠覚甚平易。然在当日、固発人所未発、且言人所不敢言也。」

(12)王先謙『荀子集解』(一八九一年)考証下・例略および孫詒譲『墨子閒詁』(一八九四年)墨子旧叙に、汪中が引かれるのはもちろんだが、清末思想家では、例えば康有為『南海康先生口説』(中山大学出版社、一九八五年)「学術源流五」・「諸子二」に汪中「老子考異」の説が引かれるし、章炳麟『訄書』清儒篇「其余為儷辞者衆、或陽奉戴氏、実不与其学相容。」注に「儷辞諸家、独汪中称頌戴氏、学已不類。」、訂文篇附録「正名雑義」に「汪容甫作『釈三九』篇、遍徴古籍。」とある。劉師培も「六儒頌」(『国粋学報』八、一九〇五年)、「揚州前哲畫像記」(『国粋学報』九、一九〇五年)、「清儒得失論」(『民報』一四、一九〇七年)、「荀子斠補」(抄本)などにおいて汪中を論じている。

(13)例えば『国粋学報』は、汪中を次のように顕彰している。「汪容甫致畢秋帆書」(五三、一九〇九年)、「汪氏家伝―汪中伝、汪喜荀伝」(六三、六四、一九一〇年)、「汪容甫遺詩五巻」(六七、一九一〇年)、李詳撰「汪容甫文箋」(七六、七七、七九、八〇、一九一一年)。

(14)署名論文、『教育世界』一四〇、一九〇六年。

(15)署名論文、『教育世界』一六〇、一九〇七年。

(16) 例えば内藤耻叟『墨子講義』(博文館、一八九三年)、服部宇之吉「墨子年代考」(『哲学雑誌』一一〇、一一一。一八九六年)、高瀬武次郎『楊墨哲学』(金港堂、一九〇二年)、牧野謙次郎『墨子国字解』解説(一九一一年)や本文中に引いた中国哲学史関係の書籍は、汪中に触れない。小柳司気太「墨子解題」(漢文大系『墨子閒詁』、一九一二年)は、墨子の伝記に異説の一つとして汪中に触れるが、紙幅は小さい。田岡嶺雲『和訳墨子・和訳列子』解説(一九一一年)は、衆説舛誤の一例としてわずかに触れる。ちなみに言うと、狩野直喜は汪中評価が高いが、京都帝大における支那哲学史講義は一九〇六年に始まっているものの、講義録が『中国哲学史』として出版されたのは、昭和二八年である。彼の汪中論が明治末年において影響があったとは思えない。上記の墨子論で汪中が引かれたのは、『墨子閒詁』に基づいてであろうが、宇野哲人『東洋哲学大綱』によると、『墨子閒詁』は出版部数が少なく、日本には初め二、三部しか入らなかったという。荀子などでも、桂湖村『荀子国字解』解説(一九一一年)などが、汪中に批判的に触れるばかりである。汪中の場合、孫星衍などが経訓堂本『墨子』の関係から日本でも評価されたのとは違う。

第二節

(1)「論近年之学術界」、『教育世界』九三、一九〇五年、『静安文集』所収。
(2)「静安文集自序」、一九〇五年。
(3) 前掲「論近年之学術界」。
(4)「原命」、『教育世界』一二七、一九〇六年。『静安文集』所収。
(5)「論性」(『静安文集』、一九〇五年)は、「就倫理学上之二元論」(『教育世界』七〇〜七二、一九〇四年)の字句を修訂したものだが、西洋倫理学を論じた部分(全文の約三割)が削除されている。
(6)「人性之超乎吾人之知識外、既如斯矣。于是欲論人性者、非馳于空想之域、勢不得不従経験上推論之。夫経験上之所謂性、固非性之本然。苟執経験上之性為性、則必先有善悪二元論起焉。何則、……、惟其為反対之事実、故善悪二者不能由其一説明之。唯其為積極之事実、故不能挙其一而遺其他。故従経験上立論、不得不盤旋于善悪二元論之胯下。……、然至欲説明経験上之事実時、則又不得不自圓其説、而復反於二元論。故古今言性者之自相矛盾、必然之理也。」
(7)『国故論衡』巻下、弁性篇「万物皆無自性。(原注)自性者、不可変壊之謂。情界之物、無不可壊。器界之物、無不変壊。此謂万物無自性也。〕黄壚・大海・爟火・飄風、則心之蔭影也。公孫尼子曰、心者、衆智之要。物皆求於心。〔(原注) 意林及御覧三百七十六引〕其言有中。無形而見有形、志与形相有、則為生。生者於此、生之体於彼。説縁生者、仮設以為性。而儒者言性、有五家。」

(8)『国故論衡』巻下。

(9)『訄書』は、初刻本が一九〇〇年四月に出版され、重訂本が一九〇四年初版、〇五年重印、〇六年再刊と版を重ねた。魯迅も留学生として読んだときの難解さについて回想している（「関于太炎先生二三事」、『且介亭雑文末編』）。

(10) 第三編第一章「清末の諸子学—座標としての伝統学術—」、第二章「清末の老子論—解釈とその様式の問題—」参照。

(11)「論新学語之輸入」より作表（『教育世界』九六、一九〇五年。『静安文集』所収）。＊は「国朝漢学派戴阮二家之哲学説」（『教育世界』七六、一九〇四年。『静安文集』所収）、＊＊は「論哲学家与美術家之天職」（『教育世界』九九、一九〇五年。『静安文集』所収）、＊＊＊は「哲学弁惑」（前掲）で補う。

(12)「奏定経学科大学文学科大学章程書後」、『教育世界』一一八、一一九、一九〇六年。

(13) 別集四、一九一一年。

(14) 後藤延子「王国維における哲学の挫折——その意味するもの」、『東方学』五七、一九七九年。

第三節

(1) 日本においてショーペンハウエル紹介は、哲学史の知識から始まるが、明治二六（一八九三）年頃より彼への関心が高まって来て、中国哲学の論文などにも付会されて言及されたりしている（例えば毛内千古「列子の哲学」、『東洋哲学』三—三、一八九六年）。姉崎正治は、ショーペンハウエルをインド哲学と結びつけて精力的に論じたが、姉崎訳『意識及び現識としての世界』全三冊は、明治四三（一九一〇）～四五（一九一二）年に刊行された。王国維が大冊を英訳本で読んだということは、ショーペンハウエルへの傾倒ぶりを窺わせる。章炳麟もショーペンハウエルから大きな影響を受けている（第二編第五章「章炳麟と姉崎正治—『訄書』より『斉物論釈』に至る思想的関係—」。また拙著『章炳麟と明治思潮』、研文出版、二〇〇六年。小林武・佐藤豊共著『清末功利思想と日本』第五、六章、研文出版、二〇一一年）。

(2) ここでの「非定命論」の語は、文脈からすると「非定業論」の誤りであろう。これは王国維が日本の訳語と混線したからであろうか。『哲学字彙』（東京大学三学部印刊、明治一四年）は、Determinism を「定道論」、Fatalism を「宿命論」と訳す。朝永三十郎『哲学辞典』（宝文館、明治三八年）は、Determinism を「定命論」、意思の自由を説く立場を「自由論」、「自由意志論 Libertarianism」、「非定命論」、「非定道論」、「非予定論 Indeterminism」とも称す、と解説する（「定命論」の項。Fatalism の項はもともとない）。『哲学大辞書』（全五冊、同文館、明治四二〜大正一五年）は、Determinism を「決定論」（あるいは「定道論」「定命論」「規定論」「意志決定論」）、Fatalism を「宿命論」（あるいは「予定論」「運命論」「定道論」）と訳す。王国維の Determinism の訳語「定業論」とは違う。「非定業論」（非 Determinism）と書くべきところは、日本の訳語なら「非定命論」となる。要するに、「定命論」は、王国維では Fatalism の訳語であるが、日本では Determinism の訳語である。

（3）　前項注（2）参照。

（4）　「而定業論与意志自由論之争、尤為西洋哲学上之重大之事実、延至今日而尚未得最終之解決。我国之哲学家、除墨子外、皆定命論者也。然遽謂之定業論者、則甚不然。古代之哲学家中、今挙孟子以代表之、孟子之為持定命論、而兼亦持意志自由論、得由下二章窺之。……、前章之所謂命、即『死生有命』之命。後章之命、与『天命之謂性』之命略同、而専指気質之清濁而言之。其曰『命也、有性焉、君子不謂命也』、則孟子之非定業論者、昭昭然矣。」「通観我国哲学上、実無一人持定業論者、故其昌言意志自由論者、亦不数数覯也。然我国倫理学無不預想此論者、此論之果確実与否、正吾人今日所欲研究者也。我国之言命者、不外定命論与非定命論二種。二者于哲学上非有重大之興味、故可不論。」（『教育叢書』第六集所収、「原命」も同文）。

（5）　「故曰『養心莫善于寡欲』。然則所謂欲者、何自来歟。若自性出、何為而与性相矛盾歟。孟子於是以『小体』『大体』説明之、曰『耳目之官不思而蔽于物。物交物、則引之而已矣。心之官則思、思則得之、不思則不得也。此天之所以与我者。』」

（6）　「至荀子反対孟子之説、而唱性悪論。曰『礼義法度、是生於聖人之偽、非故生於人之性也。』又曰『古者聖人以人之性悪、以為偏険而不正、悖乱而不治、故為之立君上之勢以臨之、明礼義以化之、起法政以治之、重刑罰以禁之、使天下皆出於治、合於善、此聖王之治而礼義之化也。』……、吾人且進而評其説之矛盾。其最顕著者、区別人与聖人為二、是也。且夫聖人独非人也歟哉。常人待聖人出礼義興、而後出於治、合於善、則夫最初之聖人、即制作礼義者、又安所待歟。」

（7）　『訳書滙編』第二年七期。

（8）　『政法学報』（『訳書滙編』の改称）癸卯年第二、四期。

（9）　王国維訳と推定。前掲須川論文、第一節注（6）参照。

(10)『新民叢報』四九、五〇、五一、一九〇四年、『飲冰室専集』三七所収。

(11)『国粋学報』三二、一九〇七年。『左庵外集』所収。

(12)『国粋学報』六〇、一九〇九年原載。『国故論衡』巻下所収。

(13)坂出祥伸「清末に於ける西洋論理学の受容について」(『日本中国学会報』一七、一九六五年)は、厳復の論理学受容と『民報』と『新民叢報』の論争に論理学が応用された事例とを検討するが、王国維にはまったく言及しない。

(14)坂出祥伸「明治哲学における中国古代論理学の理解――桑木厳翼を中心にして」。本論文は船山信一『明治論理学史研究』(理想社、昭和四一年)を補足する形で初出原載。現在は坂出祥伸『東西シノロジー事情』所収、東方書店、一九九四年。

(15)「学問之発達、其必自争論始矣。況学術之為争論之武器者乎。…、我国名学之祖、是為墨子。墨子之所以研究名学、亦因欲持其兼愛・節葬・非楽之説、以反対儒家故也(見大取篇)。荀子疾鄧・恵之詭弁、淑孔子之遺言、而作正名一篇。中国之名学、於斯為盛。暴秦燔書、学問之途絶。至漢武之世、罷斥百家、而天下之学術定於一尊。学術之争、絶於此矣。弁論之事絶、……、然勿以吾国名学発達之止於此、而遂謂此数子者、無研究之価値也。」

(16)「然墨子非謂推理中有『是而然』『是而不然』『一害而一不害』『一是而一不是』之四種也。不過前二節分之、後二節合而論之耳。而不是之源、由於見一推理之形式之有時而真、而遂応用之於他処、一切謬妄皆由此而起。然墨子雖列挙事実、而不能発見抽象之法則、以視雅里大徳勒之謬妄論、遂不免魯衛之於秦晋。是則可惜者也」。

(17)「畢注云、当為事。愚按、当作親。」と王国維は注するが、『墨子閒詁』に「旧本作視。畢云、当為事。王引之云、畢説非也。視、乃親字之譌。獲之親、人也。獲事其親、非事人也。」とある。

(18)「墨子之定義論・推理論、雖不遍不賅、不精不詳、毛挙事実而不能発見抽象之法則、然可謂我国名学之祖、而在名学上之位置、略近於西洋之芝諾者也。」(傍点は原文)

(19)「然名学之発達、不在墨家、而在儒家之荀子。荀子之正名篇雖於推理論一方面不能発展墨子之説、然由常識経験之立脚地、以建設其概念論。其説之穏健精確、実我国名学上之空前絶後之作也。豈唯我国。即在西洋古代、除雅里大徳勒之奥爾額諾恩(Organon)外、孰与之比肩者乎。」

(20)「唯叔本華(Schopenhauer)於其充足理由之論文中、証明直観中之有叡智的性質(Intellectual character)、曰『貧哉、感覚(Sensation)。即其最高尚者(如視覚)、亦不過人体中所起一種特別之感応耳。故感覚、主観的、絶不似直観之為客観的也。

……、故無悟性之助、則直観不得而起也。』此叔本華所自矜為空前絶後之大発明、復徴諸生理・心理上之事実以証明之。然要之、其充足理由論文第二十一章之全文、不過荀子此節之注脚而已。」

(21)「民所以察書契者、独有万物之散名而已。」「然約定俗成則不易、可以期命万物者、惟散名為要。其他、乃与法制推移。自恵章・公孫龍、名家之傑、務在求勝。其言不能無放紛。尹文尤短。察之儒墨。墨有経上下、儒有孫卿正名、皆不為造次辯論、務窮其柢。魯勝有言、『取辯乎一物、而原極天下之汙隆、名之至也。』墨翟・孫卿近之矣。」

(22)「其受想同、其思同。是以有辯。辯所依隠有三。墨経曰『知、聞・説・親。名、実・合・為。』説曰『知、伝受之、聞也。方不㢓〔(原注)即障字〕、説也。身観焉、親也。……』〔(原注)経上及経説上〕親者、因明以為現量。説者、因明以為比量。聞者、因明以為声量。〔(原注)案、伝受為聞。故曰声量。往古之事、則徴史伝。異域之状、則察地志。皆非身所親歴、亦無術可以比知。其勢不能無待伝受。然印度諸宗所甄、独在名理。故声量唯取聖教、亦名為聖教量。諸宗哲学、既非一軌、各持其聖教量、以為辯、則違立敵共許之律。故自陳那以後、独用現量・比量、而聖教量遂廃。若夫史伝地志、天下所公、則不得独廃也。要之、聖教量者、特声量之一耑。〕」

(23)『中国哲学大綱(巻上)』第八篇第三章。

(24) 章炳麟は一九〇四、〇五年あたりを境に仏教へ傾斜し、西洋近代思想への対抗意識が強まる。それ以前は、『訄書』重訂本に見られるように、日本書を通して西洋近代思想に関心をもった。章炳麟と日本の明治三〇年代思潮との関係については、前掲拙著『章炳麟と明治思潮―もう一つの近代』参照。

(25)「五十年来中国之文学」、『胡適文存二集』所収。

小結

(1) 拙論「清末の任侠(I)――主体、あるいは意識の問題」、『京都産業大学論集』一四―四、一九八五年。

(2) 内田義彦「知識青年の諸類型」、『近代日本思想史講座』四、筑摩書房、一九五九年。

あとがき

やっと終わった。「章炳麟と中国法」の終章を書き終えたときの、偽らざる気分である。たんに書き終えるまでに時間を要したからばかりではない。章炳麟の「五朝法律索隠」の考察に止まらず、検討課題が徐々に増えていったからでもある。

「章炳麟と中国法」というテーマは、もともと「五朝法律索隠」を再読したときに芽生えた。「五朝法律索隠」はかなり以前に読み、ノートも取っていたが、その意義はよく分かっていなかった。読みが表面的であったのだ。そこで再読にあたって、法制史関係の論著も読んだ。「五朝法律索隠」は面白い。やっとこのことに気づいた。清朝の近代法導入に際し、章炳麟は単に憲法大綱を批判したり、唐律より五朝法がよいと主張しただけではなかったのだ。彼は儒教と法の関係や中国法の基本的性格に触れる問題を論じていたのである。とすれば、清末、彼以外にこの種の議論があったのかどうか。そこで、他の知識人たちを探ってゆくと、否、していない。珍しいではないか。章炳麟が小学という専門領域を超えて、法の領域でも考えていたのは。ならば、伝統中国において、中国の士人は法について思索をしたのかどうか。という具合に、「五朝法律索隠」にとどまらず、検討すべき課題が徐々に増えていったのである。さらに、「章炳麟と中国法」の結びを書くとき、迷った。辛亥前で止めて考察を結ぶか、それとも辛亥後も展望した上で結ぶか。辛亥後の章炳麟の思索を展望するといっても、民国初の歴史は混乱し、彼もその中で発言し行動して、袁世凱に幽閉された。その後は静かに退隠かといえば、また発言し行動している。辛亥前と辛亥後との思索は、重なり合うところがあるが、合わないところもある。辛亥後の現実が辛亥前の思索を篩にかけたに違いない。辛亥前の思索が焦点を結んできたのだろう。と、あれこれ思いはめぐった。それで、辛亥後の法制をめぐる思索を素描して、このテーマを結ぶことにした。権力の牽制が章炳麟の一貫したモチーフで、これがどうなったか。しかし、辛亥後は事柄が錯綜していて章炳麟の発言も状況的で整理が難しかった。このように、「五朝法律索隠」の考察に始まってテーマが次第に大きくなったのである。

こうした中で先輩諸賢から批評や助言をいただけたのは、有り難かった。中でも信州大学後藤延子名誉教授には、いつも手紙で丁寧な批評や教示をいただいた。また愛知大学安本博名誉教授は私の質問に答えてくださり、貴重な助言をくださった。記してお礼を申し上げる。

思えば、古典を丁寧に読む訓練をしてくださったのは、大阪大学の故森三樹三郎先生と故日原利国先生である。森先生には、『十三経注疏』を初め、ご自宅で開かれていた「資治通鑑を読む会」でも薫陶をうけた。また日原先生には出典調べで油を絞られたが、龔自珍の春秋論まで読んでいただけたのは、有り難かった。ある時、読むのに苦労した章炳麟の文章をお見せすると、「こんなの読みにくいですか」と言われたことが、今も耳によみがえる。章炳麟研究をなんとか続けられたのも両先生のおかげである。また、桃山学院大学名誉教授林宏作先生は、私の下手な文章を見てくださり、漢語表現の奥深さを学んだことも忘れられない。そして京都産業大学名誉教授橋本高勝先生は、紫煙くゆる研究室で私のとりとめない話に付き合ってていただき、時々、私の暴走をいなしてくださった。京都大学名誉教授故西田太一郎先生を囲んだ橋本先生の輪読会でも、古典を丹念に読んで考える空気を吸うことができた。

最後になるが、本書の出版を快く引き受けてくださった朋友書店土江洋宇氏にお礼を申し上げる。また、編集の上では朋友書店の石坪満氏にいろいろ助言をいただき、またご苦労もおかけした。校正では周藤忠明氏（京都産業大学法学研究科修了、岡山市公立中学校講師）に協力をいただいた。記して謝意を表する。

著者　識す

平成三一年四月二十九日

初出一覧（原題を記す）

第一編　章炳麟と中国法

序　章　章炳麟と中国法　（書下ろし）

第一章　章炳麟「虜憲廃疾」と「欽定憲法大綱」
（『京都産業大学論集』人文科学系列第四六号、二〇一三年）

第二章　章炳麟の中国法に対する評価（上）―「五朝法律索隠」の視点―
（『中国研究集刊』闕号（総五八号）、二〇一四年）

第二章　章炳麟の中国法に対する評価（下）―「五朝法律索隠」の視点―
（『中国研究集刊』珠号（総五九号）、二〇一四年）

第三章　章炳麟「五朝法律索隠」の歴史的位置
（『中国研究集刊』號号（総五六号）、二〇一三年）

第四章　章炳麟「五朝法律索隠」とその周辺―礼と法の見方をめぐって―
（『中国研究集刊』称号（総六〇号記念号）、二〇一五年）

第五章　章炳麟の法制論―『訄書』と『検論』を中心に―
（『中国研究集刊』果号（総六三号）、二〇一七年）

第六章　章炳麟の体制構想―「諦実之共和」と「奇觚之専制」―
（『中国研究集刊』珍号（総六四号）、二〇一八年）

終　章　権力牽制の行方―結びに代えて―　（書下ろし）

第二編　章炳麟における知の諸相

第一章　章炳麟について　―方法としての言語―
（『京都産業大学論集』）人文科学系列第一〇号、一九八二年）

第二章　章炳麟の歴史叙述をめぐって
（『東方学』第八二輯、一九九一年）

第三章　章炳麟における実証の問題
（加地伸行博士古稀記念論集『中国学の十字路』、研文出版、二〇〇六年）

第四章　章炳麟『訄書』と明治思潮　―西洋近代思想との関連で―
（『日本中国学会報』第五五集、二〇〇三年）

第五章　章炳麟と姉崎正治
―『訄書』より『斉物論釈』にいたる思想的関係―
（『東方学』第一〇七輯、二〇〇四年）

補　論　清末の「自主」と明治思想　―その言語的考察―
（『文芸論叢』第六八号、二〇〇七年）

第三編　中国近代の諸子学

第一章　清末の諸子学　―座標軸としての伝統学術―
（『京都産業大学日本文化研究所紀要』）第三号、一九九八年）

第二章　清末の老子論　―解釈とその様式の問題―
（『中国―社会と文化』第一三号、一九九八年）

第三章　初期王国維と諸子学　―鳥瞰する眼―
（『京都産業大学論集』人文科学系列第二九号、二〇〇二年）

索　引

＊語彙はアイウエオ順に配列した。
＊本文のみの索引である。
＊章炳麟の『訄書』『国故論衡』『斉物論釈』『葑漢微言』などの主著名は、頻出するので取らない。

著者略歴

小林　武（こばやしたけし）

1947年生まれ。京都産業大学名誉教授。大阪大学大学院文学研究科博士課程単位取得満期退学。単著：『章炳麟と明治思潮―もう一つの近代』（研文出版）、『章太炎与明治思潮』（上海人民出版社）、共著：小林武・佐藤豊『清末功利思想と日本』（研文出版）、『近代中国の思索者たち』（大修館書店）など、その他、論文共著多数あり。

『中国近代思想研究』

二〇一九年一〇月二〇日　第一刷発行

定価　七、〇〇〇円（税別）

著　者　小　林　武

発行者　土　江　洋　宇

発行所　朋　友　書　店

〒六〇六-八三一一　京都市左京区吉田神楽岡町八
電話（〇七五）七六一―一二八五
FAX（〇七五）七六一―八一五〇
E-mail:hoyu@hoyubook.co.jp

印刷所　株式会社　図書印刷　同　朋　舎

ISBN978-4-89281-178-4　C3010　¥7000E